6년간 아무도 깨지 못한 기록

합격자 수 1위 에듀윌

KRI 한국기록원 2016, 2017, 2019년 공인중개사 최다 합격자 배출 공식 인증 (2022년 현재까지 업계 최고 기록)

에듀윌을 선택한 이유는 분명합니다

편입 교육
브랜드만족도

1위

3년 연속 서성한반
서울소재 대학 합격

100%

합격 시
업계 최대 환급

500%

업계 최초
불합격 시 환급

100%

에듀윌 편입을 선택하면
합격은 현실이 됩니다.

* 2022 대한민국 브랜드만족도 편입 교육 1위 (한경비즈니스)
* 서성한반(P사) 교수진 전격입성 ┃ 2019~2021년 서성한반(P사) 수강생 합격자 서울소재 20개 대학 기준 3년 연속 100% 합격자 배출 (서울소재 20개 대학: 연세, 고려, 서강, 성균관, 한양, 중앙, 이화, 한국외, 경희, 서울시립, 건국, 국민, 동국, 숭실, 홍익, 숙명, 세종, 명지, 광운, 서울여)
* 서강, 한양, 성균관 3곳 모두 최초 합격하고 서울소재 대학 건국, 경희, 고려, 광운, 국민, 동국, 명지, 서울시립, 세종, 숙명, 숭실, 연세, 이화, 중앙, 한국외, 홍익 중 2곳 이상 최종 합격 시 500% 환급
* 상품 구매일부터 종료일까지 기준, 수강 익일부터 출석률, 진도율 각 90% 이상, 최종 배치고사 3회 모두 응시 & 1회 이상 80점 이상 달성하고 서울소재 20개 대학 중 3개 대학 불합격 인증 시 수강료 100% 환급 (제세공과금 22% 제외)

3년 연속 서성한반 서울소재 대학 100% 합격자 배출* 교수진

합격까지 이끌어줄 최정예 합격군단
에듀윌 편입 명품 교수진을 소개합니다.

기본이론부터 문제풀이까지 6개월 핵심압축 커리큘럼

기본이론 완성	핵심유형 완성	기출심화 완성	적중실전 완성	파이널
기본이론 압축 정리	핵심포인트 집중 이해	기출문제 실전훈련	출제유력 예상문제 풀이	대학별 예상 모의고사

에듀윌 편입 시리즈
전격 출간

3년 연속 100% 합격자 배출* 교수진이 만든 교재로
합격의 차이를 직접 경험해 보세요.

eduwill

노베이스 수험생을 위한
편입 스타터팩 무료혜택

편입 영어 X 수학 입문강의
한 달이면 기초 탈출! 신규회원이면 누구나 신청 가능!

24만원 상당

편입 영어 X 수학 입문 강의

· 한 달이면 기초 탈출 입문 강의
· 짧지만, 이해하기 쉬운 기초 탄탄 강의
· 1타 교수진 노하우가 담긴 강의

24만원 상당

노베이스 토익커도 RC 단기졸업
#에듀윌토익 #최영준

가장 쉬운 토익 LC 왕초보 탈출
#에듀윌토익 #셀린

토익 베이직 RC/LC 강의

· 첫 토익부터 700+ 한 달이면 끝
· 편입 공인영어성적 준비를 위한 토익 기초 지원

합격비법 가이드

· 대학별 최신 편입 전형 제공
· 최신 편입 관련 정보 모음
· 합격전략 및 합격자 수기 제공

기출어휘 체크북

· 편입생이 꼭 알아야 할 편입 어휘의 모든 것
· 최신 기출 어휘를 빈도순으로 구성

편입 합격!
에듀윌과 함께하면 현실이 됩니다.

스타터팩
무료 이벤트

* 본 혜택과 경로는 예고 없이 변경되거나 대체될 수 있습니다.

에듀윌 편입의 독한 관리 시스템

전문 학습매니저의 독한 관리로
빠르게 합격할 수 있도록 관리해 드립니다.

독한 담임관리

· 진단고사를 통한 수준별 학습설계
· 일일 진도율부터 성적, 멘탈까지 관리
· 밴드, SNS를 통한 1:1 맞춤 상담 진행
· 담임 학습매니저가 합격할 때까지
  독한 관리

독한 학습관리

· 학습진도 체크 & 학습자료 제공
· 데일리 어휘 테스트
· 모의고사 성적관리 & 약점 보완 제시
· 대학별 배치상담 진행

독한 생활관리

· 출석 관리
· 나의 학습량, 일일 진도율 관리
· 월별 총 학습시간 관리
· 슬럼프 물리치는 컨디션 관리
· 학원과 동일한 의무 자습 관리

eduwill

친구 추천하고
한 달 만에 920만원 받았어요

2021년 2월 1달간 실제로 리워드 금액을 받아가신
*a*o*h**** 고객님의 실제사례입니다.

에듀윌 친구 추천 이벤트

💵 친구 1명 추천할 때마다 | ♻ 추천 참여 횟수

현금 10만원 | 무제한 반복

에듀윌 친구 추천   검색

친구 추천
이벤트

※ 추천 참여 횟수 무제한   ※ 해당 이벤트는 예고 없이 변경되거나 종료될 수 있습니다.

에듀월
편입영어

기본이론 완성

독해

독해를 잘하려면 어떻게 해야 하는가에 대한 질문은 수험생들이라면 누구라도 하는 질문이다. 편입에 처음 입문하는 학생들뿐 아니라 심지어는 외국에서 10여 년 살다 온 학생들마저도 편입 시험에 출제되는 독해의 난이도에 혀를 내두를 정도이다. 그렇다면 어떻게 해야 독해를 잘할 수 있을까?

제대로 영문을 이해하기 위해서는 영어의 이해, 사회와 문화의 이해, 그리고 진정한 글의 이해로 나눠서 생각해 볼 수 있다. 영어의 이해는 어휘와 문법과 구문 실력이 필요한 단계이며, 학습 초기에는 어휘와 문법만 알면 글을 이해할 수 있을 것 같지만, 어느 정도 난이도가 높아지면 이 단계로는 해결이 안 된다. 그 다음이 바로 사회적 · 문화적 이해인데, 여기에는 영미권의 사회와 문화를 이해해야만 알 수 있는 부분이 상당수 있으며, 많은 글을 읽으면서 어느 정도 해소되어 간다. 마지막으로 이 단계를 넘어서면 진정한 글의 이해로 개인 각자의 지적인 이해 능력이 필요한 단계로 간다. 읽어도 알 수 없고, 추상적인 글을 구체화시키지 못했던 기억들이 있다면 바로 이 단계의 문제인 셈이다.

이러한 생각 이상의 어려운 독해 영역을 정복한다는 것은 어불성설이며, 원어민들조차도 모든 글을 이해할 수는 없다. 마치 우리가 한국어 원어민이지만, 자신의 전공과 무관한 어려운 논문을 이해할 수 없는 것과 마찬가지 이치이다. 그렇다면 시험에 나오는 정도의 글을 이해하고 해결해 나갈 수 있는 독해력을 갖춘다는 것은 가능한 일일까? 시험에 관한 한 가능하다는 게 저자의 생각이다. 물론 올바른 학습법과 수많은 노력을 한다는 전제하에서 그러하다.

그렇다면 올바른 학습법은? 체계적으로 독해력을 향상시킬 수 있는 프로그램과 이에 적합한 교재들, 이러한 방법을 체계적으로 전달할 수 있는 교수법이 동반되어야 한다는 것이다. 이 책은 독해 시리즈[기본 독해─유형 독해(기출)─심화 독해(기출)─실전 독해(예상)]의 1권에 해당한다. 기본 독해는 편입에 입문하여, 독해의 올바른 방향을 잡는 독해 학습의 토대가 되는 단계이다. 이 단계에서는 글의 서술방식과 전개방식에 대해 살펴보고, 영문을 순차적으로 이해하는 방법을 익히는 과정이다. 저자의 독해 시리즈를 따라가다 보면 독해에 대해서는 자신감뿐 아니라 실력 향상이라는 놀라운 성과를 얻게 되리라 자부한다. 이 책으로 학습하는 수험생들에게 합격의 영광이 함께 하길 진심으로 기원한다.

편입도 에듀윌 합격을 기원하며

저자 홍준기

독해 학습 노하우

GUIDE

01
편입 시험의 독해는 어떠한가?

편입 시험에서 독해가 차지하는 비중은 절대적이다. 독해만으로 편입 시험을 출제하는 학교뿐만 아니라 문법이나 어휘를 출제하는 경우에는 독해 지문 내에서 물어보는 등 독해를 활용한 문제들이 주류를 이루고 있다. 일반적으로 전체 문제 가운데 70% 이상을 독해가 차지하고 있는 셈이다. 특히 상위권 대학들을 중심으로 '원서 해독 능력'에 초점을 맞추면서 정확하게 읽고 이해하지 못하면 풀 수 없는 문제가 다수 출제되고 있다. 한마디로 말해서 영어로 된 글을 읽어 낼 수 있는 능력을 시험하는 것이라 하겠다.

02
독해의 전반적인 경향은 어떠한가?

(1) 일반적인 특징

① 단문과 중문에서 중문과 장문으로 전환되었다.

독해가 예전의 경향과 달라진 것은 지문이 길어지고 있다는 것이다. 짧은 지문으로 문제를 구성하는 것이 아니라 긴 지문으로 문제를 구성하는 것이 최근의 경향이다. 또 주제도 과거와 다르게 시사적인 지식을 요구하는 문제에서 영미의 소설이나 에세이 등 문학 작품에 이르기까지 다양한 출제되고 있다. 그러므로 제대로 된 독해 능력을 갖춰야 한다. 더불어 좋은 기사나 글의 일부를 발췌해서 출제하기 때문에 앞뒤 관계가 생략된 채로 출제되는 지문을 읽고 추론할 수 있는 능력도 요구된다.

② 지문 개수가 절대적으로 증가하였다.

대표적으로 외대의 경우를 보면 60분에 50문제가 출제되는데 12개의 독해 지문에 30문제가 출제된다. 그렇다면 어휘, 문법, 논리를 제외하면 12개 지문을 40~45분 내에 풀어야 하는데, 시간이 턱없이 부족할 수밖에 없다. 성균관대의 경우 역시 50문제 중 독해에서 30문제를 출제하는데 평균적으로 11~12개의 지문이 출제된다. 중앙대의 경우도 10개의 지문에서 18문제가 독해 영역에서 나온다. 한양대는 20문제를 13개의 지문 속에서 묻고 있다. 이렇듯 지문 개수가 학교마다 증가하고 있으므로 상당한 독해력이 요구되고 있으며, 극단적으로 독해력의 보강 없이는 상위권 대학의 편입 시험을 통과할 수 없다는 이야기가 된다.

③ 지문 자체보다도 어려운 문제가 나온다.

최근 편입 시험의 대표적인 경향은 지문 자체보다도 문제가 어렵다는 것이다. 과거의 경우는 지문이 난해해도 문제가 간단하기 때문에 정답을 쉽게 고를 수 있었지만, 이제는 지문을 해석해 놓고도 문제를 풀 때 딱 떨어지는 정확한 정답을 고르기가 애매한 문제가 많다는 뜻이다. 그러므로 비슷하지만 왜 답이 안 되는지에 대한 정확한 훈련이 없이는 함정에 빠질 수밖에 없게 된다. 예전처럼 대강 읽고 글이 요구하는 바를 찾는 그러한 문제보다는 글 속의 단서를 바탕으로 추론하는 문제가 많이 나오므로 글을 완전히 장악하는 제대로 된 독해 실력이 요구된다고 하겠다.

(2) 문제 유형의 변화

① 문제 유형이 다각화되어 간다.

과거에는 제목, 주제, 요지, 내용 일치 등 일반적인 문제 유형들이 다수였지만, 요즘의 경향은 추론, 독해 지문 내에서의 문장 완성, 재진술 등을 많이 묻고 있다. 단순히 내용을 알고 있는지만 묻는 것이 아니라 제대로 알고 있는지를 묻는 문제 유형이 늘어나고 있다.

② 사라지는 문제 유형이 있다.

과거에는 독해 지문 속에서 문법 사항을 확인하는 문제들이 상당수 출제되었지만, 이제는 상위권 대학을 중심으로 문법보다는 글의 이해에 초점을 맞춘 문제들로 대체되고 있다. 더불어 지문에서 한 단어에 밑줄 긋고 동의어를 묻는 문제들 역시 사라져 가고 있다. 문법과 어휘 영역에서 묻고 있는 것을 독해에서 되물을 필요가 없다는 이유에서이다.

③ 부각되는 문제 유형이 있다.

단순한 의미 파악을 넘어서 그 의미의 변형을 골라낼 수 있는지를 묻는 재진술(paraphrase) 영역 등은 문제의 수준이 높아진 단적인 사례라고 할 수 있다. 더불어 글을 제대로 이해하고 글 속에 내포된 의미를 파악해야 하는 추론 문제 역시 여러 대학에서 많이 나오는 유형이고, 독해 지문 내에서의 문장 완성 문제는 독해 전체 문제의 1/3 이상을 차지할 만큼 비중이 높은 유형이다.

03 최근 경향은 어떠한가?

난이도의 상승

① 인문학 지문이 강화되었다.

지문의 난이도를 높이기 위하여 인문학 분야의 추상적인 지문이 다수 출제된다. Bertrand Russell이나 George Orwell의 글은 단골로 시험에 출제되고 있으며, Walter Benjamin의 글 또한 선보이고 있다. 이렇게 고전을 출제하는 주된 이유는 학문을 목적으로 하는 대학에서 원서 해독 능력을 갖춘 인재를 뽑기 위해서 영어뿐 아니라 추상적인 글을 이해하는 능력을 보는 동시에 변별력을 높이기 위해서 더욱더 난해한 글을 인용하는 것으로 보인다.

② 학술문의 인용이 늘었다.

정치학, 사회학, 경제학, 미학, 디자인 등 대학 교과서의 내용들이 많이 인용되고 있다. 2018년 중앙대에서는 Spinoza의 Ethics에 대한 논평을 담은 글도 출제된 바 있다. 이화여대에서는 Gender, race, and class in Media라는 책에서 2017과 2018, 2년 연속 출제하기도 하였다.

구성과 특징

FOREWORD

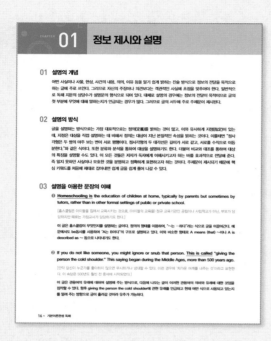

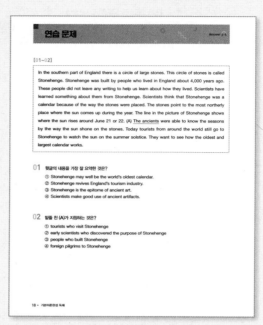

1 지문과 보기 항의 철저한 해설

지문 전체에 대한 해석과 해설, 어휘 정리뿐 아니라 문제 하나하나의 보기 항마저도 꼼꼼하게 해석을 하였다. 교재를 쓰는 입장에서는 대단히 지루한 작업이지만, 수험생들에게는 도움이 되는 작업이기에 성실히 임하였다. 문제를 틀린 후 확인하는 과정에서 꼼꼼한 해설의 중요성이 진가를 발휘할 것이다.

2 문제 편과 해설 편의 분리

독해는 그 속성상 해설이 옆에 붙어 있으면 효과가 반감되기 때문에, 문제 편과 해설 편을 분리하여 학습의 편의를 도모하였다. 하지만 수험생은 자신의 힘으로 풀어나가는 연습이 중요하므로, 해설은 자신이 부족한 부분을 보완하는 용도로만 사용해야지 전적으로 해설에 의존하는 학습은 지양해야 한다는 것을 다시 지적한다.

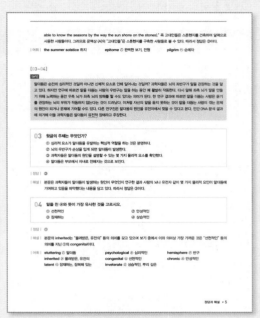

3 배경지식을 강화하는 다양한 독해 지문의 구성

점점 어려워지는 시험에 대비하여 다양한 지식을 습득할 수 있도록, 독해 지문들을 선별하여 겹치지 않는 주제로 배열하려고 노력하였다. 매년 쏟아지는 독해 지문들 중에서 기본 독해 수준에서 적당한 글들을 취사선택하고, 이런 지문들을 통해서 다양한 배경지식을 쌓을 수 있도록 구성하였다.

4 4단계의 체계적인 단계별 학습 구성

단계별 시리즈 구성으로 단발성 학습이 아닌, 체계적인 학습이 가능하도록 구성하였다. 저자가 생각하는 효율적인 독해를 누구도 모방할 수 없는 체계로 체계적인 시리즈로 구성하였다. 기본 독해 이후에 유형 독해, 기출 독해, 실전 독해 순으로 이어지며, 에듀윌의 편입영어 독해 시리즈를 마치고 나면 독해에는 자신감과 실력이 붙어 있을 것이다.

차례

CONTENTS

PART 01

글의 서술 방식

우리가 읽는 글들은 글을 쓰는 저자가 글을 읽는 독자에게 효과적으로 글을 전달하기 위해 다양한 방식으로 글을 써내려 가는 것이다. 글의 서술 방식을 이해하면 향후 전개 방향이나 글의 목적이나 의도를 제대로 파악할 수 있기 때문에, 전반적인 윤곽을 잡는 데 크게 도움이 된다.

영어든 한국어든 간에 글을 서술하는 방식은 설명, 논증, 서사, 묘사 등으로 크게 나뉜다. 정보를 제공하는 설명, 자신의 주장을 펼치며 상대방을 설득하고자 하는 논증, 이야기의 형식으로 있는 그대로의 일을 적어 내려가는 서사, 어떤 대상이나 사물, 현상 따위를 언어로 서술하는 묘사 등이 바로 그것이다.

이런 서술 방식을 활용하여 편입영어 독해 시험에 적용해 볼 수 있다. 정보 제시를 바탕으로 하는 설명, 주장과 근거를 제시하는 논증, 이 둘이 핵심 축이다. 하지만 이전 정보와 새로운 정보를 제시하여 변화와 개선을 중심으로 설명하는 방식, 문제점 등을 지적하고 해결책을 제시하는 방식은 상대방의 주장을 반박하고 자신의 주장을 제기하는 논증 형태의 발전적 형태이다.

아래에서 구별하여 체계적으로 살펴보기로 한다.

01 정보 제시와 설명

In addition to being an inexpensive material with a small resource cost, the adobe can serve as a significant heat reservoir due to the thermal properties inherent in the massive walls typical in adobe construction. In climates typified by hot days and cool nights, the high thermal mass of adobe mediates the high and low temperatures of the day, moderating the living space temperature. The massive walls require a large and long input of heat from the sun and from the surrounding air before they warm through to the interior. After the sun sets and the temperature drops, the warm wall will then continue to transfer heat to the interior for several hours due to the time-lag effect. Thus, a well-planned adobe wall of the appropriate thickness is very effective at controlling inside temperature through the wide daily fluctuations typical of desert climates, a factor which has contributed to its longevity as a building material.

[어도비 벽돌은 자원 비용이 낮아 저렴한 재료일 뿐만 아니라 뛰어난 열원으로서의 역할을 하기도 하며, 이는 어도비 벽돌로 만든 건축물 특유의 거대한 벽이 지니고 있는 고유의 특성인 열특성으로 인해 가능하다. 낮에는 덥고 밤에는 서늘한 것이 특징인 기후의 경우, 어도비 벽돌의 높은 열용량은 하루 중 높은 기온과 낮은 기온을 서로 조정해 주는 역할을 하고, 이를 통해 생활 공간의 기온을 적당하게 맞춰 주는 역할을 한다. 벽이 거대할 경우 실내까지 따뜻해지려면 태양 및 주변 공기로부터 열을 오랫동안 넓은 면적으로 받아들여야 한다. 해가 지고 기온이 떨어진 후에도 따뜻해진 벽은 시간 지연 효과 때문에 몇 시간 동안 실내로 열을 계속 전달한다. 따라서 적절한 두께에 제대로 계획되어 만들어진 어도비 벽돌 벽은 전형적인 사막 기후에서 볼 수 있는 큰 일일 기온 변동에도 불구하고 실내 온도를 제어하는 데 있어 매우 효과적이다. 이는 어도비 벽돌이 건축 재료로서 오래 장수하게끔 기여한 요소이다.]

어도비 벽돌에 대해서, 건축물의 소재로 사용될 때의 장점들을 독자들에게 설명하는 형태의 글이다. 독자들에게 정보를 제공하여 이전에 몰랐던 사실에 대해서 알려 주는 형식으로, 편입시험에서는 상당수의 글이 설명의 형식을 사용하고 있다.

02　변화와 개선 방식

A team of researchers has found that immunizing patients with bee venom instead of with the bee's crushed bodies can better prevent serious and sometimes fatal sting reactions in the more than one million Americans who are hypersensitive to bee stings. The crushed-body treatment has been standard for fifty years, but a report released recently said that it was ineffective. The serum made from the crushed bodies of bees produced more adverse reactions than the injections of the venom did. The research compared results of the crushed-body treatment with results of immunotherapy that used insect venom and also with results of a placebo. After six to ten weeks of immunization, allergic reactions to stings occurred in seven of twelve patients treated with the placebo, seven of twelve treated with crushed-body extract, and one of eighteen treated with the venom.

[한 연구진은 으깬 벌 대신에 벌침 독을 가지고 환자를 면역시킬 경우 벌침에 과민 반응을 보이는 백만 명 이상의 미국인들에게서 나타나는 심각하고 때로는 치명적인 벌침 반응을 예방할 수 있음을 알아냈다. 으깬 벌 치료법은 50년 동안 표준이었지만, 최근 발표된 연구에서는 효과가 없음이 밝혀졌다. 으깬 벌에서 형성된 혈청은 벌침 독을 투입시킬 경우 나타나는 것보다 더 심각한 거부 반응을 일으켰다. 연구에서는 으깬 벌 치료법의 결과와 곤충의 독을 사용한 치료법의 결과를 비교했으며 위약을 사용한 결과 또한 비교했다. 면역 조치로부터 6주에서 10주가 지난 후 위약으로 치료받은 환자의 경우는 12명 가운데 7명에게서 벌침에 대한 알레르기 반응이 나왔고, 으깬 벌 추출물로 치료받은 환자의 경우는 12명 가운데 7명이었고, 벌침 독으로 치료받은 환자의 경우는 18명 가운데 한 명뿐이었다.]

과거와 현재의 연구를 대비시켜 변화와 개선을 드러내는 글이다. 과거부터 표준이었던 벌을 으깨는 방식보다 벌침 독을 사용하는 것이 벌침에 과민 반응을 보이는 사람들에게 제대로 도움이 된다는 새 연구 결과를 담고 있다. 이렇게 나타나는 새로운 연구 결과는 이전 연구의 문제점을 극복하고, 좀 더 나은 발전된 형태를 제시한다.

03　주장과 근거 제시

The solution for slavery was not its abolition, at least that was not a total solution, because new forms of slavery were invented under another name. The factory workers who toiled in poisonous air from sunrise till sunset and never saw daylight except on Sundays, obeying in silence, probably led even worse lives than many ancient slaves. And today, all those who prefer to do what they are told rather than think for themselves and shoulder the responsibility — one-third of Britons, according to a poll, say that is what they prefer — are the spiritual heirs of the voluntary slaves of Russia. It is important to remember that it is tiring, and trying, being free; and in times of exhaustion affection for freedom has always waned, whatever lip-service might be paid to it.

[노예 제도의 폐지가 노예 제도의 해결책은 아니며, 최소한 완전한 해결책은 아니다. 왜냐하면 새로운 형태의 노예 제도가 다른 이름하에 창조되었기 때문이다. 일요일을 제외하고 햇빛도 보지 못하면서 해 뜰 때부터 해질녘까지 유독한 공기를 마시며 일하며 침묵 속에 복종하는 공장 근로자들은 어쩌면 수많은 고대의 노예들에 비해 더 끔찍한 삶을 살지도 모른다. 그리고 오늘날 스스로 생각 끝에 자신이 책임을 지기보다 남의 말을 따라 행동하는 것을 선호하는 사람들은 모두 러시아의 자발적 노예의 정신적 계승자들이다. 한 여론 조사에 따르면 영국인의 3분의 1은 이렇게 남의 말을 따라 행동하기를 선호한다고 밝혔다. 자유란 피곤하고 괴로운 것임을 기억할 필요가 있다. 그리고 탈진해 힘이 다 빠졌을 때 자유를 향한 애정은 입에 발린 말로 아무리 칭찬하더라도 언제나 시들해지게 되어 있다.]

'일요일을 제외하고 해 뜰 때부터 해질녘까지 유독한 공기를 마시며 일하며 침묵 속에 복종하는 공장 근로자'은 노예는 아니지만, '새로운 형태의 노예 제도'에 속한 사람들이라 할 수 있으며, 노예 제도의 폐지가 노예 제도의 해결책이 아님을 설명하는 하나의 예로 볼 수 있다. 여론 조사의 결과를 근거로 제시하며, 남의 말에 따라 행동하길 선호하는 것은 진정한 자유를 누리는 형태가 아닌 새로운 형태의 노예 제도나 다름없다는 저자의 주장을 제시하고 있다.

04 문제와 해결 방식

What is the relation between flow and happiness? This is a very interesting and delicate question. At first, it is easy to conclude that the two must be the same thing. But actually the connection is a bit more complex. First of all, when we are in flow, we do not usually feel happy — for the simple reason that in flow we feel only what is relevant to the activity. Happiness is a distraction. The poet in the middle of writing or the scientist working out equations does not feel happy, at least not without losing the thread of his or her thought. It is only after we get out of flow, at the end of a session or in moments of distraction within it, that we might indulge in feeling happy. And then there is the rush of well-being, of satisfaction that comes when the poem is completed or the theorem is proved.

[몰입과 행복 간의 관계는 무엇일까? 이 문제는 매우 흥미로우면서 미묘한 문제이다. 처음에는 양자가 동일한 것임이 틀림없다는 결론을 내리기 쉽다. 하지만 실제로 양자 간의 관계는 좀 더 복잡하다. 우선 우리가 뭔가에 몰입할 경우 보통은 행복을 느끼지 못한다. 이는 우리가 뭔가에 몰입할 때는 몰입한 활동과 관계있는 것만 느끼기 때문이라는 단순한 이유 때문이다. 행복은 기분을 전환시키는 역할을 한다. 글을 한창 작성 중인 시인이나 방정식을 가지고 한창 씨름 중인 과학자는, 최소한 자신의 생각을 이어가던 가닥이 끊어지지 않은 상태로는, 행복을 느끼지 못한다. 우리는 몰입에서 벗어난 이후이거나, 한창 하던 활동이 끝날 때 즈음이나, 한창 활동을 하던 중에 잠시나마 집중력이 흐트러졌을 때에서야 행복을 느낀다는 그 감정에 탐닉하게 될 것이다. 그러고 나서, 시의 작성을 끝마치거나 정리가 증명된 순간에 행복 및 만족감이 갑자기 치밀어 오르게 된다.]

몰입과 행복 간의 관계에 대해서 문제를 제기하고 이에 답하는 형식을 취하고 있다. 우선 몰입과 행복은 다른 것임을 말하고 있고 몰입 중에 행복을 느낄 수는 없음을 말하고 있다. 그런 연후에 더 이상 몰입이 필요 없을 때 행복을 느낀다고 주장한다. 결국 저자는 몰입과 행복 간의 관계에 대해서 몰입 이후 행복을 느낀다는 것을 문제를 제기하고 예시를 통해서 설득력 있게 해답을 제시하는 과정을 통해 자신의 주장을 관철시키는 방식을 사용하였다.

05 인물과 사건 중심

The Gordian knot was an extremely complicated knot tied by Gordius, the king of Phrygia in Asia Minor. According to Greek and Roman mythology, Gordius was a peasant who married the fertility goddess Cybele. When Gordius became the king of Phrygia, he dedicated his chariot to Zeus and fastened it to a pole with the Gordian knot. Although the knot was supposedly impossible to unravel, an oracle predicted that it would be untied by the future king of Asia. Many individuals came to Gordium to try to undo the knot, but they all failed. Then, the Greek conqueror Alexander the Great visited the city in 333 B.C. After searching unsuccessfully for the hidden ends of the Gordian knot, Alexander became impatient. In an unexpected move, he took out his sword and unravelled the knot by cutting through it. Thus he fulfilled the oracle's prophecy by conquering Asia.

[고르디우스의 매듭(Gordian knot)은 소아시아(Asia Minor)의 프리기아(Phrygia) 왕국의 왕이었던 고르디우스(Gordius)가 맺은 극도로 복잡한 매듭이었다. 고대 그리스 및 로마의 신화에 따르면 고르디우스는 비옥함의 여신인 키벨레(Cybele)와 결혼한 소작농이었다. 고르디우스는 프리기아의 왕이 되자 자신의 전차를 제우스에게 바쳤고 전차를 고르디우스의 매듭으로 기둥에 묶었다. 그 매듭은 추측컨대 푸는 것이 불가능했지만 앞으로 아시아의 왕이 될 자가 매듭을 풀 것이라고 예측한 신탁이 내려졌다. 수많은 사람들이 고르디온(Gordium)에 와서 매듭을 풀려 했지만 모두 실패했다. 그 이후 그리스의 정복자 알렉산드로스 대왕(Alexander the Great)이 기원전 333년에 고르디온을 방문했다. 알렉산드로스는 고르디우스의 매듭에 숨겨져 있는 끝부분을 찾으려 했지만 실패했고 짜증을 냈다. 알렉산드로스는 칼을 꺼내 들더니 매듭을 잘라서 풀어버렸고, 이는 아무도 예상치 못한 행동이었다. 이렇게 하여 알렉산드로스는 아시아를 정복하는 것으로 신탁의 예언을 실현했다.]

매듭을 푸는 자가 아시아를 정복할 것이라는 신탁이 내려졌고, 알렉산드로스는 칼로 매듭을 자르긴 했지만 어쨌든 풀었고, 알렉산드로스가 아시아를 정복하여 예언을 실현했다는 이야기 구조를 취하고 있다. 이렇듯 편입시험에서는 인물이나 일화를 바탕으로 하는 서사적 구조의 글도 자주 출제된다.

06 주관 · 객관적 묘사

Hurricane Katrina's effect on the city of New Orleans has been much longer-lasting than most expected. Almost four years after the storm, a quarter of the population has never returned. A third of homes still lie empty, many decked with tarpaulins and with the flood-line still visible. Residential streets are lined with houses with collapsing porches, fallen plasterwork and hopeful FOR SALE signs. Less than half of the city's famous street-cars are still rusty.

[허리케인 카트리나가 뉴올리언스에 미친 영향은 대부분이 예상했던 것보다 훨씬 더 오래 지속된다. 허리케인이 분 지 거의 4년이 지난 후에도 뉴올리언스 인구 가운데 4분의 1은 아직 돌아오지 않았다. 집 가운데 3분의 1은 여전히 비어 있고, 다수는 방수포로 뒤덮인 데다 홍수선이 여전히 보이고 있다. 거주 구역의 도로에 늘어선 집들은 현관이 무너져 있고, 회반죽은 떨어져 있으며, 기대 섞인 "판매 중" 간판이 붙어 있다. 뉴올리언스의 유명한 시내 전차 가운데 반이 못 되는 수는 여전히 녹이 슬어 있다.]

허리케인 카트리나가 뉴올리언스를 휩쓸고 지나간 후 황폐해진 도시의 모습을 안타깝게 묘사하고 있다. 이렇듯 글을 통해 현장에 존재하지 않았던 독자에게 당시의 상황을 생생하게 그려내서 마치 현장에 있는 듯한 느낌을 주는 묘사의 방식을 사용했다.

CHAPTER 01

정보 제시와 설명

01 설명의 개념

어떤 사실이나 사물, 현상, 사건의 내용, 의의, 이유 등을 알기 쉽게 밝히는 진술 방식으로 정보의 전달을 목적으로 하는 글에 주로 쓰인다. 그러므로 자신의 주장이나 의견보다는 객관적인 사실에 초점을 맞추어야 한다. 일반적으로 독해 지문의 상당수가 설명문의 형식으로 되어 있다. 대체로 설명의 경우에는 정보의 전달이 목적이므로 글의 첫 부분에 무엇에 대해 말하는지가 언급되는 경우가 많다. 그러므로 글의 서두에 주로 주제문이 제시된다.

02 설명의 방식

글을 설명하는 방식으로는 가장 대표적으로는 정의(定義)를 밝히는 것이 많고, 이와 유사하게 지정(指定)이 있는데, 지정은 대상을 직접 설명하는 데 비해서 정의는 대상이 지닌 본질적인 속성을 밝히는 것이다. 이를테면 "정사각형은 두 쌍의 마주 보는 변이 서로 평행이다. 정사각형의 두 대각선은 길이가 서로 같고, 서로를 수직으로 이등분한다."와 같은 식이다. 또한 분류와 분석을 통하여 대상을 설명하기도 한다. 더불어 비교와 대조를 통하여 대상의 특징을 설명할 수도 있다. 이 모든 것들은 저자가 독자에게 이해시키고자 하는 바를 효과적으로 전달해 준다. 즉 알지 못하던 사실이나 모호한 것을 분명하고 정확하게 표현하고자 하는 것이다. 주제문이 제시되기 때문에 핵심 키워드를 처음에 제대로 잡아내면 쉽게 글을 쉽게 풀어 나갈 수 있다.

03 설명을 이용한 문장의 이해

❶ **Homeschooling is** the education of children at home, typically by parents but sometimes by tutors, rather than in other formal settings of public or private school.

[홈스쿨링은 아이들을 집에서 교육시키는 것으로, (아이들의 교육을) 정규 교육기관인 공립이나 사립학교가 아닌, 부모가 담당하지만 때로는 가정교사가 담당하기도 한다.]

이 글은 홈스쿨링이 무엇인지를 설명하는 글이다. 정의의 형태를 이용하여, "~는 …하다"라는 식으로 글을 이끌어간다. 예문에서도 be동사를 사용하여 "A는 B이다"의 구조로 설명하고 있다. 이와 비슷한 형태로 A means (that) ~이나 A is described as ~ 등으로 나타내기도 한다.

❷ If you do not like someone, you might ignore or snub that person. **This is called** "giving the person the cold shoulder." This saying began during the Middle Ages, more than 500 years ago.

[만약 당신이 누군가를 좋아하지 않으면 무시하거나 냉대할 수 있다. 이런 경우에 '차가운 어깨를 내주는 것'이라고 표현한다. 이 속담은 500년도 훨씬 전 중세에 시작되었다.]

이 글은 관용어의 유래에 대하여 설명해 주는 방식으로, 다음에 나오는 글이 이러한 관용어의 의미와 유래에 대한 것임을 짐작할 수 있다. 향후 giving the person the cold shoulder에 관한 유래를 언급하고 현재 어떤 식으로 사용되고 있는지를 알려 주는 방향으로 글이 흘러갈 것이라 유추가 가능하다.

❸ We need darkness to make our immune systems work well. **Scientists have now discovered that** only when it's really dark your body can produce the hormone called melatonin.

[면역 기능이 제대로 기능하기 위해서는 어둠이 필요하다. 과학자들은 오직 어두울 때에만 신체는 멜라토닌이라고 불리는 호르몬이 만들어진다는 것을 발견하였다.]

과학이나 의학 관련 글에서 자주 사용하는 표현으로 The report shows that ~, According to the research, ~ 등도 역시 정보의 출처를 밝히면서 무언가에 대하여 설명하는 것이다. 이런 글을 목적은 과학자들이 멜라토닌의 생성에는 어둠이 필요하다는 것을 독자들에게 알리기 위함이다. 즉 정보를 제공하기 위하여 쓴 글임을 알 수 있고, 향후 면역 기능과 멜라토닌의 관계, 멜라토닌과 어둠의 관계 등이 보다 자세히 언급될 것임을 예측할 수 있다.

[01~02]

In the southern part of England there is a circle of large stones. This circle of stones is called Stonehenge. Stonehenge was built by people who lived in England about 4,000 years ago. These people did not leave any writing to help us learn about how they lived. Scientists have learned something about them from Stonehenge. Scientists think that Stonehenge was a calendar because of the way the stones were placed. The stones point to the most northerly place where the sun comes up during the year. The line in the picture of Stonehenge shows where the sun rises around June 21 or 22. (A) The ancients were able to know the seasons by the way the sun shone on the stones. Today tourists from around the world still go to Stonehenge to watch the sun on the summer solstice. They want to see how the oldest and largest calendar works.

01 윗글의 내용을 가장 잘 요약한 것은?

① Stonehenge may well be the world's oldest calendar.
② Stonehenge revives England's tourism industry.
③ Stonehenge is the epitome of ancient art.
④ Scientists make good use of ancient artifacts.

02 밑줄 친 (A)가 지칭하는 것은?

① tourists who visit Stonehenge
② early scientists who discovered the purpose of Stonehenge
③ people who built Stonehenge
④ foreign pilgrims to Stonehenge

[03~04]

Is stuttering purely psychological, or is it caused by physical factors? Scientists know that the left hemisphere of the brain is responsible for speech. Yet studies show that a stutterer's right hemisphere is quite active during speech. In other words, the right side of the brain may be interfering with the left side as it works to produce words. One study revealed that the area of the brain responsible for hearing is inactive in a stutterer. This inability to hear his or her own speech may either cause or contribute to the stutterer's problem. Other researchers believe that the cause of stuttering can be found in the genes. Based on an analysis of human DNA, these scientists claim that stuttering is an ⓐ <u>inherited</u> disorder.

03 **What is the main idea of the above passage?**

① It is clear that psychological factors play a key role in causing stuttering.
② Stuttering happens when the right hemisphere of the brain is damaged.
③ Scientists have identified some physical factors that could explain the causes of stuttering.
④ Stuttering appears to be passed on from parents to children.

04 밑줄 친 ⓐ와 뜻이 가장 유사한 것을 고르시오.

① congenital   ② chronic
③ latent   ④ inveterate

Research has found that studying music from a young age will boost language learning skills, even in adulthood. According to the studies, even one hour a week of learning music is enough to help children develop larger vocabularies, a better sense of grammar, and a higher verbal IQ. Music training started before the age of seven develops the brain's ability to process subtle but critical differences between sounds in language, which aids in both language production and perception. Moreover, this advantage in language skills lasts for life. Researchers found that adults who studied music in early childhood were able to learn a foreign language quicker and more efficiently than adults who did not learn music as children. Robin Dunbar, a researcher from Oxford University, explains that human language has evolved from our historical development and use of music. Neurological data showing that the neural networks for music and language overlap support this hypothesis.

05 Which of the following is the best title for the passage?

① Early Music Training Helps Language Learning
② The Relationship between Verbal IQ and Language
③ The History of Music and Language Communication
④ Language Learning Develops Neural Networks

06 According to the passage, which of the following is true?

① Children must be exposed to music on a daily basis for them to reap benefits.
② Music training should be started after the age of seven to develop language skills.
③ The ability to distinguish small differences between sounds aids speech perception.
④ Evolutionary evidence suggests music and language have developed separately.

The origin of narcotics is opium. Morphine and heroin are the (A) _____ of opium. Opium is the first drug human beings used. Humans got ahold of it much earlier than alcoholic beverages, which require a knowledge of fermentation to produce. The Arabs used opium as a trading item. Opium disappeared from Europe with the fall of the Roman Empire, but its lost memories were revived by the Crusades. After a sea route to India opened, the drug flowed into Europe. When the British occupied India, they used opium as a political and economic weapon. British merchants exported opium from India to China and turned the Chinese into addicts. Britain provoked the Opium Wars so that it could fight against the Qing Dynasty that prohibited the (B) _____ of the drug.

07 Choose the best expression for (A) and (B).

	(A)		(B)
①	nicknames	—	exportation
②	offsprings	—	exportation
③	nicknames	—	importation
④	offsprings	—	importation

08 Choose the best topic.

① The Opium Wars
② The history of opium
③ The classification of narcotics
④ Social problems caused by narcotics

09 Which one is TRUE?

① Alcoholic beverages had been made before people began to use opium.
② The Qing Dynasty brought about the Opium Wars.
③ The Arabs used opium for bartering.
④ The Crusades introduced opium to Europe for the first time.

(Ⓐ) Photography is in many ways the mechanical realization of perspective, and its effect on painting was profound. (Ⓑ) With the development of a camera device that could produce realistic images of the world, the social role of painting changed dramatically. (Ⓒ) (㉠) painting had functioned throughout most of Western history as a means to produce an idealized view of the world, specifically through the world view of the Church, it had become increasingly a tool of realism after the invention of perspective. The invention of photography was greeted by such proclamations of its verisimilitude, that some even suggested it had redefined human vision altogether. (Ⓓ) Many thus felt that the camera could do a "better" job of producing realistic images of the world than a painting, and this allowed painters to think of painting in new ways not always tied to realism or to the ideology of fixed perspective. (Ⓔ)

10 Where does the following sentence fit best in the passage?

French writer Emile Zola even wrote at the time, "We cannot claim to have really seen anything before having photographed it."

① Ⓐ   ② Ⓑ   ③ Ⓒ   ④ Ⓓ   ⑤ Ⓔ

11 Choose the best title for the above passage.

① Realism and Photography
② The Invention of Perspective
③ Painting and Western History
④ Emile Zola and Photography
⑤ The Development of Human Vision

12 Which of the following is most appropriate for the blank (㉠)?

① Consequently   ② Despite   ③ Whereas
④ Therefore   ⑤ However

Bamboo is one of the world's most important plants. For one thing, a stand of bamboo benefits humans by releasing into our atmosphere 35 percent more oxygen than a stand of trees the same size. Bamboo also cleanses the atmosphere by absorbing a great deal of carbon dioxide. In addition, bamboo is a very hardy, fast-growing plant. Some bamboo species grow at the rate of two inches per hour, so they can quickly regreen a deforested area, preventing damaging erosion and providing protection from the sun. The plant's amazing growth rate, along with a strength that _____ that of mild steel, makes bamboo an excellent building material. And bamboo has also provided humans with a wide range of other products from foods and medicines to paper and fuel. Thomas Edison used a bamboo filament in his first light bulb, which still burns at the Smithsonian Museum in Washington, D.C., and Alexander Graham Bell's first phonograph needle was made of bamboo.

13 Which is the most appropriate for the blank?

① overcomes   ② surpasses
③ reinforces   ④ dissipates

14 According to the passage, which is NOT true?

① Bamboo is one of the fastest-growing plants on earth.
② Bamboo could play a major role in preventing soil loss.
③ Bamboo was used for Edison's light bulbs and Bell's telephones.
④ Bamboo releases much more oxygen than an equivalent stand of trees.

15 Which is the best title of this passage?

① Bamboo as a Green Solution
② Why Bamboo?
③ Planting Bamboo
④ Fascinating Bamboo Foods

Several studies suggest that there are gender differences in language use in children as young as 3 years old. Preschool boys tend to be more assertive and demanding in their conversational style, whereas preschool girls tend to be more polite and cooperative.

[I] And, when conflict arises, boys handle it differently than girls do. Amy Sheldon (1990) videotaped same-sex triads of preschool girls and boys at a day care center.

[II] Given these gender differences in preschoolers' conversational style, perhaps it is not surprising that there are more disputes when preschool boys interact than when preschool girls interact.

[III] For example, it was found that boys tended to use simple imperatives in talking to their partner in pretend play. Girls in the same situation used fewer simple imperatives and instead used language that included the other child in planning.

She observed that when the boys had conflicts, they frequently issued directives and made threats. The girls, in contrast, tended more to try to negotiate a settlement.

16 **Which is the proper order of [I] — [III]?**

① [I] — [II] — [III]   ② [I] — [III] — [II]
③ [III] — [I] — [II]   ④ [III] — [II] — [I]

17 **According to the passage, which would be an example of a boy's utterance?**

① Let's sit down and use it, OK?
② That's mine! Give me the truck.
③ I give you the cupcake. You give me the cookie.
④ I'll be the doctor for my baby and you be the doctor for your baby.

When people learn to play video games, they are learning a new literacy. Of course, this is not the way the word "literacy" is normally used. Traditionally, people think of literacy as the ability to read and write, but there are two reasons we should think of literacy more broadly. First, in the modern world, language is not the only communicational system. Today images, symbols, graphs, diagrams, artifacts, and many other visual symbols are particularly significant. Thus, the idea of different types of "visual literacy" is important. For example, knowing how to read interior designs, modernist art, and videos on MTV are other forms of visual literacy. The second reason is even though reading and writing seem so central to what literacy means traditionally, reading and writing are not such general and obvious matters. After all, we never just read or write; rather, we always read or write something in some way. So there are different ways to read different types of texts. Literacy is (A) _____, then, in that the legal literacy needed for reading law books is not the same as the literacy needed for reading physics texts or superhero comic books. There are, even in regard to printed texts, different literacies.

18 Which of the following is the best title for the passage?

① The Advent of Visual Literacy
② Limits of Reading and Writing
③ Broader Perspectives of Literacy
④ A Lesson from Traditional Literacy

19 Which of the following best fits into (A)?

① confounded
② triangular
③ coherent
④ multiple

20 According to the passage, which of the following is NOT true?

① Traditional literacy means the ability to read and write.
② Visual literacy is needed to read diagrams and artwork.
③ Traditional writing is done in generalized and obvious ways.
④ There are different literacies for different kinds of printed texts.

01 변화와 개선의 개념

설명의 변형된 형태로, 과거와 현재의 상황 혹은 과거의 부족한 부분과 현재 개선된 부분 등을 대비시켜, 발전적인 상황을 드러내는 형식으로 설명하는 것이다. 글의 중심은 현재의 개선된 상황이지만, 극적인 변화를 드러내기 위하여 과거의 상황을 들고 나온 것이다. 변화를 바탕으로 대비시키기에 변화와 개선으로 이름 붙였다.

02 변화와 개선의 방식

지문에서 과거의 연구 성과와 현재의 연구 성과를 대비시켜, 더 나은 결과를 도출했다거나 혹은 기존의 문제를 수정하여 개선된 성과를 얻었다는 과학적 실험에 관련된 글이 주를 이룬다. 하지만 이외에도 과거의 이론이나 사상 등에 대한 비판적 검토 후에 이에 대한 반성으로 폐기하고 새로운 이론이나 사상을 받아들이는 방식으로 쓰는 글이다. however, but, whereas, while 등을 활용하고, until recently, today, new research 등으로 새로운 상황을 암시하기도 한다.

03 변화와 개선을 이용한 문장의 이해

❶ The brain is the source of all the qualities that define our humanity. For centuries, scientists and philosophers have been fascinated by the brain, but **until recently they viewed the brain as nearly incomprehensible.** **Now, however, the brain is beginning to relinquish its secrets.** Scientists have learned more about the brain in the last 10 years than in all previous centuries because of the accelerating pace of research in neurological and behavioral science and the development of new research techniques.

[뇌는 우리 인간을 규정하는 모든 자질의 근원이다. 지난 수 세기 동안 과학자들과 철학자들은 뇌에 매료되었지만 최근까지 이들은 뇌를 거의 이해할 수 없는 존재로 여겼다. 하지만 이제는 뇌는 점차 그 비밀을 내주기 시작하고 있다. 지난 수 세기에 비해 최근 10년 동안 과학자들이 뇌에 관해 배운 지식이 더 많으며 이는 신경과학 및 행동과학 분야의 연구 속도가 점차 가속도가 붙기 시작했고 새로운 연구 기법이 개발되었기 때문이다.]

'최근까지는 ～했다, 그렇지만 지금은 ～하다.' 이런 형태로 과거와 현재의 상황을 대비시켜 변화한 상황을 보여 준다. 과거의 부족했던 부분을 보완하거나, 기술의 발전 등으로 새롭게 개선된 상황 등을 제시하기도 한다. 본문의 until recently, now, however 등을 유의해서 살펴보면 변화에 대해 인식할 수 있다.

❷ For the past 30 years, computer-vision technologies have struggled to perform well, even in tasks as mundane as correctly recognizing faces in photographs. **Recently, however, breakthroughs in deep learning** have finally enabled computers to interpret several kinds of images better than people do. Recent progress in a deep-learning approach known as a convolutional neural network(CNN) is essential to the latest strides.

[지난 30년 동안 컴퓨터의 시각 기술은 사진 속 얼굴을 정확하게 인식하는 것과 같은 단순한 일조차도 좋은 성과를 내기 위해 고군분투해 왔다. 하지만 최근 딥러닝 기술의 획기적인 발전으로 마침내 컴퓨터가 몇몇 종류의 이미지를 인간보다 더 잘 해석할 수 있게 됐다. 합성곱 신경망(CNN)이라고 알려진 딥러닝 기법의 최근 발전이 최근의 진전을 이루는 데 필수적인 요소이다.]

however를 중심으로 이전에 비해 비약적인 발전(breakthrough)을 이뤄냈다는 내용이 나온다. 과거에는 이뤄내지 못한 것을 최근에 해냈다는 내용을 유추할 수 있게 breakthrough를 사용하였다.

❸ What Americans consider "medical treatment" is actually **a fairly new approach** to health care. **Before the nineteenth century**, any number of people might be called upon to treat a sick person: herbalists, druggists, midwives, even barbers (in the Middle Ages, barbers became skilled at bloodletting). <u>Today</u>, most Americans seek medical treatment from trained, certified medical doctors who focus on treating their particular illnesses and symptoms. This modern, scientific medical practice has been remarkably effective at saving people's lives. Women and children in particular have benefited, and rates of maternal death in childbirth and infant mortality have plummeted since the turn of the twentieth century.

[미국인들이 생각하는 "의학적 치료"는 사실 의료 서비스에 있어 상당히 새로운 접근법이다. 19세기 이전만 하더라도 누구든 아픈 사람을 치료하도록 요구받았다. 약초상과 약제사, 산파, 심지어 이발사(중세에는 이발사들이 피 뽑기에 유능했다)까지 아픈 사람을 치료하는 데 불려갔다. 오늘날, 대부분의 미국인들은 자신들의 특정 질병과 증상을 치료하는 데 초점을 맞춰 교육을 받고 자격을 취득한 의사들로부터 치료를 받으려고 한다. 이와 같은 현대적이고 과학적인 의료 행위는 사람들의 생명을 구하는 데 매우 효과적이었다. 특히 여성과 어린이들이 혜택을 받았는데, 20세기로 접어들면서 출산 중 사망하는 산모의 비율과 영아 사망률이 급격히 감소했다.]

과거의 상황을 현재의 상황과 대비시키는데, 이러한 것을 a fairly new approach라고 언급하면서, 19세기 이전과 현재를 대비시켜 현재의 행위가 매우 효과적이라는 판단을 내리고 있다.

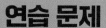

[01~02] 성균관대 2018

A "biological annihilation" of wildlife in recent decades means <u>a sixth mass extinction</u> in Earth's history is under way and is more severe than previously feared, according to research. Scientists analyzed both common and rare species and found billions of regional or local populations have been lost. They blame human overpopulation and overconsumption for the crisis and warn that it threatens the survival of human civilization, with just a short window of time in which to act.

Previous studies have shown species are becoming extinct at a significantly faster rate than for millions of years before, but even so extinctions remain relatively rare giving the impression of _____. The new work instead takes a broader view, assessing many common species which are losing populations all over the world as their ranges shrink, but remain present elsewhere.

01 According to the passage, which of the following is NOT correct about "a sixth mass extinction"?

① It is partly caused by human overpopulation.
② It is in progress, but its speed becomes slower.
③ It is seriously happening all over the world.
④ It endangers the continuation of human civilization.
⑤ It means a disappearance of regional bio-species from the earth.

02 Which of the following is most appropriate for the blank?

① a gradual loss of biodiversity
② a sudden disappearance of species
③ a whole extinction of human race
④ a partial end of biological types
⑤ an enduring continuity of biological variety

Until recently, scientists believed that the human brain was fully developed by the age of three. According to this theory, the teen behaviors that most concern parents — risk-taking, a lack of sensitivity to how their actions affect both themselves and others, increased aggression, reduced concentration, or a negative attitude — were thought to be due to bad parenting or changes in body chemistry. However, new technology has allowed researchers to examine the healthy brain at work, and what they have discovered _____. Not only does the brain continue to grow past the age of three, but the brain of a teenager is larger than that of an adult. As teen brains are flooded with chemicals during adolescence, the brain grows. However, at the same time, the cells of the brain that are used more compete with those that are used less. Only the cells and the connections between the cells that are used the most will survive the competition. Those that are used less begin to die off until the brain reaches what will be its adult size.

03 빈칸에 들어갈 가장 알맞은 것을 고르시오.

① causes them to fear
② might surprise you
③ is disappointing to them
④ might make you understood

04 윗글의 내용과 맞는 것을 고르시오.

① Human brains stop developing after the age of three.
② Teens' bad behaviors are mostly caused by bad parents.
③ Brain size becomes the largest in one's teen years.
④ The brain cells most actively used kill those unused.

The use of audiovisual materials has been integrated into language learning for many years. In fact, technology to listen to target language audio and record oneself has been commonly available in language classrooms since the 1970s. Despite countless innovations and technologies made available in language learning since then, the cassette recorder is the single piece of technology that has affected language learning the most. Audio material has been readily available online, either as streamed or downloadable files, since the 1990s. With the arrival of Web 2.0 tools, audio can be distributed by individuals or institutions while being Ⓐ _____ other content. 'Podcast' has made the transition from technical to commonplace in a very short time. The impact and penetration of podcasting has been wide raging, far reaching, and arguably much faster than that of the world wide web. This impact can be Ⓑ _____the fact that the uses of podcasting are varied, from entertainment to politics to education, and can appeal to a mass audience.

05 윗글의 주제로 가장 적절한 것은?

① The advantages and disadvantages of diverse audiovisual materials.
② The substantial effect of the cassette recorder in language education.
③ The introduction of streamed or downloadable files in language education.
④ The evolution of audiovisual materials in language education and the emergence of podcasting.
⑤ The prevalence of audiovisual materials and dependence on podcasting in various areas in the society.

06 윗글에 주어진 빈칸 Ⓐ − Ⓑ에 들어갈 가장 적절한 표현을 순서대로 나열한 것은?

① replaced by − translated into
② separated from − argued against
③ restricted to − substantial with
④ interested in − liable to
⑤ combined with − attributed to

We've all seen animals playing. But are they having fun? (ⓐ) In the past, most scientists believed that only humans could have fun. But today, those beliefs are changing. More and more scientists are studying animal emotions and play. (ⓑ) And what they are finding out might surprise you. For example, scientists have done experiments to show that some animals laugh. They have learned that chimpanzees, dogs, and rats, among other animals, all laugh. Their laughs might not sound like human laughter, but they are laughing. The idea of laughing chimpanzees and dogs may not be difficult to imagine. (ⓒ) And anyone who has a dog knows that dogs like to play. However, rats? Have you ever played with a rat? Have you ever tickled one? (ⓓ) Scientists at a university in Ohio did. What happened? The rats laughed! Actually, they chirped, which is the sound that rats make. And like humans, the rats chirped only when someone they knew and liked tickled them. But how do the scientists know that the rats were really laughing? (ⓔ) They studied their brains. When humans laugh, one part of the brain is very active. When a rat chirps, that part of its brain is active, too.

07 Which is the best place for the sentence given in the box?

We know that there are many similarities between humans and chimps.

① ⓐ   ② ⓑ   ③ ⓒ   ④ ⓓ   ⑤ ⓔ

08 What is the most suitable title for the passage?

① Why Do Humans Laugh?
② How Do Animals Have Fun?
③ Do Animals Have Emotions?
④ Are Animal Experiments Reliable?
⑤ Do Animals Laugh?

Some time ago, a _____, supposedly wise in the ways of octopuses or devilfishes, stated that a person is more likely to be attacked by a pumpkin than by one of these creatures. However, evidence indicates that the statement is somewhat exaggerated. Equally absurd, however, is the notion that devilfishes spend their time looking for a man to eat. The truth of the matter seems to lie between these extremes. No authentic case of death from octopus attack has been discovered; but that the creature can be potentially dangerous is supported by two articles in Australian newspapers. Two attacks by octopuses in Australian waters, occurring within two weeks of each other, are described by eye witnesses. In both cases, the divers escaped only after a considerable struggle.

09 Fill in the blank with an appropriate occupation.

① chemist ② physicist ③ botanist
④ biologist ⑤ surgeon

10 According to the passage, which is NOT true?

① Octopuses can be potentially harmful to humans.
② Exaggeration prevails about devilfishes.
③ Octopuses always look for a man as a prey.
④ Devilfishes can be dangerous.
⑤ Humans are reported to be attacked by devilfishes.

CHAPTER 03 주장과 근거 제시

01 논증의 개념

어떤 주장에 대하여 옳고 그름의 이유를 밝히는 논리적 절차, 또는 이를 통해 상대방의 신념이나 태도를 변화시키는 것을 목적으로 하는 진술 방식으로, 설득이 목적인 글에 주로 쓰인다. 논증은 논거를 전제로 하며 저자 자신의 결론은 이미 내려진 상태이다. 그러므로 글을 어떠한 방식으로 전개하여 독자들을 자기주장으로 끌어들이는지가 중요하다. 논증의 글에서는 자신이 주장하는 바가 글에 분명히 드러나기 때문에 주제문이 필요한 구조를 취한다.

02 논증의 방식

논증의 경우 두 가지 경우가 존재한다. 우선 필자의 주장만으로 이루어진 경우인데, 여기에서는 자신의 주장을 뒷받침하기 위해 적절한 논거를 제시하게 된다. 두 번째로는 상대방의 주장을 소개하고 이에 대해 반박하는 반대 주장을 펼치며 이에 대한 대안을 제시하게 되는데, 이러한 반박과 대안 제시가 바로 자신의 주장과 논거가 된다. 후자의 경우에는 글의 앞부분보다는 자신의 주장을 소개하는 부분이 바로 글의 핵심이 되고, 주제문이 존재하는 부분이 된다.

논거를 제시하는 방법을 보면, 구체적인 논거로부터 타당한 결론을 이끌어 내는 추론 과정이 있다. 개별적이고 특정한 것으로부터 일반적인 것을 끌어내는 귀납적 방식을 이용하기도 하고, 그와 반대로 이미 확립된 일반화로부터 개별적이고 구체적인 것을 끌어내는 연역적 방식을 사용하기도 한다. 인간의 사고는 귀납과 연역적인 측면이 혼재하므로, 자신의 주장을 효과적으로 드러내기 위해 논증에서는 이 양자 모두를 적절하게 사용하게 된다.

논증으로 구성되는 글은 주로 연설문, 에세이, 신문의 사설, 인터뷰, 토론 등의 논점이 있는 글에서 사용된다. 시험에서도 역시 Martin Luther King의 "I Have a Dream"이나 Judy Syfers의 "Why I Want a Wife"와 같은 연설문이나 에세이가 출제되었다. 이전에 비해 지문의 길이가 길어지기 때문에 다소 복잡한 글도 출제되고 있으며, 논증 형식의 글도 역시 자주 출제된다.

03 논증을 이용한 문장의 이해

❶ Universities are institutions of higher education and they need to provide education to satisfy certain standards. In order to provide such quality education they need to have qualified professors and must provide minimum academic facilities. Since funds are limited, **we should raise** the standard of our existing universities first. Only after that, **should we invest** in establishing new ones.

[대학은 고등교육 기관이고, 특정한 기준을 충족시키기 위한 교육을 제공할 필요가 있다. 그러한 양질의 교육을 제공하기 위하여, 대학은 자격을 갖춘 교수들이 필요하고 최소한의 교육 시설이 필요하다. 자금은 한정되어 있기 때문에, 우선 현존하는 대학의 기준을 올려야 한다. 그런 연후에 새로운 대학을 설립하는 데 투자해야 하는 것이다.]

자신의 주장을 펼쳐서 상대방을 설득하는 글이므로, 주장을 드러내는 표현들이 자주 나온다. I urge ～ 또는 In my opinion, ～ 등도 자주 나오는 표현이다. 조동사를 사용하는 경우는 당위를 나타내는 should나 ought to가 자주 사용된다.

❷ Justice is not always perfect. Cases exist where the state executed an innocent person. Once a life is taken, you cannot bring it back. Today the death penalty is not necessary because there are better ways to punish killers. **Much worse than death is** knowing that you are going to spend the rest of your life in prison with no hope of getting out. **Life in prison is a more terrible punishment** because the murderers must live with the memory and guilt of their crime.

[정의는 항상 완벽한 것은 아니다. 국가가 무고한 사람을 처형하는 경우가 존재한다. 일단 생명을 앗아가게 되면, 되돌릴 수 없다. 살인자를 처벌하는 더 나은 방법이 있기 때문에, 오늘날 사형이 꼭 필요한 것은 아니다. 사형보다 더 심한 것은 출소할 희망이 없이 평생을 교도소에서 보내야 한다는 것을 알게 되는 것이다. 살인자는 범죄에 대한 기억과 죄의식을 가진 채 살아야 하기 때문에, 무기징역은 더 끔찍한 처벌이다.]

사형을 선고하기보다는 무기징역을 선고하는 것이 더 낫다는 것을 오판의 가능성과 대안 제시를 통해서 자신의 주장을 밝히는 글이다.

❸ Long-term happiness is fleeting no matter what your bank account looks like, but research shows that money can, in fact, buy you short-term bursts of joy — if you spend wisely. Buying yourself experiences like concerts or vacations has been linked to greater happiness than material purchases, and even the anticipation of a fun event can cause substantial enjoyment, regardless of whether the anticipation is fulfilled. But maybe most importantly, people who spend money on others are proven to be measurably happier than those who spend on themselves. So do yourself a favor: Buy happiness for someone else. You might also be falling for these other happiness myths.

[장기간의 행복이란 것은 당신의 은행계좌에 들어있는 돈이 적든 많든 간에 잠깐 동안만 존재할 뿐이지만, 연구에 따르면 사실 돈을 현명하게 쓴다면 돈으로 잠깐이나마 한바탕 밀려오는 즐거움을 살 수 있다. 공연이나 휴가 같은 경험을 돈으로 구매하는 것은 물질적인 것을 구매하는 일에 비해 더 큰 행복과 연관이 있으며, 즐거운 일이 있을 것이라는 예측은 예측의 실현 여부와는 관계없이 상당한 기쁨을 야기할 수 있다. 하지만 어쩌면 가장 중요한 사실은, 다른 사람들을 위해 돈을 쓰는 사람은 스스로를 위해 돈을 쓰는 사람에 비해 측정 가능한 행복을 더 많이 느끼는 것으로 증명되었다. 따라서 스스로에게 호의를 베푸는 차원에서 다른 이에게 행복을 사다 주라. 당신은 또한 어쩌면 이와 같은 행복에 대한 다른 통념에 속아 넘어갈지도 모른다.]

행복에 대한 연구를 인용하여 서술한 후, So do yourself a favor: Buy happiness for someone else.라는 문장을 통해 베푸는 데 진정한 행복이 있다는 자신의 견해를 드러낸 글이다.

[01~02] 성균관대 2021

Education is both an uplifting and integrating force. It uplifts, as people acquire the skills and knowledge to lead dignified lives, fulfill their aspirations and contribute to society. It is also an integrating force, because as people improve their lives through education, we have better chances of narrowing the gaps of inequality. The uplifting and integrating forces strengthen each other. Both objectives are being ⓐ _____ today. Rapid technological advancements put a shorter expiry date on the skills and knowledge we acquired in schools and higher education, and globalization has widened social inequality. Recently, I have spoken extensively in Parliament on what we have done and will be doing to strengthen the integrative aspect of education. Today, I will not talk about inequality. Today, I will talk about the changes we need to make to ensure that education continues to uplift lives and prepare our young for the future. This is the central question every educator in the world is asking — how to prepare our young for the future?

01 The targeted audiences of the speech are _____.

① congressmen ② news reporters ③ educators

④ diplomats ⑤ parents

02 What is most appropriate for the blank ⓐ?

① maintained ② achieved ③ pursued

④ challenged ⑤ promoted

As we fail to do with so many other mental activities, we typically do not work up to our mental potential when we read. More often than not, we lapse into a nice comfortable rate — one that barely keeps the mind busy and that allows us to be distracted by our surroundings or other pressing thoughts unrelated to the task of reading. Many students have been led to believe that they will read better if they just slow down, but that advice is as valid as saying that they will "drive better" if they slow down to forty-five miles per hour on an interstate highway. The slow driver is prone to being distracted by the scenery, may become drowsy from the slower pace, or perhaps will attend to other, more interesting, pursuits, such as adjusting the graphic equalizer on the car stereo system. Driving thus becomes only one of the activities competing for the driver's attention. You will probably do a better job of reading if you press yourself to read 10 percent or so above your typical rate, just enough to require your mind to stay alert and focused.

03 **Which of the following is true of the passage?**

① We usually drive better when we drive slowly.
② We usually read better when we read slowly.
③ We usually don't use all our mental potential while reading.
④ We usually get distracted by the scenery while we are driving.

04 **Which of the following does the author suggest to improve reading?**

① Read in quiet surroundings.
② Read a little faster than you do normally.
③ Read more carefully and attentively.
④ Read books related to your interests.

[05~07]

passage 1

The risks of not being vaccinated far outweigh the small risks associated with vaccination. Preventable diseases like measles and mumps can cause permanent disability and death. In 1991 an outbreak of measles in an unvaccinated group of children in Philadelphia caused seven deaths. Children infected with the mumps can become permanently deaf. Although a very small number of deaths from the MMR (measles, mumps, rubella) vaccine have been reported, the most common adverse reactions are minor soreness and/or fever.

passage 2

Children should not be required to receive the DPT (diphtheria, pertussis, tetanus) vaccine. Some studies have shown that children who receive the DPT vaccine exhibit shallow breathing which has been associated with sleep apnea and may be a causal factor in sudden infant death syndrome (SIDS). Studies of infants whose deaths were recorded as SIDS show a temporal relationship with DPT vaccination (these infants tended to die at similar time intervals in relation to when they were vaccinated.)

05 What's the idea of the passages?

① The safety of child vaccinations.　② Mothers against vaccination.
③ Preventable diseases that only affect children.　④ Medical research into SIDS.

06 What's the relationship of SIDS and DPT vaccination?

① SIDS babies had not received the DPT vaccination yet.
② The DPT vaccination has been known to prevent SIDS.
③ Those who have died from SIDS had received the DPT vaccination at a set time in the past.
④ Receiving the DPT vaccination means your child will die from SIDS.

07 Which of the following is true, according to the passage?

① Some children have died from the MMR vaccination.
② The mumps will always kill its victims.
③ The MMR vaccine can cause long-term sleeping problems.
④ SIDS can be prevented with the MMR or DPT vaccines.

The Arctic National Wildlife Refuge is home to caribou, moose, musk oxen, wolves, foxes, grizzlies, polar bears and migratory birds. Leaders in the oil industry believe the refuge is the perfect site for the "environmentally sensitive exploration" of oil. Environmentalists are wondering: What will become of the wildlife? Oil-industry leaders and others believe that Americans will benefit from the oil that lies under the snow-filled surface of the refuge. In their opinion, the oil will help reduce high fuel prices and decrease our need for oil from other countries.

I believe the cost of such drilling is too high. I agree with environmentalists who fear that drilling will disturb the migration of more than 130,000 caribou. Each spring, the caribou travel 400 miles to give birth on the coastal plain. In this area of the refuge, there are fewer predators. In addition, experts say that the oil in the area adds up to less than a six-month supply. Is such a small amount of oil worth the risk drilling poses to these animals? Americans are the largest consumers of oil. Instead of drilling for oil, we should decrease our need for foreign oil simply by using less. We must all work together to cut back on the oil we use in order to preserve the wildlife of the Arctic National Wildlife Refuge.

08 What's the topic of the passage?

① The attempt to drill for oil in the Arctic National Wildlife Refuge
② The fight to stop oil companies heading to the Arctic
③ The need for America to become self-reliant for all its fuel
④ The traveling habits of Arctic animals

09 What cannot be inferred from the passage?

① The area will not be able to provide oil for the whole nation.
② Environmentalists are wary of the oil industries arguments.
③ Oil-industry leaders want to drill for oil in the Arctic.
④ Nobody cares about the wildlife in the Arctic.

10 What's the opinion of the author?

① The caribou will be extinct soon.
② The animals will die if the plan goes ahead.
③ Americans should use less oil.
④ Other countries should sell oil to America more cheaply.

> "We are all players in the global market: if we do not compete, we will perish." The market is where we are, where we find ourselves. How we got to be here we may not ask. It is like being born into a world we have no hand in choosing, to parents unknown. We are here, that is all. Now it is our fate to compete. To <u>true believers in the market</u>, it makes no sense to say that you take no pleasure in competing with your fellow men and prefer to withdraw. You may withdraw if you wish, they say, but your competitors will most assuredly not. As soon as you lay down your arms, you will be slaughtered. We are locked ineluctably into a battle of all against all. But surely God did not make the market — God or the Spirit of History. And if we human beings made it, can we not unmake it and remake it in a kindlier form? Why does the world have to be a kill-or-killed gladiatorial amphitheatre rather than, say, a busily collaborative beehive or anthill?

11 According to the passage, <u>true believers in the market</u> claim that the market _____ .

   ① is inevitable
   ② creates wealth
   ③ gives freedom to us
   ④ has been improved in history

12 Which of the following best describes the writer's position?

   ① You can do without the market, but not without competition.
   ② All markets resemble a kill-or-killed gladiatorial amphitheatre.
   ③ We can make a humane form of market if we really want it.
   ④ People in the market are like bees working around a beehive.

Ask the average person about their "network" and they'll likely tell you how many people they have in their Contacts list or how many Facebook "friends" they have. Which is fine, because these and Ⓐ myriad other digital connectors are highly efficient mechanisms for putting you in touch with others. At the same time, however, most people's networks are impersonal, built around individuals whom they interact with briefly and infrequently — who are usually acquaintances at best. The participants in this kind of network may or may not call you back when you need to hear from them. Why? Because they're not people who really care about you as an individual.

But for your life's work you need catalysts which have a whole different level of engagement with you — one with a depth and value that aren't possible through networking, digital or personal. In that regard, what we're talking about is a kind of the anti-Facebook: not an endlessly expanding mesh of connections from everyone to everyone else, but a carefully defined and deliberately constructed spiderweb where all the lines radiate from a central point — you. At the other end of those lines are a handful of people who are willing to commit time and energy on your behalf. They should be people who understand you as a professional and a human being and want to help you advance your life's work.

13 Which is closest in meaning to the underlined Ⓐ myriad?

① affable
② anonymous
③ inexplicable
④ innumerable

14 Which best describes the author's opinion?

① Impersonal networks are essential for your life's work.
② Expand mesh of connections through digital networking.
③ Acquaintances are people who are ready to support you.
④ Nurture the relationship with people who really care about you.

[15~16]

I think our school would benefit by investing in automatic motion-sensing hand dryers. I have several reasons for this. Children can get sick from the germ-infested paper towel dispensers we now have. There is also terrible waste when students continuously pull the lever, dispensing towels they don't really need. First of all, this automatic hand dryer is very sanitary. Instead of pulling on a lever that has been touched by a large number of students, users can just stick their hands under the blow-dryer. No germs can get on them because there is nothing to touch. In addition, if we buy this automatic hand dryer, we can save the school budget and trees. The money we save by not wasting paper towels can be used for educational things, such as field trips. We could even go to a tree farm and see how many trees we saved. Cutting fewer trees will make a big difference in the environment.

15 **What is the passage about?**

① Why the children at the school get sick.
② Why trees should be saved.
③ Why the school should install electric hand dryers.
④ Why the electric hand dryers have not been installed yet.

16 **How can the electric hand dryer help the school budget?**

① Paper towels are unhygienic so the school has to pay medical bills.
② The paper towels are very expensive to buy individually.
③ Students will probably not use the electric hand dryer because it takes too long.
④ The school wastes money on disposable paper towels that students do not use efficiently.

A big stereotype about the Gypsy way of life is that it's flashy, revealing, and attention grabbing. But we don't get a full picture of Gypsy culture. For example, Gypsy fashion for free-flowing clothes is guided by modesty, and strict cleanliness codes are common, developed through centuries of life on the road when hygiene was of utmost importance. If you search for "Gypsy" online, you'll find story after story that perpetuates the myth that the Gypsy community is ridden with crime, tax avoidance, and voluntary unemployment. Nothing could be further from the truth. Members of Gypsy communities are, in fact, statistically underrepresented in the mainstream prison population. Just like with any other community, you will find criminals, just as you will find teachers, nurses, police officers, artists, and entrepreneurs. Many Gypsies have made it through mainstream education to top universities, whilst at the same time retaining their identity.

17 **Which of the following is the best title for the passage?**

① Myths About Gypsy Culture
② Dress Tastes in Gypsy Culture
③ Changes in the Gypsy Community
④ The Strong Identity of the Gypsy Community

18 **Which of the following is implied by the author?**

① Gypsies wear provocative clothes.
② Gypsies aspire to live on benefits.
③ Gypsies are not work-shy.
④ Gypsies lack education.

The idea that you can't buy happiness has been exposed as a myth, over and over. Richer countries are happier than poor countries. Richer people within richer countries are happier, too. The evidence is unequivocal: Money makes you happy. You just have to know what to do with it.

Stop buying so much stuff, psychologist Daniel Gilbert said in an interview a few years ago, and try to spend more money on experiences. We think that experiences can be fun but leave us with nothing to show for them. But that turns out to be a good thing. Happiness, for most people, comes from sharing experiences with other people; experiences are usually shared — first when they happen and then again and again when we tell our friends.

On the other hand, objects wear out their welcome. If you really love a rug, you might buy it. The first few times you see, you might admire it, and feel happy. But over time, it will probably reveal itself to be just a rug. Try to remember the last time an old piece of furniture made you ecstatic.

19 **Which of the following does the author recommend?**

① Buy experiences rather than objects.
② Be friendly to other people.
③ Change your life in a meaningful way.
④ Be satisfied with what you already have.

20 **What does the underlined sentence imply?**

① We can shop our way out of a bad mood.
② Objects are usually preferred to experiences.
③ Our happiness from buying things declines with time.
④ We usually buy what we want rather than what we need.

CHAPTER 04

문제와 해결 방식

01 문제와 해결 개념

문제를 제기하고 이에 답하는 자문자답 형식의 글이다. 독자에게 흥미와 문제 의식을 유발시킨 후, 저자가 논리적인 근거를 바탕으로 해결책을 제시하는 형태이다. 혹은 자신이 아니면 다른 사람의 해결책을 인용하는 것도 역시 이 범주에 들어간다.

02 문제와 해결 방식

필자의 질문이 글의 소재가 되는 경우가 대부분이다. 소재와 저자의 주장이 만나면 글의 주제가 되기 때문이다. 일반적으로는 해결책의 제시까지 나아가야 하지만, 문제점을 지적하고 새로운 상황을 모색하면서 글이 마무리되기도 한다. 독자의 흥미를 유발하기 위해서 질문을 던졌지만, 사실은 저자가 문제 인식을 시킨 후에 해결책을 제시하고자 하는 것이므로 저자가 주장하는 바를 문제와 연결시키는 것이 중요하다.

03 문제와 해결을 문장으로 이해

❶ Why don't we "think something different" more often? There are several main reasons. The first is that we don't need to be creative for most of what we do. For example, we don't need to be creative when we're driving on the freeway, or riding in an elevator, or waiting in line at a grocery store. We are creatures of habit when it comes to the business of living — from doing paperwork to tying our shoes. For most of our activities, these routines are indispensable. Without them, our lives would be in chaos, and we wouldn't get much accomplished. Staying on routine through paths enables us to do the many things we need to do without having to think about them.

[우리는 왜 좀 더 자주 "다른 방식으로 생각하지" 않는 것일까? 몇 가지 주된 이유가 있다. 첫 번째 이유는 우리가 하는 대부분의 일에서 우리는 창의적이어야 할 필요가 없기 때문이다. 예를 들면, 우리는 고속도로에서 운전을 하거나, 엘리베이터를 타거나, 식료품점에서 줄을 서서 기다릴 때 창의적이어야 할 필요가 없다. 서류 작업을 하거나 신발의 끈을 묶는 것과 같은 일상의 일을 수행하는 데 있어서 우리는 습관의 산물이다. 대부분 우리의 활동에서, 이러한 틀에 박힌 방식들은 필수적이다. 그것들이 없다면, 우리의 삶은 혼란스러워질 것이고, 우리는 많은 것을 이뤄낼 수 없을 것이다. 일상적인 생각의 경로를 따르는 것은 우리가 특별히 그것에 대해 신경 쓰지 않고서도 해야 할 필요가 있는 많은 일들을 할 수 있게 해준다.]

일상적인 생활에 있어서 창의적이 아니라 습관적인 경로를 따르는 이유에 대해서, 독자들의 관심을 촉구한 후에 자신이 생각하는 바를 근거를 들어 설명하는 형식을 취하고 있다. 단순하게 설명의 형태로 제시하는 것보다 독자의 흥미를 유발하는 데 효과적인 글쓰기 전략이다.

❷ One of the most beloved artists in 20th century America was Norman Rockwell. Why was he such a success? Perhaps one reason was this. He provided a link between America's past and its future. Rockwell lived in a time when the old, familiar America of small towns and simple living was disappearing. Many Americans were sorry to see it go. They felt uneasy about the future and wanted to think that the America of earlier days was still alive and would continue living. Rockwell's art reminded them of that older America for which they felt nostalgia even though the sweet, cozy America he painted never really existed.

[20세기 미국에서 가장 사랑받는 예술가 중 한 명은 노먼 록웰(Norman Rockwell)이었다. 그가 그토록 성공할 수 있었던 이유는 무엇일까? 아마도 한 가지 이유가 이것일 것이다. 그는 미국의 과거와 미래를 잇는 연결고리를 제공했다. 록웰은 작은 마을과 단조로운 삶으로 축약되는 오래되고 친숙한 미국의 모습이 사라지고 있는 시대에 살았다. 많은 미국인들은 그것이 사라지는 것을 보고 안타까워했다. 그들은 미래에 대해 불안감을 느꼈고, 이전의 미국이 여전히 살아있고, 앞으로도 계속 살 것이라고 생각하길 원했다. 록웰의 예술은 비록 그가 그린 달콤하고 아늑한 미국이 실제로 존재하지 않았음에도 불구하고 사람들이 향수를 느끼는 대상인 오래전의 미국을 사람들에게 떠올리게 했다.]

노먼 록웰(Norman Rockwell)의 성공 비결에 대하여, 자문자답의 형식으로 그가 성공할 수 있었던 이유에 대해 알려주고 있다. 이런 방식을 통하여 독자들은 문제 제기와 해결책을 모두 글에서 제공받게 된다.

[01~02] 에리카 2020

As more wild weather events happen, a worried world is beginning to ask questions like: What is going on with the weather? And why? Many also want to know: Is this natural, or are we _____(A)_____? The answer seems to be: a little of both. Wild weather is natural. But most scientists agree human activity has made the Earth warmer. This global warming makes heat waves more likely to occur. The higher temperatures also cause more water to enter the air. This causes heavier and more frequent rain. Some scientists also believe global warming makes hurricanes and other storms stronger. This means we will probably see more wild weather. "But we _____(B)_____," says scientist Michael Oppenheimer. He and other experts say we can help to slow the Earth from getting warmer. We also need to be prepared, to do things that will help save lives.

01 빈칸 (**A**)에 들어갈 가장 알맞은 것을 고르시오.

① blame

② blaming

③ blamed

④ to blame

02 빈칸 (**B**)에 들어갈 가장 알맞은 것을 고르시오.

① can't strive to prevent such a tragedy

② don't have to just stand there and take it

③ can predict that this state will soon get better

④ are also able to solve global warming with ease

Stress is inevitable. No one can prevent it. But we can try to minimize its harmful effects on our health. To understand how some people keep their Ⓐ composure while others crumble under the pressure, it is useful to examine the coping process and ask the question: What are some adaptive ways to cope with stress?

Researchers distinguished two general types of coping strategies. The first is problem-focused coping, designed to reduce stress by overcoming the source of the problem. Difficulties in school? Study harder or hire a tutor. The goal is to attack the source of your stress. A second-approach is emotion-focused coping, in which one tries to manage the emotional turmoil, perhaps by learning to live with the problem. If you're struggling at school, at work, or in a relationship, you can keep a stiff upper lip and ignore the situation or make the best of it. People probably take an active problem-focused approach when they think they can overcome a stressor but fall back on an emotion-focused approach when they see the problem as out of their control.

03 Which is closest in meaning to the underlined Ⓐ composure?

① jollity ② agility
③ civility ④ serenity

04 Which can be inferred as an example of emotion-focused coping?

① Talking to parents when you have problems with them
② Asking a stranger for a cell phone when you lost your phone
③ Trying to keep calm when you are in stressful situations
④ Studying extra time when you have academic difficulties at school

Q: You say that intelligence is much more malleable than most people believe. How can we get smarter?

A: Until about 20 years ago, most scientists thought that intelligence was mostly inherited, and that the environment's <u>impact</u> was limited. Important findings supporting this view came from studies of identical twins who were separated at birth. Even though they were adopted into different families, the twins usually showed very similar intelligence, which indicated that genes dominated. Now scientists think that those early studies underestimated the effect of the environment. First, adoptive families probably don't vary that much — they are generally supportive and emphasize success in school. Second, other data have shown that moving kids from low-quality to high-quality schools boosts IQ scores. The secret to getting smarter is really not a big secret: _____. Read the newspaper, watch informative documentaries, and find and read well-written books. Just as exercise experts advise many small changes rather than a vigorous program, I think the best way to get smarter is to put a little more learning into every day. The trick is to develop the habit of looking for those opportunities.

05 Which is most suitable for the blank?

① find your strengths and weaknesses   ② engage in intellectual activities
③ focus on what you can do well   ④ make friends with smart people
⑤ develop good habits for exercise

06 Which can best replace the underlined word?

① adversity   ② influence   ③ intention
④ tolerance   ⑤ detention

07 According to the passage, which is NOT true?

① Early studies of identical twins adopted into different families showed the importance of genes.
② Reading newspapers and good books is helpful for enhancing our intelligence level.
③ Some studies report that placing children in different schools made differences in their intelligence level.
④ Getting smarter requires making a series of specific plans and implementing them one by one.
⑤ Exercise experts recommend people make many small changes instead of taking dramatic programs.

If there is a <u>preponderance</u> among mankind of rational opinions and rational conduct, it is owing to a quality of the human mind, the source of everything respectable in man either as an intellectual or as a moral being, namely, that his errors are corrigible. He is capable of rectifying his mistakes, by discussion and experience. Not by experience alone. There must be discussion, to show how experience is to be interpreted. Wrong opinions and practices gradually yield to fact and argument: but facts and arguments, to produce any effect on the mind, must be brought before it. Very few facts are able to tell their own story, without comments to bring out their meaning. Then, reliance can be placed on the whole strength and value of human judgement only when the means of setting it right are kept constantly at hand. In the case of any person whose judgement is really deserving of confidence, how has it become so? Because he has kept his mind open to criticism of his opinions and conduct. The steady habit of correcting and completing his own opinion by collating it with those of others is the only stable foundation for a just reliance on it. For, being cognisant of all that can, at least obviously, be said against him, and having taken up his positions against all _____, he has a right to think his judgement better than that of any person, or any multitude, who have not gone through a similar process.

08 **Which is the closest in meaning to the underlined part?**

① criticism   ② rationality
③ superiority   ④ reflection

09 **Which is the most appropriate for the blank?**

① gainsayers   ② supporters
③ votaries   ④ apostates

10 **According to the passage, which is NOT true?**

① Facts will determine the reliance of opinions.
② Opinions are not reliable without being put to discussion.
③ Criticism is not to be avoided to strengthen the confidence of opinions.
④ The intellectual quality of human mind is found in the ability to correct errors.

01 인물과 사건 중심 서술

한 인물의 업적을 중심으로 그 사람의 생애에 대해 알려주는 설명 형식의 글이다. 짧은 글 속에 한 인물의 생애를 소개해야 하므로 압축적으로 업적을 나열하는 경우가 많다. 인물의 업적이나 세상에 대한 기여를 알려주는 설명의 형태를 띠기 때문이다. 혹은 출생부터 사망에 이르기까지 연대기 순으로 서술하기도 한다. 역사상 중요한 사건이나 특정 인물들과 관련된 일화를 중심으로 이야기 구조를 서술한다. 서사적 형태의 글이 대부분을 차지한다. 기존의 서술방식 가운데, 설명이나 논증과 달리 이야기 중심으로 풀어가는 방식이다. 서사적인 글은 시간적 흐름이나 인과관계에 유의해야 한다.

02 서사적 서술 방식

서사는 경험하거나 만들어낸 이야기를 기술하는 것으로, 사건이나 행동의 전개 과정을 시간의 경과에 따라 구체적으로 풀어 진술하는 방식이므로, 서사에서는 배경(scene), 줄거리(plot), 등장인물(character), 시점(point of view) 등의 공통적인 요소가 있다. 소설, 에세이, 재미있는 일화, 간단한 우화 등에서 주로 선보인다. 서사는 독자의 흥미를 자아내고 글의 효과를 높여 어떤 교훈을 주려는 데 그 목적이 있다. 즉 아무런 의미가 없는 이야기를 쓰는 것이 서사는 아니므로, 흥미를 야기할 만한 내용이나 긴장감을 줄 만한 그러한 요소가 있어야 한다. 그러므로 이러한 서사의 구성에서는 어휘의 사용도 일반적이라기보다는 좀 더 개별적이고 구체화된 언어를 사용하게 된다. 즉 단순히 say보다는 whisper, mutter, yell, cry 등으로 쓰는 것이 더 좋다.

03 인물과 사건 중심 서술을 이용한 글의 이해

❶ Claudius, a Roman emperor, was at first glance an unlikely choice, and **was not viewed as suitable** by the Roman elites. He was already fifty, had no administrative or military career, and suffered from physical defects such as weak legs and a lolling head. His mother had hated him and the rest of his family had not considered him Princeps material. **Still, he was not without merits**. Augustus had seen he was smart, and had spent late nights talking to him over drinks. Claudius was also an a historian. He had written about Carthage, and he had also produced a forty-one-volume history of Augustus. Thus, he knew all about the Empire, its history, and how to administrate it.

[로마 황제인 클라우디우스(Claudius)는 얼핏 보기에는 황제로서 적절하지 못한 선택으로 보였고, 로마 지식인들도 그가 황제로 적합하지 않다고 생각했다. 그의 나이는 이미 50을 넘겼고, 행정 경험이나 군사 경험 또한 전무했으며, 부실한 하체에 축 늘어진 머리 같은 신체적 결함도 있었다. 그의 모친은 그를 싫어했으며 나머지 가족들 또한 그를 황제의 자질을 갖춘 인물이 아니라고 생각했다. 그래도 그에게 장점이 전무했던 것은 아니다. 아우구스투스(Augustus) 황제는 그가 현명하다는 것을 알았고, 늦은 밤까지 그와 술을 마시며 시간을 보냈다. 클라우디우스는 또한 역사가였다. 그는 카르타고(Carthage)에 관한 책을 저술했으며, 41권에 달하는 아우구스투스 황제에 대한 역사서를 저술했다. 그래서 그는 로마 제국과 역사, 그리고 로마를 어떻게 통치할 것인지에 대해 이미 모든 것을 알고 있었다.]

로마 황제 클라우디우스의 생애를 황제의 적격 여부를 중심으로 서술한 방식이다. 한 인물의 삶 가운데 가장 중요한 사건이 되는 통치의 순간과 관련하여 인물의 특징을 서술하고 있다.

❷ After I graduated from MIT I went to Princeton, I would go home on vacations to see Arlene. **One time when I went to see her**, Arlene had developed a bump on one side of her neck. She was a very beautiful girl, so it worried her a little bit, but it didn't hurt, so she figured it wasn't too serious. She went to her uncle, who was a doctor. He told her to rub it with omega oil. Then, sometime later, the bump began to change.

[내가 MIT를 졸업하고 프린스턴에 진학한 후로 나는 Arlene을 만나기 위해 방학 때마다 집으로 돌아오곤 했다. 한 번은 내가 Arlene을 만나러 왔을 때, 그녀는 목 한쪽에 혹이 부어올라 있었다. Arlene은 무척 예뻤고, 이러한 일로 인해 그녀는 약간 걱정을 하였지만, 별로 아프지는 않았고, 그래서 이것은 별거 아니라고 생각을 했었다. 그녀는 의사인 삼촌에게 찾아가서 얘기했는데, 삼촌은 오메가오일을 바르면 된다고 얘기했었다. 그런데 조금 지나서 혹이 변하기 시작했다.]

저자의 애인에게 일어났던 사건에 대해서 서술하고 있으며, 사건이 진행되는 과정이 드러나고 있다. 물론 생략된 부분에는 Arlene에게 발병한 혹은 삼촌의 얘기와는 다르게 심상치 않은 것이라는 것을 판단할 수 있다. 이런 식으로 서사는 이야기 형식으로 되어 있는 경우가 많다. 간단한 우화도 서사의 형식을 빌려 시험에 출제되기도 한다.

❸ She has cancer and is going through horrendous experimental chemotherapy. The doctors always ask her, "How are you today?" And she always responds, "Fine," knowing that the docs aren't listening anyway. When she is finally dead, they will still ask her "How are you doing today?" She said, "Sorry I'm going to miss that."

[그녀는 암에 걸렸고, 끔찍한 화학치료를 받는다. 그런데 의사가 항상 "오늘 기분이 어때요?"라고 물으면 그녀는 항상 의사가 듣지 않는 것을 알면서도 "좋아요."라고 대답했다. 그녀가 죽음에 직면했을 때에도 의사들이 "오늘 기분이 어때요?"라고 물었을 때, 그녀는 "그 말이 그립겠네요."라고 대답한다.]

이제는 죽게 되었으니 오늘 어떠냐는 그 말조차도 너무 그리울 것 같다는 내용이다. 등장인물보다 사건을 중심으로 전달하고자 하는 핵심적인 내용을 드러내는 방식이다.

[01~02] 건국대 2021

Henri Rousseau was born in the town of Laval, in France's Loire Valley. After the death of his father in 1868, he moved to Paris to support his widowed mother. He got a job as a toll collector in 1871. It was at this time that he started to paint in his spare time as a hobby. He never received formal training. He taught himself to paint by copying paintings in the art museums of Paris or by sketching in the city's botanical gardens and the National Museum of Natural History. Rousseau openly claimed that he had "no teacher other than nature."

Being a self-taught painter, Rousseau developed a highly personal style with an absence of correct proportions, a flat perspective, and the use of sharp, often unnatural, colors. His portraits and landscapes often have a childlike, "naive" quality, and some of his paintings look like scenes out of dreams. In 1893, at the age of 49, Rousseau retired from his job as a toll collector, and started to paint full-time. _____, he became widely known by the nickname of Le Douanier (the customs officer), a reference to his old job.

01 Henri Rousseau에 관한 윗글의 내용과 일치하는 것은?

① 프랑스 파리에서 태어났다.
② 1871년 생계를 위해 그림을 그리기 시작했다.
③ 파리에 있는 국립 미술 학교에서 그림을 배웠다.
④ 그가 그린 초상화는 때 묻지 않은 소박한 모습을 보여 준다.
⑤ 49세에 그림을 그만두고, 예전 직업을 다시 갖게 되었다.

02 빈칸에 들어갈 말로 가장 적절한 것은?

① In sum
② Nevertheless
③ To begin with
④ For instance
⑤ On the other hand

[03~04] 한국외대 2021

In his seminal work on oration, the Roman rhetorician Quintilian (AD 35−96) draws a distinction between gestures that naturally proceed from us simultaneously with our words and those by which one indicates things by means of mimicry. These are gestures that describe objects through descriptive action or pantomime. They should be avoided by the orator. Quintilian says, "The orator's gesture should be adapted to the conveyance of the speaker's thought rather than to his actual words." Pointing to the self or to another to whom one is making reference is acceptable, for this indicates the object of thought, but it is not correct to use gestures to illustrate the words that are being spoken. According to Quintilian, the orator uses gestures to convey the force of what is being said and to indicate the objects of his thought, but not as a substitute for what he says in words. To do this is to follow the practices of the popular stage and it would not be fitting for the dignity of the law courts.

03 Which of the following is the best title for the passage?

① Quintilian's Ideas on the Method of Pointing
② Ways of Giving a Public Speech in Quintilian's Time
③ The Appropriately Descriptive Actions of Quintilian
④ Quintilian's Concept of the Correct Use of Gestures

04 According to the passage, which of the following is NOT true?

① Gestures of pantomime should not be seen in the law courts.
② Good orators' gestures depict the movement or shape of what they are talking about.
③ There is a type of gesture to indicate things by mimicking them.
④ It is acceptable for an orator to point to someone as an addressee.

David Tharp was a lawyer. He loved golf. He played it at the country club every weekend. Nothing interfered with David's golf games — not weather, not illness, not business, not family. One Saturday morning, David was on the golf course. He swung at the ball with his club. It was a beautiful shot. The ball went 260 yards straight toward the cup in the middle of green. It lay only twelve inches from the cup. David took his putter and prepared his putt. Suddenly he looked up. A funeral procession passed down the road next to the golf course. David stopped the game. He bowed his head respectfully. His friend said to him, "You are a very remarkable man. You stopped your game and showed your respect for the dead. That was a wonderful thing." "Oh, that's nothing," David answered. "I really loved her. We were married twenty-five years, you know."

05 What is the main topic of the passage?

① David's obsession with the game
② David's wife
③ The near perfect swing David made
④ The funeral for his wife

06 Which of the following is not true according to the passage?

① David was dedicated to playing his weekend golf game.
② David had just made a very good shot.
③ There was no reason why David shouldn't be playing golf.
④ David was married to his wife for a quarter of a century.

[07~08]

A visitor arrives from Morocco and tells me a curious story about how certain desert tribes perceive original sin. Eve was walking in the Garden of Eden when the serpent slithered over to her. "Eat this apple," said the serpent. Eve, who had been properly instructed by God, refused. "Eat this apple," insisted the serpent. "You need to look more beautiful for your man." "No, I don't," replied Eve. "He has no other woman but me." The serpent laughed. "Of course he has." And when Eve did not believe him, he led her up to a well on the top of a hill. "She's in that cave. Adam hid her in there." Eve leaned over and, reflected in the water of the well, she saw a lovely woman. She immediately ate the apple the serpent was holding out to her. According to the same Moroccan tribe, a return to paradise is guaranteed to anyone who recognizes his or her reflection in the water and feels no fear.

07 **Why does Eve eat the apple finally?**

① She is consumed by hunger after going up the hill.
② She wants to please the serpent.
③ She wants to be in paradise.
④ She does not recognize her own reflection.

08 **What's the idea of the passage?**

① An unbelievable story about original sin
② An uplifting story about original sin
③ A false story about original sin
④ A different story about original sin

After I finished, a young black lawyer from Lakeview, Jimmy Wilson, got up to speak. He was Tucker's main supporter in the Delta. Jimmy said I was a good man and had been a good governor, but that no Arkansas governor who had lost for reelection had ever been elected again. He said Frank White was terrible for blacks and had to be defeated. He reminded them Jim Guy Tucker had a good civil rights record in Congress and had hired several young black people to work for him. He said Jim Guy would be as good for blacks as I would, and he could win. "I like Governor Clinton," he said, "but he is a loser. And we can't afford to lose." It was a persuasive argument, all the more so because he had the guts to do it with ⓐ me sitting there. I could feel the crowd slipping away.

09 Jimmy Wilson이 좋아하는 후보에서 싫어하는 후보 순으로 바르게 나열한 것은?

① Clinton – Jim guy Tucker – Frank White
② Jim Guy tucker – Frank White – Clinton
③ Jim Guy Tucker – Clinton – Frank White
④ Clinton – Frank White – Jim Guy tucker

10 밑줄 친 ⓐ **me**가 가리키는 대상은?

① Jimmy Wilson   ② Frank White
③ Jim Guy Tucker   ④ Clinton

[11~13]

Afterwards, of course, there were endless discussions about the shooting of the elephants. The owner was furious, but he was only an Indian and could do nothing. Besides, legally I had done the right thing, for a mad elephant has to be killed, like a mad dog, if its owner fails to control it. Among the Europeans opinion was divided. The older men said I was right, the younger men said it was a damn shame to shoot an elephant for killing a coolie, because an elephant was worth more than any coolie. And afterwards I was very glad that the coolie had been killed by the elephant; it put me legally in the right and _____ for shooting the elephant. I often wondered whether any of the others grasped that I had done it solely to avoid looking like a fool.

11 According to the passage, which of the following is correct?

① It was an Indian who shot the elephant.
② The writer was angry with the death of the elephant.
③ The death of the coolie gave the writer a pretext for shooting the elephant.
④ The younger Europeans were worrying that they couldn't stop the elephant from killing the coolie.

12 Which best completes the sentence?

① it gave me a sufficient pretext
② I knew the opinion was
③ nobody else had enough courage
④ the Europeans had paid me money

13 Which of the following is incorrect, according to the passage?

① The owner of the elephant did not agree that the elephant should be put to death.
② The elephant should not have been killed because it had done nothing wrong.
③ The elephant was worth a lot more than the crime it had committed.
④ There was dispute over whether the elephant should have been killed.

One day in September, the chief of a Native American tribe was asked by his tribesmen if the coming winter was going to be cold or mild. In truth, the chief had no idea and decided to (A) _____, ringing the National Weather Service in Gaylord, Michigan. "Yes, it is going to be a cold winter," the weatherman told the chief. Consequently, he went back to his tribe and told the men to collect plenty of firewood. A fortnight later the chief called the Weather Service and asked for an update. "Are you still forecasting a cold winter?" he asked. "Yes, very cold," the weatherman told him. As a result the chief went back to the tribe and told his people to collect every bit of wood they could find. A month later the chief called the Weather Service once more and asked about the coming winter. "Yes," he was told, "it is going to be one of the coldest winters ever." "How can you be so sure?" the chief asked. The weatherman replied, "Because the Native Americans of the Great Lakes are collecting wood like crazy."

14 **Which of the following best fits into (A)?**

① read some natural signs
② take a modern approach
③ fool every tribesman
④ ask for his friend's help

15 **Which of the following is true of the passage?**

① Native Americans understand the weather intuitively.
② The winter in the Great Lakes area is always cold.
③ The weatherman resorted to an unscientific source.
④ The tribe's chief correctly forecast a cold winter.

01

[16]

Back in summer 2011, the night before my mom and I were flying to visit my dad in Santiago, Chile, where he works, I got a sore throat and a cough. It felt like a regular cold at first, but being stuck on a stuffy 20-hour flight made it even more miserable. Then a day after we arrived in Chile, I got a 40-degree fever that wouldn't come down, even with aspirin and rest, so my mom took me to the hospital.

The second we got there, the nurses put me in a room by myself, and men in big white toxic-waste-removal suits came in to test my saliva and check my ears for "swine flu", or what they are calling H1N1 virus. I waited there alone for 18 hours for my results, which came back positive! Before I could say goodbye to my mom, I was whisked into an ambulance and driven to a hospital specially for H1N1 patients. I was put in my own room, which I couldn't leave, and no one could visit. It was weird because I've definitely had worse flu.

My fever came down, so I was just really tired with a bad cough. But I had to be quarantined because I was still contagious. I was stuck in that tiny white room, which felt like a jail cell, unable to talk to my parents for five days, until my H1N1 test came back negative.

16 윗글의 내용과 일치하지 <u>않는</u> 것을 고르시오.

① Once the child was diagnosed for the H1N1 virus, she was sent to a hospital by an ambulance.

② Only a few days after arriving in Chile, the child started to have a cough with a sore throat.

③ The child waited for 18 hours for her test results, which turned out that she was infected.

④ The child did not want to believe that she was infected with the H1N1 virus, but she actually was.

⑤ The child was locked up in the hospital all alone and her family members were not allowed for visits.

In September 1942, just nine months after the Japanese attack on Pearl Harbor in Hawaii, a young Japanese pilot named Nobuo Fujita undertook the first aerial attack on the US mainland. Like the US's Doolittle Raid, which the Japanese hoped to avenge, the bombing was intended to <u>sow</u> fear rather than cause mass casualties. Although Fujita dreamed of attacking a large city like Los Angeles, he was ordered to drop his four bombs over a forest in rural Oregon. The Japanese hoped that the bombs would spark forest fires, which would draw US resources away from the war effort. Luckily for the citizens of nearby Brookings, Oregon, the weather had been rainy, so the incendiary bombs caused little damage. After the mission, Fujita headed back to Japan. Long after the war, in 1962, he received a letter from the town of Brookings, inviting him to return, this time, in the spirit of reconciliation, as an _____(A)_____ guest. In Brookings, Fujita presented the town a gift — his prized samurai sword. Although it had been in his family for nearly 400 years, Fujita chose to give it to the town. The sword is still on display in the public library today.

17 Which of the following is correct according to the passage?

① Several bombs had been dropped on the US mainland before Fujita's raid.
② The Doolittle Raid aimed at causing a high number of Japanese deaths.
③ Wet weather prevented Fujita's bombs from setting the forest on fire.
④ Fujita's sword has been in a library in Japan since 1962.

18 Which of the following is closest in meaning to the underlined word <u>sow</u>?

① prefer　　　　② prize　　　　③ spread　　　　④ quell

19 Which of the following is most appropriate for blank (A)?

① overall　　　　② unworldly　　　　③ endorsed　　　　④ honored

20 What can be inferred from the passage?

① The bombing mission was considered a success.
② The bombing mission took nine months to plan.
③ Fujita was disappointed with the location of his target.
④ Fujita has not seen his family's sword since the Pearl Harbor attack.

CHAPTER 06

객관·주관적 묘사

01 묘사의 개념

어떤 대상을 눈에 보여 주듯이 글로써 그려내는, 즉 대상의 감각적 인상을 재현하는 진술 방식이다. 묘사도 서사와 마찬가지로 정서 표현, 정보 전달을 목적으로 하는 글에 두루 쓰인다. 묘사는 대상을 객관적으로 정확하게 재현하는 설명적 묘사와 주관적 인상이나 느낌을 제시하는 문학적 묘사가 있다. 서사의 경우처럼 묘사도 주제문이 필요한 구조가 아니다.

02 묘사의 방식

묘사는 그 자체의 의미보다는 필요한 곳에 적용하여 글의 효과를 높이는 데 목적이 있다. 그러므로 명확성과 사실성이 중요하다. 독자는 추상적인 것보다 구체적인 것에, 일반적인 것보다는 개별적인 것에 더 강한 인상을 받는다. 즉 막연히 '탈 것'이라기보다, '자동차', '자동차'라기보다 '사장님들이 주로 타는 검은색 세단'이라고 해야 더 분명한 인상을 받을 수 있다. 묘사는 예리한 관찰을 통한 적합한 단어의 선택이 중요하다. 그러기 위해서는 수식어구보다는 단어 자체의 정확한 선택이 중요하며, 이를 보완해 주는 비유법이 효과적일 수 있다. 그러므로 직유나 은유나 과장의 방법도 묘사를 나타내는 데 중요한 기여를 하는 것이다. 예를 들어 막연히 술을 많이 마신다는 표현보다는 술독에 빠진 사람처럼 술을 마신다는 표현이 훨씬 더 생동감을 주는 것이다.

03 묘사를 이용한 문장의 이해

❶ A sense of public gathering is evident from the moment one steps into the lofty porch of the entrance. The use of this domestic feature, even though it is greatly enlarged in an abstract form, conveys the feeling of entering a big house. The chief impression of the airy, spacious lobby is transparency. One looks out through its vast glass walls in two directions. The granite walls continue the motif of the exterior.

[공공건물로서의 느낌은 높이 치솟은 현관 입구에 들어서는 순간부터 명백하다. 이러한 집과 같은 특징을 이용해서, 추상적인 형태로 확장되어 있긴 하지만, 대형 건물로 들어가는 느낌을 받게 된다. 바람이 잘 통하고 널찍한 로비의 인상은 투명함 그 자체이다. 넓은 유리벽을 통해서 두 방향으로 밖을 볼 수 있다. 화강암으로 된 벽들은 건물 외적인 특색을 유지시켜 준다.]

구체적인 어휘 lofty porch, transparency, vast glass walls 등을 사용하여, 로비의 웅장하고 투명하고 밝은 모습을 그려 내고 있다.

❷ Both teams started to show up and practice on the battle ground, otherwise known as the "playing field." Fans shouted, and cheerleaders went on about their playful acts. Parents, brothers, sisters, and close friends all piled into the stands to see the game of the year. The official stepped out onto the moist grass at Williams Stadium in Plano, Texas. The time was seven o'clock p.m. on a Thursday night. He paused for a moment, looked at his stopwatch, and blew his whistle. Gigantic muscular men came from out of nowhere as the fans began to cheer, waving various flags, and clanging cow bells. The bells sounded like a wind chime in an April shower, all different sounds at different times.

[양 팀이 모습을 보이기 시작하고 전장에서 즉 경기장에서 훈련을 시작한다. 팬들이 소리치고 치어리더들이 흥겨운 응원을 펼친다. 경기를 관람하기 위하여 부모님, 형제자매, 친구들이 스탠드를 가득 메운다. 심판이 텍사스 주 플라노 소재 윌리엄 스타디움의 촉촉한 잔디로 나온다. 때는 화요일 저녁 7시. 그가 호흡을 멈추고 스톱워치를 지켜보다 휘슬을 분다. 팬들이 환호하고, 깃발이 휘날리고, 종소리가 날 때, 엄청난 근육질의 선수들이 갑자기 뛰쳐나온다. 여기저기서 종소리가 4월 어느 날의 소나기를 알리는 바람 소리처럼 시시각각으로 다르게 들린다.]

시합 전의 밝고 경쾌한 모습을 마치 경기장에서 보는듯한 인상을 줄 정도로 생생하게 그려 냈다. 독자에게 생동감 있게 전달하기 위해서는 구체적인 어휘를 적재적소에 사용해야 한다.

❸ It was a cold winter night when I visited the old lady's house: the only house on the hilltop. The house was very quiet without any lamps on. The wind was blowing hard and not a person could be seen around the house. The moon shone at the back door of the old lady's house. Its brightness made clear the pale drifting smoke from the village down in the valley.

[내가 노부인의 언덕 꼭대기의 유일하게 있는 집을 방문했을 때는 어느 추운 겨울날 밤이었다. 집은 매우 조용했고, 램프는 모두 꺼져 있었다. 바람이 매우 거세게 불고 있었고, 집 주변에 사람이 보일 것 같지 않았다. 달빛이 노부인의 집 후문을 비추고 있었다. 환한 달빛이 계곡 아래에 위치한 마을로부터 부유하는 옅은 연기를 선명하게 만들어 주었다.]

한적하고 쓸쓸한 느낌을 전달하는 묘사체의 글로, 그날의 풍경을 잘 그려 내고 있다.

[01~02]

[I] It was nothing like the one I lived in with my mother, a dark place with strict rules about befriending others. She suffered from profound depression and paranoid delusions. Just getting through the day was a war for my mother.

[II] Who lives on that utopian plot of land next door? I wondered. Sometimes I glimpsed the father on a horse with a rope. Sometimes I saw the two boys — dark curly hair — running around the land, chased by two dogs. I never saw the mother, but the whole operation looked like heaven, and I yearned to join that family.

[III] I grew up in a troubled home in the 1970s, on the outskirts of downtown Orlando, Florida. Our subdivision was one of many that backed up to a dwindling orange grove. One remnant farm, an island of pastureland with horses, a few cattle, and an enormous garden, remained among the sea of tract houses. The home was an early-1900s Arts and Crafts three-story with a great porch, complete with a swing. I loved that storybook house.

01 Which of the following is true about the writer according to the passage?

① She was very proud of her family.
② Her mother suffered from depression.
③ She lived in a beautiful three-story house.
④ Her father would ride a horse with a rope.
⑤ Her mother left home and never came back.

02 Which is the proper order of the three paragraphs [I] — [III]?

① [I] — [II] — [III]
② [III] — [II] — [I]
③ [III] — [I] — [II]
④ [I] — [III] — [II]

[03~05]

Barn owls are anatomically different enough from other owls to merit their own family in the order of Strigiformes. Instead of the more or less rounded face of most owls, the barn owl has a heart-shaped face and lacks the usual tufted earlike feathers. The common barn owl is from 12 to 18 inches long and has a white face, cinnamon buff back, white breast, and relatively small eyes. The legs are fairly long, feathered to the toes, and, like those of all owls, very strong and equipped with sharp, powerful, curved claws.

Barn owls nest in hollow trees, caves, and buildings on every continent except Antarctica and have adapted so well to living near humans that in some areas they seem to have <u>forsaken</u> natural nesting places in favor of man-made ones. They hunt in open spaces and have the largest range of any nocturnal bird. They use their eyesight to locate prey, but their auditory capability is so highly developed that they can hunt small mammals in total darkness.

03 All of the following are features of the barn owl except _____.

① small eyes
② curved claws
③ white face
④ black breast

04 Which of the following is closest in meaning to the underlined word?

① abandoned
② recognized
③ chosen
④ preferred

05 According to the passage, barn owls have a highly developed sense of _____.

① touch
② hearing
③ sight
④ taste

[06~07]

On November 27, 1922, when archaeologist Howard Carter unsealed the door to the ancient Egyptian tomb of King Tut, he stared in amazement at the fantastic objects heaped all around him. On his left lay the wrecks of at least four golden chariots. Against the wall on his right sat a gorgeous chest brightly painted with hunting and battle scenes. Across from him was a gilded throne with cat-shaped legs, arms like winged serpents, and a back showing King Tut and his queen. Behind the throne rose a tall couch decorated with animal faces that were half hippopotamus and half crocodile. The couch was loaded with more treasures. To the right of the couch, two life-sized statues faced each other like guards. They were black, wore gold skirts and sandals, and had cobras carved on their foreheads. Between them was a second sealed doorway. Carter's heart beat loudly. Would the mummy of King Tut lie beyond it?

06 **What can you infer from the passage?**

① It was not what Howard Carter was expecting to see.
② Howard Carter had entered a dangerous place.
③ The treasures in the chamber were amazing to look at.
④ King Tut was not as rich as everyone thought he was.

07 **Which of the following is incorrect, according to the passage?**

① The guard statues were much smaller than real people.
② There was more than one room in which everything was stored.
③ The golden chariots had been damaged.
④ The tomb had not been ransacked by robbers.

One morning, after I had been hanging the washing out to dry, something glistened in front of me. With the morning sun shining in my eyes, I squinted to find the most glorious masterpiece in our garden.

Ⓐ The mini architect had Ⓑ meticulously spun its web across the path, from the roof to the fence. I stared in awe at the fine artistry of Ⓒ our garden resident. Spanning about two metres, it was truly a magical sight. The web gently danced in the morning breeze, reflecting light from the sun. It was as if the spider had spun a fine web from rays of sunlight itself.

How did it weave its web from the roof to the fence? It's almost as if it built a house while enjoying extreme sports at the same time. Very carefully, I ducked my head under the web, taking great care not to ruin Ⓓ the spider's creation.

Later that day I went back to the web to take another look. My heart sank. The beautiful web was now broken and swaying aimlessly in the breeze. It was nothing more than a few pitiful strands hanging loose. I almost choked on emotion. "Sorry, Ⓔ little fella. It was such a splendid structure."

But the very next morning, ⓐ _____, there was another castle floating in the air. The mini architect had come back to work.

08 Which is closest in meaning to the underlined Ⓑ meticulously?

① thoroughly
② involuntarily
③ maliciously
④ contemptuously

09 Which is different from the others in its meaning?

① Ⓐ
② Ⓒ
③ Ⓓ
④ Ⓔ

10 Which best fits in the blank ⓐ?

① to my amazement
② to its disappointment
③ with high expectation
④ with immense satisfaction

PART 02

글의 전개 방식

작가가 글을 써 내려가면서 자신이 전달하고자 하는 목적에 부합한 글쓰기 형식을 선택하여 글을 쓸 때 어떤 식으로 글을 전개해 나가는지가 바로 글의 전개 방식에 대한 문제이다. 글의 구성과 전개 방식을 어떤 식으로 나눌지는 학자들에 따라 다르지만, 가장 일반적인 방식이 정의와 예시, 비교와 대조, 원인과 결과, 나열과 분류, 시간적 구성과 과정 등으로 나누는 것이다.

하지만 이런 구분이 항상 확연한 것은 아니고 여러 가지 다양한 구성이 혼재될 수 있다. 가령 민주주의와 공산주의의 차이에 대해 설명하는 글이라면, 비교와 대조를 기본으로 하겠지만, 이를 명백히 드러내기 위해서 정의와 예시도 사용될 수 있고, 시간적 구성과 과정 역시 사용될 수 있기 때문이다. 그렇다 하더라도 글의 구성을 정확히 이해한다면, 향후 글의 전개나 방향성을 판단할 수 있는 지표가 되므로 구성 방식을 이해하는 것이 중요하다.

글의 구성 방식에 대해 진술 방식과 관련해서 살펴보기로 한다. 설명의 형식에서는 정의와 예시, 비교와 대조, 나열과 분류 등이 주로 사용된다. 논증의 형식에서는 원인과 결과, 비교와 대조 등이, 서사의 형식에서는 원인과 결과, 시간적 구성과 과정 등이 자주 사용된다. 이에 비해 묘사의 형식을 보면 특별히 방식을 자주 사용하진 않지만, 묘사 단독으로만 사용되는 경우보다 설명, 논증, 서사 등과 함께 쓰이는 경우가 많기에 앞서 논의한 부분이 유사하게 적용된다.

01   Induction is reasoning from the specific to the general: I'm bored in this class, so everyone in class must be bored. On the other hand, deduction is reasoning from the general to the specific: Everyone in the class looks bored, so I must look bored, too.

[귀납법은 구체적인 것에서 일반적인 것으로 추론하는 것이다. 즉 나는 이 수업이 지루하다. 그래서 이 학급의 모든 학생들도 지루할 것이다. 반면에 연역법은 일반적인 것에서 구체적인 것으로 추론하는 것이다. 즉 이 학급의 모든 학생들은 지루해 보인다. 그래서 나 또한 지루해 보일 것이다.]

정의는 어떤 대상이나 사물의 본질에 대하여 진술하는 것으로 사물의 범주와 개념을 설명해 주려는 목적을 지닌다. 위의 예문에서는 귀납법의 특성에 대해 정의를 내릴 때 동의어를 활용하여 설명하는 경우이다.

02   The neuro-economists are using a new technology that allows them to trace the activity of neurons inside the brain and thereby study how emotions influence our purchase choices. For instance, when humans are in positive arousal state, they think about prospective benefits and enjoy the feeling of risk. But when people think about costs, they use different brain modules and become more anxious. If one truth shines through, it is that people are not consistent or fully rational decision makers.

[신경경제학자들이 새로운 기술을 이용해 뇌 속의 뉴런의 활동을 추적하고 있으며, 이를 통해 감정이 우리의 구매 선택에 어떤 영향을 미치는지 연구하고 있다. 예를 들어, 긍정적 흥분 상태일 때는 사람들이 앞으로 기대되는 이익에 대해 생각하고 위험 부담을 즐기는 경향이 있다. 하지만 비용을 생각할 경우, 사람들은 뇌의 다른 영역을 사용하며 더 불안한 모습을 보인다. 이를 통해 한 가지 알 수 있는 것은, 사람들

이 일관되거나 이성적인 결정을 내리는 것은 아니라는 것이다.]

필자는 자신의 주장을 나타내기 위해서 구체적인 사실이나 사건 등의 예를 통해 설명하거나 입증하고자 한다. 예문에서는 감정이 구매에 끼치는 영향에 대해서 심리적 상황이라는 구체적인 예를 들어 설명하고 있다.

02

03

The other memorable double dip was in the early 1980s. After the election of Ronald Reagan in 1980, the economy recovered from a recession but was still hobbled by double-digit interest rates and inflation. Then Federal Reserve Chairman Paul Volcker waged a relentless assault against inflation by keeping rates sky-high, which dampened consumer spending and curtailed investment. As a result, inflation ebbed, but the economy was plunged into recession once again before rebounding after 1982.

[또 하나 기억할 만한 더블딥은 1980년대 초에 있었다. 1980년 Ronald Reagan의 당선 이후 경제는 불황에서 회복되기 시작했지만 여전히 두 자리 수의 금리와 인플레로 곤란한 상황이었다. 당시 연방준비제도이사회 이사장인 Paul Volcker는 초고금리를 유지하는 방식으로 인플레이션에 무자비한 공격을 가했고, 이는 소비자 지출을 약화시키고 투자를 억제하는 효과를 가져왔다. 그 결과, 인플레이션은 사그라졌지만, 경제는 1982년에 반등하기 전까지 다시 불황에 빠졌다.]

원인과 결과는 한 사건이나 행동이 다른 사건이나 행동을 야기하는 글의 유형을 말한다. 여기에서는 더블딥 현상에 대하여 인플레이션을 억누른 결과 불황에 처하게 되었다는 것을 인과관계를 중심으로 서술하고 있다.

04

Industrial growth has long been considered desirable, because of its contribution to health and happiness, for the creation of wealth, or simply for its own sake. Until recent times, progress was indeed identified with such quantitative growth. In contrast, modern societies have begun to question the desirability of certain innovation that is technologically feasible and economically profitable, but that have undesirable social aspects. The evaluation of potential long-range dangers for human beings and the environment is becoming one of the crucial factors in the formulation of technological policies.

[산업 성장이 건강과 행복에 기여하고, 부를 창조하며, 그리고 단순히 산업 성장 그 자체를 위해서도, 산업 성장은 오래도록 바람직한 것으로 간주되었다. 최근까지만 하더라도 진보는 사실 이와 같은 양적인 성장과 동일시되었다. 이와는 대조적으로, 현대 사회는 기술적으로 실현 가능하고 경제적으로 이득이 되지만, 바람직하지 못한 사회적 요소를 지니는 이와 같은 혁신이 과연 바람직한가에 대해 의문을 품기 시작했다. 인간과 환경에 대한 광범위한 잠재적 위험들에 대한 평가는 기술 정책 수립 시 고려해야만 하는 주요 요소 중 하나가 되어 가고 있다.]

비교와 대조는 어떤 사항의 유사점이나 차이점을 설명하는 경우로, 비교의 경우에는 유사점을 대조의 경우에는 차이점을 각각 제시한다. 제시된 예문에서는 산업적인 성장이 바람직한가에 대해 과거와 현대에 바라보는 관점의 차이에 대해 대조를 이용하여 설명하고 있다.

05

There is little agreement concerning the way in which kinds of avalanches should be classified. Some classification systems depend on the kind of snow involved, others are concerned with the type of movement, and one scheme includes both, as well as several other criteria. Existing descriptive terms, most of them German, are deeply rooted in avalanche parlance: they are expressive, but they are often untranslatable into other languages and lack precision in their own.

[눈사태가 어떤 방식으로 분류되어야 하는 가에 대해서 합의된 바가 거의 없다. 어떤 분류 체계는 관련된 눈의 종류에 따라 다르고, 다른 분류 체계는 움직이는 형태와 관련 있고, 또 다른 한 분류 방식은 다른 여러 기준과 더불어 위 두 기준을 모두 포함하기도 한다. 현재 눈사태를 기술하는 용어는 대부분이 독일어이며, 눈사태 전문 용어에 그 뿌리를 두고 있다. 이 용어들은 표현은 풍부하지만 종종 다른 언어로 번역할 수 없고 그 자체로 정확성도 부족하다.]

나열과 분류는 말하고자 하는 내용 및 대상에 대해서 그 특성을 몇 가지의 범주로 나누고, 각각의 특징을 설명하는 글의 형태이다. 둘의 차이는 분류는 나열에 비해 좀 더 명확한 기준이 설정되어 있다. 예문에서는 눈사태의 분류 체계에 대해 문제점을 제시하고 있으므로, 향후 이에 대한 대안 제시로 이어질 수 있음을 글의 흐름으로 판단할 수 있다.

06 In 1840, an English schoolteacher named Roland Hill suggested introducing postage stamps, and a postal rate based on weight. This resulted in lowering postal rates, encouraging more people to use the system. His idea helped the British postal system begin to earn profits as early as 1850. Soon after that many other countries took up Mr. Hill's idea, and letter writing became accessible to anyone who could write.

[1840년 Roland Hill이라는 영어 선생님이 우표와 무게에 기초한 우편 요금을 도입할 것을 제안했다. 이것은 더 많은 사람들이 이 시스템을 사용하도록 장려하면서, 우편 요금을 낮추는 결과를 낳았다. 그의 아이디어가 영국의 우편 시스템이 1850년이라는 빠른 시기에 수익을 벌 수 있도록 도와주었다. 얼마 후 다른 많은 국가들이 Mr. Hill의 아이디어를 채택하였고, 편지쓰기는 글을 쓸 수 있는 누구에게나 이용 가능한 것이 되었다.]

이야기하고자 하는 주제에 대해 시간적인 순서를 기초로 하여 사건을 나열해 놓은 글의 형식을 말한다. 여기에서는 우편 요금의 도입에 대해 연대기적으로 서술하고 있다.

이상에서 살펴본 바와 같이 글의 전개 방식을 이해하면 글의 흐름을 이해할 수 있는 기본적인 능력을 배양하는 데 도움을 주며, 글의 논리적인 연관성을 판단하는 데 요긴하게 사용된다. 위에서 언급한 것들을 기본적인 토대로 하여 글의 흐름을 파악해 나가면 읽기 능력 향상에 도움이 될 것이다.

01 정의·지정

01 정의의 개념

정의(definition)란 단어나 용어가 의미하는 바를 분명하게 설명하는 것이다. 작가는 글을 쓰면서 혹시 독자가 모를 수도 있는 용어에 대해서, 독자의 이해를 돕고자 이에 대한 설명을 더하는 경우가 종종 있다. 쉽게 몇 단어로 설명할 수도 있지만, 완벽하고 정확한 정의를 내리기 위해서는 한 단락 이상을 할애해서 설명해야 하는 경우도 있을 것이다. 이런 정의를 활용한 것은 무언가를 설명하는 글에 유용하며, 특히 학술문의 경우에 더욱 더 활용도가 높은 진술 유형이 된다. 지정은 물음에 답하면서 대상의 특성을 나타내는 방식으로 간단한 설명 방식에 해당한다.

02 정의의 전개 방식

정의를 내리는 경우에는 동의어를 활용하여 설명하는 방식, 분류에 의하여 설명하는 방식, 그리고 부정에 의하여 설명하는 방식, 정의를 내리고자 하는 대상과 다른 대상과의 차이를 들어 설명하기도 한다. 이 모두가 구체적이며 논쟁의 여지가 없도록 정의를 내려야 하며, 정의를 활용한 글들은 정보의 제공을 목적으로 하며, 정확한 의미와 범주를 정한다는 점을 공통으로 한다.

03 정의를 이용한 문장의 이해

❶ 'Free education' means that no child, other than a child who has been admitted by his or her parents to a school which is not supported by the appropriate Government, shall be liable to pay any kind of fee or charges or expenses which may prevent him or her from pursuing and completing elementary education.

['무상교육'은, 정부의 지원을 받지 않는 학교에 부모가 입학을 시킨 경우를 제외하고는, 어떤 학생도 그가 초등교육을 이수하지 못하게 만드는 어떠한 비용이나 경비를 부담해서는 안 된다는 것을 의미한다.]

❷ In business, revenue is income that a company receives from its normal business activities, usually from the sale of goods and services to customers. In many countries, such as the United Kingdom, revenue is referred to as turnover.

[사업에서 예산은 재화와 용역을 소비자에게 판매하는 등의 정상적인 사업 활동을 통해 얻게 된 수입을 뜻한다. 영국과 같은 나라에서는 turnover라 불리기도 한다.] – 동의어를 활용하여 설명하는 방식

❸ "There are three kinds of intelligence: one kind understands things for itself, the other appreciates what others can understand, the third understands neither for itself nor through others. This first is excellent, the second good, and the third useless." — *Nicolo Machiavelli*

[세 종류의 지성이 있다: 사물을 스스로 이해할 수 있는 지성, 남들이 이해한 것을 가치를 알아볼 수 있는 지성, 스스로 혹은 타인을 통해서도 이해할 수 없는 지성이 그것이다. 첫 번째는 뛰어나고, 두 번째는 그래도 좋지만, 세 번째는 쓸모가 없다.]

– 분류에 의하여 설명하는 방식

❹ In philosophy, "The Absurd" refers to the conflict between the human tendency to seek value and meaning in life and the human inability to find any. In this context absurd does not mean "logically impossible," but rather "humanly impossible."

[철학에서, '부조리'란 가치와 의미를 찾으려는 인간의 성향과 무언가를 찾지 못하는 인간의 무능력 가운데서 갈등을 의미하는 것이다. 이런 맥락에서 부조리는 "논리적인 불가능"을 의미하는 것이 아니라 오히려 "인간적으로 불가능함"을 뜻한다.]
– 부정에 의하여 설명하는 방식

[01~02] 국민대 2020

According to *The Newbury House Dictionary of American English*, gossip is "talk or writing about other people's actions or lives, sometimes untruthful." For example, if someone sees a friend crying, and then tells someone else that the friend was crying and has emotional problems, this is gossip. At first, gossip might not seem bad. One person tells a second person something private about someone else, and that second person tells a third, and so on. The information passes from person to person. ⓐ_____, gossip is much more than just information. The gossip can grow and change. People often do not know all the facts. They may add something untrue, either on purpose or not. ⓑ_____, the person who is the subject of the gossip may be hurt. Because the results ⓒ_____ from making the person feel bad to destroying his or her career, gossip is much worse than just "talk or writing."

01 Which pair best fits in the blanks ⓐ and ⓑ?

	ⓐ	ⓑ
①	However	In addition
②	Moreover	For example
③	However	As a result
④	Moreover	By the way

02 Which best fits in the blank ⓒ?

① range   ② deliver

③ connect   ④ alternate

A cookie is a small file that a company can send to your computer when you visit the company's website. It tells them a lot about your browsing habit.

Offline, the story is the same. When you turn on a mobile phone, the phone company can monitor calls and also record the location of the phone. We use more and more electronic systems for tickets, and for access to buildings. It is becoming common for employers to monitor employees' telephone calls, voicemail, email and computer use.

The use of video surveillance cameras is also growing. With digital cameras we can collect, store and analyse millions of images. And this is only the beginning. Engineers are now developing cameras that can see through clothing, walls or cars.

New technology offers substantial benefits — most security against terrorists and criminals, higher productivity at work, a wider selection of products, more convenience. But all this monitoring generates a mountain of data about us. ⓐ _____, often without our knowledge. Most people hate the idea but they don't know how to stop it.

03 빈칸 ⓐ에 들어갈 말로 가장 적절한 것은?

① We can use a cookie to protect our files
② Video works better than a guard
③ Surveillance is everywhere in our society
④ Using the web is important for information

04 이 글의 내용과 일치하지 않는 것은?

① It becomes difficult to prevent personal data from being monitored.
② There may be no hiding place due to the development of cameras.
③ Our personal data may be revealed through website.
④ New technology is necessary for the protection of our privacy.

Culture is a complex, abstract, and pervasive matrix of social elements which functions as an all-encompassing form or pattern for living by laying out a predictable world in which an individual is firmly oriented. Culture enables us to make sense of our surroundings, aiding the transition from the womb to this new life.

From the instant of birth, a child is formally and informally taught how to behave. Children, regardless of their culture, quickly learn how to behave in a manner that is acceptable to adults. Within each culture, therefore, there is no need to expend energy deciding what an event means or how to respond to it. The assumption is that people who share a common culture can usually be counted on to behave "correctly" and predictably. Hence, culture reduces the chances of surprises by shielding people from the unknown. Try to imagine a single day in your life without having access to the guidelines your culture provides. Without the rules that govern your actions, you would soon feel helpless. From how to greet strangers to how to spend our time, culture provides us with structure. To lack culture is to lack structure.

05 **Which of the following would be the best title for this passage?**

① The Definition of Culture
② The Structure of Culture
③ The Ingredients of Culture
④ The Function of Culture
⑤ The Properties of Culture

06 **Which of the following is NOT stated or implied in the passage?**

① Culture gives us structure for our actions.
② Culture makes it possible for us to understand our environment.
③ Culture functions as an all-encompassing form or pattern for living.
④ Culture influences people from the moment of birth as to how to behave.
⑤ Culture makes us less surprised by exposing us to the unknown.

Fordism is a modern assembly line used in mass production developed by Henry Ford. Every stage of a car assembly process was subdivided into simpler steps, minimizing the amount of time spent by one laborer on an automotive assembly line. It has achieved remarkable success in production efficiency, high wages and a(n) Ⓐ _____ in normal working hours. As mass consumption was fostered as a natural consequence of mass production, this played a pivotal role in generating economic prosperity for Western countries. Ⓑ In the wake of the economic turmoil of 1970s and 1980s, the concept of "post-Fordism" began to appear, reflecting globalization and post-industrialization.

07 Which of the following is most appropriate for the blank Ⓐ?

① reduction   ② intrusion

③ extension   ④ distribution

08 Which of the following is closest in meaning to the underlined Ⓑ In the wake of?

① Despite   ② Following

③ Far from   ④ Repeating

The term "hate crime" was coined in the 1980s by journalists and policy advocates who were attempting to describe a series of incidents directed at Jews, Asians and African-Americans. The Federal Bureau of Investigation defines hate crime (also known as bias crime) as "a criminal offense committed against a person, property, or society that is motivated, in whole or in part, by the offender's bias against a race, religion, disability, sexual orientation, or ethnicity/national origin." Washington and Oregon were the first states to pass hate crime legislation in 1981; today, 49 states have hate crime statutes. States vary with regard to the groups protected under hate crime laws (e.g., religion, race or ethnicity, and sexual orientation), the range of crimes covered, and the penalty enhancements for offenders. Most states and large cities now have hate crime task forces coordinating across several levels of government and working with community organizations.

09 Which of the following is true according to the passage?

① Hate crimes do not occur any more in the U.S.
② Every state has hate crime laws.
③ Most states have hate crime laws.
④ Only minorities are protected by the law.

10 What is the main topic of the passage?

① Why people commit hate crimes?
② Hate crime laws in the U.S.
③ Where hate crimes happen?
④ Who commits hate crimes?

A tailgate party is a social gathering held in parking lots before and often after an event. The event might be a concert, football game, baseball game, or other attraction. Participants use open tailgates for impromptu seating and access to ice chests, food, folding chairs, and other tailgate party necessities. A tailgate party is a way for people with similar interests to socialize and celebrate the event they're attending. The tailgate party might be localized in a certain area of the parking lot where people spontaneously gather around vehicles that are tailgating. At other events, the tailgate party virtually encompasses the entire parking lot.

A tailgate party is a great way to celebrate with strangers that fast become friends, if only for the day. Some events do not allow tailgating, as the management company that controls the parking lot might forbid alcohol or loitering. This can result in a stiff fine, so be sure to check rules before deciding on a tailgate party. It is also wise to limit any alcohol consumption to the tailgate party that precedes the event, unless a designated driver is available for the drive home.

11 **What is the warning of the author?**

① Drinking too much can ruin your enjoyment of the event.
② Make sure your tailgate is big enough.
③ Make sure you check the rules of the parking lot you will be in.
④ Tailgate parties are hard to get an invite to.

12 **Which of the following best paraphrases the underlined sentence?**

① Friendships that are made at tailgate parties may only last for a day.
② The strangers who go to tailgate parties are not looking for friends.
③ A successful tailgate party will bring strangers together.
④ On the day of a tailgate party, make sure to call up your friends.

13 **What can you infer about tailgate parties?**

① Everybody must get drunk at a tailgate party.
② They are primarily sports events.
③ Not everybody thinks they are a good idea.
④ The tailgate party has little to do with the event it happens before.

[14~15]

Logic is the study of the methods and principles used to distinguish 'correct' from 'incorrect' reasoning. This definition must not be taken to imply that only the student of logic can reason well or correctly. To say so would be as mistaken as to say that to run well requires studying the physics and physiology involved in that activity. Some excellent athletes are quite ignorant of the complex processes that go on inside their bodies when they perform. And, _____, the somewhat elderly professors who know most about such things would perform very poorly were they to risk their dignity on the athletic field. Even given the same basic muscular and nervous apparatus, the person who has such knowledge might not surpass the 'natural athlete.'

14 What would be the most appropriate word to fill in the blank?

① off the track
② beyond description
③ strange to say
④ without control
⑤ needless to say

15 Which of the following is implied?

① A person who has studied logic is more certain to reason correctly than one who has not.
② The distinction between 'correct' and 'incorrect' reasoning is the central problem with which logic deals.
③ It is not always the case that excellent athletes know much about physiological processes.
④ Knowledge on basic muscular and nervous system is indispensable to natural athlete.
⑤ The appeal to reason is more effective than emotion in the long run.

[16~17]

A smartphone is one device that can take care of all of your handheld computing and communication needs in a single, small package. It's not so much a distinct class of products as it is a different set of standards for cell phones to live up to. This article explores what makes a cell phone a smartphone, how the idea came about and what you can do with it. Unlike many traditional cell phones, smartphones allow individual users to install, configure and run applications of their choosing. A smartphone offers the ability to conform the device to your particular way of doing things. Most standard cell-phone software offers only limited choices for re-configuration, forcing you to adapt to the way it's set up. On a standard phone, whether or not you like the built-in calendar application, you are stuck with it except for a few minor tweaks. If that phone were a smartphone, you could install any compatible calendar application you like.

16 Which of the following is true about smartphones, according to the passage?

① They can be customized to suit the owner.
② Smartphones are more difficult to use.
③ Even if you don't like the setup of your smartphone, you cannot change it.
④ Smartphones have signaled the end of the era of the cell phone.

17 What's the purpose of the passage?

① To warn against the dangers of relying on your cell phone
② To introduce the advantages of a smartphone
③ To announce a recall of smartphones
④ To force all cell phone makers to conform to the smartphone concept

Macroeconomics is the study of the whole market economy. Like other parts of economics, macroeconomics uses the central idea that people make purposeful decisions with scarce resources. However, instead of focusing on the workings of one market — whether the market for peanuts or the market for bicycles — macroeconomics focuses on the economy _____(A)_____. Macroeconomics looks at the big picture: Economic growth, recessions, unemployment, and inflation are among its subject matter. Macroeconomics is important to you and your future since you will have a much better chance of finding a desirable job after you graduate from college during a period of economic expansion than a period of recession. Strong economic growth can help alleviate poverty, free up resources to clean up the environment, and lead to a brighter future for your generation.

18 Select the word suitable for the blank (A).

① as a whole
② partially
③ specifically
④ purposefully
⑤ from a specific perspective

19 Which can best replace the underlined alleviate?

① allude
② aggravate
③ reduce
④ increase
⑤ cause

20 Which of the following is TRUE for the above passage?

① Macroeconomics uses the idea that people use enough data to reach decisions.
② Macroeconomics is selective in the sense that it focuses on a critical area.
③ Macroeconomics helps us to understand the future economic directions better.
④ Macroeconomics could result in economic recession and poverty.
⑤ Macroeconomics always provides a blue print for the bright future.

예시·부연

01 예시의 개념

예시란 예를 들어 보임을 뜻하며, 예증이란 어떤 사실에 대하여 실례를 들어 증명함을 의미하므로 둘 사이에 차이는 없다. 이러한 예를 들어 글을 풀어가는 이유는 다음과 같다. 저자가 어떠한 사물이나 상황을 묘사하고자 할 때, 자신의 주장을 드러내고자 할 때, 어떠한 사물이나 상황에 대하여 정의를 내리고 설명을 하고자 할 때, 특별한 사례나 정보를 예로 들어 주면 그 효과가 배가되는 경우가 대다수이다. 추상적인 진술을 이해시킬 때도 예를 적절히 들어 준다면 상대방이 훨씬 더 수월하게 이해할 수 있다. 독자의 입장에서도 작가의 의도를 정확히 파악하고 전달하는 바를 알기 위해서도 예증이나 예시는 효과적인 이해 수단이기도 하다. for example, for instance, an illustration of this, in fact, indeed 등이 대표적으로 예시를 나타내는 장치가 된다.

02 부연 설명의 개념

'부연'이란 이해하기 쉽도록 설명을 덧붙여 자세히 서술하는 것으로, 하나의 추상적인 진술 이후에 독자의 이해도를 높이기 위하여 저자가 사용하는 장치로 볼 수 있다. 우리말의 '즉', '다시 말해서'에 해당하는 표현들이 주로 많다. or, namely, that is, that is to say, in other words, i.e. (id est) 등이 이런 부연 관계를 나타내는 지표들이다. 필자가 드러내고자 하는 내용의 정당성 내지는 타당성을 부여하기 위하여, 혹은 독자들의 이해를 증진시키기 위하여 주제문 뒤에 뒷받침해 주는 문장들이 나오게 된다. 즉 부연과 예시로 이루어진 문장들은 결국 주제를 선명히 부각시키기 위함이다.

03 예시나 부연을 이용한 문장의 이해

❶ In order to prevent non-smokers from being affected, measures must be taken to reduce the chances of smoking. A lot of work can be done connecting this. **For example**, in some public places, such as in theatres, cinemas, smoking should be forbidden.

[비흡연자가 영향을 받지 않도록 하기 위하여, 흡연의 기회를 줄이는 조치가 취해져야만 한다. 이와 관련된 많은 일들이 행해지고 있다. 예를 들어 극장이나 연극공연장과 같은 공공장소에서 흡연은 금지되어야 한다.]

❷ The conclusion is that online learning is much more conducive to the expansion of learning time than face-to-face. **In other words** it's better at getting learners to continue learning after the event.

[결론은 온라인 학습은 직접 맞대면하는 학습보다 학습 시간이 늘어나기 때문에 훨씬 더 생산적이다. 다시 말해서 학습자가 일과 후에도 계속해서 학습을 더 할 수 있다.]

❸ A major point of concern is the proper storage and safety of this nuclear waste. An illustration of this danger is the disaster that occurred post Hurricane Katrina in New Orleans, which basically turned the city into a toxic waste dump by destroying the containment units of toxic waste that then contaminated the water that flooded 80% of the city. It is likely, based on pervasive flooding and nuclear facility damage, that the flood waters in Japan similarly contaminate the surrounding areas with radioactive waste.

[주요 관심사는 핵폐기물의 적절한 저장과 안전 여부이다. 이러한 위험의 대표적 예로는 New Orleans에서 발생했던 허리케인 Katrina를 들 수 있다. 이로 인해 폐기물 방지 시설이 파괴되면서 도시 전역이 독성 폐기물 처리장이 되었다. 그로 인해 도시의 80%의 물이 오염이 되었던 적이 있다. 넘쳐나는 범람과 핵시설 손상으로 인해 일본의 홍수로 불어난 물은 이와 유사하게 주변 지역을 방사능 폐기물로 오염시킬 것이다.]

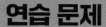
[01~02]

Every day millions of people in offices, supermarkets, and factories worldwide hear background music. For most background music, the soundtracks have been carefully selected to change human behavior. According to research, fast music will not change human behavior as much as slow music. Slow music, for instance, will make customers shop more slowly. The longer they shop in a store, the more they will buy. Background music has also been used with great success in many factories. Fast music does not make employees work faster as expected, nor does slow music make them work slower. The main effect of background music is that it reduces work-related stress and helps employees stay interested in their work. This necessarily reduces on-the-job accidents and saves companies money. Next time you hear background music, listen carefully and try to guess which of your behaviors it is trying to change. Chances are that you too are somehow being influenced by background music.

01 **What is the main point of the passage?**

① Background music can change our behavior.
② Background music relieves work-related stress.
③ Background music makes employees work faster.
④ Background music is necessary for shoppers.

02 **According to the passage, what is the main effect of slow music in store?**

① Shoppers shop in stores longer.
② Shoppers go to stores more often.
③ Shoppers become interested in slow music.
④ Shoppers buy expensive items while they are in stores.

The unique feature of judo is using your opponents' force against them. For instance, you can bear-hug an opponent charging you at full speed, use your own body as a lever and throw them over your shoulder to the ground. This is how smaller judokas beat bigger ones, which is the essence of judo. Just when your opponent tries to mount an attack, you can duck and make them lose their balance. Just as David beat Goliath, big guys can be surprised by smaller ones in judo, ensuring plenty of tactical battles during a five-minute match. For instance, going all out on offense often leaves one vulnerable to counterattack. But (A) you can't afford to sit back all the time, either; a passive approach will get you a warning and may cost you a point. This is why judo, for all its physicality, is known as (B) _____.

03 Which of the following is implied by (A)?

① You are required to sit down after each round.
② You should be both aggressive and defensive.
③ You have to keep a standing position.
④ You had better change to a front seat.

04 Which of the following best fits into (B)?

① a matter of time
② a war of strength
③ a game of chance
④ a battle of wits

Have you ever wondered why the supermarkets you have ever been into are all the same? It is not because the companies that operate them lack imagination. It is because they are all versed in the science of persuading people to buy things. For example, the first thing people come to in most supermarkets is the fresh fruit and vegetables section. For shoppers, this makes no sense. Fruit and vegetables can be easily damaged, so they should be bought at the end, not the beginning, of a shopping trip. But psychology is at work here: selecting good wholesome fresh food is an uplifting way to start shopping, and it makes people feel less guilty about reaching for the stodgy stuff later on. For another example, everyday items like milk are invariably placed towards the back of a store to provide more opportunity to tempt customers. The idea is to boost "dwell time": the length of time people spend in a store.

05 **Which of the following is NOT true according to the passage?**

① Necessities tend to be placed at the rear in stores.
② Most stores have the same layout of shopping sections.
③ Retailers want their customers to stay longer in the store.
④ Sections in stores are positioned for the best efficiency of customers.

06 **Why do retailers place the fresh fruit and vegetables section at the front?**

① Because fruit and vegetables can be easily spoiled.
② Because it can lead customers to stay on a healthy diet.
③ Because retailers want to save customers time and money.
④ Because customers can comfort themselves by selecting wholesome food.

[07~08]

Adaptors are nonverbal behaviors designed to satisfy some need. Sometimes the need is physical, as when we scratch to satisfy an itch or when we push our hair out of our eyes. Sometimes the need is psychological, as when we bite our lip when anxious. Sometimes adaptors are directed at increasing comfort, as when we moisten dry lips. When these adaptors occur in private, they occur in their entirety. But in public, adaptors usually occur in <u>abbreviated form</u>. For example, when people are watching us, we might put our fingers to our head and move them around a bit but probably not scratch with the same vigor as when in private. Because publicly emitted adaptors usually occur in such form, it is often difficult for an observer to tell what this partial behavior was intended to accomplish. For example, observing someone's finger on one's head, we cannot be certain for what this behavior was intended.

07 **Choose the one closest in meaning to the underlined "abbreviated form".**

① a full-fledged manner
② a reduced way
③ an exaggerated way
④ an inexcusable manner

08 **Which of the following can be inferred about "adaptors" according to the passage?**

① They are more effective when combined with speech.
② They are intended to bother other people.
③ They mean different things in different cultures.
④ They serve a purpose for the person using them.

A 2016 paper based on prior research of gift giving notes a discrepancy in the way a gift giver and the recipient think about the gift. [A] Gift givers typically select a present by picturing how it will be received, often going for a "wow" factor or a complete surprise. [B] Yet recipients are more practical when they open a gift, focusing on its usefulness and long-term desirability. Here's an example. [C] A husband purchases pricey diamond earrings for his wife, going for that "wow" factor. [D] But she doesn't. She'd asked for slippers, a blender or a pair of leather gloves, and would have preferred those to the diamond earrings, no matter how beautiful. [E] Another scenario: A woman buys her coffee-loving dad a gift card to a coffee shop, something she deems a very thoughtful present. While her dad does enjoy coffee, he wishes he had received a more versatile credit card gift card.

09 **For the below passage, choose the best place for the sentence in the box.**

He can just picture how she'll give a little shout of joy when she opens the box.

① [A]　　　　② [B]　　　　③ [C]　　　　④ [D]　　　　⑤ [E]

Following the end of World War II, there was a rise in birthrates across countries in Western Europe and North America. This international phenomenon was recognized immediately as a baby boom, and the name has stuck. But the trend was actually quite variable in different national settings. For example, some countries such as Finland had a quick surge in birthrates followed by rapid decline in the early 1950s. In the United States, (A) _____, high birthrates continued until 1964. Canada and Australia followed a pattern similar to that of the United States. But in Great Britain, there were two separate peaks in birthrate, 1947 and 1964, and some analysts have doubted if this was a real baby boom at all. Germany had only a moderate increase in birthrates during this whole historical period. (B) _____, even in purely demographic terms, the baby boom took different forms in different countries.

10 According to the passage, which of the following is true about the birthrate trend across countries after World War II?

① The birthrate in Finland had fallen, but it quickly rebounded.
② In Australia, the baby boom phenomenon lasted for about two decades.
③ The high birthrate in Great Britain continued from 1947 to 1964.
④ The birthrates in Germany greatly fluctuated during the postwar period.

11 Choose the best expressions for the blanks.

① (A) therefore — (B) In fact
② (A) for instance — (B) Nevertheless
③ (A) however — (B) In addition
④ (A) by contrast — (B) In short

[12~13]

The most common example of police racial profiling is "DWB," otherwise known as "driving while black." This refers to the practice of police targeting African Americans for traffic stops because they believe that African Americans are more likely to be engaged in criminal activity. While racial profiling is illegal, a 1996 Supreme Court decision allows police to stop motorists and search their vehicles if they believe they are trafficking illegal drugs or weapons. More traffic stops lead to more arrests, which further skews the racial profiling statistics against African Americans. Studies have shown that African Americans are far more likely to be stopped and searched. Are African Americans really committing more crimes or are they just caught more often because the police target them? This is a vicious cycle that even the strictest law enforcement advocates would admit is patently unfair.

12 Which of the following is correct according to the passage?

① Police can stop motorists with appropriate cause.
② Judges are racist against African Americans.
③ Racial profiling is non-existent outside of American.
④ All African Americans carry illegal drugs and weapons.

13 What is the purpose of the passage?

① To make you angry
② To cause you to think about police differently
③ To inform the reader that racial profiling is actually legal
④ To inform you the reader about new laws which affect you

I think that in general, apart from expert opinion, there is too much respect paid to the opinions of others, both in great matters and in small ones. One should respect public opinion in so far as it is necessary in order to avoid starvation and to keep out of prison, but anything that goes beyond this is voluntary submission to an unnecessary tyranny, and is likely to ⓐ _____ happiness in all kinds of ways. Take, for example, the matter of expenditure. Very many people spend money in ways quite different from those that their natural tastes would Ⓐ enjoin, merely because they feel that the respect of their neighbors depends upon their possession of a good car and their ability to give good dinners. As a matter of fact, any man who can obviously afford a car but genuinely prefers travel or a good library will in the end be much more respected than if he behaved exactly like everyone else. There is of course no point in deliberately flouting public opinion; this is still to be under its domination, though in a topsy-turvy way. But to be genuinely indifferent to it is both a strength and a source of happiness.

14 Which best fits in the blank ⓐ?

① indulge in   ② affiliate with
③ triumph over   ④ interfere with

15 Which is closest in meaning to the underlined Ⓐ enjoin?

① alter   ② refuse
③ replace   ④ demand

CHAPTER 03

비교·대조

01 비교와 대조의 개념

어떤 사물이 어떻게 유사하고 다른지를 보여 주는 글의 유형으로, 비교는 유사점을 대조일 경우에는 차이점을 보여 준다. 어떤 사물이나 사건을 설명하는 글에서 비교나 대조의 기법을 사용하면 효과적으로 글을 써 내려갈 수 있다. 가령 모르는 개념(A)을 설명해야 하는 경우, 이미 알고 있는 개념(B)을 사용하여 유사점을 바탕으로 설명하거나 (비교), 차이점을 바탕으로 설명하면 (대조), 훨씬 더 글을 명확하게 이해할 수 있다. 그러므로 작가들은 무엇인가를 설명하는 경우 이러한 비교나 대조의 기법을 사용하며, 글을 이해하는 입장에서는 이러한 작가들의 글을 쓰는 논리의 흐름을 안다면 훨씬 쉽게 글을 읽을 수 있다.

02 비교나 대조를 나타내는 지표

비교(comparison)를 나타내는 지표로는 ① 부사 – similarly, in a similar way, in the same way, likewise, also, ② 전치사 – like, ③ 접속사 – as if, as though, just as 등이 있고, 대조(contrast)를 나타내는 지표로는 ① 부사 – however, in contrast, instead, on the contrary, otherwise, still, ② 전치사 – unlike, ③ 접속사 – whereas, while, although, though, but 등이 있다. 두 측면을 설명할 때는 유사점과 차이점이 함께 존재하기 때문에, 하나의 글 속에는 비교와 대조가 함께 사용되는 경우가 대부분이다.

03 비교와 대조를 이용한 문장의 이해

❶ English learners constantly ask what the easiest or best way is to learn English, as if hoping to find a magical solution to what is a time-consuming and difficult task.

[영어 학습자들은 영어를 배우기 위해 가장 빠르고 가장 좋은 방법이 무엇인지 지속적으로 묻는데, 마치 시간이 많이 들고 어려운 일에 대해 마법적인 해결책을 찾길 바라는 듯하다.]

영어를 배우기 위해 가장 빠르고 가장 좋은 방법과 시간이 많이 들고 어려운 일에 대해 마법적인 해결책을 비교하면서 쓴 글이다. 이런 기법을 이용하면 영어를 배우기 위해 가장 빠르고 가장 좋은 방법이란 쉽지 않다는 것을 시간이 많이 들고 어려운 일에 대해 마법적인 해결책에서 어렵다는 것을 이해할 수 있다.

❷ 'Chick' is a slang and 'girl' is not, because 'chick' is used by limited part of the population, whereas 'girl' is used by everybody, including those who use 'chick.'

[chick(영계)은 속어(슬랭)이고, girl(소녀)은 그렇지 않다. chick은 소수의 인구만 사용할 뿐이고, 반면에 girl은 chick을 사용하는 사람들을 포함해서 모두가 사용하는 용어이기 때문이다.]

chick은 소수의 인구만 사용하지만 girl은 chick을 사용하는 사람들을 포함해서 모두가 사용하는 용어라는 표현을 통해서 속어와 속어가 아닌 단어를 대조해서 표현하고 있다. 그러므로 whereas라는 지표를 통해 논리적인 흐름으로 앞과 뒤가 대조된다는 것을 알 수 있다.

❸ The Pilgrims who founded Plymouth in 1620 and the Puritans who settled in Salem in 1630 **were different in many ways**. The Pilgrims were Puritans who had rebelled against the Church of England and decided to leave the church altogether. The Puritans, **on the other hand**, were willing to stay with the Church of England and to try to change it from within.

[1620년 플리머스에 정착한 Pilgrims와 1630년 살렘에 정착한 Puritans들은 많은 면에서 차이가 있었다. Pilgrims도 역시 청교도였지만 영국국교회에 맞서 교회를 떠나기로 결정했다. 반면에 Puritans는 영국국교회에 소속된 상태로 내부로부터의 변화를 위해 노력했다.]

❹ In complex societies such as ours, standardization is necessary in all kinds of areas. Consider traffic lights. There is no particular reason that red must mean stop, and green go, but imagine what would happen if we did not have some colours, on which we all agreed, to control the flow of traffic. In a similar way, the prescriptive rules for Standard Written English help to control much of the written communication in our culture.

[우리처럼 복잡한 사회에서는 모든 영역에서 표준화가 필요하다. 교통신호를 생각해 봐라. 적색등이 멈춤을 나타내고, 녹색등이 진행을 나타낼 특별한 이유는 없다. 그렇지만 만약 우리가 모두 동의하는 교통의 흐름을 통제하는 색깔의 구분 체계가 없다면 어떤 일이 발생할지를 생각해 봐라. 이와 유사하게 표준 문어체 영어를 위한 규범문법 체계는 우리 문화에서 문자에 의한 의사소통의 많은 부분을 통제하는 데 도움을 주고 있다.]

❺ The "family tree" is a commonly used metaphor in the classification of languages. Like human families, some language families are larger than others; some families stick together for long periods of time while others drift apart; and some families are mobile while others stay put. The parallel between the genetic relatedness of languages and the human family, or any minimal social unit which produces offspring, is scientifically imperfect, but it is still a helpful way of thinking about language in its historical context. The analogy with the family tree allows us to talk about "parent" languages evolving into "daughter" languages.

["가계도(family tree)"는 언어의 분류에도 흔히 사용되는 비유이다. 인간의 가계와 마찬가지로 일부 어족은 다른 어족보다 더 규모가 크다. 일부 어족은 오랫동안 함께 붙어 있는 반면 다른 어족은 분열된다. 또한 어떤 어족은 이동하는 반면 다른 어족은 제자리에 머물러 있다. 언어와 인간 가계, 혹은 자손을 생성하는 그 어떤 사회의 최소 단위의 유전적 상호관련성 간의 유사성은 과학적으로 불완전한 측면이 있지만, 여전히 역사적 맥락에서 언어를 생각할 수 있는 유용한 방법이다. 가계도와의 유사성으로 인해 우리는 "부모"의 언어(조어)가 "딸"의 언어(파생 언어)로 진화해 간다고 말할 수 있다.]

[01~02]

Abraham Lincoln and John Fitzgerald Kennedy were two of the most well-known presidents that the United States of America ever had. Not that too many US presidents ever passed without a mention, but Abraham Lincoln and John F. Kennedy were still the most famous, particularly due to their personalities, their policies and their assassinations. The similarities between Lincoln and Kennedy too are unnerving with some people suggesting that perhaps Kennedy was the reincarnation of Abraham Lincoln! This claim may be quite far-fetched, but there is no denying the fact that there were some rather strange similarities between the lives of both these men.

01 What is the purpose of this passage?

① To show how all presidents are the same
② To make the reader think about the similarities between the two presidents
③ To prove the possibility of reincarnation
④ To demonstrate how all great men eventually suffer the same fate

02 Which of the following is incorrect according to the passage?

① Both were assassinated by the same man.
② Kennedy and Lincoln were both murdered.
③ The two men were considered to be well known.
④ Both men are kind of the same in many ways.

[03~04]

Americans and Spaniards have very different responses to a bullfight. When Americans watch a bullfight, they usually wonder why the matador would want to risk his life. The Spaniards, in contrast, imagine the excitement of controlling the bull and displaying their courage in the face of death. In general, few Americans see beauty in the matador's movements. Spanish spectators, however, are trained to understand and appreciate his every twist and turn. They cheer the matador who executes his movements gracefully and skillfully. Most American spectators are just the opposite. They focus more on the bull than the matador. Outnumbered by the matador and his banderilleros, or assistants, the bull is often pitied by American spectators. This attitude usually tries the patience of Spanish spectators.

03 What does the passage mainly discuss?

① Why the matador wants to risk his life in a bullfight.
② How to appreciate the matador's movements.
③ How differently Americans and Spaniards react to a bullfight.
④ How to analyze the cultural difference between Americans and Spaniards.

04 Which of the following best describes the response of American spectators to a bullfight?

① They are critical of the matador's movements in every detail.
② They praise the matador's graceful and skillful movements.
③ They are more attentive to the banderilleros than to the matador.
④ They sympathize with the bull more readily than with the matador.

The monopoly power of a firm refers to the extent of its control over the supply of the product that is produced by the industry of which it is a part. The more firms there are producing and selling a given product the less control any one of the firms can exercise over industry supply. If there are enough firms in an industry so that one firm's output and its control over industry supply are insignificant, we have a market that should tend to be _____. On the other hand, if there is only one firm producing and selling the product, we have a market of pure monopoly. The monopoly power of a firm in an imperfectly competitive market is greater the larger the firm's output is relative to the output of the industry as a whole. It is less the smaller the firm's output is relative to the output of the entire industry.

05 Choose the one that best fills in the blank.

① obsolete ② isolated

③ dormant ④ competitive

06 Which of the following can be inferred about "monopoly power" according to the passage?

① Monopoly power is nonexistent if there is only one producer of a product.
② A high level of productivity ensures monopoly power.
③ Market share can determine the monopoly power of a firm.
④ Well-known firms have more monopoly power than less known ones.

The friendship of utility and pleasure go together and are no doubt the most common. Everyone has experienced them. People are "friendly" to their business associates, neighbors, the members of their car pool, and even casual acquaintances on trains, boats, and airplanes. This kind of civility is, to some degree, a form of friendship, the friendship of utility, of mutual convenience. Similarly, people are "friendly" to their golfing partners, to others at a cocktail party, and to acquaintances who entertain them. This is also a form of friendship, the friendship of pleasure, of mutual _____.

These lower forms of friendship are not necessarily bad, but they are inadequate. One of their defects results from the fact that they depend on and vary with circumstances. This is why they can quickly arise and just as quickly disappear. By contrast, when the Book of Proverbs says, "A friend loveth at all times," it is referring to a higher form of friendship that does not depend on circumstance. In order to surmount the effect of time and happenstance, it must be based on the inherent qualities of the individuals involved. A friendship so anchored cannot be a passing friendship.

07 **Which is the most appropriate for the blank?**

① trust   ② enjoyment
③ responsibility   ④ reliance

08 **According to the passage, which is true?**

① The friendship of virtue is not a passing friendship.
② The friendship of utility is not needed.
③ The friendship of pleasure is immoral.
④ All friendships are transient.

We see the importance of media in the fact that a camera-friendly style and appearance greatly enhance a candidate's chance of success. Looking and acting comfortable on camera can aid a candidate's cause. An early indication of the importance of appearance was the infamous presidential debate between Kennedy and Nixon in 1960. The debate was televised, but Nixon declined to wear the heavy makeup that aides recommended. On camera, he appeared haggard and in need of a shave, while Kennedy's youthful and vibrant appearance was supported by the layer of television makeup he wore. The significance of this difference in appearance became apparent after the debate. Polls showed that a slim majority of those who heard the debate on the radio thought Nixon had won, while an equally slim majority of those who watched the debate on television gave the edge to Kennedy. After this dramatic event, the fear of not performing well in televised debates so intimidated presidential hopefuls that it was 16 years before another debate was televised.

09 The underlined word, "haggard," is closest in meaning to _____.

① angry ② perplexed ③ dirty
④ exhausted ⑤ sleepy

10 What is the main idea of the passage?

① The appearance of politicians is important. It is important to be telegenic in contemporary politics.
② People who watched the debate on television preferred Kennedy because he was a better speaker.
③ The presidential debate in 1960 was unsuccessful.
④ Media coverage of presidential elections is biased.
⑤ Presidential debates should not be televised because it produces unfair results.

[11~12]

The atmosphere contains water vapor, but there is a limit to how much water can be evaporated into a given volume of air, just as there is a limit to how much sugar can be dissolved in one cupful of coffee. More sugar can be dissolved in hot coffee than in cold. A given volume of air can hold more water vapor at a higher temperature than at a lower temperature. The air is said to be saturated when it holds as much water vapor as it can at that temperature. At 20°C a cubic meter of air can hold about 17gm of water vapor; at 30°C it can hold about 30gm. Usually the atmosphere is not saturated. Relative humidity expressed in percent is the ratio of the mass of water vapor actually present in a given volume of air to the mass which would be present in it if it were saturated. For example, if a cubic meter of air at 20°C contains 12gm of water vapor, the relative humidity is $12/17gm \times 100 = 70\%$.

11 **What is the main purpose of the passage?**

① To explain how humidity in the air is calculated and determined
② To show the reader how water can hold different amounts of water
③ To explain why cold coffee can't hold as much sugar as hot coffee
④ To show the difference between hot and cold air

12 **Which of the following means the same as the underlined?**

① Water vapor in the air will always be less than it could be.
② There is usually a lot of water that isn't in the air.
③ There is more water in the air than there should be keeping from getting saturated.
④ There's less water vapor in the air than the air can hold, most of the time.

Common sense tells us that there are obvious differences between females and males; after all, biology, not culture, determines whether or not you're able to bear children. But culture and cultural myths do shape the roles of men and women play in our public and private relationship; we are born female and male, but we are made women and men. Sociologists distinguish between sex and gender — between one's biological identity and the conventional patterns of behavior we learn to associate with each sex. While biological sex remains a constant, the definition of "appropriate" gender behavior varies dramatically from one cultural group or historical period to the next. For example, among many American Indian tribes, men who lived and dressed as women were respected as people who possessed special powers, whereas in contemporary Anglo-American culture, (A) _____ are usually seen as deviant or ridiculous. Male clothing in late-seventeenth and early-eighteenth century England would also have failed our current "(B) _____" tests; in that period, elaborate laces, brocades, wigs, and even makeup signaled wealth, status, and sexual attractiveness for men and women alike.

13 Which of the following best fills in the blank (A) _____?

① transsexuals
② cross-dressers
③ handicapped persons
④ savages

14 Which of the following best fills in the blank (B) _____?

① masculinity
② academic
③ class
④ biology

15 Which of the following can be inferred from the passage?

① Anglo-Americans had historically same attitudes towards appropriate gender behavior.
② Appropriate gender behavior in one culture can be inappropriate in other cultures.
③ While proper gender behavior is a constant, biological sex differs depending on cultures.
④ American Indians enjoyed wearing wigs and elaborate laces unlike Anglo-Americans.

CHAPTER 04 분류·나열

01 분류의 개념

말하고자 하는 내용 및 대상에 대해서 그 특성을 몇 가지의 범주로 나누고, 각각의 특징을 설명하는 글의 형태이다. 이러한 글들은 어떤 대상이나 사물을 구성하는 요소들을 전부 통합할 수 있는 특징을 포함한다. 어떤 것의 분류나 범주 등의 문제를 다룰 때, 분류의 진술 방식을 사용할 수 있다. 예를 들어 문학의 종류를 시, 소설, 희곡 비평 등으로 분류할 수 있다. 또한 같은 종류의 부분들을 나열하거나 상세히 설명할 수 있다. 예를 들어 가정을 그 유사성에 따라 무리를 지어주는 분류 방식으로 보면, 모계가족, 부계가족, 핵가족, 대가족 등 여러 문화 유형에 따라 분류할 수 있다.

02 나열의 개념

나열 혹은 열거는 대체로 글의 중심 내용을 제시한 이후, 이를 보충하기 위하여 추가적인 사실을 나열하는 형태이다. 가장 기본적인 것은 여러 가지 항목들을 필요에 의해 나열하는 방식이다. 항목을 나열하는 순서는 다양하다. 무작위로 순서를 정하여 나열하는 방식도 있고, 중요도에 따라 항목들을 나열하기도 한다. 대개 서수나 기수를 사용하여 분명하게 항목들의 순서를 정하는 경우가 많고, 때로는 암시되는 경우도 있다.

03 나열과 분류를 이용한 문장의 이해

❶ Cattle play a major role in modern society. Broadly speaking, there are four major categories for the use of cattle: food, work, commercial products and sports.

[소는 현대 사회에서 주요한 역할을 한다. 넓게 말하면 소는 네 가지 주요한 용도로 사용된다. 식량, 노동, 상업 제품과 스포츠 등으로 크게 분류할 수 있다.]

❷ When we walk through the city we are bombarded by stimuli of all kinds, such as traffic, crowds and noise, and most city dwellers experience a kind of information overload, which is dealt with by using an attentional filtering process. We don't stop, we keep our faces blank and eyes straight ahead, and in doing so, we are not just protecting ourselves but are avoiding overloading other people as well.

[도시에서 걷다 보면 차량들이나 군중들, 소음 같은 각종 자극들이 쉴 새 없이 쏟아진다. 도시에 거주하는 대부분은 일종의 정보 과다 현상을 겪게 되는데, 그러한 정보는 의식적 여과 과정을 통해 처리된다. 우리는 무표정한 얼굴로, 눈은 정면을 응시한 채 멈추지 않고 앞을 향해 계속 걷는다. 이렇게 함으로써 우리는 스스로를 보호할 수 있을 뿐 아니라 다른 사람에게도 과중한 정보를 주지 않게 된다.]

[01~02] 숙명여대 2020

Gold, a psychologist, believes that there are several reasons siblings don't turn to each other more for instrumental help. First, since they are usually about the same age, they may be equally needy or frail. Another reason is that many people consider their siblings safety nets who will save them after everything else has failed. A son or daughter will almost always be turned to first. It's more acceptable in many societies to look up or down the family ladder for help than sideways. Finally, siblings may not turn to each other for help because of _____. They may believe that if they need to call on a brother or sister they are admitting that the other person is a success and "I am a failure." Almost all of the people in Gold's study said they would rather continue on their own than ask their sister or brother for help.

01 **Which is the most suitable expression for the blank?**

① latent rivalry
② emotional turbulence
③ severe hostility
④ possible reluctance
⑤ independent spirit

02 **Which title best describes the passage?**

① When Siblings Need Safety Nets
② Why Siblings Don't Ask Each Other for Help
③ How Siblings Realize their Potential
④ What Connects Siblings Most Tightly
⑤ What Siblings Want in Time of Need

There are only two kinds of beavers, the American beaver and the European beaver. The two species share similar behavior and anatomy, although they have some small physical differences, such as the shape of the nasal bones. They are large rodents; the average adult beaver weighs about 16kg, but specimens as heavy as 40kg have been found, and some extinct beavers were almost bear-like in size.

Although beavers, semiaquatic rodents, are noted for the building of dams, in the South of the United States, they seldom build large dams or stick houses. (A) They come out to feed mainly at night, and are seldom seen by people. (B) Trees and bushes that have been cut down or stripped of bark indicate their presence. (C) For this reason, when it comes to modifying the landscape in a major way, the beaver ranks second only to humans among all living creatures. (D) "Some people think of the gypsy moth. They think it just comes through and eats and destroys. What they don't understand is the fact that for centuries this animal has controlled the character of the forests and streams that it occupies," said one scientist.

03 What is the best place to add the following sentences?

"Instead, they burrow into the banks of the bayous and live inside the tunnels."

① (A)   ② (B)
③ (C)   ④ (D)

04 What can be inferred from the passage about beavers?

① Someone searching for them in the South should look for trees with their bark missing.
② They usually reside in large dams in the middle of a bayou.
③ Their habitats are stick houses covered with clinging snails and clams.
④ Anyone living near the bayou can easily find out how they build their homes.

It is surprising how many people still say, "I never dream", for it was established that everyone has over a thousand dreams a year, however few of these nocturnal productions are remembered on waking. Even the most confirmed 'non-dreamers' will remember dreams if woken up systematically during the rapid eye movement (REM) periods. These are periods of light sleep during which the eyeballs move rapidly back and forth under the closed lids and the brain becomes highly activated, which happens three or four times every night of normal sleep. We normally never recall a dream unless we awaken directly from it, and even then it has a tendency to fade quickly into oblivion. The basic factor that seems to determine whether a person remembers dreams or not is the same as that which determines all the memory. Dream researchers have made a broad classification of people into 'recallers' — those who remember at least one dream a month — and 'non-recallers,' who remember few than this. Tests have shown that cool, analytical people with a very rational approach to their feelings tend to recall fewer dreams than those whose attitude to life is open and flexible.

05 The best title of the passage would be _____.

① How to deal with insomnia
② Comparison of normal and abnormal dreams
③ Dream as repression of desire
④ Need for rational approach to dream
⑤ Elusiveness of dream

06 According to the passage, during REM periods, people _____.

① sleep sound   ② dream less
③ forget dreams more easily   ④ wake up more irregularly
⑤ recall dreams better

07 According to the passage, 'recallers' may be more _____ than 'non-recallers.'

① imaginative   ② logical
③ realistic   ④ healthy
⑤ repressed

[08~10]

In seeking to understand the great founders of religion, it is helpful to note how little attention they gave to the physical and material universe. Jesus taught hardly anything about it. Buddha was often silent when his followers wished to press discussions about the creation of man. Confucius devoted very few sayings to the universe of science. Socrates argues that the study of human nature was more important than the study of astronomy. Though Arab science, mathematics, and philosophy were beginning to develop strongly in his day, Mohammed devoted very little attention to them in the "Koran" unless they were related to an understanding of the nature of man or God. All regarded things spiritual as their work and left scientific studies of the physical and material universe to others.

08 The great founders of religion were interested almost exclusively in _____.

① the material universe
② matters of spirit
③ the universe of science
④ the nature of man

09 The "Koran" is Mohammed's sacred book — his Bible, _____.

① as it is
② on the other hand
③ so to speak
④ as likely as not

10 Which of the following statements is true according to the passage?

① Buddha was often bewildered when he was pressed to discuss the creation of man.
② Unlike Jesus, Confucius said almost nothing about the universe of science.
③ In Socrates' view, astronomy was above human nature.
④ The "Koran" had something to do with the science of Mohammed's day.

Cattle play a major role in modern society. Broadly speaking, there are four major categories for the use of cattle: food, work, commercial products and sports. Over fifty percent of the meat we eat is beef or veal, and more than ninety-five percent of the world's milk supply is from cattle. In developing countries like Ethiopia, cattle play a role in agriculture by pulling plows and carts. In countries like Sudan and Chad, cattle are often used as a pack animal. Additionally, many commercial products are derived from cattle. Glue, for instance, is made from their bones, leather goods such as bags and shoes, from their hides. Certain types of carpets and blankets, and even brushes, are made from cow hair. If that isn't enough, one popular spectator sport in Oklahoma in the United States is the rodeo, where cattle play an important role. In Spain and Mexico, their task is grueling as they provide entertainment for the bullfighters.

11 What is this article mainly about?

① the economic advantages of raising cattle
② the use of cattle in developed countries
③ the role of cattle in agriculture
④ the use of cattle in today's world

12 Where are cattle used as a means of transportation?

① Sudan   ② Oklahoma
③ Spain   ④ Ethiopia

13 According to the article above, which of the following is true?

① Cattle have lost their importance in modern society.
② The use of cattle is restricted to agriculture in developing countries.
③ Cattle provide entertainment in some countries.
④ Many commercial products originally derived from cattle are now made in chemical factories.

Although rarely spoken about by society, child abuse is one of the nation's most pressing problems today. As the population continues to grow, so does the number of unwanted and unplanned children. It is estimated that six or seven out of a hundred children will be maltreated or neglected. Child abuse can come in three forms: (1) passive cruelty in the neglect of children by an unloving or uneducated parent; (2) occasional cruelty in the momentary violent reaction of a frustrated or overburdened parent; and (3) consistent, deliberate cruelty in uncontrollable actions by a mentally sick parent. Simple neglect is easiest to correct. Actual abuse on the spur of the moment is more serious, but still much less so than continual abuse due to mental illness.

14 According to the passage, the problem of child abuse _____.

① is an issue that is slowly being overcome and requires little attention
② has been greatly overestimated due to it only impacting a small amount of children
③ impacts a little over 10 percent of the population
④ does not receive as much attention as it should

15 It is pointed out in the reading that _____.

① basic neglection is a more significant issue than ongoing abuse
② spontaneous abuse is a more significant issue than ongoing abuse
③ there is no relationship between mentally ill parents and child abuse
④ ongoing abuse is a more significant issue than spontaneous abuse

01 원인과 결과의 개념

인과 관계란 행동이나 사건을 분석하여 그 원인과 결과에 따라 글을 서술하는 방식이다. 최초의 행동이 발생하여 그 다음 행동에 영향을 미치거나, 특정한 결과를 가져오는 것을 의미한다. 원인과 결과의 연쇄 반응 구조라고 칭하기도 한다. 인과 관계를 이해하기 위해서는 원인과 결과로 상황을 분석하여 이해하는 분석적인 사고와 논리적인 사고력을 필요로 한다.

02 인과 관계를 나타내는 지표

이유를 나타내는 표현도 역시 인과 관계의 지표가 되기도 한다. ① 동사 – cause, invite, trigger, lead to, create, produce, result from, result in, ② 전치사 – because of, owing to, due to, on account of, as a result of, consequence of, ③ 접속사 – because, since, as, for, now that, in that, seeing that 등이 그러하다.

03 원인과 결과를 이용한 문장의 이해

❶ Some, but not all, of the Pentagon workers were charged **as a result of** the internal investigation, which had not previously been made public.

[전부는 아니지만 국방부의 일부 직원들이 이전에는 공표되지 않았던 내사 이후에 기소되었다.]

앞부분에는 원인, 뒷부분에는 결과의 사실이 진행되어 인과의 진행이 된다. 반면에 result from을 쓰면 앞부분에 결과, 뒷부분에 원인이 온다.

❷ The success of Maria Montessori's program with retarded children led her to believe that the same improvements could be made in the education of normal preschool children. This **led her to** open the first day care center in Rome. With its success similar institutions were opened in other parts of Europe and in the United States.

[지진아들에 대한 마리아 몬테소리의 학습법이 성공하면서, 마리아는 정상적인 아동들의 경우에도 똑같이 적용될 수 있다고 믿게 되었다. 그래서 마리아는 로마에 최초의 탁아소를 설립하였다. 이러한 실험이 성공하면서 유럽과 미국 지역에서도 유사 기관들이 문을 열었다.]

❸ Since children of today have been fed very well, especially compared to the old days, it is hard to believe they are weak and sick. But feeding them too much is the cause. Many parents encourage their children to eat any type of food, and the children often eat high-calorie snacks. Many children travel from home to school to private lessons by car, thanks to their parents, depriving them of the chance to walk. Such an upbringing conditions them to become obese and develop diseases.

[예전과는 비할 수 없이 잘 먹이며 곱게 키운 아이들이 골골한다니 기막힌 일이지만 바로 그 '잘 먹이며 곱게 키우는' 게 문제다. 많은 가정에서 어릴 땐 아무거나 잘 먹으면 된다며 아이들이 고열량 음식을 맘껏 먹게 내버려 둔다. 그리곤 집에서 학교로, 학교에서 학원으로, 학원에서 집으로 자가용에 태우고 다니며 제 발로 걸을 틈조차 주지 않는다. 이같이 잘못된 양육 방식이 귀한 자녀들을 비만과 그에 따른 성인병으로 내모는 것이다.]

[01~02] 가천대 2018

While it is now hard to imagine a world without computer word processors, it is worth remembering that even the computer's predecessor, the typewriter, is a relatively new technology. The first usable model was not invented until the mid-nineteenth century. The large discrepancy in time between the invention of Johann Gutenberg's fifteenth century printing press and the typewriter is largely due to the lack of need for a personal typewriter. Labor was cheap and abundant, whereas machines were expensive. Ⓐ _____ industrial production was automated and widespread, was the time for typewriters to play a functional role in society.

01 Which of the following is most appropriate for the blank Ⓐ?

① Whether　　　　　　　　② Until
③ Once　　　　　　　　　④ Though

02 Which of the following is true of the passage?

① The typewriter is rather an old technology.
② Gutenberg's printing press offered an immediate inspiration to the typewriter.
③ People didn't feel the necessity of the typewriter because they preferred the personal handwriting.
④ It was not until the introduction of mass production that most people could afford a typewriter.

A new study reports that the cleaner air has been accompanied by a significant decrease in childhood lung problems. The study used data on ozone, nitrogen dioxide and particulate matter for each year. Parents also provided regular updates about symptoms like coughing and phlegm production in their children. [A] Among children with asthma, air-pollution reduction was consistently associated with reductions in respiratory symptoms. [B] The associations were weaker, but still significant, in children without asthma. [C] "Clearly, the reduction in air pollution levels have translated into improvements in respiratory health," said Kiros Berhane, a professor of preventive medicine at the University of Southern California. [D] "Especially for parents of children with asthma, this is very good news, but we see significant improvement in children without asthma as well."

03 Where is the most appropriate spot for the following sentence?

For example, in children with asthma, reductions in fine particulate matter were associated with a 32-percent reduction in symptoms, while lower levels of ozone were linked to a 21-percent reduction.

① [A]　　　　　② [B]　　　　　③ [C]　　　　　④ [D]

04 According to the passage, which of the following is true?

① A high level of fine particulate matter contributed to the reduction in respiratory symptoms.
② Children with asthma were more influenced by the clean air than children without asthma.
③ The study showed that regular updates on asthma patients decreased lung problems.
④ Data about children with respiratory disease were excluded in the study.

[05~06]

Mutual assured destruction (MAD), also known as mutually assured destruction, is a doctrine of military strategy and national security policy in which <u>a full-scale use of nuclear weapons by two opposing sides would effectively result in the destruction of both the attacker and the defender</u>, becoming thus a war that has no victory nor any armistice but only total destruction. It is based on the theory of deterrence according to which the deployment of strong weapons is essential to threaten the enemy in order to prevent the use of the same weapons. The strategy is effectively a form of Nash equilibrium in which neither side, once armed, has any incentive to disarm.

05 **Which of the following most closely resembles the underlined phrase?**

① The side that attacks first with nuclear weapons will ultimately win.
② When both sides decide to use nuclear weapons, it is a race to get the biggest weapons.
③ If both sides use the same strength of nuclear weapons, both sides will be obliterated.
④ Using nuclear weapon will ensure that your enemy will win the battle.

06 **Which of the following is false?**

① MAD results in no winner and no peace agreement.
② Once both sides reach an equilibrium, they will begin to scale back their weapons.
③ The theory goes that having strong weapons will deter your enemy from using the same weapons.
④ When both sides are armed, neither wants to disarm.

The Dog Days are known as the hottest days of the year in the Northern Hemisphere and usually occur in July and early August. In ancient times, the sultry weather in Rome during these months often made people sick, and they blamed their illnesses on the fact that this was the time of year when Sirius, the Dog Star, rose at about the same time as the sun. Because Sirius was the brightest star, it was thought to add its heat to the sun, producing hot, unhealthy weather. The ancients used to sacrifice a brown dog at the beginning of the Dog Days to appease the rage of Sirius.

Although there are many different ways of calculating which days in any given year are the dog days, and how long they last, it is impossible to be precise. Nowadays it is generally assumed that they fall between July 3 and August 11 — slightly later than they occurred in ancient times. Because of their association with the Dog Star, various beliefs have sprung up involving the behavior of dogs during this period. In the 16th century it was believed that dogs went mad during the Dog Star season. Another name for this time of year, the canicular days, comes from the Latin word canis meaning "dog."

07 **What can be inferred from the passage?**

① During the late July Sirius is in conjunction with the Sun.
② The heat of summer is a direct result of dog days.
③ People are still very concerned about when the dog days occur.
④ The Roman people were not very intelligent.

[08~10]

Originator of the Montessori method of education for preschool children, Maria Montessori was the first woman to receive a medical degree in Italy. After receiving her degree in 1894, she worked with subnormal children as a psychiatrist at the University of Rome. It was there that she pioneered in the instruction of retarded children, especially through the use of an environment rich in manipulative materials.

The success of Maria's program with retarded children led her to believe that the same improvements could be made in the education of normal preschool children. This led her to open the first day care center in Rome. With its success similar institutions were opened in other parts of Europe and in the United States. The chief components of the Montessori method are self-motivation and auto-education.

Followers of the method believe that a child will learn naturally if put in an environment with the proper materials. The teacher acts as observer and only interferes if help is needed. Educators in this system are trying to reverse the traditional system of an active teacher and a passive class.

08 What does the passage mainly discuss?

① The life of Maria Montessori
② Educating subnormal children
③ The Montessori method
④ Self-motivation

09 The author implies that Maria Montessori believes that _____.

① children will learn by themselves
② teachers should be very active
③ education is more important than psychiatry
④ retarded children need strong discipline

10 According to the Montessori method, which of the following is the most important?

① teachers
② materials
③ disciplines
④ observers

02

Burning of fossil fuels, for instance, increases the amount of greenhouse gases in the atmosphere, leading to climate change such as global warming, rising sea levels, and increased acidity of the ocean. Another way in which inland populations can (A) affect on marine environment is (B) by contributing nutrients to the ocean. Nitrogen is a major nutrient that supports the growth of algae in aquatic ecosystems. When nitrogen-containing chemicals from terrestrial sources reach the ocean they support an enormous increase in the growth of algae. When the algae die, the decomposition of their remains robs the water (C) of oxygen. Marine organisms that can swim away, such as fishes, migrate to better water while those that cannot, such as clams and worms, die from lack of oxygen. The decomposition of their bodies removes more oxygen from the water, making a bad situation even worse. The result of this excessive decomposition is an area of ocean water that oxygen is depleted. Because (D) so little marine life can survive in such an area, it is referred to as a dead zone.

11 Which of the followings is NOT true?

① Some chemicals trigger the growth of marine organisms and thus enrich marine ecosystem.
② In the case of excessive decomposition, the inertness of clams can be harmful for their survival.
③ Marine ecosystem is dependent on inland activities.
④ Inland people have an impact on marine communities.

12 Which one is grammatically incorrect?

① (A)   ② (B)   ③ (C)   ④ (D)

Because of the pervasive nature of scientific uncertainty in environmental matters, there is a tension between the disciplinary norms of good science and good regulation. Government officials cannot wait until all desired scientific information is available prior to deciding on regulatory approaches. Unlike the approach in scientific areas where judgment may be suspended until the scientific proof is in, government officials are expected to act in a (A) _____ manner. Very often government officials are expected to make decisions on environmental matters on extremely limited data applied to weak or nonexistent theory. As a result, effective regulation may sometimes require government agencies to (B) _____ crude but administrable decision strategies that do not incorporate a high degree of scientific sophistication.

13 Which of the following best fills in the blank (A)?

① tenderly   ② gestural

③ timely   ④ formal

14 Which of the following best fills in the blank (B)?

① translate   ② conflict

③ adopt   ④ overcome

15 What is the main idea of the passage?

① Difficulty in making effective regulations about environmental issues

② Difficulty in resolving the tension between science and regulation

③ Difficulty in reducing scientific uncertainty in environmental matters

④ Difficulty in developing scientific sophistication

01 과정의 개념

어떤 일의 진행을 설명할 때 단계적으로 그 과정을 설명하게 된다. 지시문 등이 대표적이다. 예를 들어 자판기 사용법, 구명조끼 사용법 등의 글은 대부분 과정에 따라 구성된다. 과정의 분석은 흔히 실험의 과정들이나 새로운 기계나 기구의 사용 방법 등 실용적인 글에서 자주 인용되는 방식으로, 실험 연구 등의 경우 실험 방법이나 과정 설명 역시 여기에 해당한다.

02 시간적 구성의 개념

우리가 어떠한 일을 글로 구성할 때 일어나는 시간의 순서에 따라 배열하는 경우가 많다. 이러한 구성 방식의 글은 보통 독자들의 기대처럼 처음부터 끝까지 순서대로 진행된다. 한 예로 마라톤을 하는 방법의 경우와 같이 그 과정을 처음부터 끝까지 설명할 수 있다. 그러나 어떤 경우에는 시간의 순서를 역으로 구성하여 최근에서부터 옛날로 거슬러 올라가면서 설명하기도 한다.

03 과정과 시간적 경과를 이용한 문장의 이해

❶ A Parisian villain broke into a house at the village of Lachelle in 1978. Once inside he began to feel decidedly peckish and so went in search of the icebox. There he found his favourite cheese which it would have been a shame not to try. He then found some Bath Oliver biscuits and three bottles of champagne. After a while he began to feel sleepy and decided that he would lie down and digest his meal in comfort. He was arrested next morning fast asleep upstairs in the spare bedroom.

[1978년 Lachelle 마을에 위치한 어느 집에 파리 출신 도둑이 침입했다. 안에 들어가자 그는 분명히 조금 배가 고파졌고 그래서 냉장고를 찾아 나섰다. 냉장고 안에서 그는 맛보지 않는다면 정말 애석하기 그지없을 정도로 가장 좋아하는 치즈를 발견했다. 그러고 나서는 Bath Oliver 비스킷 약간하고 샴페인 세 병도 발견했다. 잠시 후 그는 졸리기 시작하자 편안하게 누워서 식사를 소화하기로 결심했다. 다음날 그는 위층에 있는 여분의 침실에서 잠든 상태로 체포되었다.]

❷ **In 1914**, a group of German astronomers had planned to go to Siberia and observe a solar eclipse to see if Einstein's prediction proved true. World War I interrupted this expedition and **it wasn't until 1919 that** an expedition led by Arthur Eddington was able to travel to the island of Principe and observe a solar eclipse.

[1914년에 한 무리의 과학자들이 시베리아로 가서 아인슈타인의 예측이 맞는지를 살펴보려는 계획을 세웠다. 이 계획은 제1차 세계대전으로 인해서 중단되었고, 1919년이 돼서야 비로소 아서 에딩턴이 이끄는 탐사단이 프린시페섬으로 떠나서 일식을 관찰할 수 있었다.]

[01~02]

With the arrival of twentieth-century technology, medical professions were able to think seriously about creating artificial replacements for damaged human hearts that no longer functioned effectively. [I] In 1957, Dr. Willem Kolff created the first artificial heart and implanted it in a dog, who promptly died from the experiment. [II] Still, animal research continued, and, in 1969, Dr. Denton Cooley implanted the first artificial heart into the body of a human. [III] In 1979, Dr. Robert Jarvik patented the first artificial heart. [IV] Three years later, the Jarvik heart, as it came to be called, was implanted in the body of Barney Clark, a retired dentist dying of heart disease. Clark lived for 112 days after the surgery, and his survival raised hopes for the future success of artificial hearts.

01 윗글의 전개 방식으로 가장 적절한 것은?

① time order
② cause and effect
③ classification
④ definition

02 글의 흐름으로 보아 다음 문장이 들어가기에 적절한 곳은?

The device, made largely of plastic, only had to function for a brief period of time, while the patient awaited a transplanted human heart.

① [I]　　　　　　　　　　　② [II]
③ [III]　　　　　　　　　　　④ [IV]

Briggs Pharmaceuticals is almost ready to introduce its latest asthma medication into the market. For the past nine months, researchers have been developing ways to reduce the amount of chemical agents used in inhalers. This was propelled by a number of patient complaints regarding headaches, twitching, and nausea after using the company's inhalation product.

A number of test studies and laboratory experiments have led to the discovery of a pill that attaches itself to the inner lining of the esophagus, releasing vapors that ease asthmatic symptoms. This method is less abrasive than other medications and is also more cost effective. The reduction in chemicals will potentially reduce the side effects normally considered a way of life for asthma sufferers.

03 What prompted Briggs to alter its asthma medication?

① There was significant competition.
② The original product was too costly.
③ It had too many negative side effects.
④ Inhalers have declined in popularity.

04 What is not a benefit of the new drug?

① The price is much lower than that of the inhaler.
② It won't cause the patient as much suffering.
③ It will make the lives of people with asthma easier.
④ It will cure asthma patients at a much faster rate.

Before the seventeenth century, society viewed children as miniature adults. Kids were held to the same standards of behavior as adults, so the justice system punished them as adults. In the seventeenth century, though, European church and community leaders managed to convince the rest of society that children were a distinct group, weaker and more innocent than adults. As a result, young offenders began to be judged against different, age-related standards. By the eighteenth century, English common law considered children under fourteen to be incapable of having criminal intentions. Reflecting that belief, the first juvenile court was established in America in 1899. For the next hundred years, the juvenile justice system focused on reforming rather than punishing young offenders. Today, however, in the aftermath of numerous violent crimes committed by juveniles, many people are taking a harsher position. They want young law-breakers referred to criminal courts and tried as adults.

05 What is the main topic of the passage?

① People who take juvenile crime seriously
② The evolution of the juvenile justice system
③ The changes in the juvenile crime rate since the 1600s
④ Differences between the European and American juvenile justice systems

06 Which of the following best describes the view of the seventeenth-century Europeans on young offenders?

① They are miniature adults.
② They cannot have criminal intentions.
③ They should not be punished in any case.
④ They should be judged by different standards from adults.

07 Which of the following is true according to the passage?

① Today young law-breakers are tried as adults in American criminal courts.
② Due to the juvenile justice system, crimes by juveniles have perceptibly decreased in Europe.
③ In the nineteenth century English common law had an influence on the justice system in America.
④ The first juvenile court established in America aimed to punish rather than reform young offenders.

A simple pendulum consists of a concentrated weight (a metal ball) supported by a thin wire or thread. If the wire is held taut and the ball pulled back and released, the pendulum will swing freely back and forth through an arc. The swing, always in the same plane, is produced because of the force of gravity. As the ball continues to swing, the length of the arc through which it travels becomes shorter. Finally it comes to a complete stop, mainly because of air friction. The period of the swing is the time that it takes for the ball to travel through its arc and back again to the starting point. As the arc becomes smaller, the speed also decreases but the period remains constant. The period depends only upon the acceleration of gravity and length of the wire. Since gravity is constant, the period remains the same if the length of the wire does not change. Thus, if the wire's length is known and the period is accurately timed, _____ can be calculated.

08 According to the passage, which of the following is true?

① Gravity makes the metal ball eventually come to a halt.
② The period increases according to the travelling speed of the ball.
③ The weight of the ball is a key factor to influence the period.
④ If gravity were to change, the period would change, too.
⑤ Gravity depends partially upon the length of the wire.

09 Which one is most appropriate for the blank?

① The degree of air friction
② The swinging speed of the ball
③ The length of the arc
④ The weight of the ball
⑤ The acceleration of gravity

The Declaration of Independence was the instrument by which the thirteen colonies declared their independence from Great Britain. It was written by Thomas Jefferson, one of a special committee of five assigned by the Continental Congress to draw up a form of declaration. When the declaration was originally brought before Congress on June 28, 1776, the delegates from Pennsylvania and South Carolina refused to approve it until it carried an amendment. That amendment was then written into the declaration, which was finally approved on July 4. Originally only the president and secretary of the Continental Congress affixed their signatures: the delegates added their signatures as their individual states confirmed the action of Congress.

10 What is NOT true of the above passage?

① The declaration of Independence was approved on July 4, 1776.

② The committee members to draw up a form of declaration consisted of five people.

③ The delegates wrote their signatures after having debate with other members of the special committee.

④ Pennsylvania and South Carolina did not approve the Declaration of Independence because it did not carry an amendment.

⑤ The Declaration of Independence was the way the colonies declared their independence from Great Britain.

11 What is the main theme of the passage?

① Birth of The Declaration of Independence

② Importance of the signatures in The Declaration of Independence

③ Importance of the amendment in The Declaration of Independence

④ Disagreement about the details of The Declaration of Independence

⑤ Role of the special committee in drawing up a form of declaration

Americans have less faith in organized religion than they did nearly a decade ago, a new study shows. A staggering 21 percent of those surveyed said they don't practice a "formal religion" up from the 15 percent who said that in 2008, according to Gallup. "Religion is losing influence in society," according to Gallup, which did not offer a reason for the decline. "This may be a short-term phenomenon or an indication of a more lasting pattern." Overall, 74 percent of Americans identified as Christian and 2.1 percent said they were jewish ; 1.8 percent said they were Mormon and 0.8 identified as Muslim, according to the pollsters. Everyone else either claimed to be (A) "_____" or gave no response at all, researchers said. The number of true believers has dropped dramatically since the 1940s and 1950s, when less than 3 percent said they practiced no formal religion. In those decades, 90 percent of Americans identified as Christian — and nearly everyone else said they were Jewish, according to past Gallup surveys. It wasn't until the 1970s that the number of Americans practicing no religion began to grow, rising to 10 percent that decade. By the 2000s, that percentage climbed to the teens. Even among the faithful, church attendance is also lower than it has been in past decades, the study shows. Roughly 36 percent of Americans attend, down from 41 percent in 1939, the first year the study was conducted. The poll surveyed 173,229 Americans and was conducted between Jan. and Dec. 2016.

12 Which of the following does NOT fit in (A)?

① agnostic   ② none
③ atheist   ④ anarchist

13 Which of the following is true?

① More Americans are practicing a formal religion than 10 years ago.
② People will not go back to a formal religion for good.
③ About three fourths of Americans are still identifying themselves as Christians.
④ Among faithful Christians, one half of the people regularly go to church.

The *word* jazz is related to jasm, a slang dating back to 1860 meaning "energy" in the U.S. In a 1912 article in the *LA Times*, a baseball pitcher described a pitch which he called a jazz ball "because it wobbles and you simply can't do anything with it." Its first documented use in a musical context was in a *Times-Picayune* article in 1916 about "jas bands." The musician Eubie Blake talked about his recollections of the original slang connotations of the term, "When Broadway picked it up, they called it 'JAZZ.' But it was spelled 'J-A-S-S.' That was dirty. If you knew what it was, you wouldn't say it in front of ladies."

14 글의 제목으로 가장 적절한 것은?

① The Origin of the Word Jazz
② The History of Jazz in the U.S.
③ The Accord between Baseball and Jazz
④ The Slang Connotations of Jazz
⑤ The Dislike for Jazz by Ladies

Although scattered local airline companies began offering flights to passengers as early as 1913, scheduled domestic flights did not become widely available in the United States until the 1920s. [A] During the early years of commercial aviation, U.S. airline travel was limited to a small population of business travelers and wealthy individuals who could afford the high ticket prices. [B] The majority of travelers relied instead on more affordable train services for their intercity transportation needs. [C] Over ninety-five years later, the airlines have grown to be one of the most important and heavily used transportation options for American business and leisure travelers. [D] Following deregulation of the airline industry by the U.S. government in 1978, airline routes increased, ticket fares decreased, and discount carriers prospered, thus making airline travel accessible to a much broader segment of the U.S. population. [E] Plane tickets were generally prepared by hand using carbon paper and were given to passengers upon their arrival at the airports. In 2008 alone, 649.9 million passengers traveled on domestic flights on U.S. airlines.

15 Choose the sentence that does not fit in the passage.

① [A]   ② [B]   ③ [C]   ④ [D]   ⑤ [E]

PART 03

출제 유형 (1) 전체적 이해

편입시험에서 나오는 독해의 문제 유형을 총망라하여 크게 구분할 때, 제목, 주제, 요지, 글의 목적, 어조, 분위기, 종류, 작가의 태도 등을 묻는 문제들을 일컬어 전체적인 이해를 요하는 문제라고 할 수 있다.

01 전체적인 이해 – 핵심
(a) 제목
(b) 주제
(c) 요지 (요약 포함)

일반적으로 어느 시험이든 제목, 주제, 요지를 묻는 문제가 출제되는데, 이는 이 글은 과연 무엇에 대하여 왜 썼는가를 알고 있는지를 묻는 데 유용하기 때문이다. 편입시험에서는 제목, 주제, 요지가 혼동되는 경우가 많은데, 30여 개 이상의 학교들이 통일성 없이 각자 출제하기 때문이다. 이에 비해 수험생들은 전체적으로 학습해야 하기 때문에 혼동하기 쉽지만, 이를 구별하는 대강의 원칙은 다음과 같다. 추상적이고 어구로 이루어진 경우가 제목에 가깝고, 구체적이고 문장으로 구성된 경우가 요지에 가깝다. 주제는 그 중간 정도라고 보면 된다.

02 전체적인 이해 – 기타
(a) 글의 목적, 종류
(b) 글의 어조, 분위기
(c) 작가의 태도

글의 목적은 글을 쓴 이유를 묻는 질문으로 편입에서 많이 출제되는 유형이며, 글의 종류나 작가의 태도, 분위기, 어조 등은 빈도가 높지도 않지만 난이도가 낮은 문제에 속한다.

이렇게 전체적인 이해를 묻는 문제는 글의 키워드를 중심으로 단락별로 요약하는 훈련을 많이 해야 효과가 있다. 첫 번째 단락의 키워드는 무엇이고, 이런 키워드를 바탕으로 첫 단락의 요지는 어떠한지를 파악하고, 이를 두 번째, 세 번째 단락까지 연결시키고, 이를 종합하면 글 전체의 요지를 구성할 수 있다. 처음에는 요약하는 훈련이 쉽지 않겠지만, 꾸준히 연습하다 보면 점점 핵심을 잡아내게 되고 전체를 압축적으로 바라볼 수 있는 눈이 생긴다. 그러기 위해서는 많은 글을 읽고 생각해야 하며, 평소에도 꾸준히 영어로 된 글을 자주 접해야 한다.

CHAPTER 01

제목과 주제

01 제목과 주제의 개념

제목이란 글의 주제문을 바탕으로 이를 가장 잘 요약하여 압축적으로 표현한 것이다. 제목을 묻는 문제는 독해 문제에서 자주 등장하는 질문 유형 중의 하나로, 일반적으로 출제자들이 수험생들이 맞추기 쉬운 문제로 내는 경우가 대부분이다. 하지만 의외로 고르기 어려운 문제가 나오기도 한다. 이에 비해 주제는 글 전체에 일관되게 나오는 내용으로, 글의 핵심을 말하며 논설문의 형태라면 저자가 주장하는 부분을 의미한다. 일반적으로 주제문이 제시되는 경우가 있으며, 이러한 경우에는 글의 구성에 따라 문장의 앞 부분에 단서가 오는 경우가 많다. 그렇지만 언제나 주제문이 제시되는 것은 아니므로 글 전체에서 전체 내용을 포괄하는 핵심이 들어간 분명한 내용을 파악해야 한다.

02 제목의 문제 풀이 해법

제목에 관련된 문제를 풀 때는 단락 전체를 읽고 단락에서 말하고자 하는 핵심을 파악한다. 주의해야 할 것은 제목을 고르라는 문제는 옳고 그름의 문제가 아니며, 본문의 내용에 일치하는 보기 가운데 글의 내용을 대표할 만한 보기를 고르라는 것이다. 종종 학생들이 자주 하는 질문 가운데는 답이 두 개인 경우가 있다고 하는 경우가 많은데, 이는 문제의 핵심을 파악하지 못했거나, 자신만의 주관적인 시각으로 문제에 접근하기 때문일 수도 있다. 제목 문제를 풀 때는 글을 전체적으로 이해하면서 글과 방향이 함께 진행되는 옳은 진술을 고르는 것이 아니라, 글 전체를 포괄할 수 있는 타당한 진술을 고르라는 것을 염두에 두는 자세가 필요하다. 요약하면 제목 문제를 풀 때는 언제나 주어진 지문과의 범위 일치 여부 파악이 핵심이다. 아무리 보기가 옳고 타당한 듯 보여도, 본문의 내용과 범위가 일치하지 않는다면 아무런 의미가 없다. 보기가 너무 범위를 넓게 설정하였다거나, 좁게 설정하였다거나, 무관하다면 절대로 제목이 될 수 없다.

03 주제의 문제 풀이 해법

주제를 고르는 문제는 필자의 의견이나 주장이 드러난 글 속의 중심 사상을 고르는 것으로, 글의 흐름을 파악하면 풀 수 있는 경우가 대부분이다. 주제문이 제시되어 있으면 주제문을, 주제문이 제시되어 있지 않다면 구체적인 진술이 아닌 일반적이고 추상적인 진술 가운데에서 정답을 고를 수 있다. 주의해야 할 점은 명령문이나 의문문의 경우에도 주제가 될 수 있으며, 필자의 주장이나 의견이 들어간 부분을 주의하면서 읽어나가야 한다는 것이다. 답을 고른 이후에 주제를 뒷받침하는 구체적인 근거를 찾아보면서 정답을 골랐는지 확인해 보는 것도 좋은 방법이다. 즉 이러한 주제라면 저런 식의 글을 쓸 것인가를 생각해 보면 글을 정확하게 판단할 수 있다.

04 원리를 독해 지문에 적용

❶ **A cliché** is made, not born. The process begins when someone hits upon a bright new way of stating a common experience. At that point, the remark is an epigram. But if it is particularly apt as well as catchy, the saying receives wide circulation as a verbal coin. Soon it is likely to **be suffering from overwork**. It **has then arrived at clichéhood**. The dictionary records the doom of the successful epigram **in defining a cliché**: "A trite phrase; a hackneyed expression."

[상투어구(진부한 표현)는 탄생하는 것이 아니라 (사용에 의해) 만들어지는 것이다. 이런 과정은 누군가가 흔히 겪는 경험에 대해 언급하는 새롭고 멋진 방식이 떠올랐을 때 시작된다. 이 시점에서 이러한 언급은 경구라고 한다. 그러나 이런 말이 특히 이목을 끌 뿐만 아니라 적절하다면 이 말은 신조어로 널리 유포된다. 곧 이 신조어는 과도하게 사용되게 된다. 그러고 나면 상투어구의 단계에 들어서는 것이다. 사전은 상투어구를 정의 내릴 때 성공적인 경구의 운명을 "진부한 어구이자 판에 박힌 표현"이라고 기록한다.]

올바른 제목은 경구(epigram)인가 상투어구(clich)인가? 이 글에 따르면 경구의 과도한 사용으로 결국은 상투어구가 되는 것이므로 보기에 따라서 무엇이 제목인지 혼동될 수 있다. 이 경우 핵심으로 돌아가서 무엇을 말하고 싶었는가를 고려해 보아야 한다. 밑줄 친 부분을 유념해서 보면 글쓴이는 상투어구가 무엇인지를 알려 주고자 하였다는 것을 알 수 있다. 즉 상투어구의 정의를 내리는 수단으로 상투어구가 경구에서 비롯되었다는 것을 알려주는 것이다.

❷ **Stereotypes influence the way we process information**. We tend to remember favorable information about outgroups. This, in turn, affects the way we interpret incoming messages from members of ingroups and outgroups. We interpret incoming messages in a way that is consistent with our stereotypes, **when we are not mindful**. Sorority and fraternity members, for example, know how much money they raise for charity, but nonmembers may not recall this information even after reading it in the student newspaper because it is inconsistent with their stereotypes of fraternities and sororities.

[고정관념은 우리가 정보를 처리하는 방식에 영향을 미친다. 우리는 외부집단에 대한 우호적인 정보를 기억하는 경향이 있다. 이는 집단의 내부와 외부의 구성원들로부터 들어오는 정보를 해석하는 방식에 영향을 미친다. 우리는 신경 쓰지 않으면 들어오는 메시지를 우리의 고정관념과 일치시키는 방식으로 해석한다. 예를 들어, 여학생 사교클럽과 남학생 사교클럽의 학생들은 자선모금으로 얼마만큼의 돈을 모았는지를 알지, 구성원들이 아니면 (이러한 행사가) 여학생 사교클럽과 남학생 사교클럽에 대한 고정관념과 일치하지 않기 때문에 학생신문에서 이 글을 읽은 후에도 기억하지 못할 수 있다.]

주제문을 찾으면 글의 흐름을 쉽게 찾아갈 수 있다. 본문에서는 첫 문장을 중심으로 고정관념에 대하여 논의하고 있다. 중간의 밑줄 친 부분처럼 유념하지 않으면 외부의 정보에 대하여 자신의 고정관념에 맞추어 생각하게 된다는 내용이다. 그러기에 대학의 '동아리 모임'하면 떠오르는 고정관념과 '자선행사'하면 떠오르는 이미지가 일치하기 때문에 정보를 듣고도 잊어버리는 것이다.

[01~02] 한국외대 2019

For a story to be considered 'fantasy,' it needs to contain some sort of magic system, in short, things that occur or exist in your story that cannot exist in the real world. These include elements of sorcery, witchcraft, and enchantment; fantastical creatures and the supernatural; or advanced abilities or powers. Basically, anything with no basis in real-world evidence or logic can be considered magic. This is where you can really set your story apart from others in (A) the genre. If your magic system is unique and imaginative, your novel has a point of difference. An innovative, intriguing magic system is often the key to helping your novel stand out in the saturated fantasy market. Your magic system should play a key part in your story.

01 Which of the following is the best title for the passage?

① The Similarity Between Magic and Science
② Various Reasons Readers Buy Books
③ A Fantasy World: Something Never Experienced
④ A Magic System: Fantasy's Essential Element

02 Which of the following is referred to by (A)?

① Fantasy fiction
② Market report
③ System manual
④ Book review

[03~05]

Active listeners listen with their ears, their eyes, and their mind. They take in the objective information by listening to the literal words that are spoken. But every spoken message contains more than words. Speakers also communicate subjective information — their feelings and emotions — through other vocal sounds and nonverbal signals. These include verbal intonations such as loudness, emphasis, hesitations, voice movements, facial expressions, body posture, and hand gestures. By listening for feelings and emotions as well as for literal words, you can grasp the total meaning behind the speaker's message. Yet, no matter how good you become at listening for total meaning, there still remains the potential for misunderstanding. That's why the active listener verifies completeness by asking questions. The use of questions can uncover distortions and clarify misunderstandings.

03 What's the best title of this passage?

① Methods of Good Listening
② Verbal Skills for Effective Listening
③ Importance of Asking Questions in Listening
④ Relationship between Listening and Emotions

04 Which of the following is correct, according to the passage?

① Nonverbal signs have little importance when listening to someone speaking.
② Active listening involves using more than just your ears.
③ By just listening closely to the words someone speaks, you can get their full meaning.
④ If you use your ears, eyes and mind to listen, you will never misunderstand someone again.

05 Why is it important to ask questions when listening?

① You can clarify things that may need explaining.
② You have to check the speaker knows what they are saying.
③ You can appear to have been listening.
④ You can find out the things that you didn't catch the first time.

Pro: Abolitionists may contend that the death penalty is inherently immoral because governments should never take human life, no matter what the provocation. But that is an article of faith, not of fact, just like the opposite position held by abolitionist detractors, including myself ... The death penalty honors human dignity by treating the defendant as a free moral actor able to control his own destiny for good or for ill; it does not treat him as an animal with no moral sense. _____ⓐ_____, capital punishment celebrates the dignity of the humans whose lives were ended by the defendant's predation.

Con: Capital punishment is immoral in principle, and unfair and discriminatory in practice. No one deserves to die. When the government metes out vengeance disguised as justice, it becomes complicit with killers in devaluing human life and human dignity. In civilized society, we reject the principle of literally doing to criminals what they do to their victims: The penalty for rape cannot be rape, or for arson, the burning down of the arsonist's house. We should not, _____ⓑ_____, punish the murderer with death ... Capital punishment is a barbaric remnant of uncivilized society.

06 **What's the best title of this passage?**

① Reasons the death penalty should be abolished
② Should the death penalty be allowed?
③ The death penalty is inhumane, but what other choice do we have?
④ Reasons why we should have the death penalty in the U.S?

07 **Choose the most appropriate one best fits for both blanks ⓐ and ⓑ.**

① Therefore ··· moreover
② Likewise ··· nevertheless
③ Moreover ··· therefore
④ Nevertheless ··· likewise

[08~10]

George Orwell was the pseudonym of Eric Blair, who was born in India, where his father was a British civil servant. He was sent to private school in England, and won a scholarship to Eton, the foremost "public school" (i.e., private boarding school) in the country. It was at these schools that he first became conscious of the difference between his own background and the wealthy background of many of his schoolmates. On leaving school he joined the Imperial Police in Burma (both Burma and India then still part of the British Empire). His service in Burma from 1922 to 1927 produced a sense of _____ⓐ_____ about British colonialism and a feeling that he must make some kind of personal expiation for it. This he would later do with a fiercely anticolonialist novel, *Burmese Days* (1934). He returned to England determined to be a writer and adopted a pseudonym as one way of escaping from the class position in which his birth and education had placed him.

08 이 글의 주제로 가장 적당한 것을 고르시오.

① Orwell and His Parents
② Orwell and His Jobs
③ Orwell and British Schools
④ Orwell and British Imperialism

09 문맥상 빈칸 ⓐ에 들어갈 가장 적당한 단어를 고르시오.

① inferiority   ② guilt
③ superiority   ④ pride

10 Orwell에 대한 설명 중 맞는 것을 고르시오.

① He condemned British colonialism in his novel.
② He felt much affinity with his schoolmates at Eton.
③ He enjoyed his job as a policeman in Burma.
④ He adopted a pseudonym because he was a very shy person.

[11~12]

What is an appropriate and thoughtful gift? John Rogers, an American businessman based in Chicago, says that anything from your home country that is difficult to get elsewhere would be good. For example, Canadian maple syrup, or a fancy packet of Hawaiian pineapples would be appreciated. Once you have gotten to know someone, try to give them a present to suit their personal interests as well. If your business partner enjoys football, for example, why not get him a shirt of his favorite team? But remember gifts of clothing from a man to a woman may seem too intimate and might suggest an inappropriate relationship.

When to give the gift also depends on your culture. Westerners usually give gifts when they meet each other, but in Eastern cultures it is more usual to give gifts when you leave. There may also be special holiday times when gift-giving is expected. Christmas is a time for gift-giving in Christian countries, and Muslim people exchange cards during the festival at the end of Ramadan, the Holy Month.

11 **What would be the best title for the above passage?**

① Reasons for Gift-giving
② An Appropriate and Thoughtful Gift
③ Inappropriate Relationship Caused by Gift
④ The Origin of Modern Gift-giving Customs

12 **Which one is not correct according to the above passage?**

① Even a jar of Canadian maple syrup can be a good gift.
② Customs for gift-giving may be different from culture to culture.
③ In Christian countries gift-giving is usually expected during Christmas holidays.
④ Gifts which can be considered too intimate are recommended for women.

[Ⅰ] Most people know the gruesome story of Baron Frankenstein, the mad doctor who created ① an alive monster from the bodies of corpses. The story has been told and retold. [Ⅱ] It also ② has been the subject of numerous films, and most people are familiar with the tale. [Ⅲ] What many people don't know, however, is that the chilling story of Dr. Frankenstein and his creature was written by a nineteen-year-old girl named Mary Shelley. As a young bride, Shelley liked to take part in storytelling competitions with her husband, Percy Bysshe Shelley, and his friend and fellow-poet George Gordon Byron. On one particularly long evening, Byron suggested that everyone ③ write and read a ghost story. [Ⅳ] Mary Shelley responded with the story of Frankenstein, and ④ the rest, as they say, is history.

13 이 글의 주제를 가장 잘 나타내는 문장을 고르시오.

① [Ⅰ] ② [Ⅱ]
③ [Ⅲ] ④ [Ⅳ]

14 이 글의 밑줄 친 부분들 중에서 문법적으로 잘못된 것을 고르시오.

① ① ② ②
③ ③ ④ ④

The sales talk of the old-fashioned businessman was essentially rational. He knew his merchandise, he knew the needs of the customer, and on the basis of this knowledge he tried to sell. To be sure his sales talk was not entirely objective and he used persuasion as much as he could; yet, in order to be efficient, it had to be a rather rational and sensible kind of talk. A vast sector of modern advertising is different; it does not appeal to reason but to emotion; like any other kind of hypnoid suggestion, it tries to impress its customers emotionally and then make them submit intellectually. This type of advertising impresses the customers by all sorts of means such as the repetition of the same formula again and again. All these methods are essentially irrational; they have nothing to do with the qualities of the merchandise, and they suppress and kill the critical capacities of the customers.

15 What's the best title of this passage?

① Significance of the Sales Talk
② Change in Advertising Methods
③ Critical Capacities of the Customers
④ Importance of Emotional Advertising Slogans

16 Choose the correct statement from the following.

① These days, advertising tries to use rational arguments to convince the customer to buy.
② Customers are strongly impressed by the knowledge of the sellers these days.
③ Modern advertising focuses on the product the customer wants and why it is necessary.
④ The old-fashioned businessmen used his knowledge of his products and his customer to sell.

The ancient Greeks, whose Olympiads can be traced back to 776 B.C., didn't give out medals but rather bestowed olive wreaths upon their victors. The medal tradition began with the first modern Olympic Games in Athens in 1896, where winners got silver, seconds got bronze and third place got nothing. In the intervening 112 years, the coveted awards have been rectangular, ridged, doughnut-like, gilded and — for the 1972 Sapporo Winter Games — shaped like an amorphous blob. At the 1900 Paris Games, some events forwent medals in favor of prizes. Winners actually received valuable paintings and works of art. One pole jumping runner-up won an umbrella. Today's gold medals are actually silver covered with about 6 grams of 24-karat gold. Winter Olympic medals have no standard design, hence their strange shapes and nontraditional materials, like those of the 1992 Albertville medals, which were mostly glass. Summer medals, however, almost always depict Nike, the winged goddess of victory, on their front in some fashion. Since 1972, host cities have designed the medals' back.

17 **What is the topic of the passage?**

① The history of Olympic medals
② Types of Olympic events
③ Prices of Olympic medals
④ The origin of Olympic Games
⑤ Ways to celebrate Olympic Games

18 **Which of the following is true according to the passage?**

① The gold medals were given to winners at the 1896 Athens Olympics.
② Most summer medals have Nike, a goddess of victory, on their front.
③ The gold medals of today awarded to champions are made of solid gold.
④ Winter Olympic medals must be the same as summer Olympic medals.
⑤ At the 1990 Paris Olympics, athletes who finished third went home empty-handed.

Getting enough quality sleep can help protect your mental health, physical health, quality of life, and safety. We know all of this very well, but the latest study indicates that it also (A) _____. For instance, scientists studied a group of 66 elderly volunteers, who had MRI brain scans and answered questions about their sleep habits every two years. The study found that those who reported sleeping less on average showed swelling of a brain region indicating faster cognitive decline and thus aging in general. Other studies have suggested that adults need about seven hours of sleep a night to maintain proper brain function. Now that the role of sleeping in aging has been established, future research will investigate how sleep helps to preserve cognitive functions and hold off more rapid aging.

19 Which of the following is the best title for the passage?

① Less Sleep Pushes Your Brain to Age Faster
② Science Reveals How Sleep Fights Rapid Aging
③ MRI: Breakthrough Imaging Technology in Sleep Research
④ Benefits and Disadvantages of Excessive Sleeping

20 Which of the following best fits into (A)?

① keeps aging processes in check
② helps you maintain mental health
③ rejuvenates your reasoning capacities
④ determines your perceived quality of life

01 요지와 요약의 개념

요지란 저자의 글의 핵심적인 부분을 짧게 간추린 대강의 내용을 말하는 것으로, 상황에 따라서는 대의라고도 한다. 대의는 대강의 뜻을 말하며, 같은 의미이지만 요지란 말을 더 많이 쓴다. 개별적인 내용은 답이 될 수 없으며, 전체의 범위와 일치하는 범위 내에서 저자가 글 속에서 나타내고자 하는 부분에 유념하면서 읽어 내려간다. 범위가 일치하지 않는다거나, 단락의 어느 일부만을 지칭하는 것은 전체 글의 주제나 요지가 될 수 없다. 결론적으로 글 전체의 흐름을 파악하고, 전체 줄거리를 요약한 것이 요지라고 보면 된다. 또 요지를 고르는 경우에는 글의 전체를 읽고 한 문장으로 요약하라는 식으로 출제될 수도 있다. 글의 전체를 한 문장으로 요약하라거나, 요약문을 제시하고 빈칸에 들어갈 적당한 단어를 고르라는 문제 모두 요지를 묻는 문제의 변형으로 볼 수 있다.

02 요지와 요약의 문제 풀이 해법

요지를 파악하는 문제는 본문을 정확히 해석해 내지 못 한다 하더라도 키워드를 중심으로 파악해 나갈 수 있다. 다만 그 범위 설정을 잘 해서, 필자의 의견이나 주장이 들어있는, 전체를 다 포괄하는 부분을 답으로 골라야 한다. 옳고 그름을 묻는 식으로 접근한다면, 구체적인 진술을 답으로 고르는 오류를 범할 수 있으므로, 전체를 포괄하는 일반적이고 추상적인 진술 가운데 정답을 선별해 내야 한다. 이렇게 요지를 고르는 경우에는 첫 문장과 마지막 문장이 중요한 경우가 많다. 일반적으로 저자는 본인이 말하고 싶은 바를 처음에 제시하면서 글을 쓰는 경우가 많기 때문이며, 이는 영어가 기본적으로 두괄식 구조를 띠기 때문이기도 하다.

하지만 상대방의 주장을 먼저 명시하고 이에 대한 반박으로 글을 쓰는 경우도 있으므로 항상 처음과 마지막만을 살피는 우를 범해서는 안 된다. 더불어 단락의 핵심적인 내용을 설명하기 위하여 필자가 핵심적인 부분을 반복하는 경향이 있으므로, 중요한 idea가 여러 번 반복되는지를 눈여겨볼 필요가 있다. 필자의 주장도 역시 서론, 본론, 결론에서 골고루 자신이 말하고자 하는 바를 제시하게 되므로 keyword를 중심으로 main idea를 골라가야 한다. 요약의 문제를 푸는 요령은 요지를 푸는 경우와 대동소이하다. 즉 글 전체의 흐름을 파악하고, 전체 줄거리를 요약한 것을 고르면 된다. 놓쳐서는 안 되는 것은 글의 핵심을 정확히 표현하고 있는 키워드가 들어가도록 문장을 구성해야 한다는 것을 잊어서는 안 된다. 문제의 다양화를 위하여 나오는 유형으로 대부분의 경우에는 요약문이 제시되고, 그 중에 들어갈 적당한 어휘를 선택하는 문제가 일반적이다.

03 원리를 독해 지문에 적용

❶ **Einstein**'s theory of relativity is, in essence, a description of the interaction between different perspectives. **Sigmund Freud**'s analytical methods were designed to find details that didn't fit traditional paradigms **in order to come up with a completely new point of view**. **To solve a problem creatively**, you must abandon the first approach that comes to mind, which usually stems from past experiences, and reconceptualize the problem. **Thus** geniuses do not merely solve existing problems; they **identify new ones**.

[아인슈타인의 상대성이론은 본질적으로 서로 다른 관점에 대한 상호작용에 대한 설명이다. 프로이트의 정신분석적 방법론은 완전히 새로운 관점을 찾아내기 위하여 전통적인 패러다임에 맞지 않는 세부 사항을 찾기로 되어 있다. 문제를 창조적으로 해결하기 위하여 과거의 경험으로부터 유래하는 마음속에 떠오르는 첫 번째 접근법을 포기해야 하며, 문제에 대하여 다시 개념을 설정해야 한다. 그리하여 천재는 단지 문제를 해결할 뿐만 아니라 새로운 문제들을 찾아내기도 한다.]

천재들의 예로 아인슈타인과 프로이트를 든 후에 그들은 기존의 방식을 따르는 것이 아니고 새로운 접근으로 패러다임의 전환을 추구한다는 얘기를 하고 마지막에 thus를 써서 결론적으로 한 문장으로 정리하였다. 이렇듯 요지는 글 속에 나온 얘기들이 하나의 핵심을 향하여 여러 군데 펼쳐진 부분들이 전체로 하나를 겨냥하고 있다.

❷ Through biotechnology, scientists can create new foods in the laboratory. For example, they can change a tomato genetically so the fruit can stay on the plant longer, have more taste, and not get soft quickly. They can put a gene from a vegetable plant into a fruit, or even combine some animal genes with plant genes. **But are these new foods safe**? Scientists claim that they are not much different from traditionally grown foods; nevertheless, **some people want to know exactly** how scientists changed the DNA materials, how many copies of a new gene are in the food, and what problems might come up.

[생명공학을 통해서 과학자들은 실험실에서 새로운 식품을 만들어 낼 수 있다. 예를 들어 과학자들은 토마토를 유전적으로 변형하여 열매가 식물에 오래 붙어 있을 수 있도록, 더 맛이 좋게, 그리고 빨리 무르지 않게 할 수 있다. 그들은 어떤 채소의 유전자를 꺼내 과일에 넣을 수도 있고, 또는 심지어 동물유전자를 식물유전자와 결합시킬 수도 있다. 그렇다면 이러한 식품들은 안전한가? 과학자들은 실험실에서 만들어 낸 식품이 전통적으로 재배된 식량과 차이가 없다고 주장한다. 그럼에도 불구하고 어떤 사람들은 과학자가 어떤 DNA물질을 바꾸었는지, 식품에 존재하는 새로운 유전자의 복제물이 얼마나 많은지, 그리고 어떤 문제가 발생할지에 대하여 정확하게 알기를 원한다.]

글을 요약하라고 하는 것은 본문의 요지를 고르라는 것의 변형된 문제 형태이다. 그러므로 요지를 고르는 것과 같은 방식으로 문제에 접근하면 되고, 전체를 포괄하는 내용을 고르면 된다. 여기서는 유전자변형 농산물과 그에 대한 우려를 표현한 글이기 때문에 이에 해당하는 내용을 고르면 '우리는 유전적으로 변형된 농산물을 이용할 때 주의하여야 한다. (We must be cautious about using genetically engineered food products.)'가 윗글의 전반적인 요약에 해당한다.

[01]

Vitamin D, sometimes known as the "sunshine vitamin," is made in the body when the skin is exposed to sunlight. It is known to boost the uptake of calcium and bone formation, and some observational studies have also suggested a link between low levels of vitamin D and greater risks of many acute and chronic diseases. However, it is not clear whether this is a cause-and-effect relationship, so various large trials have been conducted to try to test whether vitamin D supplementation can reduce the risk of developing diseases. Researchers led by Philippe Autier of France's International Prevention Research Institute in Lyon analyzed data from several hundred observational studies and clinical trials, examining the effects of vitamin D levels on so-called non-bone health — including links to illnesses such as cancer, diabetes and cardiovascular disease. They found that the benefits of high vitamin D levels seen in observational studies — including reduced risk of cardiovascular events, diabetes and colorectal cancer — were not replicated in randomized trials where participants were given vitamin D to see if it would protect against illness.

01 **Choose the main idea of the above passage.**

① People who take vitamin D pills can ward off illness.

② Healthy people also need to take vitamin D supplements.

③ Vitamin D may not be as effective in preventing diseases as previously believed.

④ People who are at risk of vitamin D deficiency need to take a supplement.

Everyone worries at one time or another. It is a part of our everyday lives. We worry about dead-lines, about financial problems, and about our relationships with others. Surprisingly, the fact is that worrying is not always a bad thing. Some amount of worry is necessary because it gives us time to concentrate on a problem and find possible solutions or ways to deal with it. Some worry is stimulating. It can propel you to do better work or to complete work on time. In other cases, however, _____. We worry so much that it stops us from taking the steps needed to solve the problem. If it continues, worrying can take away our energy and lead to physical problems such as fatigue, headaches, muscle pain, and insomnia.

02 **Which of the following is the best summary of this passage?**

① some amount of worry can be useful.
② Worry has both positive and negative effects on us.
③ Worry can bring about a variety of problems to our body.
④ Too much worry may keep us from concentrating on our problems.

03 **Which best completes the sentence?**

① we don't finish our work because of other factors
② worrying can cause severe physical problems
③ our worries can interfere with our problem-solving abilities
④ people worry too much, causing mental health issues

04 **What can be inferred from the passage?**

① We cannot escape from worry in modern life.
② Successful people find ways to reduce worry.
③ Worrying less brings greater financial reward.
④ Relationships with others is the biggest cause of worry.

For the normal emotional and physical development of infants, sensory and perceptual stimulation is necessary. healthy babies experience this stimulation while in contact with the mother or other adults who feed, diaper, or wash the infant. However, infants who are born prematurely or are sick miss these experiences during the early weeks of their lives when they live in incubators, an artificial environment devoid of normal stimuli. These babies tend to become listless and seem uninterested in their surrounding. However, when they are stimulated by being handled and spoken to and by being provided with bright objects such as hanging mobiles or pictures, they began to respond by smiling, becoming more active physically, and gaining weight more rapidly.

05 When you summarize the above passage, choose the proper one for the blank.

⇒ According to the passage, premature infants cared for in incubators, when compared with full-term infants, are likely to ——————————————.

① gain weight more rapidly
② receive more natural stimulation
③ respond more to bright objects
④ be less active physically

06 How do babies NOT respond to stimulation?

① They smile and show that they are enjoying it.
② They physically move around a lot more.
③ They show mental development in their speech.
④ They grow and put on weight faster.

Aldous Huxley in his book *Brave New World* painted a picture of a perfectly planned state, from which freedom, difficulty, pain, and insecurity had all disappeared. But too much comfort, too much pleasure, and a total lack of anxiety had dehumanized the people in it — they had become less than human. Until at last the one rebel in the state cries out to its governor: "I don't want comfort, I want God, I want real danger, I want freedom, I want freedom, I want sin." "In fact," said the governor, "you're claiming the right to be unhappy." Whether or not this is a true picture, there is something in the nature of men which makes them escape from secure situations — e.g., into polar expedition or dangerous mountain climbing.

07 **Choose the main idea of the above passage.**

① Material security does not always guarantee happiness to men.
② Human beings prefer, ironically, to be unhappy.
③ Men cannot be made too secure.
④ The state depicted in Huxley's novel does not exist.
⑤ Men cannot live in a planned state.

08 **According to the passage, why is the man dissatisfied in the book?**

① He feels that the state has taken away his basic human rights.
② Everything is too perfect; he needs the emotional stimulation of negative things.
③ He doesn't want to live in a world where the government controls everything.
④ He dislikes the way the governor rules the state and deals with people.

09 **What can be inferred from the passage?**

① Without negativity in our lives, we can flourish.
② Doing dangerous things is normal for some people but alien to others.
③ Men will naturally do bad things in life, but we must stop them.
④ Being human involves experiencing both good and bad things.

[10~11]

The island of Puerto Rico is rather small. It is only about 111 miles from east to west and just 40 miles from north to south. Yet despite its small size, Puerto Rico's landscape shows marvelous variety. On the north side of the island, it rains a lot. The average yearly rainfall is around 180 inches. With all that rain, it's not surprising that northern Puerto Rico is home to a tropical rain forest. In the southern portion of the island, there is less rain — only around 60 inches on the average. _____ⓐ_____, the southern half of Puerto Rico has fewer trees and more thorny shrubs. Although agriculture has removed much of the original vegetation, the island's hilly landscape is alive with gorgeous splashes of color. Brilliant orange and red flowers hang from trees like the royal poinciana and the African tulip. Puerto Rico is also home to several species of rare orchids and some very rare birds. The endangered Puerto Rican green parrot is found nowhere else in the world.

10 **What is the main idea of the above passage?**

① Puerto Rico is an ideal place for rare plants and birds.
② For such a small island, Puerto Rico is a place of vivid contrast.
③ Growing agriculture has damaged the scenic beauty of Puerto Rico.
④ The small island of Puerto Rico measures no more than 111 miles from east to west.

11 **Which of the following best fits in the blank ⓐ?**

① In short
② By contrast
③ As a result
④ Nevertheless

Marco Polo journeyed to the Far East and spent twenty years in China. On his return to Venice he set down in his book his impressions of the peoples and customs he had seen. But there were at least two extraordinary omissions in his account. He said nothing about the art of printing unknown as yet in Europe but in full flower in China. He either did not notice it at all or if he did, failed to see what use Europe could possibly have for it. But even more spectacular was his omission of any reference to the Great Wall of China nearly 4,000 miles long and already more than 1,000 years old at the time of his visit. Again, he may not have seen it; but the Great Wall of China is the only structure built by man which is visible from the moon! Indeed travelers can be Ⓐ _____.

12 Which of the following is most appropriate for the blank Ⓐ?

① acute   ② blind
③ wordy   ④ reliable

13 Which of the following best summarizes the main idea of the passage?

① Marco Polo's reputation as a great traveler has been somewhat tainted.
② In the 13th century, China outstripped Europe at least in the field of typography.
③ That the Great Wall was omitted was the only flaw of the book which otherwise might have been almost perfect.
④ We see what we are capable of seeing, not what there is to be seen.

Plagued by stress, a growing number of people in modern society say they think time is becoming more precious than money and they're trying to slow down. People say they have become worn down. But the exhaustion represents a(n) _____. They are extraordinarily stressed out even though they make more money, have more leisure time, and enjoy more time-saving and efficient technology than adults did a generation ago. The reasons underlying this _____ are varied. Many people, especially married women, are working longer at their jobs now than they were then although they have cut back on the amount of work they do around home. The anxieties wrought by the increasingly competitive global economy also have put many on edge, not to mention the fact that work can intrude via fax, E-mail or cellular phone anywhere, from the living room to the family minivan. Now, a growing number of citizens have begun to unplug their lives from a system that they feel leaves little or no time to recharge. They have begun to retreat into their private corners, demanding at least some quiet time.

14 빈칸에 공통으로 들어갈 말로 가장 적절한 것은?

① ambivalence ② concern
③ trouble ④ misconception
⑤ paradox

15 윗글의 요지로 가장 적절한 것은?

① Productivity increases the value of time spent at work.
② People are still stressed out even though their living standards are improving.
③ The proliferation of labor-saving devices makes it easier to spend their free time.
④ Despite advancement in technology, married women are working longer at their jobs now than a generation ago.
⑤ There is no divide between work and private life in modern society due to efficient technology for communication.

01 글의 목적의 개념과 문제 풀이 전략

글의 목적이라 함은 저자는 그러한 글을 써서 독자에게 무엇을 전달하고자 하는 것인가를 파악하는 것이다. 이러한 목적을 묻는 경우에는 글 속에 나와 있는 경우도 존재하겠지만, 글에는 나와 있지는 않지만 당연히 전제되어 있는 경우도 있고, 이를 찾아내는 것은 그리 어려운 것이 아니다. 간혹 전제가 숨겨져 있는 경우에는 왜 저자는 이런 글을 썼을까 또는 나라면 어떠한 목적을 가지고 이런 식의 글을 쓸 것인가를 판단해 본다.

02 글의 종류와 어조 등의 전략

① 글의 종류란 설명문인지 논설문인지의 여부에서부터, 문제로 사용된 부분은 어떤 글에서 발췌했는지를 묻는 유형이다. 이런 유형은 쉬운 문제에 속하며 편입시험에서도 많이 나오지는 않는다. 주로 문제를 다양하게 출제하려는 의도에서 간혹 나오는 것으로 볼 수 있다. 글의 대강만을 보더라도 파악할 수 있는 부분이다. ② 저자의 태도를 묻는 경우는 글에서 저자가 어떤 시각에서 써 내려갔는지를 고르라는 것으로 그 상황을 바라보는 작가의 입장을 고르면 된다. 글의 전체적인 흐름과 잘 맞는 형용사나 부사 등을 써서 필자의 감정을 드러내는 경우가 종종 있으므로 이에 유의하여 글을 보는 것도 하나의 요령이다. ③ 글의 분위기란 글에서 느껴지는 느낌을 파악해 보라는 것이다. 또 글의 분위기 역시 글의 전반적인 흐름으로 파악할 수 있다.

03 원리를 독해 지문에 적용

❶ As used in this book, **culture** has a different and more specialized meaning. **It** refers to all the accepted and patterned ways of behavior of a given people. **It** is a body of common understandings. **It** is the sum total and the organization or arrangement of all the group's ways of thinking, feeling, and acting. **It** also includes the physical manifestations of the group as exhibited in the objects they make. In this sense, every people — however primitive — has a culture, and no individual can live without culture.

[이 책에서 사용된 것처럼 문화는 서로 다르고 다소 특별한 의미를 지닌다. 문화는 특정한 사람들에게 수용되고 패턴화된 행동 양식을 뜻한다. 공통적인 이해의 총체인 셈이다. 이는 전체이며 모든 집단의 사고와 감정과 행동의 구성이나 배열인 셈이다. 이는 또한 그들이 만드는 물체에서 드러나는 것처럼 집단의 물리적인 표현을 포함한다. 이러한 면에서 모든 사람은 아무리 원시적이라도 문화를 지니고 있으며, 어떠한 개인이라도 문화 없이는 살 수 없다.]

이 글 전반에서 문화는 어떠한지에 반복하여 언급하고 있다. 여기서 밑줄 친 It은 culture를 뜻한다. 즉 문화는 어떠하며, ~를 포함하고, ~ 특징을 지닌다는 얘기를 하고 있으므로 개념에 대하여 자세히 설명하는 글이고, 글을 쓴 목적도 역시 개념에 대해서 정의를 내리려는 것임을 알 수 있다.

❷ A friend of mine was about to leave for a weekend ski trip and realized that he had forgotten to send in his motorcycle payment. It was due on Monday, but he was out of stamps. Moreover, the post office was closed. He taped a quarter to the upper right-hand corner of the payment envelope, wrote "PLEASE" underneath it, and dropped it into the mailbox. The next week he received a plain white envelope in the mail. Taped to the card inside the envelope was a nickel in change. Under it a postal employee had penned: "Just this once."

[내 친구 한 명이 주말 스키 여행을 떠나려고 할 때 그가 오토바이 할부금을 내지 않았다는 것을 깨달았다. 월요일이 마감 이었지만, 우표가 없었다. 게다가 우체국은 문을 닫은 상태였다. 그는 25센트 동전을 봉투의 우측 상단에 붙이고, 그 밑에 please라고 쓴 후 우체통에 넣었다. 그다음 주에 그는 우편으로 편지 한 통을 받았다. 봉투 안쪽 카드에 잔돈으로 5센트 동 전이 붙어 있었다. 그 아래 우체국 직원이 펜으로 '이번 한 번만 봐드립니다.'라고 쓴 글씨가 보였다.]

이 글의 분위기를 살펴보면 우표를 사지 못한 사람이 동전을 봉투에 붙여 우편으로 보냈는데, 잔돈이 붙여져 답장이 왔다는 유머러스한 글이다.

[01~02]

The Encierro is the event at the heart of the Sanfermines and makes the fiesta a spectacle that would be unimaginable in any other place in the world. It was born from need: getting the bulls from outside the city into the bullring. The encierro takes place from July 7th to 14th and starts at the corral in Calle Santo Domingo when the clock on the church of San Cernin strikes eight o'clock in the morning. After the launching of two rockets, the bulls charge behind the runners for 825 metres, the distance between the corral and the bullring. The run usually lasts between three and four minutes although it has sometimes taken over ten minutes, especially if one of the bulls has been isolated from his companions.

01 Choose the correct sentence from the following.

① There are multiple events like this one springing up in other locations around the world.
② The event did not arise from a desire for something fun but because it was a necessity.
③ The race runs longer when the bulls get tired or do not wish to participate in it.
④ The distance that the runners and the bulls have to run gets longer as the days pass.

02 What is the purpose of the passage?

① To explain the basic details of the encierro such as date, time, and location
② To invite runners to register to join the encierro
③ To suggest reasons why the race still takes place now and has not been canceled
④ To correctly advertise the race to tourists who may wish to observe the famous spectacle

In our society death is viewed as (A), discussion of it is regarded as morbid, and children are excluded with the presumption and pretext that it would be "too much" for them. They are then sent off to relatives, often accompanied with some unconvincing lies of "Mother has gone on a long trip" or other unbelievable stories. The child senses that something is wrong, and his distrust in adults will only multiply if other relatives add new variations of the story, avoid his questions or suspicions, shower him with gifts as a meager substitute for a loss he is not permitted to deal with. Sooner or later the child will become aware of the changed family situation and, depending on the age and personality of the child, will have an unresolved grief and regard this incident as a frightening, mysterious, in any case very traumatic experience with untrustworthy grownups, which he has no way to cope with.

03 **Which of the following is most appropriate for blank (A)?**

① spectacle   ② mystery

③ taboo   ④ ritual

04 **It can be inferred from the passage that the author takes a(n) _____ attitude toward the way death is dealt with in our society.**

① neutral   ② ironic

③ approving   ④ critical

[05~06]

Job-related stress can lead to symptoms of poor physical health such as weight gain, fatigue and illness. Both diet and exercise can contribute to the alleviation of these negative effects of stress. The first step is to eliminate junk food from the diet. Instead of soda or a candy bar, try a piece of fresh fruit. The next step is to make a habit of exercising every day. And you should aim for twenty to thirty minutes of exercise a day. The key is to find a form of exercise that you enjoy. That way, you are more likely to do it every day and will receive the maximum benefit. Both diet and exercise can help you maintain a healthy weight, keep you feeling energized, and protect you from sickness. Then you will be better equipped to deal with the sources of stress at your job.

05 What's the purpose of this passage?

① To prevent weight gain
② To explain the causes of stress
③ To announce why junk food is bad for the health
④ To explain how to ease the negative effects of stress

06 According to the passage, how can we make ourselves exercise regularly?

① While you are exercising, envision the benefits you are reaping.
② Think about it as a priority to physical health, like brushing your teeth.
③ Do it every day until it becomes a habit that you never forget.
④ Do exercise that makes you happy and doesn't feel like a chore.

Facial expressions are a form of non-verbal communication just like other types of body language. Learning to read the face along with observing body language can really help you get an accurate reading. For instance, if a person crosses his or her arms and has the facial expression of darting eyes, discomfort and a guarded front is being communicated. You can then look for further clues as to what the emotional discomfort is or what the person seems to be hiding. It's important to note that although indirect eye contact tends to mean that someone isn't being totally honest with you, too intense straightforward eyes can also be a sign of deceit. A person concerned about his or her facial expressions revealing too much could purposely try to keep direct eye contact. Look for forced effort rather than a natural way of maintaining eye contact.

07 **Which of the following is true about facial expressions, according to the passage?**

① Folding your arms can give off a feeling of uneasiness.
② If you force yourself to maintain eye contact, you will appear honest.
③ Sociopaths are particularly bad at hiding their emotions.
④ When your eyes dart about a lot, you look trustworthy.

08 **What's the purpose of the passage?**

① To become better at deceiving someone close to you
② To learn about verbal and non-verbal communication
③ To show how to spot a sociopath
④ To demonstrate what your facial expressions say about you

From 1910 to 1930, more than ten percent of the African-American population in southern American states moved northward, presumably to meet the increased labor demand in many northern cities. It had been widely assumed that most of these workers came from rural areas, but in fact more than a third of them were engaged in skilled trades before they left the South. It may seem curious that such a significant percentage of securely employed people would migrate northward, but in truth workers' conditions in the South were declining rapidly at the time. _____, most of these participants in the Great Migration were not <u>enticed</u> by the opportunity to live a more urban lifestyle, but rather by the simple promise of higher wages and a more secure standard of living.

09 Which is the most appropriate for the blank?

① For example
② However
③ Nevertheless
④ Therefore

10 Which is closest in meaning to the underlined part?

① dawdled
② lured
③ nauseated
④ surmounted

11 Which is the main purpose of the passage?

① To challenge a widely accepted explanation
② To introduce a recently unearthed data source
③ To urge readers to reassess an unjustly discarded theory
④ To explain away the data that the author feels are irrelevant

We must review the threat of flunking and see it as it really is. It is an expression of confidence by both teachers and parents that the students have the ability to learn the material presented to them. However, making it work again would take a dedicated, caring conspiracy between teachers and parents. It would mean facing the tough reality that passing kids who haven't learned the material-while it might save them grief for the short term-dooms them to long-term illiteracy. It would mean that teachers would have to follow through on their threats, and parents would have to stand behind them, knowing their children's best interests are indeed at stake. This means no more doing Scott's assignments for him because he might fail. No more passing Jodi because she is such a nice kid. This is a policy that worked in the past and can work today. A wise teacher, with support of parents, gave our sons and daughters the opportunity to succeed — or fail. It is time we return this choice to all students.

12 **What is the best title for the passage?**

① How to Correct Students' Wrongdoings
② Failure as a Positive Teaching Tool
③ Relationship Between Teachers and Parents
④ How to Control Students' Lives

13 **What is the author's attitude towards the flunking policy?**

① condemning   ② ambivalent
③ approving   ④ skeptical

I belong to that classification of people known as wives. I am a wife. And, not altogether incidentally, I am a mother.

Not too long ago a male friend of mine appeared on the scene fresh from a recent divorce. He had one child, who is, of course, with his ex-wife. He is obviously looking for another wife. As I thought about him while I was ironing one evening, it suddenly occurred to me that I, too, would like to have a wife. Why do I want a wife?

I would like to go back to school so that I can become economically independent, support myself, and if need be, support those dependent upon me. I want a wife who will work and send me to school. And while I am going to school I want a wife to keep track of the children's doctor and dentist appointments. And to keep track of mine, too. I want a wife to make sure my children eat properly and are kept clean.

14 **The tone of the passage could best be described as _____.**

① optimistic   ② ironic

③ objective   ④ nostalgic

15 **What role of the wife is described in the third paragraph?**

① sex object

② husband's companion

③ breadwinner

④ care provider for the family

PART

04

출제 유형
(2) 세부적 이해

세부적인 내용을 이해해야 풀 수 있는 영역으로, 내용 일치, 특정 정보, 의미 파악, 지시어구, 문법성 판단과 본문에 사용된 어휘의 의미를 묻는 문제들이 여기에 해당한다. 요즘은 난이도가 높아지면서 본문의 내용을 알고 있는지, 알고 있다면 다른 말로 풀어쓸 수 있는지를 묻는 paraphrase의 문제도 점점 더 많이 선보이고 있다. 세부적인 사항을 묻는 문제는 주로 내용을 묻는 문제와 밑줄 친 부분에 대해 묻는 문제로 대별할 수 있다.

01 내용을 묻는 문제
(a) 내용 일치 판단
(b) 특정 정보 파악
(c) 문법성 판단

내용을 묻는 문제는 내용의 일치 여부의 판단, 특정 정보를 파악할 수 있는지의 문제 등이 주류를 이룬다. 더불어 본문에 사용된 문법적인 사항을 알고 있는지 묻는 것은 문법 사항을 독해에 적용할 수 있는지를 묻는 문제로 볼 수 있다.

02 밑줄 친 부분을 묻는 문제
(a) 의미 파악
(b) 지시어구
(c) 어휘 · 어법

이에 비해 밑줄 친 부분의 내용을 묻는 문제는 그 부분이 의미하는 바가 뭔지를 아는지 묻는 의미 파악의 문제, 앞에 언급된 것을 뒤에 바꿔서 진술했을 경우 그 지시하는 바가 무엇인지를 알고 있는지를 묻는 지시어구의 문제, 본문에 사용된 어휘의 의미를 알고 있는지를 묻는 어휘 문제 등이 존재한다. 문맥상 어울리지 않는 어휘를 고르는 것 역시 어휘와 어법의 영역으로 볼 수 있다.

이렇게 글의 세부적인 부분을 이해하는지 묻는 문제들은 대부분 본문의 내용을 꼼꼼히 읽어 보면 본문 속에 답이 존재한다. 다만 시험에서는 시간이 부족하기 때문에 서두르다 보면 놓치는 경우가 있다. 세부적인 영역의 문제를 올바르게 해결하기 위해서 두 가지의 훈련이 필요하다. 먼저 모든 영어 학습의 핵심인 글을 많이 읽어 볼 것, 그리고 또 한 가지는 본문의 표현을 다른 방식으로 바꿔 보는 paraphrase 훈련을 해 보는 것이다. 쉽지는 않지만 처음에는 한국어로 나중에는 본문 속의 어휘를 사용하여 영어로, 마지막으로는 본문에 사용되지 않은 어휘를 사용하여 영어로 paraphrase를 연습해 보면 비약적인 발전이 있을 것이다.

01 내용 일치와 특정 정보의 개념

내용 일치 여부를 묻는 문제는 본문에 근거해서 글의 내용과 일치하는지 아닌지를 찾아내는 문제이다. 본문의 정확한 이해가 요구된다는 점에서는 세부 내용을 묻는 문제와 공통되는 측면이 있다. 또 내용의 일치 여부를 묻는다는 것은 독해의 본문을 파악하고 정확하게 내용을 이해하였는가를 확인하는 가장 대표적인 문제 유형으로, 선택지가 주로 본문의 내용에 특정 부분을 근거로 하여 묻는 것이므로 본문의 정확한 이해가 선행되어야 한다. 특정 정보를 묻는다는 것은 독해의 본문을 파악하고 정확하게 내용을 이해하였는가를 확인하는 문제로 내용 일치와 차이점은 하나의 특정 정보만을 묻는다는 것이다. 즉 특정 정보를 글 속에서 제대로 찾아낼 수 있는지를 묻는 것이다.

02 내용 일치의 문제 풀이 해법

내용 일치의 문제는 본문에 근거해서 푸니 별 문제가 없으리라 착각하지만, 의외로 오답을 고르는 비율이 상당히 높은 문제 유형이다. 이는 문제를 풀 때 착각해서가 아니라, 문제 자체를 푸는 데 있어 요령을 바탕으로 몇몇 핵심 단어에 근거해서 풀려는 습관 때문에 문제가 생기는 것이다. 독해 시험에서는 제대로 읽어내지 못하고 문제를 푼다는 것은 불가능하다. 내용 일치 문제를 정확히 풀어내기 위해서는 독해를 해 나갈 때 키워드를 체크한 후에 문제에서 해당하는 영역이 나오면 그 부분을 다시 찾아서 빠르게 읽어 내려가면서 진위 여부를 판단하여야 한다.

03 특정 정보의 문제 풀이 해법

특정 정보를 묻는 문제에 대처하기 위해서는 본문을 정확히 읽어낼 수 있는 능력이 요구된다. 그렇지만 본문의 해당 부분만을 이해하면 풀리는 경우가 대부분이므로 너무 염려할 필요는 없다. 다만 육하원칙에 근거하여 묻는 질문에 타당한 답변을 골라야지 대강의 뜻만으로 연결된 것을 막연히 정답으로 선택해서는 안 된다. 한 지문에 하나씩 문제가 출제되는 학교의 경우에, 특정 정보를 묻는 문제를 그 부분에 한정해서 본문을 훑어보는 것도 하나의 방법이 될 수 있다. 다만 이러한 경우의 원칙은 하나의 지문에 한 문제여야 하고, 추론적인 사고를 요하지 않는 문제인 경우에 적합하다. 그러므로 글의 이해를 바탕으로 풀어 가는 것이 바람직하다.

04 원리를 독해 지문에 적용

❶ A premature baby, or preemie, is born before the 37th week of pregnancy. Premature birth occurs in between 8 percent to 10 percent of all pregnancies in the United States. Because they are born too early, preemies weigh much less than full-term babies. They may have health problems because their organs did not have enough time to develop. Preemies need special medical care in a neonatal intensive care unit, or NICU. They stay there until their organ systems can work on their own.

[미숙아는 임신 기간의 37주 이전에 태어난다. 미숙아는 미국의 임신 가운데 8~10퍼센트를 차지한다. 미숙아들은 너무 일찍 태어나기 때문에 정상아들보다 무게가 덜 나간다. 미숙아들은 그들의 기관이 성장하는 데 필요한 충분한 시간이 부족하

기 때문에 건강상의 문제가 있을 수 있다. 신생아들은 신생아 중환자실에서 특별한 진료를 받아야 한다. 미숙아들은 장기들이 스스로 제 기능을 할 때까지 신생아 중환자실에 있게 된다.]

Which of the following is not true, according to the passage?
① A baby who is born before the full-term is a premature baby.
② More than 5% of newborn baby are premature babies in U.S.
③ Preemies' organs did not have enough time to develop.
④ To survive, preemies need special medical care.

①은 올바른 진술이 아니다. 왜냐하면 40주 전에 태어나면 무조건 미숙아가 아니고, 37주 이전에 태어나야 미숙아라고 본문에 나와 있기 때문이다. 무조건 40주 이전에 태어난다고 미숙아가 아니다. 참고로 ②는 8~10%이므로 5% 이상이라 올바른 진술이다. ③과 ④의 경우 미숙아는 태어날 당시에는 장기가 아직 제 기능을 못할 수 있어, 특별 진료를 받아야 한다고 나와 있다.

❷ Although "lie detectors" are being used by governments and police departments that all want guaranteed ways of detecting the truth, **the results are not always accurate**. Lie detectors are properly called emotion detectors, for their aim is to measure bodily changes that contradict what a person says. The polygraph machine records changes in heart rate, breathing, blood pressure, and the electrical activity of the skin.

[진실을 탐지하기 위한 확실한 방법을 원하는 모든 정부와 경찰에서 "거짓말탐지기"가 사용되고 있지만, 그 결과가 항상 정확한 것은 아니다. 거짓말탐지기의 목적은 말하는 것과 모순되는 신체적 변화를 측정하는 것이기 때문에, 거짓말탐지기는 감정탐지기라고 불리기도 한다. 거짓말탐지기는 심장 박동, 호흡, 혈압, 그리고 피부의 전기적인 활동 변화를 기록한다.]

"거짓말탐지기에 관하여, 글의 내용과 일치하지 않는 것은?"이란 질문에 대하여 "거짓말탐지기의 결과는 100% 신뢰할 수 있다."는 보기의 진술이 있다면, 본문의 어느 부분에 근거해서 틀렸는지를 확인해서 풀어야지, 단지 자신의 상식에 근거해서 풀면 안 된다. 내용 일치 문제에 대해서 틀리는 두 가지 이유는 시간이 부족하거나, 자신의 상식에 근거하고 본문을 무시하기 때문이다. 본문에서는 밑줄 친 부분에 근거하여 틀리다는 것을 찾아내야 한다. not always는 부분부정으로 항상 정확한 것은 아니라는 의미이므로, 100% 신뢰할 수 있다는 보기가 틀렸다는 것을 알 수 있다.

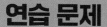

[01~02]

"Perhaps some of you," Socrates said, "when you appeared before the judges in a similar situation, begged and implored the judges with many tears, and perhaps you brought your children into court to arouse the compassion of the judges. But I will do none of these things, though I am in peril of losing my life. I too have children, but nevertheless I shall not bring any of them into court to beg the judge to set me free. This is not because I am stubborn, but because it's disgraceful for respected people to act in such a manner. Apart from the question of reputation, I think it is not right to implore the judge or to seek innocence by begging; we ought rather to inform the judge and convince him. For the judge is not here to grant favors in matters of justice, but to give judgment; and his oath binds him not to grant favors according to his pleasure, but to judge according to the laws."

01 How might you best describe Socrates' actions?

① Stubborn   ② Sympathetic

③ Stupid   ④ Honorable

02 Why did Socrates not use his children to gain his freedom?

① He did not want to be considered equal to those men who had begged for their lives without any pride.

② He thought a man in his situation should convince a judge with reason.

③ He knew he had the oral ability and skills to persuade the judge to do what he wanted.

④ He wanted the judge to listen carefully to what he had to say and not be distracted by his children.

[03~04]

Billy Barnes was late for school almost every day. The teacher warned him about tardiness. "Don't ever be late again, Billy. Don't play on the way to school! Come straight here and be here by eight forty-five. The school bell rings and classes begin. The other students are here then. You be here, too."

The next morning Billy left his house and walked toward school. He stopped on the way and watched some birds. The mother bird fed the baby birds some worms. Billy was very interested. After a short time he walked on toward the school. At the roadside he saw some shiny stones. He picked them up and held them in his hand. They were beautiful.

Suddenly the school bell rang. Billy heard it. He was frightened. He didn't want to be late. He looked at the sky and said, "Dear God, help me! I'm going to be late. The teacher is going to be angry. Help me, please!" Billy ran and ran. He was out of breath. He tripped over a stone and almost fell. He looked toward the sky again and said, "Help me, God! Don't push me!"

03 Why is Billy late today?

① He was late getting up and getting ready for school.
② He was scared of his teacher and put off arriving at school.
③ He was distracted by interesting things along the way.
④ He didn't know how to tell the time.

04 What does Billy think when he trips over the stone?

① He thinks that God has deliberately caused him to trip.
② He thinks that he should slow down in order not to hurt himself.
③ He thinks that it might be a good idea to arrive at school hurt.
④ He doesn't understand why there are so many stones in his way.

War is a howling, baying jackal. Or is it the animating storm? Suicidal madness or the purifying fire? An imperialist travesty? Or the glorious explosion of a virile nation made manifest upon the planet? (A) In all recorded history, this debate is recent, as is the idea of peace to describe an active state happier than a mere interregnum between fisticuffs. (B) In fact, it never had serious competition — not until 1898, anyway, when Czar Nicholas II of Russia called for an international conference specifically to discuss "the most effectual means" to "a real and durable peace." (C) That was the first time nations would gather without a war at their backs to discuss how war might be prevented systematically. (D) Nicholas II was successful. His first Peace Conference was held in 1899. It was followed by a second, in 1907. These meetings gave rise to a process in which the world gained a common code of international laws.

05 Which is the best place for the following?

Astounding as it may seem, war has consistently won the debate.

① (A)　　　　② (B)　　　　③ (C)　　　　④ (D)

06 According to the passage, which is NOT true?

① In the past, peace simply meant a break between wars.
② The first Peace Conference held in 1899 was to stop the ongoing war.
③ There was a second Peace Conference in 1907.
④ Nicholas II contributed to establishing the basis of international laws.

Cindy: Lotteries provide the hope of success for many people, but in practice the chances of winning are extremely low. It is statistically sensible to avoid buying a ticket until Friday, as until then your chance of winning is less than your chance of being run over by a car before Saturday's draw. Governments which promote such activity are taking advantage of the gullibility of their citizens — yes, it could be you, but this is really very unlikely.

Bill: The lottery is harmless fun which brings color into people's lives. It is patronizing to assume that players are stupid and expecting to win; they know fun well that they are only 'buying a chance,' and are happy with that. Every week some individuals do win millions of pounds. We must let people make up their own minds about their own money. It is not the role of the state to manage personal finance.

07 Which of the following is the theme of the debate?

① How to make the lottery fun
② Special skills of winning the lottery
③ Ways to overcome financial problems
④ Whether to abolish national lottery or not
⑤ Governments' role in promoting people's welfare

08 Bill argues in the debate that people _____.

① spend too much money on the lottery
② are so stupid as to buy a lottery ticket
③ should rely on their government for their happiness
④ can live in expectation of being rich with the lottery
⑤ should survive financial crisis with the help of the lottery

A moment's reflection will make it clear that one cannot live a full, free, influential life in America without argument. No doubt people often argue on insufficient evidence and for insufficient reasons; no doubt they often argue on points about which they should rather be thinking and studying; no doubt they sometimes fancy they are arguing when they are merely wrangling and disputing. But this is only proof that argument is employed badly, that it is misused rather than used skillfully. Argument, at the right moment and for the right purpose and in the right way, is undoubtedly one of the most useful instruments in American life. It is an indispensable means of expressing oneself and impressing others.

09 **The best title of the passage is** _____.

① Principles of argument   ② The usefulness of argument

③ How to win arguments   ④ Misuses of argument

⑤ Need for evidence in argument

10 **Argument is used wisely when it results in** _____.

① abhorrence   ② a conflict

③ deliberation   ④ a detestation

⑤ malice

11 **Why is argument important in American life?**

① Because it helps people influence the ideas of others.

② Because it helps people avoid wrangles and disputes.

③ Because it makes possible for people to have friendly conversations.

④ Because it enables people to talk about things of which they know little.

⑤ Because Americans use it at the right time and in the right way.

According to the Freudian theory and that of many others whose writings have preceded his by hundreds or even thousands of years, dreams do not reveal anything about the future. Instead they tell us something about our present unresolved and unconscious complexes and may lead us back to the early years of our lives, when, according to psychoanalytic theory, the ground was being prepared for these later defects. There are two main hypotheses in this general theory. The first hypothesis is that the dream is not a meaningless jumble of images and ideas, accidentally thrown together, but rather that the dream as a whole, and every element in it, are meaningful. The second point that Freud makes is that dreams are always in some sense a wish fulfillment; in other words, they have a purpose, and this purpose is the satisfaction of some desire or drive, usually of an unconscious character.

12 이 글의 제목으로 가장 적절한 것을 고르시오.

① Unconscious Complexes
② Wish Fulfillment in Dreams
③ The Freudian Theory of Dreams
④ Two Hypotheses in Psychoanalytic Theory

13 프로이트의 주장과 가장 거리가 먼 것을 고르시오.

① Dreams do not foretell the future.
② Dreams may derive from past events.
③ Dreams reveal one's unconscious drives.
④ Dreams come true more often than not.

In England, Orwell's *Animal Farm* was mostly favorably reviewed, notably by Cyril Connolly, and the initial print run of 4,500 copies sold out within a few days, as did subsequent print runs. Orwell, after years of relative neglect, found himself feted and in demand. The book also broke through in the United States. It was an American Book of the Month Club selection, which meant 540,000 copies were printed, and was reviewed by the celebrated critic Edmund Wilson in *The New Yorker*, who said it was "absolutely first rate" and predicted that Orwell would emerge as one of "the ablest and most interesting writers that the English have produced in this period." A few weeks before his death on January 21st, 1950, Orwell, now mortally sick, said darkly: "I've made all this money and now I'm going to die." In the 1950s, the CIA used *Animal Farm* as a source of anti-Soviet propaganda and circulated huge numbers of copies. It was of course banned in the Soviet Union and its satellites, and even today it is outlawed in many oppressive states.

14 According to the passage, which of the following is NOT true of *Animal Farm*?

① It was reviewed by critics in England.
② The number of its initial-print copies didn't meet the demand.
③ It sold well in England and the United States.
④ It is still used to overthrow oppressive regimes.

15 According to the passage, which of the following is NOT true of Orwell?

① He was not widely popular until publishing *Animal Farm*.
② He was highly praised by Edmund Wilson.
③ He was successful at the time of his death.
④ He was defamed by the CIA's use of *Animal Farm*.

James Watt, an ingenious Scot and the patron saint of electric bills, hadn't quite invented the steam engine, but improved it greatly and decided that his major achievement would be to persuade tight-fisted mine owners to actually buy this new machine. What he needed, he realized, was a risk-free offer, showing that their savings from the new machine would more than offset the cost of buying it. But for that he needed to measure the savings, which meant he had to find a catchy way of summarizing what the horses dragging the carts and driving the pumps in the mine were doing. He found that a horse could tug a 500-pound weight quite steadily, and came up with the idea of "horsepower": the rate at which an average horse could keep working through a long day. If he could offer a mine owner a steam engine that cost less than a horse and its feed, yet would operate at more than the rate of one horsepower, then, he realized, he had a chance of making a sale. With the spread of the metric system, his original term was replaced, most justly, by the term watt. Horses are strong, and the power of a single watt was defined as a small fraction — just about 1/750th — of a single horsepower.

16 According to the passage, which of the following is NOT true?

① Nowadays a horsepower is approximately 1/750th of a watt.
② James Watt found that a horse could pull a 500-pound weight steadily.
③ A horse power means the rate at which an average horse could keep working all day long.
④ James Watt finally could offer a steam engine cheaper than keeping a horse.

17 According to the passage, which of the following is true of James Watt?

① He proposed initially to use the term, watt.
② He tried to sell the steam engine to mine owners.
③ He invented the steam engine and improved it a lot as well.
④ He opened a bank for mine owners.

The Fourth Industrial Revolution: _____

This Revolution will change not only what we do but also who we are. It will affect our identity and all the issues associated with it: our sense of privacy, our notions of ownership, our consumption patterns, the time we devote to work and leisure, and how we develop our careers, cultivate our skills, meet people, and nurture relationships. It is already changing our health and leading to a "quantified" self. The list is endless because it is bound only by our imagination. One of the greatest individual challenges posed by new information technologies is privacy. Debates about fundamental issues such as the impact on our inner lives of the loss of control over our data will only intensify in the years ahead. Similarly, the revolutions occurring in biotechnology and artificial intelligence (AI), which are redefining what it means to be human by pushing back the current thresholds of life span, health, cognition, and capabilities, will compel us to redefine our moral and ethical boundaries.

18 윗글 "**The Fourth Industrial Revolution**"의 부제목으로 가장 적절한 것은?

① Its Impact on Human   ② Toward a Quantified Self
③ New Information Technologies   ④ Debates on Human Lives
⑤ Biotechnology and AI

19 밑줄 친 문장의 결과로 가장 부합하지 <u>않는</u> 것은?

① The boundary of privacy will not be easily determined.
② The ways we consume will be more varied than before.
③ Changes will be expected in working and leisure hours.
④ Strategies to develop personal careers will be changed.
⑤ Developing relationships with people will be much simpler.

20 윗글의 내용과 가장 부합하지 <u>않는</u> 것은?

① The Revolution will likely make so many radical changes in our lives that we can only imagine the end of them.
② The Revolution will generate new information technologies that may puzzle the boundaries of individual privacy.
③ The loss of control over our data will affect our inner lives about which intense debates are expected in future.
④ The revolutions in science may enhance the qualities of human's life span, health, cognition, and capabilities.
⑤ The Revolution may invade privacy and negatively affect morals and ethics in the society.

The cone snail is an ocean-dwelling creature that hunts fish using its powerful venom. Because it is slow moving, it relies on a spearlike object on its head to strike its prey and inject its venom from a distance. This venom incapacitates fish, which allows the cone snail to capture and consume them. Except in the case of relatively large specimens, cone snails do not generally deliver a sting powerful enough to kill humans. _____(A)_____ , their venom can produce swelling, muscle paralysis, and breathing problems, which keeps prey from realizing that it has been struck by the cone snail. Using the chemical compounds that mimic this effect, scientists have created a drug that reduces sensitivity to pain. This drug has been approved by the US Food and Drug Administration for medical use.

21 Which of the following is most appropriate for blank (A)?

① Finally
② Therefore
③ Still
④ Moreover

22 Which of the following is correct about cone snails?

① They inject venom by biting prey with their sharp teeth.
② They grab onto their prey before injecting their venom.
③ Their venom is almost always fatal to humans.
④ Their victims may remain unaware of having been stung.

23 What is the medicine developed from cone snail venom designed to do?

① Dull pain
② Relax muscles
③ Lessen numbness
④ Improve breathing

Spanish-speaking Americans have come under increased pressure in recent years from the English-speaking American majority who think the spread of Spanish is a threat to their power and status. Although this 'threat' has been objectively disproved, it is so widespread among English-speaking Americans that in California alone, over 25 'English-only' initiatives have been proposed to various governments. Surveys of English-speaking Americans have shown the spread of Spanish to be the principal concern. This could be due to the 'vitality' of Spanish in large parts of America. Vitality refers to the extent to which an ethnic group with a minority language behaves as a distinct group. A language group with high vitality is more likely to survive and flourish as a minority group in an intergroup context. By contrast, groups with low vitality are likely to disappear. Language, in this case, Spanish, becomes a focal point for conflict when the dominant group feels a sense of insecurity due to the vitality of minority ethnic groups.

24 According to the passage, which of the following is true?

① Spanish is a concrete threat to English.
② Spanish speakers have limited vitality.
③ Vitality reflects the power of a minority group.
④ Conflict is caused by the majority's feelings of confidence.

25 According to the passage, which of the following is NOT true?

① English-speaking Americans worry about losing status to Spanish-speaking Americans.
② Minority groups that decline or vanish often have low vitality.
③ Intergroup conflicts arise between high- and low-vitality minorities.
④ English-only initiatives reflect English-speaking Americans' fear of the spread of Spanish.

CHAPTER 02

의미 파악·지시어구

01 의미 파악과 지시어구의 개념

글을 읽으면서 특정 부분이 무엇을 의미하는지를 아는 것은 글을 이해하는 데 있어서 상당히 중요하다. 이러한 점을 묻기 위한 의미를 파악하는 문제는 글의 특정 부분에 밑줄 등을 쳐 놓고, 그 부분의 뜻은 무엇인지, 또 무엇을 의미하는지를 묻는 유형이다. 의미를 파악하는 문제는 빈번하게 출제하는 유형이다. 본문의 정확한 이해와 그 부분의 이해를 측정하여 글의 흐름 이외에 세부 내용을 파악하고 있는가를 묻기에 적합한 유형이기 때문이다. 이에 비해 지시어구란 본문에서 앞에 언급된 단어나 어구를 다시 쓰지 않고, 다른 어구로 바꿔 쓴 지칭어를 말한다. 예를 들어 글에서 대명사로 처리된 부분이 대신 받고 있는 명사는 무엇인지를 아는 것은 글을 이해하는 데 있어서 상당히 중요하다. 즉 이러한 문제가 자주 나오는 이유는 글을 올바르게 이해하기 위해서는 지시어구의 의미를 파악하는 것이 중요하기 때문이다.

02 의미 파악의 문제 풀이 해법

의미를 파악하는 문제는 세부 내용을 묻는 문제이지만 문제의 형식이 다르고, 내용 파악이 되고도 특정 내용을 몰라서 틀리기도 하고, 내용 파악이 안 된 경우에도 그 부분만의 이해만으로도 풀 수 있는 영역이기도 하다. 그 이야기는 부분의 글을 이해할 수 있는 다의어 등 어휘, 문법이나 구조 파악 능력, 그리고 관용어 등 종합적인 능력이 요구된다고 할 수 있다. 하지만 실제 시험에서 밑줄 친 부분의 내용이 파악이 안 되는 경우의 대응책으로는 앞뒤의 문맥을 파악하면서 글의 흐름을 보고 오답을 제거해 나가야 한다. 의미 파악을 묻는 문제는 먼저 밑줄 친 부분의 동의어나 관용어의 의미 등을 묻는 일차적인 문제 형태와 밑줄 친 부분의 내포된 의미를 묻거나 그 부분의 의도하는 바를 묻는 이차적인 문제 형태가 있다. 마지막으로 이를 이해했다면 내용을 paraphrase한 것을 찾으라는 문제가 있다.

03 지시어구의 문제 풀이 해법

지시어구를 고르라는 문제를 풀 때는 다음 몇 가지를 염두에 두면서 풀어 나가야 한다. 핵심어구나 관련된 표현을 반복하고 있는지, 아니면 대명사의 형태를 띠는지를 먼저 확인하고 이에 따라 대처해야 한다. 물론 단수와 복수의 확인 역시 중요하다. 이러한 문제들이 어렵게 출제되면 그 지시하는 어구를 찾기 어렵기 때문에 가능한 모든 단서를 이용하여 범위를 압축하고 글로부터 추론하여 풀어 나가야 하는 경우도 있다.

03 원리를 독해 지문에 적용

❶ Suppose a young child asks his/her mother for candy while at the grocery store. The mother tells the child that it almost is time for dinner. The child begins to cry and scream. This causes everyone in the store to look at them, which makes the mother very uncomfortable. So, the mother gives in to the child and buys the candy. This causes the temper to stop, and everyone stops looking at them. The mother's action of giving in to escape from **the unwanted attention** will be more likely to occur again in similar situations.

[어린아이가 식료품점에서 엄마에게 사탕을 사 달라고 한다고 가정해 보자. 엄마는 아이에게 저녁 식사 시간이 다 되었다고 말한다. 아이는 울고 소리 지르기 시작한다. 이로 인해 가게 안의 모든 사람들이 쳐다보게 되고, 이것은 엄마를 매우 곤란하게 만든다. 그래서 엄마는 아이의 요구에 응하게 되고 사탕을 사 주게 된다. 이렇게 해서 아이는 짜증을 더 이상 내지 않게 되고 사람들도 그들을 쳐다보지 않게 된다. 원치 않는 관심을 피하기 위해 아이의 요구에 응하는 엄마의 행동은 유사한 상황에서 또다시 발생할 가능성이 높다.]

밑줄 친 the unwanted attention이 의미하는 것은 무엇인가? 아이가 사탕을 사 달라고 조르는 상황을 주변에서 지켜보게 되고, 이에 대하여 엄마가 느끼는 부담스런 시선임을 알 수 있다. 그러므로 원치 않는 관심이란 사람들이 엄마와 아이를 쳐다보는 것을 뜻한다. 이렇게 본문 속에서 사용된 표현의 정확한 의미가 어떠한지를 고르는 문제로 나오기도 한다.

❷ I often wonder what my life would be like **if I hadn't gone to the beach that afternoon when I was 14**. I was walking along the sand in a new bathing suit, relaxing after a swim, when a well-dressed man stopped me. "Excuse me, Miss," he said. "I think you could be a model." And he handed me a business card. "Thanks!" I said. Later, I showed my mother the card. "He was joking," she said. *You are wrong*, I thought. I called the number on the card. It turned out to be a real modeling agency, and they hired me. Within three years I hit the big time — live network TV. It was exciting.

[나는 종종 내가 14살 때 그날 오후 해변에 가지 않았더라면 내 삶이 어떠했을지 궁금해진다. 나는 수영 후에 휴식을 취하며 새 수영복 차림으로 모래사장을 따라 걷고 있었고 그때 한 잘 차려입은 남자가 나를 멈춰 세웠다. "실례합니다. 아가씨." 그가 말했다. 내 생각에 당신은 모델이 될 수 있을 것 같군요." 그리고 그는 나에게 명함을 건넸다. "고마워요." 나는 대답했다. 후에 나는 엄마에게 그 명함을 보여 주었다. 엄마는 "그 사람 농담한 거야."라고 말했다. "엄마가 틀렸어요."라고 나는 속으로 생각했다. 난 명함에 적힌 번호로 전화를 걸었다. 그곳은 정말 모델 알선업체였고 그들은 날 고용했다. 3년 이내에 생방송 네트워크 TV를 통해서 난 일류 모델이 되었다. 그 일은 흥미로웠다.]

내가 14살 때 그날 오후 해변에 가지 않았더라면 모델업체 관계자를 만나지 않았을 것이고, 그랬으면 현재의 모델 생활을 할 수 없을 것이므로, 결국 '내가 모델이 되지 않았더라면(if I hadn't become a model)'이란 의미로 볼 수 있다.

❸ 'Pure science may seem useless' in the usual sense, but over a long period of time **it** surely leads to economic and technological benefits. If we stop paying for pure science today, there will be no applied science tomorrow. Charles Darwin's work on evolutions and Mendel's on the heredity of plants laid the foundations for the science of genetics, which eventually led to the discovery of DNA, which led to genetic engineering, which is now exploding with unimaginable applications. Yet Darwin and Mendel were not supported with such profits in mind, nor could they have been. A nation cannot bet on pure scientists like betting on horses. It can, however, build stables.

[순수과학은 일반적인 의미에서는 쓸모없게 보일 수도 있다. 그러나 장기적으로 보면, 순수과학(it)은 반드시 경제와 기술의 이익을 이끌어낸다. 만약 우리가 오늘날 순수과학에 대한 투자를 그만둔다면, 내일의 응용과학은 없을 것이다. 다윈의 진화론이나 멘델의 식물의 유전공학이 기초를 설립했고, 그것이 결국은 상상할 수 없을 정도의 응용을 할 수 있는 유전공학으로 이끌어간 DNA 발견으로 이끌었다. 그러나 다윈과 멘델은 어떤 금전상의 후원을 기대하지 않았고, 또한 다윈과 멘델(they)은 실제 후원받지도 못했다. 국가는 말에 내기를 걸듯이 순수과학자에게 돈을 투자할 수는 없다. 하지만, 국가(it)는 마구간을 만들 수 있다.]

글의 앞부분에 나온 명사를 받는 부분을 유의해서 보면 지시하는 어구에 대해서 정확히 알 수 있다. 본문의 밑줄 친 부분은 각각 순수과학, 다윈과 멘델, 국가를 지칭한다. 이렇게 앞에 나온 명사를 대신하는 이유는 글의 참신성을 높이기 위함이고, 지루한 반복을 피하기 위해서이다.

[01~02]

No one pretends that achieving and maintaining an ideal weight is an easy thing to do, but the list of rules to get you there is nonetheless simple. Eat in moderation; Ⓐ choose foods that look like they did when they came out of the ground; be an omnivore; and get some exercise. Human beings are the only species in the world that has figured out how to be in complete control of its own food supply. The challenge now is to make sure ⓐ _____.

01 Which is closest in meaning to the underlined Ⓐ?

① cultivate your own field
② eat unprocessed vegetables
③ choose foods that look very tasteful
④ eat vegetables at the spot where they are plucked

02 Which best fits into the blank ⓐ?

① the food doesn't take control of us
② there are multiple food groups for a reason
③ there's more than simple caloric arithmetic at work
④ to achieve and maintain an ideal weight is not so simple

A recent study found that bilingual speakers may actually process information more efficiently than monolingual speakers. Researchers from Northwestern University used brain imaging to look at bilingual people's comprehension abilities. They found that people who speak more than one language are comparatively better at filtering out unnecessary words than monolinguals whose brains showed that they _____. The results create a bit of a chicken-or-the-egg scenario. Is a bilingual person better at such tasks because of their expertise in both languages, or are people with greater comprehension capacity better equipped to master multiple languages? It could be a mixture of the two. The researchers of the new study believe that being bilingual is a constant brain exercise. So instead of tackling a puzzle, why not give a new language a shot, if not solely for the brain challenge.

03 윗글의 주제로 가장 적절한 것은?

① Speaking more than one language could sharpen your brain.
② A constant brain exercise is necessary to speak two languages.
③ Individuals' ability determine whether they can master new languages.
④ People should study new language to achieve an academic success.
⑤ Brain imaging can be used to examine bilingual people's comprehension abilities.

04 밑줄 친 빈칸에 들어갈 가장 적절한 것은?

① had to filter out necessary words as well
② were able to process information efficiently
③ were not able to process information completely
④ were able to comprehend more words in a short time
⑤ had to work harder to complete the same mental tasks

05 밑줄 친 chicken-or-the-egg가 비유적으로 가장 잘 나타낸 것은?

① constant brain exercise or brain challenge
② monolingual speakers or bilingual speakers
③ speaking a single language or multiple languages
④ tackling a puzzle or giving a new language a shot
⑤ expertise in languages or great comprehension capacity

[06~07]

When I (Jane) was 12, my father decided the family should move to a nicer house 50 miles from his job. The move was an expensive one and Mom had to go to work. Dad bought a new car for commuting while Mom walked a mile to the bus stop. Dad spent his weekends at the track, playing the horses. If one of us was sick, that was Mom's responsibility. If the plumbing broke, it was our fault. My sister and I worked our way through college. Dad never gave us a dime. Mom got cancer a few years after Dad retired, and everything that needed doing fell on me. He never lifted a finger. When Mom died, he found himself a girlfriend, bought a new car and had no time for our phone calls. The last time I called and asked, "What have you been doing lately?" He replied, "That's none of your business." This Christmas we won't worry that Dad is alone because he has a new car and a girlfriend and lots of stories to tell about how rotten his daughters are.

06 **The underlined expression "That's none of your business"** _____.

① demonstrates how chic Dad looks
② shows how poor Dad's sense of humor is
③ shows Dad's deep concern for Jane's waste of time
④ indicates that Dad gives Jane the cold shoulder

07 **According to the passage, which of the following is true?**

① The relationships between Mom and Dad began to improve after he retired.
② Dad did not support Jane financially while she was in college.
③ Mom was diagnosed with cancer when Dad prospered at work.
④ After Mom died, Jane has had phone conversations with Dad on a regular basis.

Sigmund Freud never set out to be a psychologist. Much less did he see himself — until quite late in life — as contributing to the field of social psychology. He was simply a Viennese physician specializing in Ⓐ the treatment of nervous disorders. That Ⓑ this activity would lead him to fundamentally new ways of Ⓒ conceiving social behavior was little imagined by Freud when he took up Ⓓ this work.

In fact, Freud was already thirty years old before he began his private practice; and his reasons for doing so were originally more financial than scientific. After an engagement of four years, Freud married Martha Bernays in the fall of 1886. He needed to provide support for his parents as well as the new family he and his wife would be starting. It was at this time that Sigmund Freud, in search of improved financial security, embarked on his career as a private physician.

08 Which does NOT have the same meaning as the others?

① ⓐ   ② ⓑ   ③ ⓒ   ④ ⓓ

09 Which is true according to the passage?

① In a way his financial situation forced Freud to be a private physician.
② Freud never saw himself as a contributor to the field of social psychology.
③ From the start Freud determined to be a pioneer in understanding human psyche.
④ Unfortunately Freud's marriage made him give up significant psychological researches.

Science is often defined inadequately as an organized body of knowledge. This would make cook-books, catalogues, and telephone books science, Ⓐ which they are not. Sometimes science is defined simply as rationality, but that would make much of theology and metaphysics science, Ⓑ which they are not. Rationality is logical consistency, lack of contradiction. It is to be distinguished from reasonableness, the quality of a mind Ⓒ _____ to arguments and evidence opposed to its beliefs: a willingness to reconsider. Rationalists can be quite unreasonable or dogmatic.

04

10 Choose the one that is closest in meaning to the underlined parts Ⓐ which and Ⓑ which in common.

① science
③ knowledge

② books
④ rationality

11 Which of the following is the most appropriate for the blank Ⓒ?

① open
③ irrelevant

② resistant
④ limited

In one study, participants were asked to videotape a lesson for preschool children. An "expert" gave the participants detailed feedback on their performance. Participants performed alongside a partner who gave the same lesson. The question of interest was how the feedback would affect participants' moods. The moods of happy people improved when ⓐ they got positive feedback and worsened when ⓑ they got negative feedback, but whether ⓒ they heard or didn't hear the feedback given to ⓓ their partner made no difference. Unhappy people, (A) _____, were very much affected by the feedback ⓔ their partner received. If a participant got positive feedback, but her partner got better feedback, the participant's mood worsened. If a participant got negative feedback, but her partner got worse feedback, the participant's mood improved. (B) _____ it seemed as though the only thing that mattered to the unhappy people was how they did in comparison to their partners.

12 밑줄 친 ⓐ~ⓔ 가운데 가리키는 대상이 나머지 넷과 다른 것은?

① ⓐ   ② ⓑ   ③ ⓒ   ④ ⓓ   ⑤ ⓔ

13 빈칸 (A)와 (B)에 들어갈 말로 가장 적절한 것은?

	(A)		(B)
①	for example	–	However
②	on the other hand	–	Thus
③	to sum up	–	Similarly
④	in short	–	Surprisingly
⑤	as a result	–	Moreover

Paperback, softback or softcover describe and refer to a book by the nature of its binding. The covers of such books are usually made of paper or paperboard, and are usually held together with glue rather than stitches or staples. Inexpensive books bound in paper have existed since at least the 19th century and exist in a number of formats that have specific names, such as pamphlets, yellowbacks, dime novels and airport novels. Most paperbacks are either "mass-market paperbacks" or "trade paperbacks". In contrast, books with hardcover or hardback are bound with cardboard covered with cloth; although more expensive, hardbacks are more durable.

Paperback editions of books are issued when a company decides to release a book in a low-cost format. Cheap paper, glued bindings and the lack of a hard cover contribute to the inherent low cost of paperbacks, especially when compared to the average cost of hardcovers. Paperbacks can be the preferred medium when a book is not expected to be a major seller, or in other situations where the publisher wishes to release a book without putting forth a large investment. Examples include many novels and new editions or reprintings of older books.

14 **Which of the following is true, according to the passage?**

① Paperback is used if the book is not expected to sell particularly well.
② Popular books are usually printed in hardback form.
③ Books were first printed as hardbacks.
④ Old books will always be reprinted in hardback form.

15 **Which is the closest in meaning to the underlined phrase?**

① When the price of hardbacks goes down, more people will read them.
② Even though hardbacks are more expensive, they will last longer than a paperback.
③ The higher cost of a hardback means it will last longer.
④ Paying more for a book will guarantee it lasts a long time.

16 **What can you infer about paperbacks?**

① They are lower quality than hardbacks.
② Readers prefer paperbacks.
③ They are easier to read than hardbacks.
④ They look better than hardbacks.

What is the insight in which the scientist tries to see into nature? Can it indeed be called either imaginative or creative? To the literary man the question may seem merely silly. He has been taught that science is a large collection of facts, and if this is true, then the only seeing which scientists need to do is, he suppose, seeing the (A) _____. He pictures them, the colorless professionals of science, going off to work in the morning into the university in a neutral, unexposed state. (B) <u>They</u> then expose themselves like a photographic plate. And then in the dark room or laboratory they develop the image, so that suddenly and startlingly it appears, printed in capital letters, as a new formula for atomic energy.

17 Which of the following is most appropriate for the blank (A)?

① nature   ② truth
③ facts   ④ mysteries

18 Which of the following does the underlined (B) They refer to?

① literary men   ② professors
③ scientists   ④ photographers

Do not wake up to the blue hue of your smartphone and immediately start working. Place it across the room, or better yet, in an adjacent one, and force yourself up and out of bed to turn off your alarm each morning. When the alarm does go off, get up and prepare for your day as you would for an office job: take a shower and get dressed. Business attire is (obviously) not required, but act as though you will be interacting with colleagues in person. After all, you never know when they may want to video chat, and you do not want to beg off because you are not wearing a shirt. This also sets the tempo for the day and discourages the sleepy notion that, perhaps, just maybe, you can crawl back into bed for a nap around lunch, although there is something to be said for workday naps.

19 What is the passage mainly about?

① How to manage time
② How to work from home
③ How to keep work-life balance
④ How to become successful at work

20 What does the underlined expression mean?

① You need something for workday naps.
② Workday naps might be good for you.
③ No employers will allow workday naps.
④ Workday naps are something that you can talk about.

University of Pennsylvania researchers found that spouses who had major cardiac surgery had better functional recovery within two years than patients who were divorced, separated or widowed. That means they were more able to get dressed, bathe or go to the bathroom on their own. In fact, those who were no longer married were about 40% more likely to die or develop a new functional disability in the first two years postsurgery than those with a spouse at home. (There were not enough never-married people in the study to make an assessment on them.)

The researchers are not sure whether the results are because less-healthy people are more likely to be unmarried or because spouses make a big difference in rehabilitation. Either way, they say hospitals should consider marital status when helping people plan their post-heart-attack life.

21 According to the passage, which is true?

① Marital status is the only factor for fast recovery.
② Divorced patients were less healthy before cardiac surgery.
③ Statistically, married patients showed faster rehabilitation than the no-longer married.
④ Less-healthy people have tendency to get married after the heart-attack.

22 Which is implied by the underlined part?

① To make an assessment, we need enough married people.
② There were not enough people to marry before the surgery.
③ Never-married people were easy to assess.
④ The data to assess never-married people were not enough.

Nobody reveals an accurate picture of their actual lives on social media. They omit the bickering, boring and unflattering aspects of their lives in favor of the fabulous moments. The downside of this "success theater" is that daily exposure to Facebook leaves people feeling (A). That constant barrage of other people's best moments creates the illusion that everyone else in the world is living these wonderful lives filled with success and joy and adventure while you're sitting there, well, looking at Facebook. This occurs on other sites like Instagram.

23 **The author seems to believe that** _____

① looking at other people's Facebook encourages better self-care.
② uploading pictures to Facebook has to do with high self-esteem.
③ frequent exposure to other folks' Facebook could increase risks for depression.
④ users of Facebook tend to be more outgoing than those who do not use it.

24 **What does the underlined "This" mean?**

① The opposite illusion
② The boring aspect of others' lives
③ The more accurate picture
④ The same phenomenon

25 **Which of the following is most appropriate for blank (A)?**

① inadequate   ② important
③ secure   ④ relieved

CHAPTER **03** 어휘·어법·문법

01 어휘와 문법성 판단의 개념

독해 지문 내에서 어휘를 묻는 문제의 경우에는 동의어를 묻거나 다의어의 의미를 묻는 것이 주종을 이룬다. 하지만 숙어와 관용어를 묻는 경우도 어휘에 해당한다고 볼 수 있다. 이에 비해 독해 지문 내에서 문법을 묻는다는 것은, 출제자가 수험생이 지문을 얼마나 이해했는지 평가하기 위한 하나의 문제 형식으로, 독해 지문 내에서 문법이 어떻게 활용되고 있는가를 묻는 경우이다. 이런 경우에는 문제 형태도 일반적인 문법 문제와는 다르게 실제 글 속에서 많이 다루어지는 내용들, 예컨대 동사, 시제, 태, 가정법, 관계대명사, 분사구문, 일치 등을 묻는 문제들이 주류를 이루고 있다. 이렇게 문법 문제를 독해 지문 속에서 묻는 이유는 우선 독해를 하기 위해서는 문법이 숙지되어야 하므로, 독해 내에서 확인을 해도 실력을 측정하는 데 무리가 없기 때문이기도 하다.

02 어휘 등의 문제 풀이 해법

본문 속에 사용된 어휘와 숙어의 의미를 제대로 아는 것이 필요하다. 더불어 독해 지문 내에서 관용어를 묻는다 하면 관용적 표현을 묻는 경우 등을 의미한다. 연어(collocation)는 단어와 단어의 결합을 의미하는 것으로 중요한 영역인데, 명사와 동사, 형용사와 명사 등의 어울림을 의미한다. 이런 것들은 평소 학습하면서 나오는 부분을 외워 두는 것이 바람직하고 문맥 속에서 판단하는 연습을 자주 해 보는 것이 좋다. 또 다른 형태의 어휘 문제로는 수능처럼 세 개의 빈 칸에 각각 두 개의 어휘 가운데 중 올바른 것을 고르는 문제로 나온다.

문법을 묻는 경우는 점점 줄어드는 추세이긴 하지만, 일부 학교에서는 여전히 독해 지문 내에서 문법 사항을 묻고 있다. 그러나 문법만의 문제가 아닌 독해 내에서의 문법이므로, 글의 전반적인 흐름으로 판단이 가능한 부분이 많지만, 간혹 가다 보면 특정한 문법 사항을 묻기도 한다. 문법이 약한 경우 문제 풀기가 어렵긴 하지만 객관식의 속성상 충분히 글 속에서 판단 가능하므로 문법의 기본 뼈대를 바탕으로 접근하면 된다. 그러므로 평소에 문법 학습을 꾸준히 해야 한다.

03 원리를 독해 지문에 적용

❶ Universal education in America has meant that all those who could afford to continue in school have been able to, and **those who have not had the money, have not**. Hence it is a paradox that in a country which provides free education for all, the length of a young person's education varies directly with his capacity to pay. And since at these age levels at least there is no relation between intellectual ability and capacity to pay.

[미국의 보편적인 교육은 계속해서 비용을 감당할 수 있는 사람은 누구나 계속할 수 있지만, 돈이 없는 사람들은 계속할 수 없다는 것이다. 그러므로 모두에게 무상으로 교육을 제공해 준다는 나라에서 젊은이의 교육의 장단이 그의 지불 능력에 따라 다르다는 것은 역설적이다. 왜냐하면 이 연령대에서는 지적인 능력과 지불 능력과는 전혀 관계가 없기 때문이다.]

those who have not had the money, have not은 무슨 의미인가? have not은 도대체 어떤 것을 뜻하는 것인가? 이렇듯 독해에서도 문법에 의해서 영향을 받는 일은 비일비재하다. 여기서는 밑줄 친 부분의 뒷부분에 been able to continue in school이 생략된 것이다.

❷ For American commentators who like to denounce European complacency in the face of an increasingly assertive Islam, France is an intriguing **test-case**. It is home to Europe's biggest Muslim minority, numbering some 5m – 6m, and it unapologetically expects Muslims to adapt to French ways. In 1994 the government began clamping down on religious symbols, including the Muslim headscarf, in state schools. Ten years later it banned all "**ostentatious**" religious signs, including the veil, from state schools and other public buildings. Now yet another tightening is in the works: a proposed ban on wearing the burqa in any public places.

[점점 더 늘어나는 이슬람에 대해서 현재에 안주한다고 유럽을 비난하는 미국의 시사평론가들에게, 프랑스는 아주 좋은 시범 케이스이다. 프랑스는 유럽에서 무슬림 인구가 가장 많은 나라로 5백만에서 6백만 가량이 거주하고 있으며, 프랑스는 무슬림들이 별다른 문제없이 프랑스 방식을 따를 것이라 기대한다. 1994년에 정부는 공립학교에서 무슬림의 머리스카프를 포함하여 종교적 상징에 대하여 단속하기 시작했다. 10년 후에는 공립학교와 공공장소에서 베일을 포함하여 눈에 띄는 종교적인 상징물을 금지했다. 지금은 또 다른 단속이 진행 중인데, 이는 공공장소에서 부르카의 착용을 금지하는 것이다.]

여기서 test-case는 '시금석'이나 '시범 케이스'란 의미로 미국의 시사평론가들에게 프랑스는 아주 좋은 예시가 된다는 의미로 쓰였다. 또 ostentatious는 눈에 띄고 두드러진다는 뜻으로 showy의 동의어로 사용되었다. 보통 독해에서 어휘를 묻는 경우는 동의어를 찾으라는 경우가 대부분이다. 간혹 다의어를 묻는 경우도 있는데, 본문에서 사용된 정확한 뜻을 이해하면 어렵지 않게 해결할 수 있다.

An old man raised a turkey near his camp. One day, somebody stole his turkey. The man told his sons to go find it. But they didn't bother, because they didn't think the turkey was very valuable. Two weeks later a camel was stolen. When the sons asked their father what they should do, he replied, "Go find my turkey." Weeks later, his daughter was abducted. He said: "After stealing the turkey, they learned nobody would stop them." A Ⓐ devious mind knows no courtesy. People will take advantage of you when you do not stop them and they will attempt to steal more from you. Thieves mistakenly believe they are legitimately entitled to keep what they have stolen and repeat the same mischief. Many countries take a(n) Ⓑ _____ position against terrorists, saying they will never negotiate with them because doing so puts innocent people in danger.

01 Which of the following is closest in meaning to the underlined Ⓐ devious?

① insatiable   ② pompous

③ guileful   ④ candid

02 Which of the following is most appropriate for the blank Ⓑ?

① adamant   ② pliant

③ vacillating   ④ surreptitious

The acceleration of the global economy — with the associated decline of people having any kind of control over wages and working conditions — is a chief culprit. People at the bottom of the socioeconomic ladder feel the pain most sharply. Holding down two or three jobs, struggling to pay the bills, working weekends, enjoying no vacation time, and with little social safety net, they often feel out of control about everything happening to them. But even successful professionals, people who seem fully in charge of their destinies, feel the pinch. Doctors, for example, who work impossibly crowded schedules under the command of health maintenance organizations (HMOs), feel so overwhelmed that many of them are now seeking union representation.

03 Which of the following is closest in meaning to the underlined expression?

① take a bite
② suffer financial hardship
③ declare themselves bankrupt
④ seek their fortune

04 Which of the following is true according to the passage?

① Most of highly-paid people are so lethargic about their job that they cannot manage to work properly.
② Outrageous doctors are frightened to organize their own labor union.
③ It is the lower socioeconomic class who are most affected by accelerated economic globalization.
④ The acceleration of economic growth frustrated the union representation of HMOs.

When a young police officer puts on a uniform for the first time, it almost certainly feels strange and foreign. Yet other people react to that uniform in a range of more or less (A) predictable / unpredictable ways — just as they do to a priest or to a white-coated doctor. These reactions help to make the police officer feel a part of the uniform and more (B) comfortable / uncomfortable with the role that goes with it. This is the point of uniforms: they help people think themselves into a (C) general / particular way of behaving, and communicate clearly to other people what function that person is expected to perform. Our dress and appearance are a sort of uniform as well, whether we like it or not. They are very powerful statements to other people about what to expect from us. (D) _____, they are powerful statements to ourselves about what to expect of ourselves. This, together with the way other people react to our appearance, powerfully shapes how we feel, think and behave.

05 Which of the following best fills in the blank (D)?

① To the point   ② Equally

③ To make it worse   ④ Contrarily

06 Choose the most appropriate expressions.

	(A)	(B)	(C)
①	predictable	comfortable	particular
②	unpredictable	uncomfortable	particular
③	predictable	uncomfortable	general
④	unpredictable	comfortable	general

Dora was frustrated by a series of used cars she drove. It was she who commuted to work, but it was her husband, Hank, who chose the cars. Hank always went for cars that were "interesting", but in continual need of repair. After Dora was nearly killed when her brakes failed, they were in the market for yet another used car. Dora wanted to buy a late-model sedan from a friend. Hank fixed his sights on a 15-year-old sports car. She tried to persuade Hank that it made more sense to buy the boring but dependable car, but he would not be swayed. Previously she would have acceded to his wishes. This time Dora bought the boring but dependable car and <u>steeled herself</u> for Hank's anger. _____, he spoke not a word of remonstrance. When she later told him what she had expected, he scoffed at her fears and said she should have done what she wanted from the start if she felt that strongly about it.

07 **What can be inferred from the passage?**

① Dora is so pushy that Hank fears a confrontation with her.
② Dora used to avoid confrontation with Hank as to what car to buy.
③ Dora prefers walking to driving when going to work.
④ The couple are very close to Dora's friend whose car Dora wants to buy.

08 **Which of the following best fills in the blank?**

① To her amazement
② Sadly
③ To her disappointment
④ As expected

09 **Which of the following is closest in meaning to the underlined <u>steeled herself</u>?**

① to make herself become more active
② to make herself look sharper than she is
③ to make herself ready for something unpleasant
④ to avoid dealing with a difficult situation

Good second-language readers need to be able to recognize a large number of words automatically. Since second-language readers will always be at a disadvantage because of their limited vocabulary knowledge, they must make use of context clues to infer the meaning of the numerous unknown words they will encounter. Unfortunately, it is the second-language reader's very limited vocabulary knowledge that hinders their being (A) <u>able</u> to make (B) <u>full</u> use of context clues as well. In other words, (C) <u>compared</u> to first-language readers, second-language readers' lack of vocabulary knowledge forces them to guess word meanings more often; however, this very lack of vocabulary knowledge also (D) <u>severe</u> limits second-language readers' ability to make use of context clues for guessing.

10 밑줄 친 (A), (B), (C), (D) 중 용법상 옳지 <u>않은</u> 것은?

① (A) <u>able</u> ② (B) <u>full</u>
③ (C) <u>compared</u> ④ (D) <u>severe</u>

11 이 글의 제목으로 가장 적절한 것은?

① Ways of Vocabulary Build-up
② Word Meanings in First Language Reading
③ Vocabulary knowledge in Second Language Reading
④ Context Clues in First Language Reading

Napoleon feared black cats; Socrates the evil eye. Julius Caesar dreaded dreams. Henry VIII claimed witchcraft trapped him into a marriage with Anne Boleyn. Peter the Great suffered a pathological terror of crossing bridges. Samuel Johnson entered and exited a building with his right foot foremost. Bad-luck superstitions still keep many people from walking under a ladder, opening an umbrella indoors, or boarding an airplane on Friday the thirteenth. On the other hand, these same people, hoping for good luck, might cross their fingers or knock wood. Superstitious beliefs, _____ ⓐ _____ their irrational nature, should have receded with the arrival of education and the advent of science. Yet even today, when objective evidence is valued highly, few people, if pressed, would not admit to secretly ⓑ cherishing one, or two, or many superstitions. Across America, tens of thousands of lottery tickets are penciled in every day based on nothing more or less than people's "lucky" numbers. Perhaps this is how it should be, for superstitions are _____ ⓒ _____.

12 빈칸 ⓐ에 가장 알맞은 것은?

① despite   ② given

③ concerning   ④ regardless of

13 밑줄 친 ⓑ **cherishing**과 그 의미가 가장 가까운 것은?

① harboring   ② emulating

③ improvising   ④ curtailing

14 빈칸 ⓒ에 가장 알맞은 것은?

① a coherent legacy from the past

② an absurd phenomenon in our history

③ an ancient part of our human heritage

④ a dispensable basis of all human civilizations

When your paper is returned to you, spend time (A) <u>examining</u> the comments your teacher made. This is a good time to compare your classmates' responses to your teacher's, (B) <u>taken</u> into account the changes you made between the original draft and the revised paper. Did you improve on the parts of your original paper (C) <u>that</u> your classmates encouraged you to work on? Did your teacher comment on aspects of your paper that your classmates did not comment on? Share this information with the classmates you did peer-editing with. For each paper you (D) <u>looked at</u>, compare the comments you made to the teacher's comments. Keep in mind the ideas you and your teacher had in common about each paper. Also (E) <u>notice</u> comments that your teacher made that you missed. This is valuable information. You'll use it the next time you write and the next time you do peer-editing.

15 밑줄 친 (A)~(E) 가운데 어법상 틀린 것은?

① (A) ② (B) ③ (C)
④ (D) ⑤ (E)

16 윗글의 주제로 가장 적절한 것은?

① Advantages and disadvantages of peer feedback
② Several tips for efficient drafting and proofreading
③ Importance of sharing ideas in peer-editing projects
④ Using wisely teacher's and peer's feedback in writing
⑤ Why we should consider other's feeling in peer-editing

Drivers holding a State driver's license should apply Ⓐ _____ renewal of the license before it expires. Licenses may be renewed as much as 90 days ahead of their expiration date. The fee for a five-year license renewal is $25. A $10 penalty will be charged if you renew your license more than 60 days after it has expired. REMEMBER: driving without a Ⓑ _____ license is against the law. You can be issued a ticket if you are caught driving with an expired license.

17 빈칸 Ⓐ에 들어갈 가장 적절한 단어를 고르시오

① at ② by ③ on
④ with ⑤ for

18 윗글에 제시된 알림 내용의 대상이 되는 사람이 누구인지 고르시오.

① First time drivers
② People who have their license suspended
③ Drivers who have been issued a ticket
④ Drivers whose license is about to expire
⑤ Reckless drivers

19 윗글에 제시된 갱신된 운전면허증의 유효 기간을 고르시오.

① Ninety days ② One year ③ Five years
④ Ten years ⑤ Sixty days

20 빈칸 Ⓑ에 들어갈 가장 적절한 단어를 고르시오.

① novel ② valid ③ designated
④ refined ⑤ recent

P A R T

05

출제 유형
(3) 논리적 이해

논리적 이해를 요하는 경우는 크게 두 가지 경우로 대별할 수 있는데, 문장과 단락의 관계에 대한 이해 여부를 묻는 경우와 본문에 언급되지 않은 사항을 추론하여 끌어낼 수 있는지를 묻는 문제 등이다. 문장과 단락의 관계에 대한 부분은 역시 둘로 나누어 보면, 문장 간의 관계 파악의 문제와 단락 간의 관계에 대한 파악 문제로 나눌 수 있다. 편입시험은 그 특성상 대학생들을 대상으로 하기 때문에 논리적인 이해를 요하는 문제들의 출제 빈도가 높다.

01 문장 간의 관계에 대한 이해 문제
(a) 순서 연결
(b) 문장 삽입
(c) 문장 삭제

문장 간의 관계에 대한 부분을 살펴보면 글의 흐름을 이해하여 문장의 순서를 제대로 판단할 수 있는지, 또 문장 간의 유기적 관계로 볼 때 더해져야 할 부분, 빼야 할 부분을 판단할 수 있는지를 묻는다. 그 이유는 문법을 공부하면서 문장은 해석을 잘하지만, 문장 간의 유기적 관계를 모르는 경우가 많기 때문에 이를 확인하는 문제들이다.

02 단락 간의 관계에 대한 이해 문제
(a) 전환 어구
(b) 전후 관계
(c) 단락 구분

문장이 더해져 이루어진 단락과 단락 간의 관계를 파악하고 있는지를 묻는 문제들로, 전환 어구는 문장 간의 관계에서도 물을 수 있는 유형이지만, 그 특성상 단락 간의 관계로 본다. 전후 관계를 판단하는 문제는 글의 흐름을 이해하고 앞뒤에 어떤 식으로 글이 전개될지를 파악할 수 있는지를 묻는 문제이며, 단락 간의 관계를 제대로 나눌 수 있는지 묻는 것이 단락 구분의 문제이다.

03 추론을 요하는 문제
(a) 추론
(b) 빈칸 추론 (문장 완성)

추론을 요하는 문제는 본문 속에 나온 내용을 바탕으로 글에서 명시적으로 언급하진 않았지만, 100% 타당한 내용을 끌어낼 수 있는가를 묻는 유형이다. 이에 비해 빈칸 추론은 독해 지문 내에서의 문장 완성 문제이며 출제 빈도가 상당히 높다. 이러한 논리적인 문제들을 해결하기 위해서는 글의 흐름을 정확히 이해하며, 생각하며 글을 읽어 나가야 한다.

01 순서 연결·문장 삽입

01 문장 간의 관계를 묻는 문제의 개념

문장 간의 관계를 묻는 경우에는 논리적 연결고리를 생각하면 의외로 쉽게 풀린다. 단지 몇 문장만을 주고 연결시키라거나 문장을 넣으라고 한다면 분명히 단서가 있을 것이다. 이를 파악하는 것이 핵심이다. 이렇게 글의 전후 관계를 묻는 문제는 글의 구조를 이용하여 풀 수도 있으며, 어휘를 이용한 단서를 파악하여 풀 수도 있다.

02 순서 연결과 문장 삽입의 문제 풀이 해법

글의 구조를 이용하여 풀 수도 있으며, 어휘를 이용한 단서를 파악하여 풀 수도 있다. 가령 글이 시간의 흐름 순으로 나열되어 있는 글이라면 이를 파악함으로서 쉽게 풀릴 것이고, 글이 일반적인 진술이라면 뒤에 나올 얘기는 예시나 일화와 같은 구체적인 글로 이어질 것이다. 예가 여러 개 나온다면 그것들 사이에는 순서가 없겠지만, 어느 하나에 for example이 붙어 있다면 그 문장이 먼저 온다는 것이다. 이를 파악하여 푸는 것이 구조를 이용한 문제 풀이의 예이고, 마치 문장 완성에서 단서를 찾아서 풀듯이 but이나 because 등의 접속사를 이용하여 푸는 것 등이 바로 어휘를 이용하여 푸는 방식의 예가 될 수 있다. 결국 순서 연결이나 문장 삽입이나 하나의 연결의 틀 안에서 풀어 간다고 보면 같은 문제에 해당한다.

03 원리를 독해 지문에 적용

❶ (A) Modern baseball has an interesting history.
   (B) By 1830, most urban and rural area teams played together, but there were still no official rules or even a standard playing area.
   (C) Actually it started out in England as a game called rounders. It is made its way to North America and was largely played in rural areas.
   (D) When a group in New York City published a book in 1845, it gave baseball twenty rules — two teams of nine players each and defined the playing field.

[(A) 현대의 야구는 흥미로운 역사를 지니고 있다.
(B) 1830년까지 대부분의 도시와 시골 지역의 팀들은 함께 경기를 벌였지만, 공식적인 규칙이나 표준화된 경기장이 없었다.
(C) 사실 야구는 영국에서 '라운더'라는 게임으로 시작되었다. 이는 북미로 퍼져갔고 주로 시골 지역에서 행해졌다.
(D) 뉴욕에서 한 집단이 1845년에 책을 출판하였을 때, 여기에는 아홉명씩 두 팀이 경기를 벌인다거나 규격화된 경기장 등을 포함한 야구의 규칙 20개가 들어 있었다.]

문장의 흐름은 추상적이고 일반적인 진술에서 구체적이고 개별적인 진술로 이어지게 된다. 먼저 (A)라는 진술을 해 놓고 이어서 어떠한 흥미로운 역사가 있는지를 소개하는 것이 일반적이다. 그다음에 기원을 밝히는 (C)가 오고, 시간순으로 연결시켜 (B)(1830년대)가 오고 그다음에 (D)(1845년)가 오면 된다. 그러므로 (A) – (C) – (B) – (D)의 순서가 적당하다. 이렇듯 순서 연결 문제는 언제나 단서를 찾아야 하는데, 이는 시간의 순서가 단서가 될 수도 있고, 지시어구를 중심으로 볼 수도 있다. 즉 앞에 나오면 명사로, 뒤에 나오면 대명사로 언급되는 것을 기억하라.

❷ There are **two major factors** that contribute to the bystander effect. **First**, the presence of other people creates a diffusion of responsibility. Because there are other observers, individuals do not feel as much pressure to take action, since the responsibility to take action is thought to be shared among all of those present. (①) **The second reason** is the need to behave in correct and socially acceptable ways. (②) When other observers fail to react, individuals often take this as a signal that a response is not needed or not appropriate. (③) In the case of Kitty Genovese, many of the 38 witnesses reported that they believed that they were witnessing a "lover's quarrel," and did not realize that the young woman was actually being murdered.

[방관자 효과에 기여하는 두 가지 요소가 있다. 첫째 다른 사람들이 있으면 책임감이 흐려진다. 다른 사람들이 보았기 때문에 각각의 개인들은 조치를 취할 생각을 하지 않는다. 왜냐하면 조치를 취할 책임감이 다른 사람들에게 나뉜다고 생각하기 때문이다. 두 번째 이유는 올바르고 사회적으로 받아들일 수 있는 방식으로 행동할 필요 때문이다. 다른 사람들이 대응하지 않으면 각 개인들은 반응을 보일 필요가 없거나 적절하지 않다는 신호로 받아들이기 때문이다. 또 다른 연구자들에 의하면 구경꾼들은 상황이 애매하면 개입하지 않으려는 경향이 있다는 것을 알아냈다. Kitty Genovese의 경우에도 38명의 목격자들 중 상당수는 자신들이 연인끼리의 다툼으로 생각했으며, 젊은 여성이 살해당하는 것을 깨닫지 못했다고 한다.]

예컨대 글 속에 다음의 문장을 올바른 자리에 넣어 보자. Other researchers have found that onlookers are less likely to intervene if the situation is ambiguous. 다른 연구자들이라 하였으므로 기존의 연구와는 다른 새로운 연구라는 것을 알 수 있다. 앞부분에 두 가지 요소라고 한 후 두 가지에 대한 언급이 나오므로 ①은 아니다. ②를 중심으로 앞뒤가 보완적 설명으로 떼어낼 수 없으므로 이 자리도 아니다. 그러므로 빠진 문장이 들어갈 곳은 ③이다. 또 ③ 뒤에는 구체적인 사례를 들어서 설명하므로, 그 앞에 추상적인 진술이 있어야만 한다.

[01]

If you are not an early adopter, you almost certainly know one.

[A] She was the first person in our group of friends to own a smartphone, and she couldn't wait to show you what it could do. He was the guy who talked excitedly about moving all his data to the cloud before you even knew what the cloud was.

[B] While the majority of us sit back and wait for an innovation to prove itself, the early adopters jump right in.

[C] Early adopters are that minority of users who adopt a new technology in its earliest days before it is widely used or even thoroughly tested. According to one widely cited piece of research, early adopters are defined as the first thirteen percent or so of people who begin using a device, game, social network, or other new product.

[D] By doing so, they get the pleasure of conquering a new frontier, enhanced prestige, and even power within the tech industry.

01 **Which of the following is the best order for a passage starting with the given sentence in the box?**

① [A] − [C] − [B] − [D]　　　　② [A] − [B] − [D] − [C]
③ [B] − [A] − [D] − [C]　　　　④ [B] − [D] − [A] − [C]
⑤ [D] − [A] − [C] − [B]

The most innovative of the group therapy approaches was psychodrama, the brainchild of Jacob L. Moreno. Psychodrama as a form of group therapy started with premises that were quite alien to the Freudian worldview that mental illness essentially occurs within the psyche or mind.

(A) But he also believed that creativity is rarely a solitary process but something brought out by social interactions. He relied heavily on theatrical techniques, including roleplaying and improvisation, as a means to promote creativity and general social trust.

(B) Despite his theoretical difference from the mainstream viewpoint, Moreno's influence in shaping psychological consciousness in the twentieth century was considerable. He believed that the nature of human beings is to be creative and that living a creative life is the key to human health and wellbeing.

(C) His most important theatrical tool was what he called role reversal — asking participants to take on another's persona. The act of pretending "as if" one were in another's skin was designed to help bring out the empathic impulse and to develop it to higher levels of expression.

02 주어진 글 다음에 이어질 글의 순서로 가장 적절한 것은?

① (A) − (C) − (B)
② (B) − (A) − (C)
③ (B) − (C) − (A)
④ (C) − (B) − (A)

03 본문의 **take on**과 같은 의미를 지닌 문장은 무엇인가?

① We have to take on more workers during the harvest.
② Never take on your boss if you're angry.
③ His face took on a sour, skeptical expression.
④ James will take on a new role within the company.

Most teachers receive the same education, but not all readily accept what they are taught, whether it be constructivism or some other philosophy of education. Unlike medical practitioners, for example, educators disagree about nearly all issues within their field. (A) Physicians simply observe whether or not the treatment cured the patient. (B) They may disagree about why or how a treatment worked, but at least they have objective and verifiable evidence of whether or not the treatment worked. (C) How do people learn? What should people learn? How do we measure learning? (D) The complexity of these questions results in virtually no consensus about what works among all educators.

04 주어진 문장이 들어갈 가장 알맞은 곳을 고르시오.

Education, on the other hand, possesses many more points of disagreement.

① (A)　　　　　② (B)　　　　　③ (C)　　　　　④ (D)

Many people have faced great obstacles in their lives but have found ways to overcome and actually benefit from these obstacles. _____(가)_____, Greg Barton, the 1984, 1988, and 1992 U.S. Olympic medalist in kayaking, was born with a serious disability. (A) He had deformed feet, his toes pointed inward, and _____(나)_____, he could not walk easily. Even after a series of operations, he still had limited mobility. (B) Even so, Greg was never defeated. First, he taught himself to walk, and even to run. Then, he competed in his high school running team. (C) Happily, he discovered kayaking, a perfect sport for him _____(다)_____ it required minimal leg and foot muscles. Using his upper body strength, he was able to master the sport. (D) Finally, after many years of training and perseverance, Greg made the 1984 Olympic team.

05 주어진 다음 문장이 들어갈 위치로 가장 적절한 것은?

He knew, though, he would never become an Olympic runner, so he looked for other sports that he could play.

① (A)   ② (B)
③ (C)   ④ (D)

06 빈칸 (가), (나), (다)에 각각 들어갈 올바른 표현은?

	(가)	(나)	(다)
①	That is	on the contrary	since
②	For example	as a result	because
③	In other words	by contrast	so
④	For instance	in addition	though

The most commonly held theory on the origin of cheese suggests that an Arab nomad unwittingly created the first batch of cheese after discovering the milk he'd stored in an animal-stomach bag (most likely that of a sheep) had curdled.

[A] But let's face it: Folks have been letting milk ferment for thousands of years, so it's very possible that cheese was "discovered" multiple times throughout history, in different parts of the world.

[B] The idea certainly makes sense. After all, cured animal skins and organs were frequently used as vessels or containers for food and water, and the stomach lining of young ruminants (cud-chewing mammals) such as sheep, goats, and cows naturally contain rennet, the enzyme used to make cheese.

[C] Thus, milk stored in an animal stomach, jostled around during a long day or days of traveling, and subject to a hot climate could very well result in the formation of cheese.

07 Choose the best order after the sentence in the box.

① [A] – [C] – [B]
② [B] – [C] – [A]
③ [A] – [B] – [C]
④ [C] – [B] – [A]

Considered the most universal of all good luck charms, the horseshoe was a powerful amulet in every age and country where the horse existed. Although the Greeks introduced the horseshoe to Western culture in the fourth century and regarded it as a symbol of good fortune, legend credits St. Dunstan with having given the horseshoe, hung above a house door, special power against evil. (I) According to tradition, Dunstan, a blacksmith by trade who would become the Archbishop of Canterbury in A.D. 959, was approached one day by a man who asked that horseshoes be attached to his own feet, suspiciously cloven. (II) Dunstan immediately recognized the customer as Satan and explained that to perform the service he would have to shackle the man to the wall. (III) Dunstan refused to release him until he gave his solemn oath never to enter a house where a horseshoe was displayed above the door. (IV)

From the birth of that tale in the tenth century, Christians held the horseshoe in high esteem, placing it first above a doorframe and later moving it down to middoor, where it served the dual function of (가)_____.

08 글의 흐름으로 보아, 다음 문장이 들어갈 가장 알맞은 곳은?

> The saint deliberately made the job so excruciatingly painful that the bound devil repeatedly begged for mercy.

① (I)　　　　② (II)　　　　③ (III)　　　　④ (IV)

09 빈칸 (가)에 가장 알맞은 것은?

① talisman and door knocker
② lucky amulet and memento
③ sacred sign and equine origin
④ powerful symbol and vulgar oath

10 윗글에서 언급되지 않은 것은?

① a horseshoe's magical power
② placing a horseshoe on the door
③ Christians' contempt for a horseshoe
④ the legend of St. Dunstan's victory over Satan

(A) The next wave of new immigrants came between 1870 and 1900. Among the newcomers were many Chinese, who were mostly men and lived in California. Many worked in the minefields and railroad construction sites. Others worked at menial jobs as cooks, laundrymen, or servants. However, the Chinese faced harsh racial prejudice. In 1882, the U.S. Congress passed the Chinese Exclusion Act, banning nearly all Chinese from coming into the country.

(B) The United States is a nation of immigrants. Before the 1840s, about 60,000 immigrants arrived each year. During the 1840s and 1850s, the number of people coming to the United States increased dramatically. Over three million Irish and Germans crossed the Atlantic for America at this time.

(C) Most Irish immigrants lived in extreme poverty. Most settled in the slums of Boston and New York and worked in low-paying jobs. Irish women worked as kitchen maids while men took dangerous jobs at low wages. (D) _____, most German immigrants came with more money and training than the Irish. They were able to buy land in the Midwest. Many became farmers in states such as Ohio and Wisconsin.

11 Which one is the right order?

① (C) – (A) – (B)
② (B) – (A) – (C)
③ (B) – (C) – (A)
④ (C) – (B) – (A)

12 Which one is NOT TRUE?

① The number of immigrants increased significantly around the mid-19th century in the U.S.
② Most Irish immigrants lived in the poor sections of cities.
③ All Chinese immigrants have been banned since 1882.
④ Most German immigrants came with greater wealth than Irish immigrants.

13 Choose the best expression for (D).

① Similarly
② In contrast
③ As a result
④ As such

The first thing that DNA molecules do is to replicate, that is to say they make copies of themselves. (A) This has gone on non-stop ever since the beginning of life, and the DNA molecules are now very good at it indeed. (B) As an adult, you consist of a thousand million million cells, but when you were first conceived you were just a single cell, endowed with one master copy of the plans to build your body. (C) Successive divisions took the number of cells up to 4, 8, 16, 32, and so on into the billions. (D) At every division the DNA plans were faithfully copied, with scarcely any mistakes.

14 Which is the best place for the following?

This cell divided into two, and each of the two cells received its own copy of the plans.

① (A)   ② (B)   ③ (C)   ④ (D)

15 According to the passage, which is NOT true?

① Every cell in your body has DNA molecules.
② A human body is formed from just a single cell.
③ The plans to build one's body are contained in DNA molecules.
④ At a critical stage of cell divisions, DNA molecules undergo important changes.

01 문맥과 흐름 개념

글 속에서 흐름상 어색한 어휘를 고르는 문제는 맥락과 관련하여 판단할 수 있다. 결국 글의 흐름을 제대로 파악하고 있는지를 보는 것이다. 글에서 불필요한 부분을 제거하는 문제는 글의 연결을 논리적으로 일관되도록 구성할 때 전체적인 흐름과 맞지 않는 부분을 제거하는 것이다. 전혀 동떨어진 경우도 있지만, 약간의 관련성이 있지만 글의 구성상 그 자리에 올 수 없는 것도 있다. 이런 문장을 찾아내기가 어려운데, 그 문장을 중심으로 전 문장과 후 문장의 연결성을 따져보면 그 문장이 필연적으로 존재할 근거가 없는 것을 파악할 수 있다.

02 문맥의 흐름상 어색한 부분 접근 방법

어휘가 맥락에 어긋나는 경우는 글의 흐름상 앞뒤 관계가 전혀 다르거나 모순적인 상황이 된다. 이를 파악하는 것이 필요하다. 문장 삭제의 경우에는 논리적인 연관이 끊어지는 부분을 찾으면 된다. 다만 문장 삭제의 경우에 예전과 다르게 글의 흐름상 많이 어색하지는 않고 글의 순서상 뒤에 나올 이야기를 앞에 배치하는 경우가 있는데, 이런 문제는 주의를 요한다. 이런 경우는 글의 순서를 연결시키는 방식을 덧붙여서 풀어 나가야 한다. 그러면서 순서상 너무 동떨어진 것을 고르는 방식으로 해결해 간다.

03 흐름상 어색한 것 글로 이해

❶ Hermes is the fastest of all of the gods, serving as the messenger in Greek mythology. Basking in the warm glow of Zeus, king of the gods, he moved about energetically as the envoy in the sanctuary of Mount Olympus. **Named after Hermes, one of the most popular luxury brands in the world was created in France.** By the 19th century, the social communications made by human beings had not advanced much past those figures in mythology, as seen in the messenger from Olympus.

[그리스 신화의 헤르메스(Hermes)는 '전령(傳令)의 신'이다. 최고신 제우스의 총애를 등에 업고 올림푸스 신전의 사자(使者)로 종횡무진 활약했다. 프랑스에선 그 이름을 딴 세계 최고의 명품 패션 브랜드까지 생겼다. 19세기까지는 인간 세계의 통신도 '올림푸스의 전령'에서 보는 것처럼 신화(神話)의 인물들보다 많이 앞서가진 못 했다. (즉 인간의 통신도 전령에 의존하는 이상의 것은 아니었다.)]

글의 전체적인 흐름으로 볼 때 헤르메스(Hermes)는 통신수단의 역할을 맡는 전령으로 활약하였다는 것인데, 갑자기 신의 이름을 따서 세계 최고의 명품 브랜드가 되었다는 것은 논리적으로 일관성이 없다. 그러므로 밑줄 친 문장은 삭제되어야 한다.

[01] 한양대 2021

Depression is the textbook modern psychiatric disease: It is a biological disorder with genetic, neurochemical, and hormonal facets giving rise to mental "illness," and it is a disorder profoundly (A) <u>sensitive</u> to an environment that produces feelings of helplessness. Major depression is heartbreakingly common, afflicting about 15 percent of the people in the developed world at one point or another during their lifetimes. And it is becoming (B) <u>more common</u>: The rates of depression in Western countries have (C) <u>gradually fallen</u> during the last fifty years. While some might question this finding as potentially (D) <u>spurious</u> — since depressed people today are more likely to seek medical help than in past times, and health care professionals are more likely to diagnose depression than were doctors in the 1950s — these studies are among the most rigorous epidemiological studies ever done in psychiatry and carefully controlled to account for such confounds. The rate of depression is indeed ever (E) <u>increasing</u>.

01 문맥상 낱말의 쓰임이 적절하지 <u>않은</u> 것은?

① (A)　　　　② (B)　　　　③ (C)　　　　④ (D)　　　　⑤ (E)

During adolescence, people become increasingly involved with their peer group, a group whose members are about the same age and have similar interests. The peer group, along with the family and the school, is one of the three main agents of socialization. However, the peer group is very different from the family and the school. [A] Whereas parents and teachers have more power than children and students, the peer group is made up of equals. [B] Peer groups develop among all age groups, but they are particularly important for adolescents' development. [C] There may be differences across cultures in how adolescents behave. [D] The adolescent peer group teaches its members social skills, the values of friendship among equals, and to be independent from adult authorities. [E] Sometimes this means that a peer group encourages its members to go against authorities and adults. It is important to remember, however, that this kind of rebellious behavior is partly cultural and not universal.

02 Choose the one that does <u>not</u> fit in the passage.

① [A]　　　　　　　　　　② [B]
③ [C]　　　　　　　　　　④ [D]
⑤ [E]

Gustav Ⅲ of Sweden was disgusted by coffee and convinced it had bad effects on one's health. He was so against the bitter brew that he decided to use science to prove to his subjects that they should give up coffee once and for all. In a move that would make modern scientists' jaws drop, Gustav enlisted prisoners for a scientific experiment. He found two convicted murderers on whom to conduct his experiment — an early example of a controlled study. Ⓐ The men had been sentenced to death, so the king offered them life in prison instead if they'd participate. Ⓑ The men were given a not-so-terrible task in prison: drinking coffee and tea. Ⓒ By then, tea had replaced coffee in Sweden as the daily drink of choice. Ⓓ One man was required to drink three pots of coffee every day; the other was assigned an equal amount of tea. The men set about their tasks, and Gustav awaited the results of the scientific control experiment. But the king's prediction was not borne out. The man provided coffee lived ... and, ironically, outlived Gustav himself. Not only did the prisoner outlive the king, but he outlived the doctors Gustav appointed to oversee him.

03 Choose one that is unnecessary for the flow of the passage.

① ⓐ   ② ⓑ
③ ⓒ   ④ ⓓ

04 What did the king expect from his experiment?

① Both the prisoners will have mental disorder.
② The coffee-drinking prisoner's health will fail soon.
③ Both the prisoners will suffer from caffeine addiction.
④ The coffee-drinker will refuse to participate in the experiment.

All of us rely on what we see. Can we really trust the evidence of our eyes? Take competitive sports. Fans who see the same game will not agree with each other and will disagree with the referee. It is the same story in the courtroom. A trial procedure depends on witnesses giving sworn testimony. But just how reliable is the testimony of a person who reports what he or she has seen? In a recent study, ten thousand witnesses were asked to describe the man they saw commit a crime. The study reveals that, on average, the witnesses overestimated the man's height by five inches, his age by eight years, and gave the wrong hair color in 83 percent of cases. What can we do to keep error to a minimum? Ⓐ First of all, don't see something because you want to see it. Ⓑ Secondly, try to stay relaxed. Ⓒ If you are tense, you are liable to see red when the color is blue. Ⓓ Finally, make sure to agree with the referee as the fans are not always right.

05 Choose the one that is least coherent.

① ⓐ   ② ⓑ

③ ⓒ   ④ ⓓ

06 Which of the following can be inferred from the passage?

① Eyewitness testimony is the most trustworthy element in a criminal case.
② We can't completely trust the evidence of our eyes.
③ The sworn testimony given by the witnesses is always reliable.
④ Fans never give accurate descriptions of what they see.

07 According to the passage, which statement would the writer most likely agree with?

① International fans at sports events make notes of what they see.
② Witnesses feel comfortable when they report a crime to a jury.
③ The statistical studies show that eyewitnesses can make significant identification errors.
④ Most fans believe referees' decisions are influenced by crowds.

South Korea's population reached 51,829,023 as of Dec. 31, down 20,838 from the previous year, according to the Ministry of Interior and Safety. This represents the first statistical Ⓐ decline in the population since the country introduced the resident registration system in 1962. What is also serious is the Ⓑ rapid graying of the population. A quarter of the population are in their 60s or older, along with a steady decline in the number of young people. The number of young and elderly people living alone continued to Ⓒ increase significantly, pushing the entire number of single households to reach 9 million which accounted for 39.2 percent of the total. As seen in industrialized Western countries and Japan, falling childbirths and an aging society may lead to a Ⓓ surplus in the workforce and a consumption decline, causing dwindling production and a depletion of the state budget. It is high time for the government to tackle negative factors related to marriage and births. And it needs to drastically Ⓔ increase financial support for childcare, education and housing. We must have a future-oriented mindset to embrace diverse family types including multicultural families. A continued population decline will hamper economic vitality and growth potential, thus weakening the national capacity overall. The government should focus on improving the people's livelihoods instead of taking expedient steps to boost childbirth and slow population aging. It also needs to take drastic steps to create more jobs and expand the supply of houses led by the private sector for young people.

08 **Choose the one that is NOT appropriate for the whole context of the passage.**

① ⓐ　　　　② ⓑ　　　　③ ⓒ　　　　④ ⓓ　　　　⑤ ⓔ

09 **What is the main argument of the passage?**

① The government must increase taxes for single households.
② The government must develop a stronger resident registration system.
③ The government must give a financial support to promote marriage and childbirth.
④ The government must take radical steps to improve people's livelihoods to solve the population decline.
⑤ The government must follow the model adopted by Western countries and Japan.

10 **Which one is NOT true of the above passage?**

① The number of aging population is increasing.
② We should embrace diverse family types.
③ The number of single households is increasing remarkably.
④ The population decline will damage economic vitality.
⑤ The government should take temporary steps to create more jobs.

CHAPTER
03 단락과 흐름

01 단락 간의 관계에 관한 문제의 개념

글을 읽으면서 논리적 흐름에 따라 구분하기 위해서는 연결사 혹은 전환어구의 파악이 중요한 경우가 많다. 이는 글의 흐름을 이어주거나 전환시키는 장치인데, 이것만으로도 자주 문제화된다. 글의 흐름에 따라 글의 방향성이 순접으로 진행되는 경우도 있으며, 방향이 바뀌며 역접으로 진행되는 경우도 있는데, 이를 나타내 주는 대표적인 것이 전환어구이다. 전후 내용 추론이란 글의 앞과 뒤에 나올 내용을 본문에 나와 있는 단서를 이용하여 찾아내는 문제 유형을 말한다. 넓게 보면 본문에 안 나온 부분을 찾아내는 것이므로 추론의 영역이고, 글의 흐름으로 보면 파악되는 측면이므로 글의 전체적 흐름과도 무관하지 않은 부분이다. 단락의 구분이란 글의 흐름을 바탕으로 내용상 끊어지는 부분에서 단락을 구분해 낼 수 있는지를 묻는 문제이다.

02 단락을 이용한 문제의 풀이 해법

연결사를 묻는 문제는 글의 구조적인 흐름을 파악하는 연습을 하는 것이 좋다. 즉 다시 말해서 서술 형태가 인과적 진행인지, 추상적인 진술에 뒤이어 오는 구체적인 예증을 나타내는 것인지, 정의를 내리고 이를 부연하여 설명하는 것인지를 살펴보면서 읽는 습관을 들여야 한다. 단락의 구분에 관해서는 한 단락씩 읽고 요약하는 습관을 들이며 연결사의 사용에 유의하면서 읽는 것이 좋은 훈련이 된다. 연결사의 문제는 글의 흐름을 파악하면 쉽게 해결되지만, 이 역시 단락별 요약 훈련이 도움이 된다.

글의 앞부분에 나올 내용을 고르는 문제를 풀 때에는 첫 문장에서 제시하는 내용을 유심히 보고 단서를 찾아야 한다. 뒷부분에 나올 내용과는 다르게 앞 부분의 얘기는 대부분 단서가 처음에 명확히 제시되어 있다. 반면에 뒷부분에 나오는 내용을 고르는 문제는 글 중간에 단서가 있기도 하고 마지막에 연결될 수도 있다. 그러므로 글의 흐름에 따라 찾아가는 것이 올바른 방법이다. 단락의 구분 문제는 일부 학교에서 출제되는 유형이지만, 단락 간의 관계를 안다는 것은 글의 흐름을 정확히 파악한다는 것이므로 keyword를 중심으로 파악하는 훈련을 꾸준히 하면 idea의 전환 부분을 판단할 수 있다.

03 원리를 독해 지문에 적용

❶ Zoos **in the past** often contributed to the disappearance of animal populations. Animals were cheap, and getting new ones was easier than providing the special diet and shelter necessary to keep captive animals alive. **Recently**, **however**, zoo directors have begun to realize that if zoos themselves are to continue, they must help save many species from extinction. **As a result**, some zoos have begun to redefine themselves as places where endangered species can be protected and even revived. The Basel Zoo in Switzerland, **for example**, selects endangered species and encourages captive breeding. If zoos continue such works, perhaps they can, like Noah's ark, save some of earth's wonderful creatures from extinction.

[과거에는 동물원이 일부 동물이 사라지는 데 일조하곤 했다. 동물의 가격이 싼데다. 포획한 동물들의 생명을 유지하는 데 필요한 특별한 식사와 거처를 제공하는 것보다 새로운 동물을 들여오는 것이 더 쉬웠다. 그러나 최근 동물원 관리자들은 동

물원 자체가 계속 유지되려면 많은 동물들을 멸종 위기에서 구해야 한다고 생각하기 시작했다. 그 결과 일부 동물원은 멸종 위기에 처한 동물들을 보호하고 소생시키는 곳으로 동물원을 새롭게 정의하기 시작했다. 예를 들어 스위스의 바젤 동물원(Basel Zoo)은 멸종 위기에 처한 동물들을 선별해 사육한다. 동물원들이 그러한 업무를 계속 해나간다면 동물원도 노아의 방주처럼 아마 지구상의 소중한 창조물들을 멸종으로부터 구할 수 있을 것이다.]

글의 흐름에 따라 앞과 뒤의 관계를 설정해 주는 것이 연결사이다. 본문에서는 시간의 부사(구)를 이용하여 반대의 흐름을 나타내는 however를, 인과관계의 구조에 따라 as a result를, 추상적인 진술에 대한 구체적인 진술로 예증을 나타내는 for example을 이용하였다.

❷ When you drive a car, do you think about battery? The power to start a car is furnished by a battery. How does this battery work, and what does it contain? When a battery goes dead, what does that mean? If you use your friend's battery to start your car, did you know that your battery could burst away? How can you avoid such an unpleasant possibility? **All these questions can be answered by understanding some chemistry**. **The answers to all these questions will be presented below**.

[당신이 차를 운전할 때 배터리에 대해 생각하는가? 차에 시동을 거는 힘은 배터리로부터 공급되는 것이다. 어떻게 배터리가 작동하고 배터리는 무엇을 포함하고 있는가? 배터리가 죽었다는 것은 무엇을 의미하는가? 만약 당신 차의 시동을 걸기 위해 친구 차의 배터리를 사용한다면 당신의 배터리가 파열할 수도 있다는 것을 아는가? 그러면 어떻게 이러한 불쾌한 상황을 극복할 수 있을까? 이러한 모든 질문은 화학을 조금만 이해하면 알 수 있다. 이런 모든 문제에 대한 답변은 아래에 소개될 것이다.]

글의 뒷부분에 연결되는 내용은 주로 본문의 마지막에 나온 근거를 바탕으로 추측할 수 있는데, 여기서는 자동차 배터리에 대한 화학적 설명으로 연결되는 이야기로 이어진다. 그러므로 이 글 바로 뒤에 올 내용은 자동차 배터리에 대한 화학적 설명이 와야 된다.

[01~02] 한국외대 2017

One of the most profound human interactions is the offering and accepting of apologies. Apologies have the power to heal humiliation and grudges, remove the desire for (A) _____ , and generate (B) _____ on the part of the offended. For the offender, they can diminish the fear of retaliation and relieve the guilt and shame that can grip the mind with unshakable persistence. The result of the apology process, ideally, is the reconciliation and restoration of broken relationships. Most people, if asked, will tell you stories of grudges that have destroyed important relationships and, in some instances, have even torn families and friends apart. An effective apology at the time might have prevented the grudge, and a belated apology, months, years, or even decades later, might have effected reconciliation. Now, consider this apology delivered 61 years after the triggering event.

01 Which one of the following ordered pairs best fits into (A) and (B)?

① retribution – supplement
② sensitivity – indulgence
③ vengeance – amnesty
④ determination – forgiveness

02 Which of the following is most likely to come immediately after the passage?

① A narrated example
② A convincing classification
③ A discussion of the triggering process
④ An apology to the reader

Most of us are good at spotting overtly aggressive people. While it doesn't feel good when someone insults, criticizes, or belittles you, at least you know why you are hurting. But sometimes the people around us, including our close family, friends, and colleagues, make us feel uncomfortable, but we cannot quite put a finger on why. For example, your friend may fail to greet you in the hallway for the third time in a week. You make yourself believe that it is probably a slip, yet you feel that something is amiss. If this happens frequently with one or more people in your life, you may be dealing with passive-aggressive behavior, which is much harder to detect than overtly aggressive behavior. Passive aggression is a tendency to engage in _____ expression of hostility through acts such as subtle insults, sullen behavior, stubbornness, or a deliberate failure to accomplish required tasks. Because passive-aggressive behavior is _____, it can be hard to spot, even when you're feeling the psychological consequences. To help you identify this type of behavior, I describe five instances of it below. These are not all of the ways a person can be passive-aggressive, but they are the most common.

03 Which of the following is most appropriate for the blanks in common?

① bold   ② naive   ③ implicit
④ honest   ⑤ obscene

04   What will be discussed right after the passage?

① Comparison of aggressive behaviors
② Causes of passive aggression
③ Ways to deal with passive aggression
④ Effects of passive aggression
⑤ Examples of passive-aggressive behavior

In addition to superstitions about numbers, there are many other kinds of superstitions. There are superstitions about eating, sleeping, sneezing, and itching. There are superstitions about animals and holidays and horseshoes. There are even superstitions about superstitions. _____. For example, in many parts of the world, spilling salt is bad luck. Throwing salt, however, is good luck. So, people who spill salt throw a little of the spilled salt over their left shoulder. Throwing the spilled salt reverses the bad luck When the Japanese bump heads, they immediately bump heads again. According to a Japanese superstition, the first bump means their parents will die, but the second bump "erases" the first bump. To reverse bad luck in general, people turn around three times, turn their pockets inside out, or put their hats on backwards. In the United States, baseball players sometimes wear their caps backwards when their team is losing. It looks silly, but the baseball players don't mind if it helps them win the game.

05 What would be the most appropriate content for the paragraph preceding this passage?

① It is not surprising that there are many superstitions.
② Many people are superstitious about numbers.
③ Most people believe at least one or two superstitions.
④ Some superstitions have become customs in many parts of the world.

06 Which of the following is most suitable to the blank according to the passage?

① Some superstitions are absolutely believable.
② There are many superstitions predicting bad luck.
③ There are superstitions which bring good luck.
④ Those superstitions tell people how to reverse bad luck.

07 Which of the following is NOT true according to the passage?

① People put their hats on backwards to reverse bad luck in general.
② People bump their head twice to avoid their parents' death in Japan.
③ People turn around three times when they throw salt in general.
④ People believe throwing the spilled salt erases bad luck.

Affirmative action became a general social commitment during the last quarter of the 20th century. In education, it meant that universities and colleges gave extra advantages and opportunities to blacks, Native Americans, women, and other groups that were generally under-represented at the highest levels of business and in other professions. ⓐ Affirmative action also included financial assistance to members of minorities who could not otherwise afford to attend colleges and universities. ⓑ Affirmative action has allowed many minority members to achieve new prominence and success. ⓒ At the end of the 20th century, the policy of affirmative action was criticized as unfair to (가) those who were denied admission in order to admit those in designated group categories. ⓓ Some considered affirmative action policies a form of reverse discrimination, some believed that special policies were no longer necessary, and others believed that only some groups should qualify (such as African Americans because of the nation's long history of slavery and segregation). ⓔ The issue became a matter of serious discussion and is one of the most highly charged topics in education today. In the 1990s three states — Texas, California, and Washington — eliminated affirmative action in their state university admissions policies.

08 When the above passage can be divided into two paragraphs, which of the following would be the best boundary?

① ⓐ   ② ⓑ   ③ ⓒ   ④ ⓓ   ⑤ ⓔ

09 The best theme of the passage would be

① Advantages and disadvantages in American education
② New need for Affirmative Action
③ Emerging criticism of Affirmative Action
④ Impact of Affirmative Action on academic success
⑤ How to eliminate racial discrimination in American universities

10 Which of the following is most likely to belong to 'those' in (가)?

① blacks   ② whites   ③ women
④ Asians   ⑤ Native Americans

Possessiveness is, then, in all its forms a common cause of fighting among apes. If we are to look behind the mere facts of behavior for an explanation of this phenomenon, a teleological cause, i.e. an explanation in terms of purpose is not far to seek. The exclusive right to objects of desire is a clear and simple advantage to the possessor of it. It carries with it the certainty and continuity of satisfaction. Where there is only one claimant to a good, frustration and the possibility of loss is reduced to a minimum. It is, therefore, obvious that if the ends of the self are the only recognized ends, the whole powers of the agent, including the fullest use of his available force, will be used to establish and defend exclusive rights to possession.

05

11 Which of the following is most likely to precede this passage?

① More on the mere facts of behavior among the apes
② The fact that apes fight
③ A definition of possessiveness for apes
④ Types of fighting motivated by possessiveness
⑤ A foundation of a teleological explanation

12 Which of the following is NOT appropriate for the blank?

Apes seek an exclusive possession of an object of his/her desire _____.

① because the ownership of the object needs to be disputed
② because the possibility of losing the object is very low
③ because they don't have to suffer from the loss of the object
④ because they can enjoy the object continuously
⑤ because the satisfaction from the object is guaranteed

Although nations may choose different economic systems, all must be concerned with producing. Any discussion of economic systems requires an understanding of what have been described as the ingredients of production. All production involves four separate factors: natural resources, labor, capital, and entrepreneurship.

Natural resources — the materials nature provides — are necessary for the production of the things we want. Some economists prefer to call this factor land. The minerals in the ground, forests, waterfalls, and fertile soil are all examples of a nation's resources; they are important in determining its production, particularly because they are becoming more scarce.

To adapt natural resources for human use, we must apply work. This is done by labor, the second factor of production. The skill and the amount of labor will also be important in determining production. India has more than twice the labor force of the United States, but the greater skill of the U.S. worker leads to far more productivity. Superior education has allowed the United States to capitalize on the use of machines.

The third factor of production is capital. Most people think of capital as money. To the _____, capital is any man-made instrument of production — that is, a good used to further production. Frequently, it will mean a tool or a machine. It can also mean the rolled steel that is used in automobile production. If great amounts of capital are placed in skilled hands, productivity can be increased tremendously.

13 According to the passage, which is NOT true?

① The quality of labor is related to education and skill levels.
② Forests can be an element of natural resources.
③ Capital, one of the ingredients of production, is identical to money.
④ Natural resources are generally dwindling.

14 Which is the most appropriate for the blank?

① cardiologist　　② economist　　③ environmentalist　　④ anthropologist

15 Which is most likely to follow the passage?

① An explanation of entrepreneurship　　② A principle of productivity
③ A summary of the ingredients of production　④ An introduction of economic systems

01 추론의 개념

추론이란 글에 나와 있는 정보를 바탕으로 해서, 이로부터 글에 언급되지 않은 확실한 진술을 끌어내는 것을 의미한다. 즉 본문에 없지만, 그 전제가 되는 이야기이거나 글로부터 너무나 당연한 것이기에 언급하지 않았을 수도 있는 그 진술을 골라 내는 것이다. 유의할 점은 본문에 언급되어 있다면, 옳고 그름의 문제는 될지언정 추론의 문제는 아니다. 반면에 유사 추론이란 본문의 내용에는 언급하고 있진 않지만, 글로부터 타당하게 이끌어 낼 수 있는 답변의 문제를 의미하는 것으로 보면 추론의 문제와 유사하다. 그러므로 넓은 의미에서 본다면 추론의 범주 안에 들어간다고 할 수 있겠지만, 다만 문제의 형태를 추론과는 약간 달리한다.

02 추론의 문제 풀이 해법

추론 문제는 본문에 명시적으로 나와 있지 않지만, 본문으로부터 100% 끌어낼 수 있는 타당한 진술이다. 하지만 여러 대학의 경우에는 추론의 경우를 유추의 경우와 동일시하고, 상황에 따라서는 내용 일치의 문제에 해당하는 것을 추론 문제로 출제하는 경우가 허다하다. 그러므로 추론 문제를 풀 때에는 본문에서 명시적으로 언급되지 않은 타당한 진술이 없다면, 본문에 나온 단어나 표현을 paraphrase한 것은 없는지를 판단해서 풀어 나가야 한다. 유사 추론 문제의 개별적인 문제 형태를 보면 (1) "다음 중 어떤 경우라면 저자가 동의하겠는가?"라는 유형이 여기에 속한다. 그 이유는 저자가 동의하는 것이 무엇인지는 본문에 밝혀져 있지는 않기 때문이다. (2) 결론을 묻는 문제의 유형 역시 여기에 속한다. 그 이유는 주어진 글의 결론을 묻는다는 것도 결국은 본문에 제시되지는 않았지만, 본문으로부터 끌어낼 수 있는 것이 되므로, 역시 추론의 일부로 볼 수 있다. (3) 저자가 전하려는 메시지는 무엇인가 (4) 윗글에 대한 답변으로 알맞은 것은 무엇인가 등의 문제 또한 유사 추론의 문제 유형에 속한다.

03 원리를 독해 지문에 적용

❶ The depth to which light penetrates in sea water depends on several factors; on the angle at which the light hits the water surface, on surface conditions — whether smooth or broken by waves — and on the transparency of the water itself. Within the water, **the longer waves are absorbed most rapidly, which means the reds and yellows disappear first and that the blues and violets penetrate to the greatest depths**. William, diving in his bathysphere off Bermuda, could still see light at 550 meters, but it was completely blue light.

[바다에서 빛이 뚫고 들어가는 깊이는 몇 가지 요소에 따라 다르다; 빛이 물의 표면과 닿은 각도, 표면의 상태 – 잔잔한지 파도에 의해 부서지는지 – 와 물 자체의 투명함에 따라 다르다. 바다에서는 더 긴 파장이 빨리 흡수되고, 결국 이는 빨간빛과 노란빛은 먼저 사라진다는 의미이다. 또 파란빛과 자줏빛은 더 깊은 데까지 뚫고 들어간다. 버뮤다 제도에서 (심해탐사용) 잠수구로 다이빙했던 윌리엄은 550미터에서도 빛을 볼 수 있었는데, 완전히 파란빛이었다.]

파란빛의 파장은 길까? 아니면 짧을까? 이 질문에 답하기 위해서는 밑줄 친 문장을 잘 살펴보면 된다. 긴 파장은 빨리 흡수되고 그 결과 사라진다고 하였다. 그런데 파란빛은 깊은 데까지 들어간다는 얘기는 빛이 사라지지 않는다는 의미이고, 결국 파장이 짧기 때문이란 것을 끌어낼 수 있다.

❷ Most colleges offer either an early decision program or an early action one. Early decision differs from early action in that it constitutes a binding commitment to enroll; that is, if offered admission under an early decision program the candidate must withdraw all other applications to other institutions and enroll at that institution. Early action is not binding, so a student admitted to a school by early action could choose not to enroll in that school. Furthermore, early decision programs require applicants to file only one early application, while, depending on the institution, early action programs may allow candidates to apply to more than one early action institution.

[대부분의 대학들은 조기입학 허가에 관하여 '얼리 디시전(early decision)'이나 '얼리 액션(early action)'이라는 프로그램을 제공한다. 양자는 다르다. '얼리 디시전'이 등록에 관하여 구속력이 있다는 점에서 '얼리 액션'과는 다르다. 즉 '얼리 디시전' 프로그램에서 입학 허가를 받은 경우에, 후보자는 다른 대학에의 입학 허가 신청을 취소하고 그 조기입학 허가를 받은 기관에 등록하여야 한다. '얼리 액션'은 구속력이 없으며, 이 경우에는 꼭 그 기관을 선택할 필요가 없다. 이에 더하여 '얼리 디시전' 프로그램은 오직 하나의 지원서를 제출하여야 하며, 반면에 '얼리 액션' 프로그램은 후보자에게 둘 이상의 기관에 지원할 수 있다.]

만약 Even though early action is not binding, the admitted students actually enroll for the coming semester.라는 진술은 본문에서 추론할 수 있을까? early action은 구속력이 있는 프로그램은 아니지만 입학 허가를 받은 학생들이 실제로 그 학교에 등록한다는 진술은 본문에서 끌어낼 수 있는 100% 타당한 진술은 아니다. 그 이유는 본문에서는 프로그램의 개념상 구속력이 없다는 것까지만 밝혔을 뿐, 그 이후의 얘기는 언급하지 않았기 때문으로, 이는 논리의 비약이나 가능성이 높은 추측에 해당할 뿐 추론은 아니다.

[01~02] 가천대 2020

Throughout America's history, social welfare has undergone dramatic changes. Originally, the colonists used a system, comparable to that of England, involving "poor laws," which used local taxation to fund what were known as "poorhouses." For most of the eighteenth and nineteenth centuries, (A) _____ was the predominant attitude towards poverty relief. The public saw poverty as an inevitable pattern of behavior, and believed reliance on welfare should be discouraged by making relief as unpleasant as it could be. The year 1935 was a turning point, though, as President Franklin Roosevelt launched a national security program, which signaled a shift in how the public viewed and addressed poverty.

01 Which of the following is most appropriate for the blank (A)?

① skepticism   ② optimism

③ pacifism   ④ eclecticism

02 Which of the following CANNOT be inferred from the passage?

① Even in the colonial period, America had a sort of social welfare system.

② America modeled social welfare policies on England's example.

③ Social welfare originally had a stigma which still remains today.

④ An attitude change as to poverty was accompanied by a national security program.

Pandemic-related school closures are deepening educational inequality in the United States by severely impairing the academic progress of children from low-income neighborhoods while having no significantly detrimental effects on students from the country's richest communities, according to a new study co-authored by Yale economist Fabrizio Zilibotti. Using a quantitative model to examine the consequences of extended school closures for high school students, the researchers determined that children living in the poorest 20% of U.S. neighborhoods will experience the most negative and long-lasting effects of COVID-19 school closures. For example, their model predicts that one year of school closures will cost ninth graders in the poorest communities a 25% decrease in their post-educational earning potential, even if it is followed by three years of normal schooling. By contrast, their model shows no substantial losses for students from the richest 20% of neighborhoods. The long periods of school closure during the COVID-19 pandemic deprive children of the equalizing force of education. The analysis shows the pandemic is widening educational inequality and that the learning gaps created by the crisis will persist as students progress through high school, Ⓐ _____.

03 Choose the statement that can BEST be inferred from the passage.

① COVID-19 equalizes education by providing a single learning environment.
② Students from affluent neighborhoods also suffer negative effects of school closures.
③ COVID-19 school closures most harm students from poorest neighborhoods.
④ In the long run, the earning potential of kids from different socioeconomic backgrounds is not affected by COVID-19.

04 Choose the BEST expression for the blank Ⓐ.

① putting their future prospects at risk
② with the education gap accrued during the crisis getting narrow
③ overcoming the consequences of remote learning
④ recovering interaction with peers and friends

The franking privilege is a perk which grants an elected official the right to send mail through the postal system for free, often simply by signing his or her name where the postage stamp would normally be placed. In theory, elected officials and the postal service are both paid for by the taxpayer. The postal service represents a fixed cost — that is, adding the official's mail to the existing mailstream does not change the postal system's total costs. The franking privilege allows elected officials to send official mail without creating accounting transactions that, at the total government level, will cancel each other out. In practice, the franking privilege is applied to more than just the official mail necessary for the conduct of the office. Franking is one of the largest advantages of incumbency, contributing to a very high reelection rate in the U.S. legislative branch. In the United States, members of the House and Senate are allowed this privilege. Franking can be automated using an autopen.

05 **Which of the following describes the franking privilege?**

① A system whereby taxpayers are cheated out of money
② An advantage of being an elected official
③ A disadvantage of being a mailman
④ A way anyone can save money when sending post

06 **What can you infer from the passage?**

① Taxpayers end up paying more.
② Elected officials don't care about the privilege.
③ It is closely regulated to avoid being abused.
④ The privilege is used for more than it was originally intended.

07 **Which of the following statements is false?**

① The franking privilege cancels out two transactions.
② This privilege is bestowed on taxpayers as a reward.
③ The privilege removes the need for stamps.
④ The privilege does not change the cost of the postal system.

What do we look for in a car? I've heard many answers when I've asked this question. The answers include excellent safety ratings, great mileage, handling, and cornering ability, among others. I don't believe any of these. That's because the first principle of the culture code is that the only effective way to understand what people truly mean is to ignore what they say. This is not to suggest that people intentionally lie or misrepresent themselves. What it means is that, when asked direct questions about their interests and preferences, people tend to give answers they believe the questioners wants to hear. Again, this is not because they intend to mislead. It is because people respond to these questions with their cortexes, the parts of their brains that control intelligence rather than emotion or instinct. They ponder a question, they process a question, and when they deliver an answer, it is the product of deliberation. They believe they are telling the truth. A lie detector would confirm this. In most cases, however, they aren't saying what they mean.

08 The first principle of the culture code would be _____.

① emotion is the energy required to learn anything
② you can't believe what people say
③ the structure, not the content, is the message
④ the context of an actual exploitation is significant

09 Which of the following statements is best supported by this passage?

① Safety ratings, great mileage, handling, and cornering ability do not meet the demand of many customers.
② Sometimes people lie on purpose for their own interest.
③ A lie detector confirms that people deliver diachronic truth.
④ People tend to respond to the given questions by using their intelligence.

10 Which of the following can be inferred from the passage above?

① Most people can predict what they are supposed to do next.
② Most people exactly know why they do the things they do.
③ Most people don't know why they do the things they do.
④ Most people intentionally act in a perverted way when they face a lie detector.

After I graduated from MIT I went to Princeton, and I would go home on vacations to see Arlene. One time when I went to see her, Arlene had developed a bump on one side of her neck. She was very beautiful girl, so it worried her a little bit, but it didn't hurt, so she figured it wasn't too serious. She went to her uncle, who was a doctor. He told her to rub it with omega oil.

Then, sometime later, the bump began to change. It got bigger — or maybe it was smaller — and she got a fever. The fever got worse, so the family doctor decided Arlene should go to the hospital. She was told she had typhoid fever. Right away, as I still do today, I looked up the disease in medical books and read all about it.

When I went to see Arlene in the hospital, she was in quarantine — we had to put on special gowns when we entered her room, and so on. The doctor was there, so I asked him how the Wydell test came out — it was an absolute test for typhoid fever that involved checking for bacteria in the feces. He said, "It was negative."

"What? How can that *be!*" I said. "Why all these gowns, when you can't even find the bacteria in an experiment? Maybe she doesn't have typhoid fever!"

The result of that was that the doctor talked to Arlene's parents, who told me not to interfere. "After all, he's the doctor. You're only her fiancé."

I have found out since that such people don't know what they are doing, and get insulted when you make some criticism. I realized that now, but I wish I had been much stronger then and told her parents that the doctor was an idiot — which he was — and didn't know what he was doing. But as it was, her parents were in charge of it.

11 윗글의 내용과 일치하는 것은?

① The writer had no knowledge of medicine.   ② Arlene didn't care about her appearance.
③ Arlene had typhoid fever.   ④ The writer was engaged to Arlene.

12 윗글에서 유추할 수 없는 것은?

① People with typhoid fever test positive in the Wydell test.
② Arlene's uncle knew why she developed a bump on her neck.
③ The writer thinks incompetent people feel insulted by criticism.
④ Typhoid fever is an infectious disease caused by bacteria.

Statistics can be broken into two basic types. The first is known as descriptive statistics. This is a set of methods to describe data that we have collected. For example, of 350 randomly selected people in the town of Luserna, Italy, 280 people had the last name Nicolussi. An example of descriptive statistics is the following statement: 80% of these people have the last name Nicolussi. The second type of statistics is inferential statistics. This is a set of methods used to make a generalization, estimate, prediction or decision. For example, of 350 randomly selected people in the town of Luserna, Italy, 280 people had the last name Nicolussi. An example of inferential statistics is the following statement: 80% of all people living in Italy have the last name Nicolussi. We have no information about all people living in Italy, just about the 350 living in Luserna. We have taken that information and generalize it to talk about all people living in Italy. The easiest way to tell that this statement is not descriptive is by trying to ⓐ _____ it based upon the information provided.

13 윗글의 제목으로 가장 적절한 것은?
① Two types of statistics
② How to study statistics
③ Two applications of statistics
④ How to differentiate descriptive and inferential statements

14 Descriptive statistics의 설명으로 가장 적절한 것은?
① state a conclusion that could be applied to the other cases
② make a generalization from the selected data
③ make a prediction from the selected data
④ state a fact from the collected data

15 "On the last 3 Sundays, Henry D. Car salesman sold 2, 1, and 0 new cars, respectively."라는 사실에서 얻을 수 있는 Inferential statistics가 <u>아닌</u> 것은?

① Henry is selling fewer cars lately because he has fallen in love with Mary.
② Henry never sells more than 2 cars on a Sunday.
③ Henry averaged 1 new car sold for the last 3 Sundays.
④ Henry sold 0 cars last Sunday because he fell asleep in one of the cars on the lot.

16 빈칸 ⓐ에 들어갈 가장 적절한 표현은?
① falsify　　　　② follow　　　　③ describe　　　　④ verify

Small amounts of caffeine — a cup or two a day — seem safe for most people. However, some individuals have trouble with even small amounts. One cup of coffee in the late afternoon or evening will cause some people to stay awake almost all night. Larger amounts of caffeine can cause a problem called caffeinism. The symptoms are like those you would expect for an anxiety attack: You get very nervous and irritated, your muscles twitch, and you can't sleep.

The most recent questions about caffeine are about its possible effects on future generations. Since 1964, a dozen animal studies have shown that caffeine can keep women from having babies and can cause birth defects. In the most recent and detailed study, the FDA showed that the amount of caffeine in just two cups of coffee per day caused slow growth in rats. The amount of caffeine in twelve to twenty-four cups a day caused many of the rats to be born without toes on front and rear feet.

It is possible that caffeine may cause birth defects in humans, too. One study showed that women who drank a lot of coffee (eight or more cups per day) while they were pregnant were more likely to have children with birth defects. Other studies are just now in progress or being planned; even so, scientists are _____(가)_____ pregnant women to leave caffeine out of their diet.

17 **What is not a symptom of caffeinism according to the passage?**

① nervousness   ② insomnia

③ shaking muscles   ④ paleness

18 **Choose the word that best fills in the blank (가).**

① defrauding   ② encouraging

③ forbidding   ④ coercing

19 **Which of the following cannot be inferred from the passage?**

① A small amount of caffeine was shown to cause slow growth in rats.
② A cup of coffee a day may be harmful to some people.
③ Animal studies imply that caffeine can cause infertility in women.
④ It has been conclusively proven that caffeine doesn't cause birth defects.

Smartphones have become such a part of modern life that for many of us living without one feels impossible — and their power to distract has been shown to make people less productive. Now three entrepreneurs who met at Copenhagen Business School — Maths Mathisen, Florian Winder and Vinoth Vinaya — have launched an app to combat smartphone addiction, particularly among students. Called Hold, the free app tracks the continuous minutes during the day that a person doesn't use their smartphone. It then awards the user points for showing restraint. The longer they resist checking their device, the more points they get. Those points can then be used to purchase products and services — such as cinema tickets — or enter competitions or donate to charity via the app's marketplace. "We want to reward users for not using their phone, rather than punish them," says co-founder Maths Mathisen. Trials at universities in Scandinavia and the UK have seen students report greater concentration levels as they Ⓐ _____ checking their phones for notifications.

20 **Which of the following is the most appropriate title of the passage?**

① The Consequences of Distracting Smartphones
② Breaking an Addiction to Smartphones
③ How to Reward Students not Using Smartphones
④ The Efforts to Bring Students Back to Study

21 **It can be inferred that the app mentioned in the passage will be _____ to its users.**

① checking
② distracting
③ unavailing
④ valuable

22 **Which of the following best completes the blank Ⓐ?**

① get away with
② put in for
③ take on
④ hold off

Jealousy is a complex emotion that includes feelings of fear of abandonment, rage, and humiliation. It strikes both men and women and is most typically aroused when a person perceives a threat to a valued relationship from a third person. The threat may be real or imagined. Not limited to romantic relationships, jealousy can also arise among siblings competing for parental attention, among co-workers, or in friendships. Jealousy is distinguished from envy in that jealousy always involves a third person seen as a rival for affection. Envy occurs between two people and is best summed up as "I want what you have." Although jealousy is a painful emotional experience, evolutionary psychologists regard it not as an emotion to suppress but as one to (A) _____, a signal that a valued relationship is in danger and that steps need to be taken to regain the affection of one's mate or friend. Therefore, jealousy is a necessary emotion because (B) it preserves social bonds by motivating people to maintain important relationships.

23 Which of the following is the best title for the passage?

① The Positive Effects of Jealousy in Relationships
② The Difference Between Jealousy and Envy
③ How to Overcome Feelings of Jealousy
④ The Evolution of Jealousy in Society

24 Which of the following best fits into (A)?

① get over   ② put down
③ pay attention to   ④ take no notice of

25 Which of the following is implied by (B)?

① Fear of abandonment is a sign of a healthy relationship.
② Feelings of jealousy may warn you to improve your relationship before it is too late.
③ Painful emotional experiences must be avoided at all costs.
④ An extraordinary amount of affection is necessary to maintain valuable relationships.

01 빈칸 추론(문장 완성)의 개념

독해 지문 내에서 문장 완성형으로 '빈칸에 적절한 것을 채우라'는 식의 문제를 의미한다. 이러한 경우는 단순히 한 두 문장이 아닌 지문 내에서 묻기 때문에 독해의 접근 원리로 풀어 내야 한다. 편입시험에서 상당히 많은 문제가 출제되는 유형이다. 하나나 두 개의 단어를 넣는 문제에서 구와 절을 넣는 문제까지 다양하게 출제되고 있다. 그 이유는 빈칸 추론 문제가 출제하기가 용이한 반면 수험생들의 입장에서는 풀기가 까다로운 문제이므로 출제자들이 선호하는 유형이기 때문이다.

02 빈칸 추론(문장 완성)의 문제 풀이 해법

문장 완성의 일반적인 전략으로 풀어나가야 한다. 예를 들어 어휘 형식의 문장 완성의 경우에는 글의 구조와 방향성을 따져서 들어갈 어구를 추측해 내야 한다. 이에 더하여 독해 형식의 문장 완성에서 글의 마지막에 나오는 경우에는 글의 흐름대로 읽어 보면 들어갈 어구를 찾기가 어렵지 않은데 비해서, 글의 처음에 빈칸이 나오는 경우에는 글의 주제나 요지 등 전개해 나가고자 하는 바를 미리 피력한 것인지 살펴보아야 한다. 즉 작가가 글을 전개하는 방식으로 도대체 어떤 사실을 말하고 이에 대해서 풀어간 것인지를 역으로 추적하는 과정이 필요하다. 그러므로 단서를 찾는 능력이 필요한데, 이것은 아무리 열심히 단서를 발견해 내더라도 보기의 어휘를 모르면 풀 수 없으므로 어휘가 문장 완성에서는 상당히 중요한 부분이다.

03 원리를 독해 지문에 적용

❶ "A strike is almost like a nuclear weapon," said Jan Kaeraa Rasmussen of the Danish Confederation of Trade Unions. "We need it to show that we are powerful, but we don't want to use it." A few days earlier, Christian Mahieux, an official with a French labor union, was helping to lead a protest march of rail workers down a Paris boulevard. "**The right to strike is one of the fundamental rights we have**." Mahieux said. "**It's a form of resistance by citizens to show our dissenting opinion**." And so these two union members from different corners of the European Union summed up their philosophies: To the Danes, the strike is a weapon of last resort; in France, it is a means of _____.

[파업은 거의 핵폭탄과 같다고 덴마크 노동조합의 얀 카에라는 말한다. '우리는 우리가 힘이 있다는 것을 보여 줄 필요는 있지만, 그렇다고 이를 사용하고자 하는 것은 아니다'라고 한다. 며칠 전 프랑스 노조 사무원인 크리스티안 마이외는 파리의 대로를 따라 항의 시위 행진을 돕고 있었다. '파업에 대한 권리는 우리의 기본권 중의 하나이며, 이는 우리의 반대 의견을 나타내는 시민에 의한 저항의 한 형식이다'라고 말했다. 유럽연합의 다른 나라에서의 두 노조원은 그 철학을 다음과 같이 요약할 수 있다. 덴마크에서는 파업은 최후의 수단이지만, 프랑스에서는 표현의 수단인 것이다.]

빈칸에 들어갈 단어는 expression이 적당하다. 밑줄 친 두 문장을 근거로 보면 프랑스인들에게는 파업은 표현의 수단이라 할 수 있다.

❷ According to the new U.N Global Report on Human Settlements, __housing is too expensive everywhere.__ In developed countries, the cost of a home is usually up to six times the average annual income. In a developing nation like Ghana, it's even worse: the average cost of low-income-family house is more than ten times the average annual salary of most workers. Because of physical, geographical and financial constraints, __housing supply most often responds slowly to increase in demand, which is expressed through rising prices__. Nearly one billion people already live in slums, and the only solution would be simple: _____.

[인간의 정착에 관한 유엔의 보고서에 따르면 어디에서나 주택은 너무 비싸다. 선진국에서는 주택 가격이 연평균 소득의 6배에 달한다. 가나와 같은 개발도상국에서는 더 심하다. 저소득층의 집도 대부분 근로자들의 연평균 소득의 10배가 넘는다. 물리적, 지리적, 재정적 제한 때문에 주택 공급은 수요 증가에 대해서 느리게 반응하고, 이는 가격 증가를 통하여 드러난다. 거의 10억에 가까운 사람들이 빈민가에서 살고 있고, 이에 대한 해결책은 의외로 간단하다: 바로 더 많은 집을 짓는 것이다.]

주택의 가격이 비싼 것은 결국 수요와 공급의 법칙에 따라 해결할 수 있다. 수요에 비해 공급이 딸리는 현상을 해결하는 방법은 당연히 공급을 늘리는 것이다. 여기에서도 주택에 대한 수요에 대하여 공급을 늘리는 방법이 최선의 해결책이고, 그러므로 더 많은 집을 짓는 것이 최선이다. 이러한 논리 구조를 연결하면 빈칸에 들어갈 표현은 to build more and more housing임을 알 수 있다.

[01~02] 단국대 2017

Whether humans are born with the ability to understand music or have to learn it is not yet fully understood. Even so, music's ability to <u>revive</u> the human spirit, to reduce stress, and to make people feel a part of a group sets it apart from other arts. Music is even part of modern technological wonders such as motion pictures, television shows, and commercial advertising. The theme song of a favorite show or the soundtrack of a beloved movie can bring a smile to a face or a tear to an eye, but it undoubtedly _____ in some fascinating way, whether ingrained in the human psyche or not.

01 Which has the closest meaning to the underlined word?

① regulate   ② alleviate
③ elevate   ④ enliven

02 Which is the most appropriate for the blank?

① touches the human spirit
② attracts a lot of study
③ covers the mystery of music
④ increases levels of aggression

The study of languages can tell us much about the values, social structure, and material life of peoples in the past. A language with 12 adjectives to describe the color of the sea between the speaker and the horizon, or another language that has 20 ways of describing the color of a llama's coat, indicates the importance of those things to the people involved. A language that has no word for private property or nobility probably lacked those concepts. The grammar and pronunciation of a language can be independent of the physical world of its speakers, but the _____ ⓐ _____ cannot. It reflects what people knew and thought about. It can be assumed that if all the languages that split off from a parent tongue have the same word for iron, dog, cattle, or canoe, then the original speakers _____ ⓑ _____.

03 빈칸 ⓐ에 들어갈 가장 알맞은 단어를 고르시오.

① language
② people
③ vocabulary
④ adjectives

04 빈칸 ⓑ에 들어갈 가장 알맞은 어구를 고르시오.

① must have had these things
② were engaged in agriculture
③ carried a rich life
④ had the same religion

05 윗글의 제목으로 가장 알맞은 것을 고르시오.

① Language as Historical Evidence
② Importance of Adjectives
③ Significance of a Parent Tongue
④ Historical Change of Language

It took Europe some 300 years to modernize, and the process was wrenching and traumatic, involving bloody revolutions, often succeeded by reigns of terror, brutal holy wars, dictatorships, cruel exploitation of the workforce, and widespread alienation and anomie. We are now witnessing the same kind of Ⓐ _____ in developing countries presently undergoing modernization. But some of these countries have had to attempt this difficult process far too rapidly and are forced to follow a western programme, rather than their own. Ⓑ _____ created deep divisions in developing nations. Only an elite has a western education that enables them to understand the new modern institutions. The vast majority remains trapped in the premodern ethos.

06 Which of the following is most appropriate for the blank Ⓐ?

① upheaval ② languor
③ seclusion ④ transcendence

07 Which of the following is most appropriate for the blank Ⓑ?

① The regression of modernity
② This accelerated modernization
③ This intermittent modernization
④ The resistance against modernity

Verbal taboos usually involve topics that people believe are too private to talk about publicly, or relate to one's manner of speaking. [I] In many cultures, it is considered bad manners and is often offensive to discuss subjects such as sex or religion in public. [II] For example, one of the biggest differences among many Western, Asian, and African cultures is the use of eye contact. [III] In the U. S., people make eye contact when they talk to others. If a person avoids eye contact, others might think he is being dishonest or that they lack _____ⓐ_____ . If two people are having a conversation and the listener is not making eye contact, the speaker may think that the listener is not interested. [IV] In many Asian cultures, however, making direct eye contact with someone is often considered bold or _____ⓑ_____ . In many African cultures, making direct eye contact with an older person or a person of higher social rank or status is considered rude and disrespectful.

08 아래 문장이 들어가기에 가장 적절한 위치를 고르시오.

> Nonverbal taboos usually relate to body language.

① [I]   ② [II]

③ [III]   ④ [IV]

09 윗글의 빈칸 ⓐ와 ⓑ에 들어가기에 가장 적절한 말로 짝지어진 것을 고르시오.

① pride – timorous

② confidence – aggressive

③ sincerity – mutable

④ precaution – courteous

If you are feeling numbness, tingling, or weakness in your hand, consider asking your doctor to check you for carpal tunnel syndrome. It's caused by pressure on your median nerve, which runs the length of the arm, goes through a passage in the wrist called the carpal tunnel, and ends in the hand. The median controls the movement and feeling of your thumb, and also the movement of all your fingers except your pinky. The carpal tunnel is narrowed as a result of the pressure on the median, usually from swelling. Carpal tunnel syndrome can happen due to (A) _____, movements that you perform over and over such as typing. This is especially true of actions when your hands are lower than your wrist. As it becomes more severe, you may have less grip strength because the muscles in your hand shrink. For prevention, you should keep your wrists straight, and take more frequent breaks while working. Certain stretching and exercises could help, too.

10 According to the passage, which of the following is NOT true?

① Symptoms of carpal tunnel syndrome include numbness and tingling of the hand.
② The movement and feeling of the thumb are controlled by the median.
③ Carpal tunnel syndrome may cause the muscles in the hand to shrink.
④ Keeping the hand above the wrist increases chances of carpal tunnel syndrome.

11 Which of the following best fits into (A)?

① repetitive motions   ② slow contractions
③ minuscule flexing   ④ irregular tapping

A "biological annihilation" of wildlife in recent decades means <u>a sixth mass extinction</u> in Earth's history is underway and is more severe than previously feared, according to research. Scientists analyzed both common and rare species and found billions of regional or local populations have been lost. They blame human overpopulation and overconsumption for the crisis and warn that it threatens the survival of human civilization, with just a short window of time in which to act.

Previous studies have shown species are becoming extinct at a significantly faster rate than for millions of years before, but even so extinctions remain relatively rare giving the impression of _____. The new work instead takes a broader view, assessing many common species which are losing populations all over the world as their ranges shrink, but remain present elsewhere.

12 According to the passage, which of the following is NOT correct about "<u>a sixth mass extinction</u>"?

① It is partly caused by human overpopulation.
② It is in progress, but its speed becomes slower.
③ It is seriously happening all over the world.
④ It endangers the continuation of human civilization.
⑤ It means a disappearance of regional bio-species from the earth.

13 Which of the following is most appropriate for the blank?

① a gradual loss of biodiversity
② a sudden disappearance of species
③ a whole extinction of human race
④ a partial end of biological types
⑤ an enduring continuity of biological variety

Dieters often get the advice that going on a diet slowly is the key to permanent weight loss. The claim, however, has yet to be borne out. For example, a recent study randomly assigned 204 obese people to either subsist on just 450 to 800 calories a day for 12 weeks or cut 400 to 500 calories a day from their diets over 36 weeks. The goal for both groups was a 15 percent weight loss. Three years after the study began, almost everyone had regained the weight they had lost, despite counseling on diet and exercise. There was also no difference in the levels of two hormones, leptin and ghrelin, that drive hunger. The main difference between the groups was that more people in the rapid weight loss group lost at least 12.5 percent of their weight and fewer dropped out. In short, you are (A) _____.

14 Which of the following best fits into (A)?

① more likely to give up on weight loss jf you lose weight rapidly
② more likely to maintain weight loss if you lose weight slowly
③ less likely to lose weight without side-effects if you lose weight rapidly
④ not more likely to attain your desired weight if you lose weight slowly

15 According to the passage, which of the following is true?

① Desired weight cannot be maintained unless the dieter seeks help from counselors.
② Weight loss programs need to be tailored to fit individual idiosyncrasies.
③ The key to successful weight loss is continued exercise in addition to dieting.
④ The alleged benefit of slow weight loss has been contradicted.

Severe depression is not something people can pull themselves out of (A) _____ they can pull themselves out of congestive heart failure, kidney disease, or gallstones. When patients with congestive heart failure develop difficulty breathing, they are usually grateful for (B) _____ that relieves their distress. They rarely believe they can handle such illnesses themselves because they have no sense of being in control over the workings of their heart. We also do not sense our brains at work, but we feel in control of our minds. This sense of being in control of our minds allows those with depression to believe they can pull themselves out of the severe depression. In my experience once older adults understand that depression is a disease of the brain, and not something they have control over, they become more open to considering (C) _____. It's not that they can't handle their problems any longer; rather, their brain has let them down. I often say to my patients. (D) _____.

16 Which of the following best fills in the blank (A)?

① less than

② any more than

③ no more than

④ no less than

17 Which of the following best fills in the blanks (B) and (C)?

① contentment

② treatment

③ refreshment

④ requirement

18 What would the doctor say to his patients in the blank (D)?

① "It's not you; it's your brain."

② "It's not your brain; it's you."

③ "It's not you; it's your depression."

④ "It's not your depression; it's you."

Gervase describes in his book how, in June of 1178, a group of Canterbury monks were outside one night looking at the new moon. As they were watching it, one end of the _____(A)_____ moon seemed to split into two. Flames and sparks burst from it and the rest of the moon seemed to shake. Gervase admits that he didn't see the event himself, but was told about it by some of the men who did see it. He says that the men swore they were telling the truth. For many years historians have puzzled over what the monks might have seen. Some think it was something simple like a cloud passing in front of the moon. Others believe that it was just a story, and not a real event. However, one scientist, Dr. Jack Hartung, believes he may have found the answer. When Dr. Hartung read Gervase's account, he thought it sounded like some sort of explosion on the moon's surface. He thought that if (B) _____, the view from Earth would be similar to the event the monks saw.

19 빈칸 (A)에 들어갈 가장 알맞은 것을 고르시오.

① waning   ② half

③ full   ④ crescent

20 글의 내용상 빈칸 (B)에 들어갈 가장 알맞은 것을 고르시오.

① a meteor crashed into the moon's surface

② aliens from another planet invaded the moon

③ the Earth's gravity was stronger than usual

④ the moon drifted out of orbit by accident

여러분의 작은 소리
에듀윌은 크게 듣겠습니다.

본 교재에 대한 여러분의 목소리를 들려주세요.
공부하시면서 어려웠던 점, 궁금한 점,
칭찬하고 싶은 점, 개선할 점, 어떤 것이라도 좋습니다.

에듀윌은 여러분께서 나누어 주신 의견을
통해 끊임없이 발전하고 있습니다.

에듀윌 도서몰 book.eduwill.net
• 부가학습자료 및 정오표: 에듀윌 도서몰 → 도서자료실
• 교재 문의: 에듀윌 도서몰 → 문의하기 → 교재(내용, 출간) / 주문 및 배송

에듀윌 편입영어 기본이론 완성 독해

발 행 일	2022년 8월 16일 초판
편 저 자	홍준기
펴 낸 이	권대호
펴 낸 곳	(주)에듀윌
등록번호	제25100-2002-000052호
주 소	08378 서울특별시 구로구 디지털로34길 55
	코오롱싸이언스밸리 2차 3층

* 이 책의 무단 인용 · 전재 · 복제를 금합니다.   ISBN 979-11-360-1699-7

www.eduwill.net
대표전화 1600-6700

취업, 공무원, 자격증 시험준비의 흐름을 바꾼 화제작!

에듀윌 히트교재 시리즈

에듀윌 교육출판연구소가 만든 히트교재 시리즈!
YES24, 교보문고, 알라딘, 인터파크, 영풍문고 등 전국 유명 온/오프라인 서점에서 절찬 판매 중!

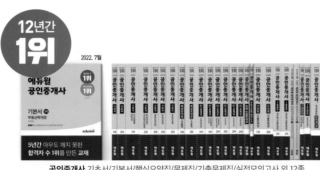

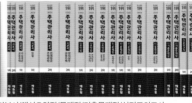

공인중개사 기초서/기본서/핵심요약집/문제집/기출문제집/실전모의고사 외 12종

주택관리사 기초서/기본서/핵심요약집/문제집/기출문제집/실전모의고사

7·9급공무원 기본서/단원별 기출&예상 문제집/기출문제집/기출팩/실전, 봉투모의고사

공무원 국어 한자·문법·독해/영어 단어·문법·독해/한국사 흐름노트/행정학 요약노트/행정법 판례집/헌법 판례집/면접

7급공무원 PSAT 기본서/기출문제집   **계리직공무원** 기본서/문제집/기출문제집   **군무원** 기출문제집/봉투모의고사   **경찰공무원** 기본서/기출문제집/모의고사/판례집/면접   **소방공무원** 기본서/기출문제집/실전, 봉투모의고사   **맞춤형 화장품 조제관리사**

검정고시 고졸/중졸 기본서/기출문제집/실전모의고사/총정리   **사회복지사(1급)** 기본서/기출문제집/핵심요약집   **직업상담사(2급)** 기본서/기출문제집   **경비** 기본서/기출/1차 한권끝장/2차 모의고사   **전기기사** 필기/실기/기출문제집   **전기기능사** 필기/실기

※ YES24 수험서 자격증 공인중개사 베스트셀러 1위 (2011년 12월, 2012년 1월, 12월, 2013년 1월~5월, 8월~12월, 2014년 1월~5월, 7월~8월, 12월, 2015년 2월~4월, 2016년 2월, 4월, 6월, 12월, 2017년 1월~12월, 2018년 1월~12월, 2019년 1월~12월, 2020년 1월~12월, 2021년 1월~12월, 2022년 1월~7월 월별 베스트, 매일 1위 교재는 다름)
※ YES24 국내도서 해당분야 월별, 주별 베스트 기준

한국사능력검정시험 기본서/2주끝장/기출/우선순위50/초등

조리기능사 필기/실기

제과제빵기능사 필기/실기

SMAT 모듈A/B/C

ERP정보관리사 회계/인사/물류(1, 2급)

전산세무회계 기초서/기본서/기출문제집

무역영어 1급 | 국제무역사 1급

KBS한국어능력시험 | ToKL

한국실용글쓰기

매경TEST 기본서/문제집/2주끝장

TESAT 기본서/문제집/기출문제집

운전면허 1종·2종

스포츠지도사 필기/실기구술 한권끝장

산업안전기사 | 산업안전산업기사

위험물산업기사 | 위험물기능사

토익 입문서 | 실전서 | 어휘서

컴퓨터활용능력 | 워드프로세서

정보처리기사

월간시사상식 | 일반상식

월간NCS | 매1N

NCS 통합 | 모듈형 | 피듈형

PSAT형 NCS 수문끝

PSAT 기출완성 | 6대 출제사 | 10개 영역 찐기출

한국철도공사 | 서울교통공사 | 부산교통공사

국민건강보험공단 | 한국전력공사

한수원 | 수자원 | 토지주택공사

행과연형 | 휴노형 | 기업은행 | 인국공

대기업 인적성 통합 | GSAT

LG | SKCT | CJ | L-TAB

ROTC·학사장교 | 부사관

※ YES24 수험서 자격증 주택관리사 베스트셀러 1위 (2010년 12월, 2011년 3월, 9월, 12월, 2012년 1월, 3월~12월, 2013년 1월~5월, 8월~11월, 2014년 2월~8월, 10월~12월, 2015년 1월~5월, 7월~12월, 2016년 1월~12월, 2017년 1월~12월, 2018년 1월~12월, 2019년 1월~12월, 2020년 1월~7월, 9월~12월, 2021년 1월~12월, 2022년 1월~7월 월별 베스트, 매월 1위 교재는 다름)
※ YES24 국내도서 해당분야 월별, 주별 베스트 기준

꿈을 현실로 만드는
에듀윌

DREAM

공무원 교육
- 선호도 1위, 인지도 1위! 브랜드만족도 1위!
- 합격자 수 1,800% 폭등시킨 독한 커리큘럼

자격증 교육
- 6년간 아무도 깨지 못한 기록 합격자 수 1위
- 가장 많은 합격자를 배출한 최고의 합격 시스템

직영학원
- 직영학원 수 1위, 수강생 규모 1위!
- 표준화된 커리큘럼과 호텔급 시설 자랑하는 전국 50개 학원

종합출판
- 4대 온라인서점 베스트셀러 1위!
- 출제위원급 전문 교수진이 직접 집필한 합격 교재

어학 교육
- 토익 베스트셀러 1위
- 토익 동영상 강의 무료 제공
- 업계 최초 '토익 공식' 추천 AI 앱 서비스

학점은행제
- 97.6%의 과목이수율
- 14년 연속 교육부 평가 인정 기관 선정

콘텐츠 제휴 · B2B 교육
- 고객 맞춤형 위탁 교육 서비스 제공
- 기업, 기관, 대학 등 각 단체에 최적화된 고객 맞춤형 교육 및 제휴 서비스

공기업 · 대기업 취업 교육
- 브랜드만족도 1위!
- 공기업 NCS, 대기업 직무적성, 자소서와 면접까지 빈틈없는 온·오프라인 취업 지원

입시 교육
- 최상위권 편입 전문
- 업계 유일 500% 환급 상품 서비스
- 편입 스타터팩 강의 무료 제공

부동산 아카데미
- 부동산 실무 교육 1위!
- 전국구 동문회 네트워크를 기반으로 한 고소득 창업 비법
- 부동산 실전 재테크 성공 비법

국비무료 교육
- 자격증 취득 및 취업 실무 교육
- 4차 산업, 뉴딜 맞춤형 훈련과정

에듀윌 교육서비스 **공무원 교육** 9급공무원/7급공무원/경찰공무원/소방공무원/계리직공무원/기술직공무원/군무원 **자격증 교육** 공인중개사/주택관리사/전기기사/세무사/전산세무회계/경비지도사/검정고시/소방설비기사/소방시설관리사/사회복지사1급/건축기사/토목기사/직업상담사/전기기능사/산업안전기사/위험물산업기사/위험물기능사/ERP정보관리사/재경관리사/도로교통사고감정사/유통관리사/물류관리사/행정사/한국사능력검정/한경TESAT/매경TEST/KBS한국어능력시험/실용글쓰기/IT자격증/국제무역사/무역영어 **어학 교육** 토익 교재/토익 동영상 강의/인공지능 토익 앱 **입시 교육** 편입 교재/편입 영어·수학/경찰대/의치대/편입 컨설팅·면접 **공기업·대기업 취업 교육** 공기업 NCS·전공·상식/대기업 직무적성/자소서·면접 **직영학원** 공무원학원/기술직공무원 학원/군무원학원/경찰학원/소방학원/공인중개사 학원/주택관리사 학원/전기기사학원/취업아카데미/경영아카데미 **종합출판** 공무원·자격증 수험교재 및 단행본/월간지(시사상식) **학점은행제** 교육부 평가인정기관 원격평생교육원(사회복지사2급/경영학/CPA)/교육부 평가인정기관 원격사회교육원(사회복지사2급/심리학) **콘텐츠 제휴·B2B 교육** 교육 콘텐츠 제휴/ 기업 맞춤 자격증 교육/대학 취업역량 강화 교육 **부동산 아카데미** 부동산 창업CEO과정/실전 경매 과정/디벨로퍼 과정 **국비무료 교육(국비교육원)** 전기기능사/ 전기(산업)기사/소방설비(산업)기사/IT(빅데이터/자바프로그램/파이썬)/게임그래픽/3D프린터/실내건축디자인/웹퍼블리셔/그래픽디자인/영상편집(유튜브) 디자인/온라인 쇼핑몰광고 및 제작(쿠팡,스마트스토어)/전산세무회계/컴퓨터활용능력/ITQ/GTQ/직업상담사

교육문의 **1600-6700** www.eduwill.net

한국리서치 '교육기관 브랜드 인지도 조사' (2015년 8월) ·2022 대한민국 브랜드만족도 공무원·자격증·취업·학원·부동산 실무 교육 1위 (한경비즈니스) ·2017/2021 에듀윌 공무원 과정 최종 환급자 수 기준 ·2022년 공인중개사 직영학원 기준 ·YES24 공인중개사 부문, 2022 에듀윌 공인중개사 1차 단원별 기출문제집 (2022년 7월 월별 베스트) 그 외 다수 교보문고 취업/수험서 부문, 2020 에듀윌 농협은행 6급 NCS 직무능력평가+실전모의고사 4회 (2020년 1월 27일~2월 5일, 인터넷 주간 베스트) 그 외 다수 알라딘 월간 이슈&상식 부문, 월간최신 취업에 강한 에듀윌 시사상식 (2017년 8월~2022년 6월 월간 베스트) 그 외 다수 인터파크 자격서/수험서 부문, 에듀윌 한국사능력검정시험 2주끝장 심화 (1, 2, 3급) (2020년 6~8월 월간 베스트) 그 외 다수 ·YES24 국어 외국어 사전 영어 토익/TOEIC 기출문제/모의고사 분야 베스트셀러 1위 (에듀윌 토익 베이직 LISTENING LC 4주끝장, 2022년 5월 4주 주별 베스트) ·에듀윌 토익 교재 입문~실전 인강 무료 제공 (2022년 최신 강좌 기준/109강) ·2021년 종강한 학기 중 모든 평가항목 정상 참여자 과목 이수율 기준 ·A사, B사 최대 200% 환급 서비스 (2022년 6월 기준) ·KRI 한국기록원 2016, 2017, 2019년 공인중개사 최다 합격자 배출 공식 인증 (2022년 현재까지 업계 최고 기록)

업계 최초 대통령상 3관왕,
정부기관상 17관왕 달성!

2010 대통령상

2019 대통령상

2019 대통령상

대한민국 브랜드대상
국무총리상

서울특별시장상

과학기술부장관상

정보통신부장관상

산업자원부장관상

고용노동부장관상

미래창조과학부장관상

법무부장관상

여성가족부장관상

과학기술정보통신부
장관상

문화체육관광부
장관상

농림축산식품부
장관상

2004
서울특별시장상 우수벤처기업 대상

2006
산업자원부장관상 대한민국 e비즈니스대상

2007
정보통신부장관상 디지털콘텐츠 대상
산업자원부장관 표창 대한민국 e비즈니스대상

2010
대통령 표창 대한민국 IT 이노베이션 대상

2013
고용노동부장관 표창 일자리 창출 공로

2014
미래창조과학부장관 표창 ICT Innovation 대상

2015
법무부장관 표창 사회공헌 유공

2017
여성가족부장관상 사회공헌 유공
2016 합격자 수 최고 기록 KRI 한국기록원 공식 인증

2018
2017 합격자 수 최고 기록 KRI 한국기록원 공식 인증

2019
대통령 표창 범죄예방대상
대통령 표창 일자리 창출 유공
과학기술정보통신부장관상 대한민국 ICT 대상

2020
국무총리상 대한민국 브랜드대상
2019 합격자 수 최고 기록 KRI 한국기록원 공식 인증

2021
고용노동부장관상 일·생활 균형 우수 기업 공모전 대상
문화체육관광부장관 표창 근로자휴가지원사업 우수 참여 기업
농림축산식품부장관상 대한민국 사회공헌 대상
문화체육관광부장관 표창 여가친화기업 인증 우수 기업

에듀윌 편입영어

기본이론 완성 · 독해

전과정 학습로드맵 제공

월별 학습계획 및
학습방법 제공

무료 진단고사

나의 위치에 맞는
전문 학습매니저의 1:1 학습설계

실시간 알림 서비스

최신 편입정보
알림 서비스

강의용 PDF 제공

편입 스타터팩을 위한
강의용 PDF 제공

서성한반(P사) 교수진 전격입성 | 2019~2021년 서성한반(P사) 수강생 합격자
서울소재 20개 대학 기준 3년 연속 100% 합격자 배출
(서울소재 20개 대학: 연세, 고려, 서강, 성균관, 한양, 중앙, 이화, 한국외, 경희,
서울시립, 건국, 국민, 동국, 숭실, 홍익, 숙명, 세종, 명지, 광운, 서울여)

2022 대한민국 브랜드만족도 편입 교육 1위 (한경비즈니스)

고객의 꿈, 직원의 꿈, 지역사회의 꿈을 실현한다

펴낸곳 (주)에듀윌 **펴낸이** 권대호 **출판총괄** 김형석
개발책임 우지형, 윤대권 **개발** 윤관식
주소 서울시 구로구 디지털로34길 55 코오롱싸이언스밸리 2차 3층
대표번호 1600-6700 **등록번호** 제25100-2002-000052호
협의 없는 무단 복제는 법으로 금지되어 있습니다.

에듀윌 편입영어

기본이론 완성

독해 정답과 해설

홍준기 편저

eduwill

3년 연속 **100% 합격자** 배출

교수진이 만든 **교재**

에듀윌
편입영어

기본이론 완성

독해

정답과 해설

PART 01

글의 서술 방식

연습 문제

[01~02]

해석

영국 남부에는 원형을 이루고 서 있는 큰 돌이 여럿 있다. 이 원형을 이룬 돌들은 스톤헨지로 불린다. 스톤헨지는 대략 4,000년 전에 잉글랜드에 살았던 사람들이 세웠다. 이 사람들은 자신들이 어떻게 살아 왔는지 우리가 이해하도록 도울 만한 기록을 전혀 남기지 않았다. 과학자들은 스톤헨지를 통해 그 사람들에 대해 어느 정도 알게 되었다. 과학자들은 돌이 놓인 방식 때문에 스톤헨지가 달력 역할을 했다고 생각한다. 스톤헨지의 돌은 한 해 가운데 태양이 가장 북쪽에 뜨는 지점을 가리키고 있다. 스톤헨지 사진에 보이는 선은 태양이 7월 21일이나 22일에 뜨는 지점을 보여 준다. <u>고대인들</u>은 태양이 돌에 비치는 방식을 보고 시기가 언제인지를 알 수 있었다. 오늘날에 전 세계의 관광객들은 여전히 하지에 뜨는 태양을 보기 위해 스톤헨지로 간다. 관광객들은 가장 오래되면서 가장 큰 달력이 어떻게 작동하는지를 보고 싶어 한다.

---

01 윗글의 내용을 가장 잘 요약한 것은?

① 스톤헨지는 아마도 세계에서 가장 오래된 달력일 것이다.
② 스톤헨지는 잉글랜드의 관광 산업을 부흥시킨다.
③ 스톤헨지는 고대 예술의 전형이다.
④ 과학자들은 고대 유물을 유효 적절히 사용한다.

| 정답 | ①

| 해설 | 스톤헨지는 4,000년 전에 세워진 구조물이며, "과학자들은 돌이 놓인 방식 때문에 스톤헨지가 달력 역할을 했다고 생각한다. (scientists think that Stonehenge was a calendar because of the way the stones were placed.)" 따라서 정답은 ①이다.

---

02 밑줄 친 (A)가 지칭하는 것은?

① 스톤헨지를 방문하는 관광객들
② 스톤헨지의 목적을 발견한 초기 과학자들
③ 스톤헨지를 구축한 사람들
④ 스톤헨지를 방문하는 외국의 순례자들

| 정답 | ③

| 해설 | 스톤헨지는 달력 역할을 했으며, (A)의 고대인들은 "태양이 돌에 비치는 방식을 보고 시기가 언제인지를 알 수 있었다(were

able to know the seasons by the way the sun shone on the stones).” 즉 고대인들은 스톤헨지를 건축하여 달력으로 사용한 사람들이다. 그러므로 문맥상 (A)의 “고대인들”은 스톤헨지를 구축한 사람들로 볼 수 있다. 따라서 정답은 ③이다.

| 어휘 | **the summer solstice** 하지   **epitome** ⓝ 완벽한 보기, 전형   **pilgrim** ⓝ 순례자

[03~04]

말더듬은 순전히 심리적인 것일까 아니면 신체적 요소로 인해 일어나는 것일까? 과학자들은 뇌의 좌반구가 말을 관장하는 것을 알고 있다. 하지만 연구에 따르면 말을 더듬는 사람의 우반구는 말을 하는 동안 꽤 활발히 작동한다. 다시 말해 좌측 뇌가 말을 만들기 위해 노력하는 동안 우측 뇌가 좌측 뇌의 방해를 할 수도 있다는 의미가 된다. 한 연구 결과에 따르면 말을 더듬는 사람은 듣기를 관장하는 뇌의 부위가 작동하지 않는다는 것이 드러났다. 이처럼 자신의 말을 듣지 못하는 것이 말을 더듬는 사람이 겪는 문제의 원인이 되거나 문제에 기여할 수도 있다. 다른 연구진은 말더듬의 원인을 유전자에서 찾을 수 있다고 본다. 인간 DNA 분석 결과에 의거해 이들 과학자들은 말더듬이 <u>유전적</u> 장애라고 주장한다.

03 윗글의 주제는 무엇인가?
① 심리적 요소가 말더듬을 유발하는 핵심적 역할을 하는 것은 분명하다.
② 뇌의 우반구가 손상을 입게 되면 말더듬이 발생한다.
③ 과학자들은 말더듬의 원인을 설명할 수 있는 몇 가지 물리적 요소를 확인했다.
④ 말더듬은 부모에서 자녀로 전해지는 것으로 보인다.

| 정답 | ③

| 해설 | 본문은 과학자들이 말더듬이 발생하는 원인이 무엇인지 연구한 결과 사람의 뇌나 유전자 같이 몇 가지 물리적 요인이 말더듬에 기여하고 있음을 파악했다는 내용을 담고 있다. 따라서 정답은 ③이다.

04 밑줄 친 ⓐ와 뜻이 가장 유사한 것을 고르시오.
① 선천적인   ② 만성적인
③ 잠재하는   ④ 상습적인

| 정답 | ①

| 해설 | 본문의 inherited는 “물려받은, 유전의” 등의 의미를 갖고 있으며 보기 중에서 이와 의미상 가장 가까운 것은 “선천적인” 등의 의미를 지닌 ①의 congenital이다.

| 어휘 | **stuttering** ⓝ 말더듬   **psychological** ⓐ 심리적인   **hemisphere** ⓝ 반구
inherited ⓐ 물려받은, 유전의   **congenital** ⓐ 선천적인   **chronic** ⓐ 만성적인
latent ⓐ 잠재하는, 잠복해 있는   **inveterate** ⓐ 상습적인, 뿌리 깊은

해석

연구 결과 어렸을 때부터 음악 공부를 하면 언어 학습 기술이 향상되고 심지어 성인이 되어서도 그렇다는 사실이 밝혀졌다. 연구에 따르면 음악 공부 시간이 주당 한 시간에 불과하더라도 이는 아이가 어휘를 더 많이 습득하고, 문법에 대한 감각이 향상되고, 언어 IQ가 높아지기에 충분한 시간이다. 7세 이전에 음악 훈련을 시작하면 언어의 여러 소리 간에 존재하는 감지하긴 힘들지만 핵심적인 차이점을 처리할 수 있는 두뇌의 능력을 향상시키고, 이는 언어 산출과 언어 인식에 도움이 된다. 게다가, 언어 능력에 있어 이러한 장점은 평생 지속된다. 연구진은 어렸을 때 음악을 공부한 성인은 그렇지 않은 성인에 비해 외국어를 더 빠르고 효율적으로 배울 수 있다는 사실을 발견했다. 옥스퍼드 대학(Oxford University) 소속 연구자인 로빈 던바(Robin Dunbar)는 인간의 언어는 음악의 역사적 발전 및 사용에 근거하여 진화한 것이라고 설명했다. 음악을 관장하는 신경망과 언어를 관장하는 신경망은 서로 겹친다는 내용의 신경학적 데이터는 이러한 가설을 뒷받침한다.

05 다음 중 이 글의 제목으로 가장 알맞은 것은 무엇인가?
① 어렸을 때 받은 음악 훈련이 언어 학습에 도움을 준다
② 언어 IQ와 언어 간의 관계
③ 음악과 언어 의사소통의 역사
④ 언어 학습은 신경망을 발달시킨다

| 정답 | ①

| 해설 | 본문은 두괄식 구성을 갖추고 있다. 맨 처음에는 어렸을 때 했던 음악 공부가 커서도 언어 학습에 도움을 준다는 핵심 주장을 제시하고 있으며, 그 다음부터는 주장에 대한 근거를 대고 있다. 따라서 정답은 ①이다.

06 이 글에 따르면, 다음 중 사실인 것은 무엇인가?
① 어린이들은 (언어 학습의) 혜택을 얻기 위해서는 매일 음악에 노출되어야 한다.
② 언어적 기술을 발달시키려면 7살 때부터 음악 훈련을 시작해야 한다.
③ 여러 소리 간에 존재하는 사소한 차이점을 분간하는 능력은 음성 인식에 도움이 된다.
④ 진화론적 증거에 따르면 음악과 언어는 서로 따로따로 발전했다.

| 정답 | ③

| 해설 | "7세 이전에 음악 훈련을 시작하면 언어의 여러 소리 간에 존재하는 감지하긴 힘들지만 핵심적인 차이점을 처리할 수 있는 두뇌의 능력을 향상시키고, 이는 언어 산출과 언어 인식에 도움이 된다.(Music training started before the age of seven develops the brain's ability to process subtle but critical differences between sounds in language, which aids in both language production and perception.)" 음악 훈련을 통해 여러 소리 간에 존재하는 감지하기는 힘들지만 사소한 차이점을 처리할 수 있는 두뇌의 능력이 향상되고 이는 음성 인식 나아가서는 언어 인식에 도움을 준다. 따라서 답은 ③이다. 음악 학습 시간은 주당 한 시간 정도면 충분하며 ①에서 말하는 것처럼 매일일 필요는 없다. 7세부터가 아니라 7세 이전에 음악 훈련을 시작하는 것이 도움이 된다고 나와 있으며 따라서 ②는 답이 될 수 없다. "인간의 언어는 음악의 역사적 발전 및 사용에 근거하여 진화한 것이다(human language has evolved from our historical development and use of music)"는 ④와는 정반대되는 내용이며 따라서 ④ 또한 답이 될 수 없다.

| 어휘 | **boost** ⓥ 향상시키다, 부양시키다　　　**subtle** ⓐ 미묘한, 감지하기 힘든　　　**perception** ⓝ 인식

neurological ⓐ 신경의, 신경학의	neural network 신경망	overlap ⓥ 겹치다, 겹쳐지다
hypothesis ⓝ 가설	on a daily basis 매일	
reap ⓥ (특히 좋은 결과 등을) 거두다[수확하다]		distinguish ⓥ 분간하다, 구분하다
speech perception 음성인식	separately ⓐ 따로따로, 별도로	

[07~09]

해석

마약의 기원은 아편이다. 모르핀과 헤로인은 아편의 <u>자손</u>이다. 아편은 인류가 사용한 최초의 약품이다. 인간은 알코올보다 아편을 훨씬 더 일찍 사용했는데, 알코올은 만드는 데 발효 지식이 필요했기 때문이다. 아랍인들은 아편을 교역품으로 사용했다. 로마의 몰락과 함께 유럽에서 사라진 아편의 기억은 십자군 전쟁으로 되살아난다. 인도로 가는 항로가 열린 뒤에는 인도의 아편이 유럽에 유입됐다. 인도를 장악한 영국은 아편을 정치ㆍ경제적 무기로 이용했다. 영국 상인들은 인도산 아편을 중국으로 수출해 중국인들을 아편에 중독시켰다. 영국은 아편 전쟁을 유발했으며, 그 결과 영국은 아편의 <u>수입</u>을 금지했던 청에 대항해 싸울 수 있게 되었다.

07 (A)와 (B)에 들어갈 가장 적절한 표현을 고르시오.

　　(A)　(B)
① 별명 – 수출
② 자손 – 수출
③ 별명 – 수입
④ 자손 – 수입

| 정답 | ④

| 해설 | (A) 앞에서 마약의 기원(origin)이 아편이라고 했으므로, 모르핀과 헤로인은 아편과 같은 것이 아닌 아편에서 갈라져 나온 아편의 '자손'이 되는 것이 적합하다. (B)의 경우 영국에서 인도산 아편을 중국으로 수출해 중국인들을 아편 중독자가 되게 만들었다고 했으므로, 중국 입장에서는 아편의 '수입'을 금지했을 것이다. 종합하면 정답은 ④가 된다.

08 주제로 가장 적절한 것을 고르시오.
① 아편 전쟁
② 아편의 역사
③ 마약의 분류
④ 마약이 유발하는 사회 문제

| 정답 | ②

| 해설 | 아편의 기원부터 어떻게 사용되고 전파되었는지에 관해 서술하고 있으므로, 이 글의 주제는 '아편의 역사'인 ②가 된다.

09 다음 중 일치하는 것은?

① 사람들이 아편을 사용하기 전에 알코올이 만들어졌다.

② 청나라가 아편 전쟁을 일으켰다.

③ 아랍인들은 물물교환을 위해 아편을 사용했다.

④ 십자군이 처음으로 아편을 유럽에 소개했다.

| 정답 | ③

| 해설 | ① 알코올보다 아편을 먼저 사용했다고 나온다. ② 아편 전쟁을 일으킨 것은 영국이었다. ③ 본문 중반의 "The Arabs used opium as a trading item." 부분을 통해 아랍인들은 아편을 교역의 대상으로 사용했음을 알 수 있다. ④ 아편이 로마 제국의 몰락과 함께 유럽에서 사라졌다고 했으므로, 십자군을 통해 아편이 처음 유럽에 들어온 것은 아니다.

| 어휘 | **origin** ⓝ 기원, 출처 　　**narcotic** ⓝ 마약 　　**opium** ⓝ 아편

morphine ⓝ 모르핀 　　**heroin** ⓝ 헤로인 　　**get ahold of** ~을 입수하다, ~을 잡다

beverage ⓝ 마실 것, 음료 　　**fermentation** ⓝ 발효

the Crusades ⓝ 십자군 전쟁; (옳다고 믿는 것을 이루기 위한 장기적이고 단호한) 운동

addict ⓝ 중독자 ⓥ 중독되다 　　**provoke** ⓥ 도발하다, 유발시키다, 성나게 하다

exportation ⓝ 수출 　　**importation** ⓝ 수입

classification ⓝ 분류(법), 등급 매기기 　**barter** ⓥ 물물교환하다 ⓝ 물물교환

[10~12]

해석

사진은 여러 면에서 시각의 기계적 구현이라고 할 수 있는데, 사진이 회화에 미친 영향은 심대했다. 세상의 사실적 이미지를 만들어 낼 수 있는 카메라 장치가 개발되면서, 회화의 사회적 역할이 극적으로 변했다. 회화가 서구 역사 전반에 걸쳐 특히 교회의 세계관을 통해 이상적 세계관을 만들어 내는 역할을 담당했지만, 원근법의 발명 이후 회화는 점차 사실주의의 도구가 되었다. 사진의 발명은 사진의 사실성에 대한 극도의 찬사를 받았고, 그 결과 일부에서는 사진이 인간의 시각을 완전히 재정의했다는 주장까지 제기되었다. 당시 프랑스 작가 에밀 졸라(Emile Zola)조차 "우리는 사진을 찍기 전에는 실제로 그 어떤 것도 제대로 보았다고 주장할 수 없다."라는 글을 남겼다. 그래서 많은 이들은 카메라가 회화보다 세상의 현실적 이미지를 더 '잘' 구현해 낼 수 있다고 믿었고, 이러한 사실로 인해 화가들은 사실주의나 정형화된 원근법의 개념에 얽매이지 않는 새로운 방식의 회화를 생각할 수 있게 되었다.

10 다음 문장이 들어갈 가장 적절한 곳은?

당시 프랑스 작가 에밀 졸라(Emile Zola)조차 "우리는 사진을 찍기 전에는 실제로 그 어떤 것도 제대로 보았다고 주장할 수 없다."라는 글을 남겼다

① ⓐ 　　　② ⓑ 　　　③ ⓒ 　　　④ ⓓ 　　　⑤ ⓔ

| 정답 | ④

| 해설 | 에밀 졸라의 "우리는 사진을 찍기 전에는 실제로 그 어떤 것도 제대로 보았다고 주장할 수 없다"라고 말한 주장을 통해, 현실을 구현하는 데 있어 사진이 회화를 압도한 것을 알 수 있으며, 이것은 본문에서 "it had redefined human vision altogether" 부분의 예라고 볼 수 있다. 따라서 정답은 그 뒤에 이어지는 ⓓ가 된다.

11 윗글의 제목으로 가장 적절한 것을 고르시오.

① 사실주의와 사진
② 원근법의 발명
③ 회화와 서양의 역사
④ 에밀 졸라와 사진
⑤ 인간의 시야의 발달

| 정답 | ①

| 해설 | 본문에서는 사진의 발명이 회화에 미친 영향에 대해 서술하고 있다. 당시 회화는 사실주의에 치중하고 있었는데, 사진의 발명으로 세상의 이미지를 사진이 더 잘 구현할 수 있게 되면서 예술가들이 사실주의를 버리고 다른 방식(예를 들어 인상주의)의 회화를 구상하게 되었다고 말한다. 따라서 제목으로 ①이 가장 적합하며, 여기서 사실주의는 회화를 의미한다.

12 다음 중 빈칸 (㉠)에 들어갈 가장 적절한 것은?

① 결과적으로   ② 그럼에도 불구하고   ③ 반면
④ 그러므로   ⑤ 그러나

| 정답 | ③

| 해설 | 빈칸 ㉠에는 문장과 문장을 연결할 수 있는 접속사가 와야 하며, 의미상 회화의 역할이 이상적인 세계관을 그리는 것인지 아니면 실제의 세상을 그대로 구현하는 것인지에 대한 대조를 보이고 있으므로 역접이나 양보의 의미를 지닌 접속사가 적합하다. 그런 의미에서 정답은 ③이 되며, 나머지 보기는 부사(consequently, therefore, however)나 전치사(despite)에 해당한다.

| 어휘 |

realization ⓝ 구현; 자각, 인지
realistic ⓐ 현실적인, 현실주의의
proclamation ⓝ 선언, 선포
consequently ⓐ 따라서, 결과적으로
therefore ⓐ 그 때문에, 그래서

perspective ⓝ 관점, 시각; 원근법
as a means to ~을 위한 수단으로
verisimilitude ⓝ 사실성, 신빙성
despite ⓟ ~에도 불구하고
however ⓐ 하지만, 그래도

profound ⓐ 깊은, 심오한
greet ⓥ 맞이하다, 인사하다
redefine ⓥ 재정의하다
whereas ⓒ 반면에

[13~15]

해석

대나무는 세계에서 가장 중요한 식물 중 하나이다. 우선 대나무는 같은 크기의 나무보다 35% 더 많은 산소를 대기에 방출해서 인간을 이롭게 한다. 대나무는 또한 다량의 이산화탄소를 흡수하여 대기를 정화한다. 게다가 대나무는 매우 강하고 빠르게 자라는 식물이다. 일부 대나무 종은 시간당 2인치의 속도로 자라기 때문에 삼림벌채 지역을 다시 녹지화해서 토양의 침식을 막고 태양으로부터 보호막 역할을 제공한다. 대나무의 놀라운 성장률은 연강을 능가하는 강도와 더불어 대나무를 훌륭한 건축 자재로 만든다. 또한 대나무는 식품과 의약품에서 종이와 연료에 이르기까지 다양한 제품을 인간에게 제공한다. 토마스 에디슨(Thomas Edison)은 자신의 첫 번째 전구에 대나무 필라멘트를 사용했는데, 이 전구는 워싱턴 D.C.의 스미스소니언 박물관(Smithsonian Museum)에서 여전히 타고 있으며, 알렉산더 그레이엄 벨(Alexander Graham Bell)의 첫 번째 축음기 바늘은 대나무로 만들어졌다.

13 다음 중 빈칸에 들어갈 가장 적절한 것은?

① 극복하다　　　　　　　② 능가하다

③ 강화하다　　　　　　　④ 낭비하다

| 정답 | ②

| 해설 | 대나무가 건축 자재로 뛰어난 이유를 설명하고 있으며, 대나무의 강도는 연강의 강도를 넘어선다는 의미의 ② surpasses가 정답이 된다.

---

14 이 글에 따르면, 일치하지 <u>않는</u> 것은?

① 대나무는 지구상에서 가장 빨리 자라는 식물 중 하나이다.

② 대나무는 토양 유실을 막는 데 큰 역할을 할 수 있다.

③ 대나무는 에디슨의 전구와 벨의 전화기에 사용되었다.

④ 대나무는 비슷한 크기의 나무보다 훨씬 많은 산소를 배출한다.

| 정답 | ③

| 해설 | 대나무는 벨의 축음기 바늘에 사용되었다고 했으므로, 전화기는 해당되지 않는다. 따라서 정답은 ③이다.

---

15 다음 중 이 글의 제목으로 가장 적절한 것은?

① 친환경 해결책으로서의 대나무

② 왜 대나무인가?

③ 대나무 심기

④ 매혹적인 대나무 음식

| 정답 | ②

| 해설 | 본문은 대나무의 다양한 장점에 대해 서술하고 있다. 더 많은 산소를 배출하고, 강하고, 성장 속도가 빨라 산림이 손실된 곳을 다시 푸른 녹지로 바꿔줄 수 있으며, 동일한 이유로 건축 자재로도 뛰어나며, 대나무로 다양한 제품을 만들 수 있다고 말한다. 환경 관련 문제를 제시하고 환경친화적인 해결책을 제시하는 글이 아니며, 음식과 관련된 글도 아니다. 따라서 정답은 ②가 제목으로 적합하며, 그 이유를 본문에서 제시했다고 생각할 수 있다.

| 어휘 |

for one thing 우선, 첫째로

absorb ⓥ 흡수하다, 빨아들이다

at the rate of ~의 비율로

along with ~와 함께

phonograph ⓝ 축음기

surpass ⓥ 능가하다

dissipate ⓥ 흩뜨리다, 일소하다, 낭비하다

equivalent ⓝ 등가물, 상당어구 ⓐ 동등한, 같은 가치의

stand ⓝ 입목, 수목, 숲의 나무

carbon dioxide ⓝ 이산화탄소

prevent ⓥ 막다, 예방하다

a wide range of 광범위한, 다양한

needle ⓝ 바늘

reinforce ⓥ 강화하다, 보강하다

atmosphere ⓝ 지구의 대기

hardy ⓐ 강한, 강인한

erosion ⓝ 침식

bulb ⓝ 전구

overcome ⓥ 극복하다

해석

몇몇 연구에 따르면 세 살밖에 안 된 아이들의 언어 사용에도 성별에 따른 차이가 있다고 한다. 미취학 남아의 대화 방식은 자기주장이 강하고 요구 조건이 까다로운 반면, 여아의 경우 더 공손하고 협조적인 경향을 보인다. [Ⅲ] 예를 들어, 남아들이 역할놀이를 할 때 상대에게 간단한 명령문을 사용하는 경향이 있다는 것이 밝혀졌다. 같은 상황에서 여아들은 간단한 명령문을 덜 사용했으며, 대신 다른 아이를 계획을 세우는 데 참여시키는 언어를 사용했다. [Ⅱ] 미취학 아동의 대화 방식에서 보여준 성별 차이를 고려해 보면, 여아들이 상호작용할 때보다 남아들이 상호작용할 때 다툼이 더 많다는 것은 놀라운 일이 아니다. [Ⅰ] 그리고 갈등이 발생하면 남아들은 여아들과 다른 방식으로 이에 대처한다. 1990년 에이미 쉘던(Amy Sheldon)은 어린이집에서 같은 성별로 구성된 3명의 여아나 남아가 한 조가 된 상황을 비디오로 녹화했다. 그녀는 남아들이 갈등을 겪을 때, 그들은 종종 지시를 내리고 위협을 가하는 것을 관찰했다. 이와는 반대로 여아들은 합의를 위한 협상을 시도하려고 노력했다.

16 다음 중 [Ⅰ] – [Ⅲ]의 올바른 순서는?

① [Ⅰ] – [Ⅱ] – [Ⅲ]
② [Ⅰ] – [Ⅲ] – [Ⅱ]
③ [Ⅲ] – [Ⅰ] – [Ⅱ]
④ [Ⅲ] – [Ⅱ] – [Ⅰ]

| **정답** | ④

| **해설** | [Ⅲ]의 'For example'은 본문의 "Preschool boys tend to be more assertive and demanding in their conversational style, whereas preschool girls tend to be more polite and cooperative."에 대한 예시이다. 남아들이 'assertive, demanding'하다는 것을 가상 놀이에서 명령문을 사용하는 경향이 있다고 구체적 사례를 제시하고 있고, 여아들이 'polite, cooperative'하다는 것을 놀이를 할 때 계획에 참여시키는 언어를 사용한다고 예시를 들고 있다. [Ⅱ]에서 'Given these gender differences in preschoolers' conversational style' 부분은 앞에서 말한 남아와 여아의 대화 방식의 차이점에 대해 언급하고 있으며, 이런 점을 고려해 볼 때 여아보다 남아 사이의 다툼이나 분쟁(disputes)이 더 많이 일어난다고 설명한다. 그리고 이후 [Ⅰ]에서 그런 분쟁(conflict)이 발생할 경우, 서로 다른 방식으로 해결한다고 밝히면서, 이를 Amy Sheldon이 비디오 촬영을 통해 연구한 내용이 이어지며, 본문의 마지막 문장이 그녀의 관찰에 해당한다. 따라서 정답은 ④ [Ⅲ] – [Ⅱ] – [Ⅰ]이 된다.

17 이 글에 따르면, 다음 중 남자아이가 하는 말의 예로 적절한 것은?

① 앉아서 사용해 보자, 알았지?
② 내 거야! 트럭 내 놔.
③ 내가 너에게 컵케이크를 줄게. 너는 나에게 쿠키를 줘.
④ 나는 내 아기의 의사가 되고, 너는 너의 아기의 의사가 될 거야.

| **정답** | ②

| **해설** | 놀이를 할 때 남아들은 명령문(imperative)을 사용하는 경향이 있다고 했으므로, 정답은 ②가 된다.

| **어휘** | **gender difference** 성별 차이   **preschool** ⓝ 유치원   **tend to** ~하는 경향이 있다
assertive ⓐ 적극적인, 확신에 찬   **demanding** ⓐ 요구가 많은, 쉽게 만족하지 않는
conversational ⓐ 대화의   **whereas** ⓒⓞⓝ 반면에   **polite** ⓐ 공손한
cooperative ⓐ 협력하는   **conflict** ⓝ 갈등, 충돌   **handle** ⓥ 다루다

triad ⓝ 3인조	day care center 보육원, 어린이집	dispute ⓝ 분쟁
interact ⓥ 상호작용하다	imperative ⓝ 명령문; 명령; 의무, 책무	pretend play 가상 놀이
observe ⓥ 관찰하다	issue ⓥ (명령을) 내리다, 발하다, 공포하다	directive ⓝ 명령
threat ⓝ 위협	in contrast 이와는 대조적으로	negotiate ⓥ 협상하다
settlement ⓝ 해결	utterance ⓝ 발언	

[18~20]

해석

사람들은 비디오 게임을 배울 때 새로운 문해력을 배우게 된다. 물론 이는 "문해력(literacy)"이란 단어가 일반적으로 쓰이는 방식은 아니다. 전통적으로 사람들은 문해력을 '읽고 쓸 줄 아는 능력'으로 이해하지만, 문해력이 이보다 더 넓은 의미를 갖고 있다고 인식해야 할 두 가지 이유가 있다. 우선 현대 사회에서 언어만이 유일한 의사소통 체계는 아니다. 오늘날에는 이미지, 상징, 그래프, 도표, 인공품 및 기타 여러 시각적 상징이 특히나 중요한 의미를 갖는다. 따라서 다양한 유형의 "시각적 문해력(visual literacy)"에 대한 견해가 중요한 의미를 갖는다. 예를 들어 실내 디자인, 모더니즘 예술, MTV 채널의 영상 등의 판독법을 아는 것도 다른 형태의 시각적 문해력에 해당한다. 두 번째 이유로는, 전통적 의미에서 읽고 쓰기가 문해력의 의미에 있어 중심적 역할을 하는 것으로 보이긴 하지만, 읽고 쓰기가 그렇게 보편적이면서 명백한 일은 아니다. 어쨌든, 우리는 단순히 읽거나 쓰는 것에 그치지 않으며, 그보다는 어떤 방식에 따라 무언가를 읽거나 쓰고 있다. 따라서 다양한 유형의 텍스트를 읽는 여러 방식이 존재한다. 그러니까, 법률 서적을 읽기 위해 필요한 법률 문해력이 물리학 텍스트나 슈퍼히어로 만화책을 읽기 위해 필요한 문해력과 동일하지 않다는 점에서 문해력은 <u>복합적</u> 의미를 갖는다. 심지어 인쇄된 텍스트와 관련해서도 다양한 문해력이 존재한다.

---

18 다음 중 이 글의 제목으로 가장 적절한 것은?

① 시각적 문해력의 등장
② 읽고 쓰기의 한계
③ 문해력에 대한 보다 폭넓은 관점
④ 전통적 문해력으로부터 얻은 교훈

| 정답 | ③

| 해설 | 본문은 문해력이 단순히 '읽고 쓸 줄 아는 능력'이란 의미뿐만 아니라 "더 넓은 의미"를 갖고 있다고 주장하며, 이에 대한 근거로 "언어만이 유일한 의사소통 체계는 아니라는 것"과 전통적인 의미의 읽고 쓰기는 사실 그다지 보편적인 것이 아니라 다양한 유형의 텍스트를 읽고 판독할 줄 알아야 한다는 견해를 제시한다. 따라서 정답은 ③이다.

---

19 다음 중 (A)에 가장 적절한 것은?

① 당황한 　　　　　　　　　　　② 삼각형의
③ 일관된 　　　　　　　　　　　④ 복합적인

| 정답 | ④

| 해설 | "법률 서적을 읽기 위해 필요한 법률 문해력이 물리학 텍스트나 슈퍼히어로 만화책을 읽기 위해 필요한 문해력과 동일하지 않다"는 말에서, 문해력의 성격이 "다양하고 복합적"이라는 사실을 알 수 있다. 따라서 정답은 ④이다.

20 이 글에 따르면, 다음 중 일치하지 <u>않는</u> 것은?

① 전통적 문해력이란 읽고 쓸 줄 아는 능력을 의미한다.

② 도표와 예술 작품을 판독하려면 시각적 문해력이 필요하다.

③ 전통적 글쓰기는 일반화된 그리고 명백한 방식을 통해 이루어진다.

④ 여러 유형의 인쇄된 텍스트에 따라 다양한 문해력이 존재한다.

| 정답 | ③

| 해설 | 본문에서 "전통적 의미에서 읽고 쓰기가 문해력의 의미에 있어 중심적 역할을 하는 것으로 보이긴 하지만, 읽고 쓰기가 그렇게 보편적이면서 명백한 일은 아니다"라고 명시되어 있다. 이는 보기 ③의 내용과 정반대이며, 따라서 정답은 ③이다. "전통적으로 사람들은 문해력을 '읽고 쓸 줄 아는 능력'으로 이해하지만"은 ①의 근거가 된다. "오늘날에는 이미지, 상징, 그래프, 도표, 인공품 및 기타 여러 시각적 상징이 특히나 중요한 의미를 갖는다. 따라서 다양한 유형의 "시각적 문해력(visual literacy)"에 대한 견해가 중요한 의미를 갖는다"는 ②의 근거가 된다. "다양한 유형의 텍스트를 읽는 여러 방식이 존재한다. 그러니까, 법률 서적을 읽기 위해 필요한 법률 문해력이 물리학 텍스트나 슈퍼히어로 만화책을 읽기 위해 필요한 문해력과 동일하지 않다는 점에서 문해력은 복합적 의미를 갖는다. 심지어 인쇄된 텍스트와 관련해서도 다양한 문해력이 존재한다"는 ④의 근거가 된다.

| 어휘 | **literacy** ⓝ 문해력; (특정 분야·문제에 관한) 지식, 능력

communicational ⓐ 통신의, 의사소통의

then ⓐ 그러니까(방금 한 말을 요약할 때)　　　　　　　　**in regard to** ~에 관한, ~에 대한

advent ⓝ 출현, 등장　　　　**confounded** ⓐ 당황한, 어리둥절한　　**triangular** ⓐ 삼각형의

coherent ⓐ 일관성 있는, 논리 정연한　　**multiple** ⓐ 다양한, 복합적인

generalize ⓥ 일반화하다, 개략적으로 말하다

연습 문제

[01~02]

해석

연구에 따르면, 최근 수십 년에 걸친 야생 동식물의 "생물학적 전멸"은 지구 역사상 6번째로 집단 멸종이 진행 중이며 이전에 우려했던 것보다 더 심각하다는 것을 의미한다. 과학자들은 일반 종과 희귀종을 모두 분석했고, 수십 억에 달하는 지역이나 현지의 개체 수가 사라졌다는 것을 발견했다. 이 같은 위기의 원인으로 그들은 인구 과잉과 소비 과잉을 지적하고, 이것이 인류 문명의 생존을 위협하고 있으며, 대응할 시간이 얼마 남지 않았다고 말한다.

이전의 연구들은 종들이 수백만 년 전보다 훨씬 빠른 속도로 멸종하고 있다는 것을 보여 주지만, 그렇다고 해도 멸종이 드물게 나타나며 종 다양성이 점진적으로 소멸하고 있다는 인상을 준다. 대신 새로운 연구에서는 분포 범위가 줄어들면서 전 세계적으로 개체수가 감소하는, 하지만 다른 곳에서 생존해 있는 많은 일반 종들을 평가하는 방식으로, 더 넓은 관점을 취하고 있다.

---

01 이 글에 따르면, 다음 중 '6번째 대규모 멸종'에 대한 것과 일치하지 <u>않는</u> 것은?

① 그것은 부분적으로 인구 과잉에 기인한다.
② 그것은 진행 중이지만 그 속도는 더 느려지고 있다.
③ 그것은 세계 곳곳에서 심각하게 발생하고 있다.
④ 그것은 인류 문명의 존속을 위협하고 있다.
⑤ 그것은 지구상에서 지역의 생물 종이 사라지고 있다는 것을 의미한다.

| 정답 | ②

| 해설 | 두 번째 문단에서 "species are becoming extinct at a significantly faster rate"라고 말하고 있으므로, 멸종 속도는 이전에 비해 훨씬 더 빠른 속도로 진행되고 있음을 알 수 있다. 따라서 ②의 내용이 본문과 일치하지 않는다.

---

02 다음 중 빈칸에 들어갈 가장 적절한 것은?

① 종 다양성의 점진적 소멸
② 종의 갑작스런 소멸
③ 인류 전체의 멸종
④ 생물학적 유형의 부분적 중단
⑤ 생물 다양성의 영구적 지속성

| 정답 | ①

| 해설 | 빈칸 바로 앞의 "멸종이 드물게 나타나고 있다"고 했고, 이런 현상이 빈칸과 같은 인상을 준다고 했다. 즉 멸종이 드물게 나타 나는 것이 종의 소멸이 점진적인 듯한 인상을 준다는 의미가 되어 정답은 ①이 된다. 멸종은 종의 소멸을 의미하므로, ④에서와 같이 한 종을 생물학적 기준으로 분류하는 '생물학적 유형'을 의미하지 않기 때문에 정답이 될 수 없다.

| 어휘 |

annihilation ⓝ 전멸, 소멸

overpopulation ⓝ 인구 과잉

extinct ⓐ 멸종한, 점멸한, 사화산의

shrink ⓥ 줄어들다, 움츠리다, 위축되다

mass extinction 대량 멸종

overconsumption ⓝ 소비 과잉

assess ⓥ 평가하다, 사정하다

enduring ⓐ 지속하는, 참을성 강한

under way ~가 진행 중인

a window of time 시간대

range ⓝ (동식물의) 분포 범위

[03~04]

해석

최근까지 과학자들은 인간의 뇌가 세 살이 되면 완전히 발달이 끝난다고 믿었다. 이 이론에 따르면, 위험을 감수하는 행위, 자신의 행동이 자신과 다른 이들에게 어떤 영향을 미치는지에 대한 세심함의 부족, 공격성 증가, 집중력 감소, 부정적 태도 등과 같은 부모를 가장 걱정하게 만드는 십 대들의 행동이 잘못된 양육이나 신체에서 분비되는 화학물질의 변화 때문이라고 생각했다. 하지만, 새로운 기술은 연구자들이 작동 중인 건강한 뇌를 검사할 수 있게 해주었고, 그들이 발견한 것은 여러분을 놀라게 할 수도 있다. 뇌는 세 살이 지나도 계속 성장할 뿐만 아니라 십 대의 뇌는 성인의 뇌보다 더 크다. 청소년기에 십 대들의 뇌가 화학물질로 범람하면서, 뇌는 성장한다. 그러나 동시에 더 많이 사용되는 뇌세포는 덜 사용되는 뇌세포와 경쟁한다. 가장 많이 사용되는 세포와 세포 사이의 연결만이 경쟁에서 살아남게 된다. 덜 사용되는 뇌세포는 뇌가 성인 크기만큼 될 때까지 하나씩 죽기 시작한다.

03 빈칸에 들어갈 가장 알맞은 것을 고르시오.

① 그들이 공포를 느끼게 만든다

② 여러분을 놀라게 할 수도 있다

③ 그들에게 실망을 준다

④ 당신을 (남들과) 의사소통할 수 있도록 만들어 줄 수 있다

| 정답 | ②

| 해설 | 빈칸 앞부분은 기존에 과학자들이 뇌에 생각했던 사실이고, 뒷부분은 현대 과학을 통해 새롭게 발견한 내용인데 기존의 믿음을 뒤집는 내용들이므로, 빈칸에는 '여러분을 놀라게 할 수도 있다'는 ②가 오는 것이 적합하다.

04 윗글의 내용과 맞는 것을 고르시오.

① 인간의 뇌는 세 살 이후에는 성장을 멈춘다.

② 청소년의 나쁜 행동은 대부분 나쁜 부모에 의해 발생한다.

③ 뇌의 크기는 십 대 시기에 가장 커진다.

④ 가장 활발하게 사용되는 뇌세포는 사용하지 않는 다른 뇌세포를 죽인다.

| 정답 | ③

| 해설 | ① 뇌는 세 살 이후에도 계속 성장한다고 했다. ②의 내용은 기존에 과학자들이 뇌에 대해 잘 알지 못했던 시기에 믿었던 내용 이다. ④ 다른 뇌세포를 죽인다는 내용은 본문에 등장하지 않는다. 정답은 ③으로, 본문에서 "십 대의 뇌는 성인의 뇌보다 더 크

다"고 밝히면서 이후 사용하지 않는 뇌세포가 죽어가면서 성인의 뇌 크기로 줄어든다고 했으므로 올바른 설명이 된다.

| 어휘 |

theory ⓝ 이론
concern ⓥ ~를 걱정스럽게 만들다
risk-taking ⓝ 위험을 각오함, 위험 부담
sensitivity ⓝ (남의 기분을 헤아리는) 세심함; (예술적) 감성; 예민함
aggression ⓝ 공격성
concentration ⓝ 집중
negative ⓐ 부정적인
attitude ⓝ 태도, 사고방식
be due to ~ 때문이다
parenting ⓝ 육아, 양육
examine ⓥ 시험하다, 검사하다, 조사하다
at work 작용하여, 작동하고 있는 중인
be flooded with ~이 쇄도하다, ~이 빗발치다
chemical ⓝ 화학 물질
adolescence ⓝ 청소년기, 사춘기
cell ⓝ 세포
die off (결국 하나도 안 남게 될 때까지) 하나하나씩 죽어 가다

[05~06]

해석

여러 해 동안 언어 학습에 있어 시청각 자료의 활용이 통합되어 왔다. 사실 목표어의 청각 자료를 듣고 자신의 말을 녹음할 수 있는 기술은 1970년대부터 언어를 배우는 교실에서 널리 활용되고 있었다. 이후 언어 학습에 있어 수많은 혁신과 기술이 이루어져 왔지만, 카세트테이프 녹음기야말로 언어 학습에 가장 큰 영향을 미친 단일 기술이다. 청각 자료는 1990년대부터 온라인상에서 스트리밍 형태나 다운 가능한 파일의 형태로 쉽게 입수 가능하다. 웹 2.0 도구의 도입 이후 청각 자료는 다른 콘텐츠와 결합된 형태로 개인이나 기관을 통해 유통된다. 이처럼 기술적으로 까다로운 문제가 아주 흔한 일로 단시간에 이행된 것은 '팟캐스트' 덕분이다. 팟캐스팅의 영향력과 침투 범위는 광범위하며 매우 큰 영향을 야기하고 주장컨대 월드 와이드 웹에 비해 훨씬 더 빨리 이루어졌다. 이러한 영향은 팟캐스팅의 용도가 오락에서 정치 및 교육에 이르기까지 다양하며 일반 대중의 흥미를 끌 수 있다는 사실 덕분일 수 있다.

05 윗글의 주제로 가장 적절한 것은?

① 다양한 시청각 자료의 장단점
② 언어 교육에 있어 카세트테이프 녹음기가 미친 상당한 영향
③ 언어 교육에 있어 스트리밍 방식 또는 다운 가능한 파일 형태의 도입
④ 언어 교육에 있어 시청각 자료의 발전과 팟캐스팅의 출현
⑤ 시청각 자료의 보급과 사회의 다양한 영역에 있어서 팟캐스팅에 대한 의존

| 정답 | ④

| 해설 | 본문의 전반부는 언어 학습을 위한 시청각 자료의 활용에 관해 말하고 있으며 후반부는 팟캐스팅의 등장과 팟캐스팅이 미치게 될 영향에 관해 말하고 있다. 이 두 가지를 모두 포괄한 주제로는 ④가 가장 적합하다.

06 윗글에 주어진 빈칸 Ⓐ – Ⓑ에 들어갈 가장 적절한 표현을 순서대로 나열한 것은?

① ~에 의해 대체되다 – ~로 해석되다
② ~와 분리되다 – ~에 대해 반박이 이루어지다
③ ~로 제한되다 – ~에 있어 실질적인
④ ~에 관심이 있는 – ~의 영향을 받기 쉬운
⑤ ~와 결합된 – ~ 덕분이다

| 정답 | ⑤

| 해설 | Ⓐ: 웹 2.0 도구의 등장과 함께 청각 자료가 다른 콘텐츠와 "결합된" 상태로 보급이 가능해졌다는 내용이 적합하다.

Ⓑ: 빈칸 앞 문장에서는 팟캐스팅이 상당히 광범위하고 큰 영향력을 지니게 되었음을 말하고 있으며 빈칸 뒤 문장에서는 어떻게 하여 그런 영향력을 지니고 있는지 말하고 있다. 따라서 빈칸에는 영향력을 지니게 된 것은 "~ 덕분이라"는 의미의 표현이 적합하다. 이러한 점들을 감안했을 때 답으로 가장 적합한 것은 ⑤이다.

| 어휘 |

integrate ⓥ 통합시키다

available ⓐ 이용 가능한, 입수 가능한

arrival ⓝ 도래, 도입

transition ⓝ 이행, 과도

impact ⓝ 영향

far-reaching ⓐ 지대한 영향을 가져오는

be attributed to ~에 기인하다, ~덕분이다

appeal to ~의 관심[흥미]를 끌다

advantages and disadvantages 장단점

emergence ⓝ 출현

translate ⓥ 옮기다, 해석[이해]하다

argue against ~에 대해 반대 의견을 말하다

substantial ⓐ 상당한, 실질적인

target language ⓝ 목표어; 외국어 학습에서 학습 대상이 되는 언어

countless ⓐ 수많은, 무수히 많은

distribute ⓥ 유통시키다, 분배하다

technical ⓐ 기술적인, 전문적인

penetration ⓝ (세력) 침투, 확장

arguably ⓐⓓ 주장컨대, 거의 틀림없이

mass audience 일반 대중

prevalence ⓝ 유행, 보급

separate ⓥ 분리하다, 나누다

liable to ~의 영향을 받기[당하기] 쉬운

readily ⓐⓓ 손쉽게, 순조롭게

combine ⓥ 결합하다

commonplace ⓐ 아주 흔한

wide-ranging ⓐ 광범위한, 폭넓은

entertainment ⓝ 오락

substantial ⓐ 상당한

replace ⓥ 대체하다, 대신하다

restrict ⓥ 제한하다, 한정하다

[07~08]

해석

우리는 동물이 놀고 있는 모습을 지켜본 바 있다. 하지만 과연 동물은 진짜로 재미있어 하고 있는 것일까? 과거에는 대부분의 과학자들은 오로지 인간만이 재미를 느낀다고 생각했다. 하지만 오늘날에는 이러한 생각은 변하고 있다. 점차 더 많은 과학자들이 동물의 감정과 놀이에 관해 연구를 하고 있다. 그리고 이들의 발견은 아마도 당신을 놀라게 할 것이다. 예를 들어 과학자들은 어떤 동물들은 웃을 줄 안다는 것을 보여 주고자 실험을 했다. 과학자들은 다른 동물들 가운데서도 침팬지, 개, 쥐 등은 모두 웃을 줄 안다는 사실을 깨달았다. 이들 동물이 웃는 소리는 인간이 웃는 소리와는 다르게 들릴 수 있지만, 그래도 사실은 웃고 있는 것이다. 침팬지나 개가 웃고 있다는 생각은 아마도 그리 떠올리기 어렵지 않을 것이다. <u>우리는 인간과 침팬지 사이에는 공통되는 점이 많이 있음을 알고 있다.</u> 그리고 개를 키우는 사람은 개가 놀이를 즐긴다는 것도 알고 있다. 그런데 쥐도 그렇다고? 쥐랑 함께 놀아 본 적 있는가? 쥐를 간지럽혀 본 사람이 있을까? 오하이오 주에 위치한 어느 대학 소속 과학자들은 실제로 쥐를 간지럽혀 왔다. 그 결과는? 진짜로 쥐가 웃었던 것이다. 실제로도 쥐는 찍찍이는 소리, 즉 쥐가 일반적으로 내는 소리를 냈다. 그리고 인간과 마찬가지로 쥐는 자신들이 알고 있고 좋아하는 이가 자신들을 간지럽힐 때만 찍찍거렸다. 그런데 과학자들은 어떻게 쥐가 실제로 웃고 있다는 것을 알게 되었을까? 과학자들은 쥐의 뇌를 연구했다. 인간은 웃을 때 뇌의 한 부위가 매우 활발하게 활동한다. 쥐도 웃을 때 마찬가지로 같은 부위가 활발하게 활동한다.

---

07 다음 중 아래의 상자 속 문장이 들어가기에 가장 적절한 곳은?

우리는 인간과 침팬지 사이에는 공통되는 점이 많이 있음을 알고 있다.

① ⓐ ② ⓑ ③ ⓒ ④ ⓓ ⑤ ⓔ

| 해설 | 상자 속 문장은 "인간과 침팬지 사이에는 공통되는 점이 많이 있음"에 관해 말하고 있으며, 때문에 이 문장 앞뒤로는 인간과 침팬지 사이의 관계에 대한 내용이 들어가야 한다. 이러한 조건에 가장 적합한 부분은 ③이다.

---

08 이 글의 제목으로 가장 적절한 것은?

① 인간은 왜 웃는가?
② 동물은 어떻게 재미를 느끼는가?
③ 동물에게도 감정이 있을까?
④ 동물 실험은 믿을 만한 것일까?
⑤ 동물은 웃을까?

| 정답 | ⑤

| 해설 | 본문은 "과연 동물은 인간처럼 재미를 느끼고 웃을 수 있는지"를 파악하고자 동물을 대상으로 수행된 여러 연구에 관한 내용을 담고 있다. 따라서 정답은 ⑤이다. 참고로 ②는 동물이 재미를 느낀다고 이미 전제한 상태에서 어떻게 재미를 느끼는지를 말하고 있지만, 본문은 동물이 과연 재미를 느끼는 것인지 아닌지를 먼저 묻고 있으므로 ②와 ⑤는 전제 자체에 차이가 있다. 따라서 ②는 답이 될 수 없다.

| 어휘 | **experiment** ⓝ 실험　　　　　**similarity** ⓝ 유사성, 공통점　　　　　**tickle** ⓥ 간지럼을 태우다, 간지럽히다
　　　　chirp ⓥ 찍찍[짹짹]거리다　　　**reliable** ⓐ 믿을 만한, 신뢰할 수 있는

[09~10]

해석

얼마 전 데블피쉬(devilfish)라고도 하는 문어의 생활 방식을 잘 알 것으로 생각되는 한 생물학자가, 사람이 호박에 의해 공격당할 가능성이 문어에 공격당할 가능성보다 더 크다(즉 사람이 문어에게 공격할 가능성은 극히 희박하다는 것을 의미함)고 말했다. 하지만, 실제 증거를 보면 그러한 주장이 다소 과장됐음을 보여 준다. 앞의 주장과 마찬가지로 터무니없는 것은 문어가 사람을 잡아먹기 위해 사람들을 찾아다니며 시간을 보낸다는 생각이다. 이 문제의 진실은 이러한 양 극단 사이에 있을 것이다. 문어의 공격으로 인한 실제 사망한 사례는 발견되지 않았지만, 이 생물이 잠재적으로 위험할 수 있다는 사실은 호주 신문에 실린 두 기사에 의해 뒷받침된다. 목격자에 의하면 호주 해역에서 두 번의 문어 공격이 2주 간격을 두고 발생했다. 두 경우 모두 잠수부들은 상당한 몸부림 끝에야 탈출했다.

---

09 빈칸에 들어갈 가장 적절한 직업을 채우시오.

① 화학자　　　　　　② 물리학자　　　　　　③ 식물학자
④ 생물학자　　　　　⑤ 외과의사

| 정답 | ④

| 해설 | 빈칸 뒤의 설명인 'supposedly wise in the ways of octopuses or devilfishes'를 통해 문어에 대해 가장 많이 알고 있을 것으로 생각되는 전문가인 '생물학자'인 ④ biologist이다.

10 이 글에 따르면, 다음 중 일치하지 <u>않는</u> 것은?

① 문어는 인간에게 잠재적으로 해로울 수 있다.

② 데블피쉬(문어)에 대한 과장이 만연하다.

③ 문어는 항상 사람을 먹잇감으로 찾아다닌다.

④ 데블피쉬(문어)는 위험할 수 있다.

⑤ 사람이 데블피쉬(문어)의 공격을 받는다고 보고된다.

| 정답 | ③

| 해설 | 문어가 인간을 공격할 가능성은 거의 없다는 주장에서부터 문어가 인간을 먹잇감으로 보고 찾아다닌다는 주장에 이르기까지 모두 터무니없는 주장이라고 일축하면서 진실은 중간 어딘가에 있다고 말한다. 그리고 실제 문어에 의해 공격을 받은 잠수부의 사례를 후반부에 들고 있다. 따라서 '문어는 항상 사람을 먹잇감으로 찾아다닌다'는 ③의 내용은 본문에서 터무니없는 주장이라고 밝히고 있으므로, ③이 정답이 된다.

| 어휘 |

supposedly ⓐ ~할 것으로 추정되는, 아마도

devilfish ⓝ 문어

evidence ⓝ 증거

indicate ⓥ 나타내다, 보여 주다, 시사하다

statement ⓝ 주장, 문장, 진술, 성명

somewhat ⓐ 어느 정도

exaggerate ⓥ 과장하다, 지나치게 강조하다

equally ⓐ 똑같이, 동일하게, 동등하게

absurd ⓐ 불합리한, 터무니없는

notion ⓝ 생각, 관념

authentic ⓐ 진본의, 진짜의

potentially ⓐ 잠재적으로

considerable ⓐ 상당한, 중요한

struggle ⓥ 몸부림치다, 고군분투하다

physicist ⓝ 물리학자

botanist ⓝ 식물학자

biologist ⓝ 생물학자

surgeon ⓝ 외과의사

exaggeration ⓝ 과장

prevail ⓥ 우세하다, 이기다, 유행하다

prey ⓝ 먹이, 희생물

연습 문제

01~02	01 ③	02 ④		03~04	03 ③	04 ②		05~07	05 ①	06 ③	07 ①		08~10	08 ①	09 ④	10 ③
11~12	11 ①	12 ②		13~14	13 ④	14 ④		15~16	15 ③	16 ④			17~18	17 ①	18 ③
19~20	19 ①	20 ③													

[01~02]

해석

교육에는 정신 고양의 힘뿐만 아니라 사회를 통합시키는 힘이 있습니다. 사람들은 교육을 통해 품위 있는 삶을 살고, 자신의 염원을 이루고, 사회에 기여할 수 있도록 기술과 지식을 습득하며, 따라서 교육은 사람의 정신을 고양시킵니다. 또한 교육은 사회를 통합시키는 힘을 보유하며, 왜냐하면 사람들이 교육을 통해 삶을 개선함으로써 불평등의 격차를 좁힐 가능성이 더 높아지기 때문입니다. 정신을 고양시키고 사회를 통합시키는 힘은 서로를 강화합니다. 오늘날 교육의 이 두 목적에 대해 <u>도전이 제기되고</u> 있습니다. 급격한 기술의 발달은 우리가 학교 및 고등교육을 통해 습득한 기술과 지식의 유효 기간을 줄이고 있으며, 세계화는 사회적 불평등의 폭을 넓히고 있습니다. 최근에 저는 교육의 사회 통합적 측면을 강화하기 위해 우리가 지금까지 무엇을 해 왔고 앞으로 무엇을 해야 할지에 관해 의회에서 많은 이야기를 해 왔습니다. 오늘은 불평등에 관해서는 말하지 않을 것입니다. 오늘 저는 교육이 앞으로도 계속 사람들의 정신을 고양하고 젊은이들이 미래에 대비할 수 있도록 보장하기 위해 우리가 추구해야 할 변화에 관해 말할 것입니다. "우리의 젊은이들을 미래에 어떻게 대비시킬 것인가?" 이것이야말로 전 세계의 모든 교육자들이 묻고 있는 핵심적인 질문입니다.

---

01 본 연설의 대상 청중으로 알맞은 것은?

① 의원 　　　　　② 뉴스 보도 기자 　　　　　③ 교육자
④ 외교관 　　　　　⑤ 부모

| 정답 | ③

| 해설 | 화자는 교육의 두 가지 역할에 관해 말한 다음 "오늘 저는 교육이 앞으로도 계속 사람들의 정신을 고양하고 젊은이들이 미래에 대비할 수 있도록 보장하기 위해 우리가 추구해야 할 변화에 관해 말할 것입니다"라는 말을 했다. 여기서 "우리가"란 말을 통해 화자가 "교육자"를 대상으로 교육의 역할 및 교육계가 추구해야 할 변화에 관해 논하고자 함을 알 수 있다. 따라서 정답은 ③이다.

---

02 빈칸 ⓐ에 가장 적절한 것은?

① 유지되다 　　　　　② 달성되다 　　　　　③ 추구되다
④ 도전의 대상이다 　　　　　⑤ 증진되다

| 정답 | ④

| 해설 | 빈칸 앞에서는 교육의 "정신 고양" 및 "사회 통합"을 위한 힘이 있음을 제시하고 있으며, 빈칸 뒤를 보면, 기술 발달과 세계화로 기존 교육이 점차 무력화되고 있음을 말하고 있다. 이들은 교육의 목적에 대한 "도전"이라 할 수 있다. 따라서 정답은 ④이다.

| 어휘 | **uplifting** ⓐ 희망[행복감]을 주는, 정신을 고양하는   **integrate** ⓥ 통합시키다
dignified ⓐ 위엄[품위] 있는   **aspiration** ⓝ 염원, 열망   **objective** ⓝ 목적, 목표
expiry date 유효 기간, 만료일   **extensively** ⓐ 많이, 광범위하게

[03~04]

해석

우리가 다른 많은 정신적 활동을 할 때도 실패해 온 것처럼, 우리는 보통 독서할 때 우리의 정신적 잠재력을 발휘하는 단계까지 다다르지 못한다. 대개 우리는 (독서할 때) 마음이 딱 분주해질 정도만큼 그리고 독서라는 당면 업무와 관련 없는 주변 상황이나 기타 무시할 수 없는 생각거리 등으로 우리의 정신이 산란해지게 만들 정도만큼의 아주 편안한 속도로 독서하곤 한다. 많은 학생들은 속도만 늦추면 더 잘 읽을 수 있을 것이라 믿게 되었지만, 그러한 충고는 주간 고속도로를 시간당 45마일로 천천히 달리면 "운전을 더 잘" 한다고 말하는 것과 마찬가지 수준으로 틀린 충고이다. 차를 느리게 모는 운전자는 경치에 정신을 뺏기기 쉽고, 속도가 느려서 운전하며 졸 수도 있고, 아마도 자동차 스테레오 시스템의 그래픽 이퀄라이저를 맞추는 등 (운전보다) 더 흥미로운 운전 외의 다른 할 일을 처리할 것이다. 따라서 운전이 운전자의 관심을 얻기 위해 경쟁하는 여러 활동 중 하나 정도의 위치만 점하게 된다. 여러분은 평소 읽는 속도에서 정신을 차리면서 집중할 수 있기에 충분한 수준인 대략 10% 이상 빨리 읽도록 스스로에게 압박을 가한다면 독서를 더 잘할 수 있을 것이다.

03 다음 중 이 글의 내용과 일치하는 것은?

① 우리는 보통 천천히 운전할 때 운전을 더 잘한다.
② 우리는 보통 천천히 읽을 때 독서를 더 잘한다.
③ 우리는 보통 독서할 때 정신적 잠재력을 발휘하지 못한다.
④ 우리는 보통 운전하는 중에 경치에 정신을 뺏기게 된다.

| 정답 | ③

| 해설 | "우리는 보통 독서할 때 우리의 정신적 잠재력을 발휘하는 단계까지 다다르지 못한다(we typically do not work up to our mental potential when we read)." 따라서 정답은 ③이다.

04 다음 중 저자가 독서 능력 향상을 위해 제안한 것은?

① 조용한 환경 하에서 독서하기
② 평소보다 좀 더 빠르게 독서하기
③ 더 조심스럽고 집중해서 독서하기
④ 자신의 관심사와 관련 있는 책을 읽기

| 정답 | ②

| 해설 | "여러분은 평소 읽는 속도에서 정신을 차리면서 집중할 수 있기에 충분한 수준인 대략 10% 이상 빨리 읽도록 스스로에게 압박을 가한다면 독서를 더 잘할 수 있을 것이다(You will probably do a better job of reading if you press yourself to

read 10 percent or so above your typical rate, just enough to require your mind to stay alert and focused)." 따라서 정답은 ②이다.

| 어휘 | **typically** ⓐ 보통, 일반적으로   **more often than not** 자주, 대개   **lapse into** ~에 빠지다, ~이 되다
pressing ⓐ 무시할 수 없는   **interstate** ⓐ 주와 주 사이의, 주간의   **be prone to** ~하기 쉽다
alert ⓐ 기민한, 정신이 초롱초롱한

[05~07]

해석

passage 1
예방접종을 받지 않을 경우의 위험성은 예방접종을 받을 경우 연관된 작은 위험성을 훨씬 능가한다. 홍역이나 볼거리 같은 예방 가능한 질병도 아이에겐 영구적인 장애나 죽음을 야기할 수 있다. 1991년 필라델피아에서 백신접종을 받지 못한 아이들 사이에서 홍역이 발발하여 7명이 사망했다. 볼거리에 걸린 아이들은 영구적으로 귀가 멀 수 있다. MMR(홍역, 볼거리, 풍진) 혼합 백신으로 인해 사망한 아이들의 사례가 보고된 적은 매우 소수이며, 혼합 백신으로 인한 부작용 중 가장 흔한 것은 살짝 쓰라리거나/쓰라리고 열이 조금 있는 정도이다.

passage 2
아이들이 DPT(디프테리아, 백일해, 파상풍) 백신을 받도록 의무화해서는 안 된다. 일부 연구에 따르면 DPT 백신을 접종받은 아이들은 수면무호흡과 연관된 얕은 호흡 증세를 보이며, 이 얕은 호흡은 유아 돌연사 증후군(SIDS)의 주요 원인으로 판단된다. 유아 돌연사 증후군으로 사망한 것으로 기록된 영아들을 진단한 결과 시기적으로 DPT 백신과의 연관성이 드러났다. (즉 이들 영아는 백신 접종을 받은 시기로부터 일정한 시간 간격을 두고 사망하는 경향이 있음이 드러났다.)

---

05 이 글의 주제는 무엇인가?
① 아동 예방접종의 안전성
② 예방접종에 반대하는 어머니들
③ 아이들만 걸리는 예방 가능한 질병
④ 유아 돌연사 증후군에 대한 의학적 연구

| 정답 | ①

| 해설 | 첫 번째 본문에서는 아동 예방접종은 안전하며, 부작용은 거의 존재하지 않다는 점을 말하고 있다. 그리고 두 번째 본문에서는 DPT 백신이 유아 돌연사 증후군과 연관이 있을 수 있다는 의견을 말하고 있다. 즉, 두 글 모두 아동 예방접종에 관한 서로 상반된 의견을 내놓고 있다. 따라서 이 둘을 모두 포괄하는 주제로 ①이 가장 적합하다.

---

06 유아 돌연사 증후군과 DPT 백신 간의 관계는 무엇인가?
① 유아 돌연사 증후군으로 사망한 아이는 DPT 백신을 아직 맞지 못했다.
② DPT 백신은 유아 돌연사 증후군을 예방하는 것으로 알려져 있다.
③ 유아 돌연사 증후군으로 사망한 아이들은 과거 정해진 시기에 DPT 백신을 맞은 적이 있다.
④ DPT 백신을 맞는 것은 자녀가 유아 돌연사 증후군으로 사망하게 될 것임을 의미한다.

| 정답 | ③

| 해설 | "유아 돌연사 증후군으로 사망한 것으로 기록된 영아들을 진단한 결과 시기적으로 DPT 백신과의 연관성이 드러났다(Studies of infants whose deaths were recorded as SIDS show a temporal relationship with DPT vaccination)." 이 말은 즉 유아 돌연사 증후군으로 사망한 아이들이 과거 DPT 백신을 맞은 경험이 있다는 의미이다. 따라서 정답은 ③이다.

---

07 이 글에 따르면, 다음 중 일치하는 것은?

① 어떤 아이들은 MMR 접종으로 사망했다.
② 볼거리에 걸리면 항상 사망하게 된다.
③ MMR 백신은 장기적으로 수면 문제를 야기할 수 있다.
④ 유아 돌연사 증후군은 MMR이나 DPT 백신으로 예방 가능하다.

| 정답 | ①

| 해설 | "MMR(홍역, 볼거리, 풍진) 혼합 백신으로 인해 사망한 아이들의 사례가 보고된 적은 매우 소수이다(a very small number of deaths from the MMR (measles, mumps, rubella) vaccine have been reported)." 이 말은 즉 소수이긴 해도 MMR 접종을 통해 사망한 아이가 있다는 의미이다. 따라서 답은 ①이다.

| 어휘 | vaccinate ⓥ 예방접종하다, 예방주사를 맞히다   outweigh ⓥ ~보다 더 크다, ~을 능가하다

associated with ~와 연관된   preventable ⓐ 예방 가능한   measles ⓝ 홍역

mumps ⓝ 볼거리   permanent ⓐ 영구적인   disability ⓝ 장애

outbreak ⓝ 발발   rubella ⓝ 풍진   soreness ⓝ 쓰라림

diphtheria ⓝ 디프테리아   pertussis ⓝ 백일해   tetanus ⓝ 파상풍

exhibit ⓥ 드러내다, 보이다   sleep apnea 수면무호흡   causal factor 원인 요소

sudden infant death syndrome 유아 돌연사 증후군   temporal ⓐ 시간의

[08~10]

해석

"북극국립야생보호구역(ANWR)"은 카리부, 무스, 사향소, 늑대, 여우, 회색곰, 북극곰, 철새 등의 서식지이다. 석유업계의 지도자들은 해당 보호구역은 "환경적으로 민감한" 유전 "탐사"를 위한 최적의 장소로 보고 있다. 환경보호주의자들은 다음과 같은 의문을 표하고 있다. "야생동물들에게는 무슨 일이 닥칠 것인가?" 석유업계 지도자들 및 다른 이들은 미국이 보호구역의 눈으로 뒤덮인 지면 밑에 위치한 석유를 통해 이득을 볼 것이라고 생각한다. 이들의 의견에 따르면 이렇게 파낸 석유를 통해 고유가를 완화하고 외국으로부터의 석유 수입 필요성을 낮추게 될 것이다.

내 생각에 보호구역에서 석유를 얻기 위해 시추를 할 경우 너무 큰 대가가 따를 것이라고 생각한다. 나는 시추가 13만 마리가 넘는 카리부의 이동을 방해할 것이라고 우려하는 환경보호론자들의 생각에 동의한다. 매년 봄마다 카리부는 해안가 평원에서 새끼를 낳기 위해 4백 마일을 이동한다. 보호구역 내 해안가 평원에는 포식자의 수가 많지 않다. 게다가 전문가들은 보호구역 내 전체 석유량이 6개월 분량에도 미치지 못할 것이라고 한다. 보호구역에 서식하는 동물들에게 시추가 미치는 영향을 무릅쓸 만한 가치가 이렇게 작은 양의 석유에 있는 것인가? 미국인들은 전 세계에서 석유를 가장 많이 소비한다. 우리는 석유를 시추하는 대신에 단지 석유 소비를 줄이는 것만으로 해외의 석유에 대한 수요를 줄여야 한다. 우리는 북극국립야생보호구역의 야생동물을 보존하기 위해 우리가 사용하는 석유의 양을 줄일 수 있도록 협력해야 한다.

08 이 글의 제목은 무엇인가?

① 북극국립야생보호구역에서 석유를 시추하려는 시도
② 석유회사들이 북극으로 향하는 것을 막기 위한 싸움
③ 미국이 소비하는 모든 석유를 자급자족할 수 있게 되어야 할 필요성
④ 북극 동물의 이동 습관

| 정답 | ①

| 해설 | 본문은 석유업계에서 북극국립야생보호구역에 시추공을 뚫어 석유를 채취하려 하고 있으며, 이를 막아야 할 뿐 아니라 전반적인 석유의 수요를 줄여야 한다는 점을 말하고 있다. 따라서 정답은 ①이다.

09 이 글에서 유추할 수 없는 것은 무엇인가?

① 보호구역은 전국에서 필요로 하는 석유를 제공하지는 못할 것이다.
② 환경보호주의자들은 석유업계의 주장에 경계해야 한다.
③ 석유업계의 지도자들은 북극에서 석유 시추를 원한다.
④ 아무도 북극의 야생동물에 신경을 쓰지 않는다.

| 정답 | ④

| 해설 | 석유업계는 아닐지 몰라도 최소한 저자와 환경보호단체는 북극의 야생동물을 보호하기 위해 애쓰고 있다. 따라서 정답은 ④이다.

10 저자의 의견은 무엇인가?

① 카리부는 곧 멸종될 것이다.
② 동물들은 계획이 진행될 경우 죽을 것이다.
③ 미국인들은 석유를 덜 써야 한다.
④ 다른 국가들은 미국에 석유를 더 값싸게 팔아야 한다.

| 정답 | ③

| 해설 | 본문의 저자의 주장은 두 번째 단락의 마지막 부분을 보면 잘 알 수 있듯이 전반적인 석유의 사용을 줄여야 한다는 것이다. 따라서 정답은 ③이다.

| 어휘 |

caribou ⓝ 카리부 (북미산 순록)	moose ⓝ 무스	musk ox 사향소
grizzly ⓝ 회색곰	disturb ⓥ 방해하다	migration ⓝ 이주, 이동
add up to 합계[총] ~가 되다	cut back on 줄이다	self-reliant ⓐ 자립적인, 자급자족하는
be wary of 경계하다, 조심하다		

[11~12]

"우리는 모두 세계 시장에서 뛰고 있는 선수이다. 우리가 경쟁하지 않으면 우리는 사라지게 된다." 시장은 우리가 존재하는 곳이고, 우리가 우리 자신을 발견하는 곳이다. 우리가 어떻게 이곳에 오게 되었는지는 묻지 않아도 된다. 그것은 마치 선택권이 주어지지 않은 채로 어떤 세상에 태어난 것과 같고, 우리가 알지 못하는 부모에게 태어난 것과 같다. 우리는 여기 존재하며, 이것만이 중요하다. 이제 우리의 운명은 경쟁하는 것이다. 당신은 동료들과 경쟁하는 것에 즐거움을 느끼지 못하며 경쟁에서 한발 뒤로 물러나 있는 것을 선호한다는 말은 시장을 신봉하는 사람들에게는 말도 안 되는 것으로 들릴 것이다. 당신이 원한다면 물러나 있어도 좋다고 그들은 말한다. 하지만 당신의 경쟁 상대는 틀림없이 그런 선택을 하지 않을 것이다. 당신이 무기를 내려놓는 순간 당신은 죽음을 맞게 될 것이다. 우리는 꼼짝없이 만인이 만인을 상대로 하는 전투에 갇혀 있다. 하지만 시장은 신(신이나 역사의 정신)이 만든 것이 아님이 틀림없다. 만일 시장을 만든 이가 우리 인간이라면 시장을 없애거나 좀 더 친절한 형식으로 수정할 수는 없을까? 세상은 왜 분주하게 협업하는 벌집이나 개미탑이 아닌 누군가를 죽거나 죽이는 검투사들의 원형극장이어야 하는 것일까?

---

11 다음 중 시장의 신봉자들(true believers in the market)이 시장에 대해 주장하는 것으로 올바른 것은?

① 필연적이다
② 부를 만들어 낸다
③ 우리에게 자유를 준다
④ 역사적으로 향상되어 왔다

| 정답 | ①

| 해설 | 바로 다음 부분인 "it makes no sense to say that you take no pleasure in competing with your fellow men and prefer to withdraw."을 통해 경쟁이 싫어서 경쟁하지 않겠다는 말은 이치에 맞지 않는 말이라고 했다. 그리고 그 이후의 내용을 통해 왜 그런지 이유를 제시하고 있다. 경쟁을 멈추는 순간 다른 경쟁자에게 죽임을 당하게 될 것이라는 내용이다. 즉 우리는 좋든 싫든 경쟁을 할 수밖에 없다는 뜻으로, 이것은 시장은 필연적이라는 ①의 내용에 해당한다.

---

12 다음 중 저자의 입장을 가장 잘 묘사한 것은?

① 우리는 시장 없이 살 수 있지만, 경쟁 없이 살 수는 없다.
② 모든 시장은 죽거나 죽이는 검투사들의 원형경기장을 닮았다.
③ 우리가 간절히 원한다면 우리는 좀 더 인간적인 시장을 만들 수 있다.
④ 시장의 사람들은 벌집에서 일하는 벌과 같다.

| 정답 | ②

| 해설 | 첫 문장에서 우리는 모두 시장의 선수(참가자)라고 했고, 마지막 문장에서 세상(시장)이 마치 검투사들의 원형극장과 같다고 했으므로, 정답은 ②가 된다.

| 어휘 | **perish** ⓥ 죽다, 말려 죽이다   **fate** ⓝ 운명   **make no sense** 이치에 맞지 않다
withdraw ⓥ 철수하다, 인출하다, 철회하다   **competitor** ⓝ 경쟁자[경쟁 상대]
assuredly ⓐⓓ 분명히, 틀림없이   **lay down one's arms** 무기를 버리다, 항복하다
slaughter ⓥ 도살, 대량학살(하다)   **ineluctably** ⓐⓓ 피할 수 없는   **unmake** ⓥ 망치다, 부수다, 파괴하다
gladiatorial ⓐ (고대 로마의) 검투사의; 논쟁자의   **amphitheatre** ⓝ (로마의) 원형극장

say 예를 들어

beehive ⓝ 벌집

do without (~) 없이 견디다[지내다]

collaborative ⓐ 협력적인, 협력하는, 합작의, 공제작의

anthill ⓝ 개미총[탑]

humane ⓐ 자비로운, 인도적인, 우아한

inevitable ⓐ 필연적인, 피할 수 없는

[13~14]

해석

일반적으로 사람들에게 '인맥'에 관해 물어보면 그들은 연락처에 얼마나 많은 사람이 있는지 혹은 페이스북에 얼마나 많은 이들이 친구로 등록되어 있는지 말해 주려 할 것이다. 이것이 나쁜 것은 아니다. 이런 방식이나 <u>수많은</u> 다른 방식의 인터넷 연결 장치들이 우리를 다른 이들과 연락을 취하게 해 주는 매우 유용한 도구이기 때문이다. 하지만 그런 동시에 대부분 사람들의 인맥은 인간미가 없는 것으로, 알게 된 지 얼마 되지 않았거나 연락을 취하는 경우가 드문 사람들을 대상으로 형상된 관계로, 아무리 좋게 말해도 대게는 면식이 있는 정도에 불과하다. 이런 방식의 인맥에 포함된 이들은 우리가 연락을 취하고 싶을 때 연락을 취해 줄 가능성이 별로 높지 않다. 왜 그럴까? 그들은 우리를 하나의 개인으로 정말 아끼는 사람들이 아니기 때문이다.

하지만 우리의 일생의 과업을 이루기 위해서는 우리와 완전히 다른 수준의 관계를 맺는 촉매제와 같은 역할을 하는 사람들이 필요하다. 그들은 온라인이든 오프라인이든 인맥 형성을 통해 만들 수 없는 깊이와 가치를 지닌 이들이다. 그런 점에서 우리가 논의하는 것은 일종의 안티 페이스북(anti-Facebook)이라고 할 수 있다. 그것은 모든 이에서 다른 모든 이로 끊임없이 확장되며 이어지는 그 물망이 아닌, 세심하게 정의되고 계획적으로 설계된 거미줄 같은 것으로 모든 선이 우리 자신이라는 구심점을 중심으로 사방으로 퍼져나가는 것을 의미한다. 이런 선의 끝단에 있는 이들은 기꺼이 우리를 위해 자신의 시간과 에너지를 쏟아 줄 수 있는 소수의 사람들이다. 그들은 우리를 하나의 전문가이자 하나의 인간으로 이해해 줄 수 있는 사람일 것이고, 우리의 일생의 과업을 앞당기는 데 일조해 주길 원하는 사람일 것이다.

13 다음 중 밑줄 친 ⓐ <u>myriad</u>와 가장 가까운 의미에 해당하는 것은?

① 친절한

② 익명의

③ 설명할 수 없는

④ 셀 수 없는

| 정답 | ④

| 해설 | 'myriad'는 '무수히 많은'을 의미하므로, 정답은 '셀 수 없는'의 의미를 지닌 ④가 된다.

14 다음 중 저자의 의견을 가장 잘 묘사한 것은?

① 인간미가 없는 인맥이 우리의 일생의 과업을 위해 필수적이다.

② 디지털 네트워크를 통해 인맥의 그물을 확장하라.

③ 면식이 있는 사람들이란 우리를 도울 준비가 되어 있는 사람들이다.

④ 진정으로 우리를 아끼는 사람들과 관계를 형성하라.

| 정답 | ④

| 해설 | 두 번째 문단 서두에서 저자의 주장이 가장 잘 드러나 있다. 저자는 '우리의 일생의 과업을 이루기 위해서는 우리와 완전히 다른 수준의 관계를 맺는 촉매제와 같은 역할을 하는 사람들이 필요하다.'라고 말한다. 그리고 그런 사람들은 우리 자신을 중심에 두고 세심하게 구축된 소수의 사람들로 '기꺼이 우리를 위해 자신의 시간과 에너지를 쏟아 줄 수 있는' 사람들이라고 말하고 있다. 따라서 '진정으로 우리를 아끼는 사람들과 관계를 형성하라.'라는 ④가 저자의 의견과 가장 일치함을 알 수 있다.

contact list 연락처 목록

acquaintance ⓝ 아는 사람, 지인; 친분, 면식

catalyst ⓝ 촉매, 기폭제

in that regard 그것과 관련하여

deliberately ⓐⓓ 고의로, 일부러

a handful of 소수의

commit ⓥ 전념하다, 헌신하다, 맡기다, 위탁하다, 확약하다, (죄를) 범하다

affable ⓐ 상냥한, 친절한

innumerable ⓐ 셀 수 없는, 무수한

myriad ⓐ 무수한, 무수히 많은

engagement ⓝ 교전; 참여; 약속, 업무; 약혼

mesh ⓝ 그물망, 철망

spiderweb ⓝ 거미줄

be willing to 흔쾌히 ～하다, 기꺼이 ～하다

anonymous ⓐ 익명의, 무명의

nurture ⓥ 양육하다, 키우다

impersonal ⓐ 인간미 없는; 비인격적인

at best 기껏해야, 아무리 좋게 말해도

define ⓥ 정의하다

radiate ⓥ (사방으로) 퍼지다; 내뿜다, 발하다

on one's behalf ～를 대신해서, ～를 위해서

inexplicable ⓐ 불가해한, 설명할 수 없는

[15~16]

해석

내 생각에 우리 학교는 동작 감지식 자동 손 건조기를 구매하는 것이 좋을 것이라고 본다. 이에는 몇 가지 이유가 존재한다. 아이들은 현재 우리가 사용 중인 세균이 들끓는 종이타월기 때문에 병에 걸릴 수 있다. 게다가 학생들이 계속 레버를 당겨서 필요하지도 않은 종이타월을 꺼내는 통에 쓰레기가 상당히 많이 생기고 있다. 무엇보다도 자동 손 건조기는 매우 위생적이다. 사용자는 수많은 학생들이 손을 댄 레버를 당기는 대신에 건조기에 손을 집어넣기만 하면 된다. 만질 것이 없기 때문에 세균이 붙을 리도 없다. 게다가 이 자동 손 건조기를 구매한다면 학교 예산을 절약하고 나무를 보호할 수 있다. 종이타월을 낭비하지 않게 되면서 절약하게 되는 돈은 현지답사 같은 교육 용도로 사용이 가능하다. 심지어 우리는 나무 농장에 가서 얼마나 많은 나무를 보호했는지를 볼 수 있다. 나무를 적게 자르는 것으로 환경에 큰 영향을 미치게 될 것이다.

---

15 이 글은 무엇에 관한 것인가?

① 왜 학교에 있는 아이들이 병에 걸리는가?

② 왜 나무를 보호해야 하는가?

③ 왜 학교는 전기 손 건조기를 설치해야 하는가?

④ 왜 전기 손 건조기가 아직도 설치되지 않았는가?

| 정답 | ③

| 해설 | 저자는 학교에 종이타월 대신에 전기로 작동되는 자동 손 건조기를 설치할 것을 주장하면서 그 근거를 대고 있다. 따라서 정답은 ③이다.

---

16 전기 손 건조기가 학교 예산에 어떤 도움을 주는가?

① 종이타월은 위생적이지 않으므로 학교가 병원비를 지불해야 한다.

② 종이타월은 개별적으로 구매하기에 너무 비싸다.

③ 학생들은 아마도 너무 오래 걸리기 때문에 전기 손 건조기를 사용하지 않을 것이다.

④ 학교는 학생들이 효율적으로 사용하지 못하는 1회용 종이타월에 돈을 낭비한다.

| 정답 | ④

| 해설 | 전기 손 건조기를 사용하면 학교 예산이 줄어드는 이유는 최소한 학생들이 필요하지도 않은 종이타월을 꺼내 쓰는 낭비를 막을 수 있기 때문이다. 따라서 정답은 ④이다.

| 어휘 | **invest in** ~에 돈을 쓰다[사다] 　 **motion-sensing** ⓐ 동작을 감지하는 　 **infest** ⓥ 우글거리다, 들끓다
　　　 sanitary ⓐ 위생적인 　　　　　 **disposable** ⓐ 1회용의

[17~18]

집시의 삶의 방식에 관해 널리 알려진 고정관념은, 이들의 삶의 방식은 호화스럽고, 사람들에게 노출되어 있으며, 사람들의 관심을 끈다는 것이다. 하지만 우리는 집시 문화에 관해 제대로 알고 있지 못하다. 예를 들어 옷의 끝단이 흘러내리는 형태의 집시 패션은 단정해 보이기 위한 결과이고, 널리 퍼진 엄격한 청결 규칙은 여러 세기 동안 길을 따라 방랑하는 삶을 살면서 위생이 최대한 요구되던 시절에 형성된 것이다. 인터넷에서 "집시"에 관해 검색하면 집시 공동체가 범죄와 탈세 및 자발적 실업 등이 만연한 곳이라는 사람들의 근거 없는 믿음을 영속화시키는 이야기가 계속 이어지고 있음을 알 것이다. 이는 사실과 매우 거리가 있다. 집시 공동체의 구성원들은 실제로는 통계상으로 주류 교도소 수감자 중에서 차지하는 비중이 적다. 다른 공동체와 마찬가지로, 집시 공동체에서 교사, 간호사, 경찰, 예술가, 기업가 등을 발견할 수 있는 것처럼, 범죄자 또한 발견할 수 있다. 많은 집시는 주류 교육을 통해 일류 대학에 진학하는데 성공했으며, 동시에 자신들만의 정체성도 유지하고 있다.

17　다음 중 이 글의 제목으로 가장 적절한 것은?
　　 ① 집시 문화에 관한 사람들의 근거 없는 믿음
　　 ② 집시 문화의 의상 취향
　　 ③ 집시 공동체의 변화
　　 ④ 집시 공동체의 굳건한 정체성

| 정답 | ①

| 해설 | 본문은 처음에는 집시의 생활방식에 관한 사람들의 고정관념을 설명한 다음 그것이 잘못된 것임을 말하고 있다. 즉 사람들이 집시 문화에 관해 "근거 없는 믿음"을 품고 있으며 때문에 저자는 이를 불식시키려 하고 있다. 따라서 "근거 없는 믿음"을 언급한 ①이 정답으로 적합하다.

18　다음 중 저자가 암시하는 것은?
　　 ① 집시는 도발적인 옷을 입는다.
　　 ② 집시는 수당이나 타먹으며 살기를 갈망한다.
　　 ③ 집시는 일하기 싫어하는 사람들이 아니다.
　　 ④ 집시는 교육을 받지 못하고 있다.

| 정답 | ③

| 해설 | 본문 후반부를 보면 집시 공동체 출신 사람들이 특별히 범죄에 빠진 것은 아니며, 다른 공동체 구성원들과 마찬가지로 일반적인 직업을 갖고 있는 사람도 많음을 알 수 있고, 일류 대학에 진학하는 사람도 많음을 알 수 있다. 즉 집시 공동체가 "범죄와 탈세 및 자발적 실업 등이 만연한 곳"이라는 근거 없는 믿음은 사실이 아니며, 집시는 "일하기 싫어하는 사람들"이 아니라고 저자는 주장한다. 따라서 정답은 ③이다.

| 어휘 | **flashy** ⓐ 호화스러운, 현란한　　　**revealing** ⓐ 흥미로운 사실을 드러내는[보여 주는], 노출된

picture ⓝ (사물·상황에 대해 머릿속으로 그려지는) 모습, 묘사; (전반적인) 상황

free flowing 자유로이 흐르는, 이리저리 펄럭이는

guide ⓥ 좌우하다, 이끌다, 관리하다　　**modesty** ⓝ 얌전함, 단정함　　　**code** ⓝ (사회적) 관례[규칙]

utmost ⓐ 최고의, 극도의　　　　　**perpetuate** ⓥ 영구화하다, 영속시키다

myth ⓝ (많은 사람들의) 근거 없는 믿음, 신화　　　　　　　　　　　**ridden** ⓐ ~이 들끓는, ~이 만연한

tax avoidance 절세, 탈세　　　　**voluntary** ⓐ 자발적인

underrepresent ⓥ 실제의 수량·정도보다 적게[낮게] 표시하다　　　**entrepreneur** ⓝ 사업가, 기업가

whilst (= while retain) ⓥ 유지하다, 보유하다

provocative ⓐ 도발적인, 자극적인　　**aspire to** ~을 갈망하다

benefit ⓝ (정부가 실업자·장애인 등에게 주는) 수당[보조금]　　　　　**work-shy** ⓐ 일하기 싫어하는

[19~20]

해석

돈으로도 행복은 살 수 없다는 생각은 잘못된 통념으로 오랫동안 여겨져 왔다. 부유한 국가가 그렇지 못한 나라보다 행복하다. 부유한 국가에서도 부유한 사람들이 더 행복하다. 그 증거는 분명하다. 바로 돈이 당신을 행복하게 만든다. (그러므로) 당신은 돈을 가지고 무엇을 할 수 있는지 알고 있어야 한다.

심리학자인 다니엘 길버트는 몇 년 전 인터뷰에서 너무 많은 것을 사들이지 말고, 그 돈을 경험에 쓰리고 말했다. 우리는 경험은 흥미롭지만 우리에게 뭔가를 남겨주는 것은 아니라고 생각하지만, 사실은 좋은 것으로 드러났다. 대부분의 사람들에게 행복은 남과 경험을 함께하는 데서 온다. 경험은, 처음 일어났을 때 공유하고, 그리고 우리가 친구들에게 얘기할 때 반복적으로 공유된다.

반면에 물건은 환영받는 상황이 점점 줄어간다. 당신이 정말로 어떤 양탄자를 좋아하면 살 수 있다. 처음 몇 번은 볼 때마다 좋고 행복할 것이다. 하지만 시간이 지나면서 단지 양탄자에 불과하다는 것을 알게 된다. 오래된 가구 하나가 최근에 당신에게 얼마나 매력적이었는지 기억하려고 애써 보면 알 것이다.

19 다음 중 저자가 추천하는 것은?

① 물건보다는 경험을 사라.

② 남들에게 우호적으로 대해라.

③ 삶의 방식을 의미 있게 바꿔라.

④ 이미 가진 것에 만족해라.

| 정답 |　①

| 해설 |　물건이 지니는 행복감은 곧 식고 사그라들지만 경험으로 인한 행복감은 계속된다고 하였다. 그러므로 정답은 ①이다.

20 밑줄 친 부분이 암시하는 것은?

① 우리는 쇼핑을 통해 안 좋은 기분에서 벗어날 수 있다.
② 우리는 보통 경험보다는 물건을 선호한다.
③ 물건을 사들이는 행복은 시간이 지나면서 줄어든다.
④ 우리는 보통 필요한 것보다 원하는 것을 산다.

| 정답 | ③

| 해설 | wear out은 '닳게 하다, 닳아 없어지다'의 뜻이므로 환영이 닳아 없어진다는 것은 시간이 지나면서 환영하는 느낌이 점점 줄어든다는 의미이다.

| 어휘 | **expose** ⓥ 드러내다, 노출시키다   **myth** ⓝ 신화, 잘못된 통념   **over and over** 반복해서
unequivocal ⓐ 명백한, 분명한   **wear out** 점점 사라지다, 닳아 없어지다
rug ⓝ 양탄자, 융단   **ecstatic** ⓐ 황홀해하는, 열광하는

연습 문제

| 01~02 | 01 ④ | 02 ② | 03~04 | 03 ④ | 04 ③ | 05~07 | 05 ② | 06 ② | 07 ④ | 08~10 | 08 ③ | 09 ① | 10 ① |

[01~02]

해석

점점 더 험악한 기상 상황이 많이 발생함에 따라, 근심에 찬 전 세계가 다음과 같은 의문을 제기하고 있다. 이런 험악한 기상 이면에는 어떤 일이 벌어지고 있는 것일까? 그리고 왜 이런 일이 벌어지고 있을까? 또한 많은 사람들이 다음과 같은 사실을 알고 싶어한다. 이것은 자연스런 현상인가, 아니면 우리가 비난받을 일을 한 것일까? 정답은 어느 정도 두 답변이 모두 해당된다. 험악한 기상은 자연스런 현상이다. 그러나 대부분의 과학자들은 인간의 활동이 지구를 더 따뜻하게 만들었다는 데 동의한다. 이러한 지구온난화가 폭염 발생 가능성 또한 높이고 있다. 온도가 높을수록 공기 중으로 더 많은 물이 유입된다. 이것은 더 많은 비가 더 빈번하게 오도록 야기한다. 일부 과학자들은 또한 지구온난화가 허리케인과 다른 폭풍들을 더 강하게 만든다고 믿는다. 이것은 우리가 아마도 더 많은 험악한 날씨를 보게 될 것이라는 것을 의미한다. "하지만 우리는 그냥 서서 그것을 받아들일 필요는 없다."라고 과학자 마이클 오펜하이머(Michael Oppenheimer)는 말한다. 그와 다른 전문가들은 우리가 지구가 따뜻해지는 것을 늦추도록 도울 수 있다고 말한다. 우리는 또한 생명을 구하는 데 도움이 될 일을 하기 위해 준비가 되어 있어야 한다.

---

01 빈칸 (A)에 들어갈 가장 알맞은 것을 고르시오.

① blame
② blaming
③ blamed
④ to blame

| 정답 | ④

| 해설 | 정답은 ④로, 'Somebody is to blame'이라는 표현이 숙어로 사용되며, '~가 …에 대한 책임을 져야 한다'는 의미를 지닌다.

---

02 빈칸 (B)에 들어갈 가장 알맞은 것을 고르시오.

① 그러한 비극을 막기 위해 노력할 수 없다
② 그냥 서서 그것을 받아들일 필요는 없다
③ 이런 상태가 곧 나이질 것이라고 예측할 수 있다
④ 또한 지구온난화를 쉽게 해결할 수 있다

| 정답 | ②

| 해설 | 지구온난화로 기상이 악화되고 있지만, 우리가 할 수 있는 일들이 있다고 뒤이어 말하고 있으므로, 이것과 어울리기 위해서는 "아무것도 하지 않고 가만히 있다가 피해를 입지는 않을 것이다"라는 의미에서 ②가 정답이 된다.

| 어휘 | **wild weather** 험한 날씨　　　　　**natural** ⓐ 자연[천연]의
be to blame (~에 대한) 책임이 있다, 책임을 져야 하다　　　　　　　　　**global warming** 지구온난화

heat wave 장기간의 혹서, 폭염   **temperature** ⓝ 온도, 기온   **strive to** 노력하다, 애쓰다

stand there and take it 멍하니 서서 벌어지는 상황(피해)을 받아들이다   **with ease** 용이하게, 손쉽게

[03~04]

해석

스트레스는 불가피한 것이다. 아무도 막을 수 없다. 하지만 스트레스가 건강에 미치는 해로운 영향을 최소화하려고 노력할 수는 있다. 왜 어떤 사람들은 마음의 평정을 잃지 않는 반면에 다른 사람들은 압박감으로 인해 무너지는지를 이해하려면, 스트레스에 대처하는 과정을 살펴보고 다음과 같은 질문을 하는 것이 도움이 된다. "스트레스에 대처하기 위해 취할 수 있는 적응적 방법은 무엇인가?"

연구원들은 대처 전략의 일반적인 유형으로 두 가지를 구분했다. 첫 번째는 문제에 초점을 맞춘 대처 전략으로, 문제의 근원을 극복하여 스트레스를 줄이도록 고안되었다. 학교에서 어려움을 겪고 있는가? 열심히 공부하거나 과외선생을 고용하라. 목표는 스트레스의 근원을 공격하는 것이다. 두 번째 접근법은 감정에 초점을 맞춘 대처 전략으로, 감정적 혼란을 관리하는 것이며, 이는 문제를 안고 살아가는 방법을 배우는 것으로 가능할 것이다. 학교나 직장 또는 인간관계에서 어려움을 겪고 있다면, 참고 견디며 상황을 무시하거나 상황을 최대한 이용할 수 있다. 사람들은 자신이 스트레스 요인을 극복할 수 있다고 생각할 때 적극적으로 문제에 초점을 맞춘 접근 방식을 취하지만, 문제를 통제할 수 없는 것으로 판단할 경우엔 감정에 초점을 맞춘 접근 방식에 의지한다.

03 다음 중 밑줄 친 ⓐ composure와 의미상 가장 가까운 것은?

① 즐거움   ② 명민함

③ 정중함   ④ 평온

| 정답 | ④

| 해설 | keep one's composure가 "마음의 평정을 잃지 않다"라는 의미이므로, composure는 "마음의 평정, 냉정, 침착" 등을 의미한다. 보기 중에서 이와 의미상 가장 가까운 것은 "(마음·생활의) 평온, 평정, 침착" 등을 의미하는 ④ serenity이다.

04 감정에 초점을 맞춘 대처 전략의 사례로 암시되는 것은 무엇인가?

① 부모님과 문제가 있을 때 부모와 대화하기

② 휴대전화를 분실했을 때 낯선 사람에게 휴대전화를 빌려 달라고 요청하기

③ 스트레스가 많은 상황에서 침착함을 유지하기 위해 노력하기

④ 학교에서 학업에 어려움을 겪을 때 시간을 추가로 들여 공부하기

| 정답 | ③

| 해설 | "두 번째 접근법은 감정에 초점을 맞춘 대처 전략으로, 감정적 혼란을 관리하는 것이며, 이는 문제를 안고 살아가는 방법을 배우는 것으로 가능할 것이다" 및 "사람들은 자신이 스트레스 요인을 극복할 수 있다고 생각할 때 적극적으로 문제에 초점을 맞춘 접근 방식을 취하지만, 문제를 통제할 수 없는 것으로 판단할 경우엔 감정에 초점을 맞춘 접근 방식에 의지한다"를 통해 미루어 봤을 때, 감정에 초점을 맞춘 방식은 스스로 대처할 수 없다 판단이 되기 때문에 스트레스를 받아들이고 안고 가는 방식이다. 보기 중에서 이에 해당하는 것은 ③이다.

| 어휘 | **inevitable** ⓐ 불가피한, 필연적인   **keep one's composure** 마음의 평정을 잃지 않다

crumble ⓥ 무너지다, 흔들리다　　　adaptive ⓐ 적응할 수 있는, 적응성의　　　turmoil ⓝ 혼란, 소란

keep a stiff upper lip (어려움에 부딪쳐도) 겁내지 않다, 버티다, 참고 견디다　　　stressor ⓝ 스트레스 요인

fall back on ~에 기대다[의지하다]　　　jollity ⓝ 즐거움, 유쾌　　　agility ⓝ 민첩, 명민함

civility ⓝ 정중함, 공손함　　　serenity ⓝ (마음·생활의) 평온, 평정, 침착

[05~07]

해석

질문: 지능은 대부분의 사람들이 믿는 것보다 훨씬 더 잘 변한다고 당신은 말하고 있다. 우리는 어떻게 하면 더 똑똑해질 수 있는가?

답변: 대략 20년 전까지만 해도 대부분의 과학자들은 지능이 대부분 부모에게 물려받는 것이며, 환경의 <u>영향</u>은 제한적이라고 생각했다. 이러한 관점을 뒷받침하는 중요한 발견이 태어날 때부터 떨어져 지낸 일란성 쌍둥이에 대한 연구에서 나왔다. 서로 다른 가정에 입양되었음에도 불구하고, 쌍둥이들은 대개 매우 유사한 지능을 보였고, 이것은 유전자가 지배적임을 나타냈다. 요즘 과학자들은 이러한 초창기 연구들이 환경의 영향을 과소평가했다고 생각한다. 첫째, 입양 가정은 아마도 크게 다르지 않을 수 있다. 입양 가정도 일반적으로 지원을 아끼지 않고, 학교에서의 성공을 강조한다. 둘째, 다른 자료에 따르면 수준이 낮은 학교에서 수준이 높은 학교로 아이들을 옮기는 것이 IQ 점수를 상승시킨다는 것을 보여 준다. 더 똑똑해지는 비결은 사실 대단한 비밀이 아니다. 지적 활동을 하는 것이다. 신문을 읽고, 유익한 다큐멘터리를 보고, 잘 쓰인 책을 찾아 읽는 것을 말한다. 운동 전문가들이 격렬한 프로그램보다는 작은 변화를 많이 갖도록 조언하듯이, 더 똑똑해지는 가장 좋은 방법은 매일 조금씩 더 많은 학습을 하는 것이라고 생각한다. 비결은 그런 기회를 찾는 습관을 기르는 것이다.

05 다음 중 빈칸에 들어갈 가장 적절한 것은?

① 당신의 강점과 약점을 찾다

② 지적 활동에 참여하다

③ 당신이 잘할 수 있는 일에 집중하다

④ 똑똑한 사람들과 친구가 되다

⑤ 좋은 운동 습관을 기르다

| 정답 | ②

| 해설 | 본문의 빈칸 바로 뒤에 이어지는 "Read the newspaper, watch informative documentaries, and find and read well-written books."와 같은 행위들은 '지적 활동에 참여하는 것'을 의미하므로, 정답은 ②이다.

06 다음 중 밑줄 친 단어를 바꿀 수 있는 것으로 가장 적절한 것은?

① 역경　　　　② 영향　　　　③ 의도

④ 관용　　　　⑤ 구금

| 정답 | ②

| 해설 | 밑줄 친 impact는 '영향'을 의미하므로, 동의어는 ② influence가 적절하다.

07

이 글에 따르면, 일치하지 <u>않는</u> 것은?

① 서로 다른 가족에 입양된 일란성 쌍둥이에 대한 초기 연구는 유전자의 중요성을 보여 주었다.
② 신문과 좋은 책을 읽는 것이 지능 수준을 높이는 데 도움이 된다.
③ 일부 연구에 따르면 어린이들을 다른 학교에 보내는 것이 지능 수준의 차이를 가져왔다.
④ 똑똑해지려면 일련의 구체적인 계획을 세우고 이를 하나씩 수행해야 한다.
⑤ 운동 전문가들은 극적인 프로그램을 수행하는 대신 많은 작은 변화를 만들 것을 권장한다.

| 정답 | ④

| 해설 | 본문에서는 똑똑해지는 비결로 지적 활동에 참가하며, 매일 조금씩 더 많은 학습을 하는 것이 중요하며, 이를 습관화하는 것이 중요하다고 지적하고 있다. 따라서 ④에서 말한 '구체적인 계획을 세우고 이를 하나씩 수행해야 한다'는 내용은 본문과 무관한 문장이 된다.

| 어휘 |

intelligence ⓝ 지능	**malleable** ⓐ 영향을 잘 받는, 잘 변하는	**inherit** ⓥ 상속받다, 물려받다
identical twins 일란성 쌍둥이	**be adopted into** ~에 입양되다	
dominate ⓥ 지배하다, 통치하다, 우세하다		**underestimate** ⓥ 과소평가하다
adoptive ⓐ 입양으로 맺어진	**vary** ⓥ 바꾸다, 변경하다, 다양하다	**emphasize** ⓥ 강조하다
supportive ⓐ 지원하는, 도와주는	**vigorous** ⓐ 격렬한, 정력적인, 활력 있는	**adversity** ⓝ 불운, 역경
influence ⓝ 영향, 영향력	**intention** ⓝ 의도	
tolerance ⓝ 내성, 저항력; 관용, 아량	**detention** ⓝ 구류, 구금	**implement** ⓥ 실시하다, 이행하다

[08~10]

해석

사람들 사이에 합리적 의견과 합리적 행동을 <u>우선시하는</u> 것이 사실이라면, 그것은 인간 정신의 특성에 근거하는 것으로, 그것은 하나의 지적 또는 도덕적 존재로서 인간에 내재하는 존경할 만한 모든 것의 근원이라고 할 수 있는 생각인 인간의 잘못은 고칠 수 있다는 것에 근거한다. 인간은 자신의 잘못을 토론과 경험을 통해 고칠 수 있다. 단순히 경험에 의해서만이 아니다. 경험이 어떻게 해석되어야 하는가를 밝히려면 반드시 토론이 필요하다. 잘못된 의견과 관행은 점차 사실과 논증에 복종하게 되지만, 사실과 논증이 인간 정신에 어떤 영향을 미치려면 먼저 그것이 인간 정신 앞에 제시되어 판단되어야 한다. 그 자체의 의미를 드러낼 수 있는 말을 하지 않고서 그 자체의 모습을 드러낼 수 있는 사실은 거의 없다. 그렇다면 인간의 판단의 모든 힘과 가치에 대해 신뢰할 수 있는 것은 오직 이를 시정할 방법이 항상 갖추어져 있는 경우뿐이다. 어떤 사람의 판단이 참으로 믿을 만하다고 간주되는 경우, 어떻게 그렇게 되는 것일까? 그것은 그가 자신의 의견과 행동에 대한 비판에 항상 마음의 문을 열어놓았기 때문이다. 자신의 의견을 타인의 그것과 대조하여 잘못이 있으면 시정하여 완성한다는 지속적인 습관이야 말로 자기 의견에 대해 올바른 신뢰를 갖게 하는 유일한 기초다. 왜냐하면 자신에게 가해질 수 있는 모든 반대 의견을, 적어도 그것이 공개적으로 발표되는 경우에 인식하고, 모든 <u>반대론자</u>에 대해 자신의 의견을 정립해 왔기 때문에, 자신의 판단을 동일 과정을 거친 적이 없는 사람이나 집단의 판단보다도 더 옳다고 확신할 권리를 갖기 때문이다.

다음 중 밑줄 친 부분과 가장 가까운 의미에 해당하는 것은?

① 비판
② 합리성
③ 우세
④ 심사숙고

| 해설 | 밑줄 친 preponderance는 '능가하기, 우세, 우월'의 의미를 지니므로, '우세, 우월감'을 뜻하는 ③ superiority가 동의어가 된다.

---

09 다음 중 빈칸에 들어갈 가장 적절한 것은?

① 반대론자   ② 지지자

③ 신봉자   ④ 변절자

| 정답 | ①

| 해설 | 빈칸 바로 앞의 "all that can be said against him(자신에게 가해질 수 있는 모든 반대 의견)"에 대해 인식하고 있다고 했으며, 그런 '반대 의견을 표출하는 사람들'에 대한 자신의 입장을 갖추고 있다는 의미가 와야 하므로, 빈칸에는 '반대론자'라는 의미를 지니는 ①이 와야 한다.

---

10 이 글에 따르면, 일치하지 <u>않는</u> 것은?

① 사실이 의견의 신뢰도를 결정해 줄 것이다.

② 논의되지 않은 의견은 신뢰할 수 없다.

③ 의견의 신뢰를 강화하기 위해서는 비판을 회피해서는 안 된다.

④ 인간 정신의 지적 특성은 오류를 바로잡을 수 있는 능력에서 발견된다.

| 정답 | ①

| 해설 | 본문 중반의 "Very few facts are able to tell their own story, without comments to bring out their meaning."에서 잘못된 의견이나 관행이 사실과 논증에 굴복하게 되지만, 논의 없이 사실 그 자체로만은 충분하지 않다고 서술하고 있다. 따라서 사실 자체가 의견의 신뢰도를 결정해 주는 것이 아니므로, ①이 정답이 된다.

| 어휘 | **preponderance** ⓝ (무게 · 수량 · 힘 · 중요성 등에서) 능가하기, 우세, 우월

conduct ⓝ 행동

corrigible ⓐ 교정할 수 있는, 솔직히 잘못을 인정하는

interpret ⓥ 의미를 해석하다, 설명하다

bring out ~을 끌어내다, 발휘되게 하다

deserve ⓥ ~을 받을 만하다, 누릴 자격이 있다

criticism ⓝ 비난, 비판

cognisant ⓐ 인식하고 있는, 알고 있는(= cognizant)

rationality ⓝ 합리성

gainsayer ⓝ 부인하는 사람, 반대론자

intellectual ⓝ 지식인

gradually ⓐⓓ 서서히, 점차

reliance ⓝ 의존

collate ⓥ 대조하다

votary ⓝ 신자, 신봉자, 추종자

rational ⓐ 이성적인, 합리적인

moral ⓐ 도덕의, 도의적인

rectify ⓥ 개정하다, 교정하다

yield ⓥ 굴복하다

at hand 당면한

confidence ⓝ 신임, 신뢰, 신용; 자신감

multitude ⓝ 다수

reflection ⓝ 심사숙고; 반사, 반영

apostate ⓝ 배교자, 변절자

연습 문제

[01~02]

해석

앙리 루소(Henri Rousseau)는 프랑스 루아르 밸리(Loire Valley)의 라발(Laval)이라는 마을에서 태어났다. 1868년 아버지가 사망한 이후, 그는 미망인이 된 어머니를 부양하기 위해 파리로 이사했다. 그는 1871년 통행세 징수원이 되었다. 그가 여가 시간에 취미로 그림을 그리기 시작한 것은 바로 무렵이었다. 루소는 정식으로 교육을 받아 본 적이 없었다. 그는 파리의 미술관에 있는 그림을 모사하거나 시의 식물원과 국립 자연사 박물관에서 스케치하며 그림을 독학했다. 루소는 "자연 외에 다른 스승은 없다(no teacher other than nature)"고 공공연하게 말했다.

독학 화가로서 루소는 매우 개인적인 화풍을 개발했는데, 정확한 비율이 없고, 원근법이 없으며, 강렬하며 종종 부자연스러운 색을 사용했다. 그의 초상화와 풍경화는 흔히 어린애 같은 '천진난만한' 특징을 가지고 있고, 그의 그림 몇몇은 꿈에 나오는 장면들처럼 보인다. 1893년 49세의 나이에 루소는 통행세 징수원을 퇴임하고 전업으로 그림을 그리기 시작했다. 그럼에도 불구하고 그의 과거 직업을 지칭하는 말인 세관원(Le Douanier)이라는 애칭으로 널리 알려지게 되었다.

---

01 Henri Rousseau에 관한 윗글의 내용과 일치하는 것은?

① 프랑스 파리에서 태어났다.
② 1871년 생계를 위해 그림을 그리기 시작했다.
③ 파리에 있는 국립 미술 학교에서 그림을 배웠다.
④ 그가 그린 초상화는 때 묻지 않은 소박한 모습을 보여 준다.
⑤ 49세에 그림을 그만두고, 예전 직업을 다시 갖게 되었다.

| 정답 | ④

| 해설 | 정답은 ④로, 본문의 "His portraits and landscapes often have a childlike, "naive" quality" 부분을 지칭한 설명이다. ① 그가 태어난 곳은 파리가 아니라, 프랑스 루아르 밸리(Loire Valley)의 라발(Laval)이라는 마을이었고, 아버지 사망 후 어머니를 부양하기 위해 파리로 이사했다. ② 1871년 통행세 징수원이라는 직업을 갖게 되었고, 취미로 여가 시간에 그림을 그렸다. ③ 그는 정식으로 교육을 받지 않았다. ⑤ 49세에 통행세 징수원을 그만두고 전업 화가가 되었다.

02 빈칸에 들어갈 말로 가장 적절한 것은?

① 요컨대 　　　　　② 그럼에도 불구하고 　　　　　③ 처음부터

④ 예를 들면 　　　　　⑤ 반면

| 정답 | ②

| 해설 | 빈칸 앞에서는 통행세 징수원이라는 직업을 은퇴하고 전업 화가가 되었다는 내용이 나온다. 하지만 빈칸 뒤에서는 그의 과거 직업을 지칭하는 말인 세관원이란 애칭으로 알려지게 되었다고 했으므로, 앞뒤 내용이 양보인 것을 알 수 있다. 따라서 빈칸에는 양보의 접속부사인 ②가 적합하다.

| 어휘 | **widow** ⓝ 미망인, 과부 　　　　　**toll collector** 통행료 징수원 　　　　　**formal** ⓐ 공식적인

botanical ⓐ 식물의 　　　　　**openly** ⓐⓓ 드러내 놓고, 공공연하게 　　　　　**claim** ⓥ 주장하다, 요구하다

absence ⓝ 부재, 결석, 결여 　　　　　**proportion** ⓝ 비율, 비례 　　　　　**portrait** ⓝ 초상화, 인물 사진

flat ⓐ 편평한 　　　　　**perspective** ⓝ 원근법, 관점 　　　　　**landscape** ⓝ 풍경

childlike ⓐ 어린아이 같은, 순진한 　　　　　**naive** ⓐ 순진한 　　　　　**quality** ⓝ 특성, 특징

retire ⓥ 은퇴하다 　　　　　**customs** ⓝ 세관, 관세

reference to ~에 대한 언급, ~에 대해 지칭 　　　　　**in sum** 요컨대

nevertheless ⓐⓓ 그럼에도 불구하고 　　　　　**to begin with** 우선, 처음에는

[03~04]

해석

로마 시대 수사법 전문가인 퀸틸리아누스(Quintilian)(AD 35~96)는 자신이 남긴 영향력 있는 저서에서 말과 동시에 자연스럽게 이어지는 몸짓하고 흉내를 통해 사물을 나타내는 몸짓을 구별하고 있다. 이는 묘사적 행동이나 무언극을 통해 사물을 묘사하는 몸짓을 말한다. 웅변가는 이런 몸짓을 피해야 한다. 퀸틸리아누스는 "웅변가의 몸짓은 화자의 실제 하는 말보다는 화자가 생각한 것을 전달하는 데 맞춰져야 한다"라고 말한다. 자기 자신을 또는 자신이 언급하는 다른 이를 (손으로) 가리키는 것은, 생각의 대상을 나타내는 것이므로, 허용 가능하지만, 입으로 표현되고 있는 말을 설명하기 위해 몸짓을 사용하는 것은 옳지 않다. 퀸틸리아누스에 따르면 웅변가는 자신이 하는 말의 힘을 전달하기 위해 그리고 자신의 생각의 대상을 나타내기 위해 몸짓을 사용하지, 하고 있는 말을 대체하여 몸짓을 사용하는 것은 아니다. 이러한 몸짓은 대중적 무대에서 행해지는 관행을 따를 뿐이고 법정의 위엄과는 맞지 않을 것이다.

03 다음 중 이 글의 제목으로 가장 적절한 것은?

① (손으로) 가리키는 방법에 대한 퀸틸리아누스의 생각

② 퀸틸리아누스의 시대에 대중 연설을 하는 방법

③ 퀸틸리아누스의 적절하게 묘사적인 행동

④ 몸짓의 올바른 사용에 대한 퀸틸리아누스의 개념

| 정답 | ④

| 해설 | 본문은 연설 중 몸짓의 사용과 관련해, 퀸틸리아누스가 생각한 올바른 몸짓이 무엇인지 설명하고 있다. 따라서 정답은 ④이다.

04 이 글에 따르면, 다음 중 일치하지 <u>않는</u> 것은?

① 무언극의 몸짓이 법정에서 보여서는 안 된다.
② 뛰어난 웅변가의 몸짓은 자신이 하는 말의 움직임이나 형태를 묘사한다.
③ 사물을 흉내 내는 방식으로 사물을 나타내는 유형의 몸짓이 존재한다.
④ 웅변가가 웅변을 듣는 누군가를 가리키는 것은 허용 가능하다.

| 정답 | ②

| 해설 | 퀸틸리아누스에 따르면 뛰어난 웅변가는 자신의 생각을 나타내기 위해 몸짓을 사용해야지 말하고 있는 내용을 설명하거나 말하고 있는 것을 묘사하기 위해 몸짓을 사용해서는 안 된다. 이는 ②의 내용과 충돌하며, 따라서 정답은 ②이다.
무언극의 몸짓은 "흉내를 통해 사물을 나타내는 몸짓"으로 "대중적 무대에서 행해지는" 몸짓이지 "법정의 위엄과는 맞지 않은" 몸짓이다. 따라서 ①은 답이 될 수 없다. ③은 퀸틸리아누스가 말하는 두 가지 유형의 몸짓 중 하나로, 지양해야 할 몸짓이다. 따라서 ③은 답이 될 수 없다. "자기 자신을 또는 자신이 언급하는 다른 이를 (손으로) 가리키는 것은, 생각의 대상을 나타내는 것이므로, 허용 가능하지만"은 ④의 내용과 일치하며, 따라서 답이 될 수 없다.

| 어휘 |
seminal ⓐ 중대한, 영향력이 큰
oration ⓝ 화법, 연설
rhetorician ⓝ 수사학자, 수사법 전문가
draw a distinction 구분하다, 구별하다
proceed ⓥ (먼저 다른 일을 한 후에) 계속해서[이어서] ~을 하다
simultaneously @ 동시에, 일제히
indicate ⓥ 나타내다, 보여주다
mimicry ⓝ 흉내
descriptive ⓐ 서술하는, 묘사하는
pantomime ⓝ 팬터마임, 무언극
orator ⓝ 연설가, 웅변가
adapted ⓐ ~에 맞는, ~에 맞춘
conveyance ⓝ 전달
make reference 언급하다
acceptable ⓐ 받아들여지는, 허용 가능한
illustrate ⓥ 설명하다, 실증하다
convey ⓥ 전달하다
substitute ⓝ 대용품, 대체물
fitting ⓐ 알맞은, 적합한
dignity ⓝ 위엄, 품위
addressee ⓝ 듣는 사람, 수신자

[05~06]

해석

데이빗 타프는 변호사였다. 그는 골프를 매우 좋아했다. 그는 매 주말마다 컨트리 클럽에서 골프를 쳤다. 날씨도, 질병도, 일도, 가족도 그 어떤 것도 데이빗이 골프를 즐기는 것을 방해하지 못했다. 어느 토요일 아침 데이빗은 골프 코스에 서 있었다. 그는 클럽으로 공에 스윙을 했다. 아름다운 샷이었다. 공은 그린 정중앙에 있는 컵을 향해 2600야드를 뻗어나갔다. 공은 컵에서 12인치 떨어진 곳에 놓였다. 데이빗은 퍼터를 꺼내서는 퍼트할 채비를 했다. 갑자기 그는 위를 올려봤다. 장례 행렬이 골프 코스 옆에 난 도로 위에서 진행되고 있었다. 데이빗은 경기를 중단했다. 그는 정중하게 고개를 숙였다. 데이빗의 친구는 그에게 말했다. "자네 정말 대단하군. 게임을 중단하고 망자를 위해 경의를 표하다니. 그거 훌륭한 일일세." 데이빗은 이렇게 답했다. "아니 아무것도 아닐세. 난 정말 그녀를 사랑했지. 알다시피 우리가 결혼한 지 25년이 지났다네."

05 이 글의 주제는 무엇인가?

① 데이빗의 골프 경기에 대한 집착
② 데이빗의 부인
③ 데이빗이 만들어 낸 거의 완벽한 스윙
④ 데이빗 부인의 장례식

| 정답 | ①

| 해설 | 본문은 부인의 장례식에도 참여하지 않고 골프를 즐길 정도인 데이빗의 골프에 대한 집착을 말하고 있다. 따라서 정답은 ①이다.

---

06 이 글에 따르면, 일치하지 <u>않는</u> 것은?

① 데이빗은 자신의 주말 골프 경기에 몰두했다.
② 데이빗은 막 아주 좋은 샷을 했다.
③ 데이빗이 골프를 치지 말아야 할 이유가 없었다.
④ 데이빗은 부인과 25년 동안 결혼 생활을 했다.

| 정답 | ③

| 해설 | 본문에 따르면 데이빗이 골프를 즐기는 시간이 토요일 아침이므로 ①은 답이 될 수 없고, 공이 한 번 스윙에 260야드를 뻗어서 컵까지 12인치 밖에 떨어지지 않은 곳에 놓였으므로 ②도 답이 될 수 없고, 데이빗이 직접 결혼한 지 25년이 되었다고 했으니 ④도 답이 될 수 없다. 그런데 데이빗이 골프를 친 날은 부인의 장례식이 있는 날이었지만, 데이빗은 장례식에 참석하기보다 골프를 쳤다. 즉 치지 않았어야 할 이유가 있었음에도 친 것이었다. 따라서 정답은 ③이다.

| 어휘 | **funeral procession** ⓝ 장례 행렬   **respectfully** ⓐ 공손하게, 정중하게   **obsession** ⓝ 집착

[07~08]

해석

모로코에서 온 한 방문객이 사막의 부족이 원죄를 어떻게 인식하는지에 관해 별난 이야기를 해 주었다. 이브가 에덴동산을 걷고 있는데 뱀이 이브에게 스르르 기어갔다. "이 사과를 먹어"라고 뱀이 말했다. 신으로부터 올바른 지시를 받은 이브는 거부했다. 뱀은 계속 주장했다. "이 사과를 먹어. 네 남자를 위해 예뻐져야 하지 않겠어?" 이브는 이에 대답했다. "아니 먹지 않을 거야. 그에겐 여자라곤 나밖에 없어." 뱀은 웃으며 말했다. "없는 줄 알았어?" 그리고 이브가 뱀의 말을 믿지 못하자 뱀은 그녀를 언덕 정상에 위치한 우물로 인도했다. "그 여자는 이 굴 안에 있어. 아담이 그 여자를 거기에 숨겼지." 이브는 우물에 몸을 기울였고, 우물 안의 물 표면에 반사된 사랑스런 여성의 모습을 이브는 봤다. 이브는 즉시 뱀이 내민 사과를 먹었다. 동일한 모로코 부족의 말에 따르면, 물에 비친 자신의 모습을 알아보고 공포를 느끼지 않는 사람에게 낙원으로의 복귀가 보장된다고 한다.

---

07 이브는 왜 결국에는 사과를 먹었는가?

① 이브는 언덕을 올라가고 나서 굶주림에 휩싸였다.
② 이브는 뱀을 기쁘게 하고 싶었다.
③ 이브는 낙원에 있기를 원했다.
④ 이브는 물에 비친 자신의 모습을 알아보지 못했다.

| 정답 | ④

| 해설 | 이브는 우물물에 비친 여성이 자신이라는 것을 알아보지 못하고 아담의 다른 여자로 착각해 질투 때문에 사과를 먹었다. 따라서 정답은 ④이다.

08 이 글의 주제는 무엇인가?

    ① 원죄에 대한 믿기 힘든 이야기

    ② 원죄에 대한 희망을 주는 이야기

    ③ 원죄에 대한 잘못된 이야기

    ④ 원죄에 대한 또 다른 이야기

| 정답 | ④

| 해설 | 본문은 에덴동산에서 이브가 사과를 먹은 다른 이유를 제시하여 원죄에 대한 기존과는 다른 이야기를 하고 있다. 따라서 정답은 ④이다.

| 어휘 | **slither** ⓥ 스르르 기어가다   **consume** ⓥ 사로잡다, 휩싸다   **uplifting** ⓐ 희망을 주는

[09~10]

해석

내 차례가 끝나고 나서 레이크뷰에서 온 젊은 흑인 변호사인 지미 윌슨이 연단에 섰다. 그는 삼각주 지역에서 터커의 주요 지지자였다. 지미는 내가 좋은 사람이고 주지사로서 좋은 활동을 했지만 아칸소 주 주지사 가운데 재선에 실패하고 나서 다시 선출된 경우는 없다고 말했다. 지미는 프랭크 화이트는 흑인들 입장에서는 끔찍한 인물이었고 반드시 선거에서 떨어져야 한다고 말했다. 지미는 사람들에게 짐 가이 터커가 의회에서 민권 관련 여러 업적을 남겼고 자신을 위해 일할 보좌관으로 젊은 흑인 여럿을 고용했다고 말했다. 지미는 짐 가이 터커는 나만큼이나 흑인들에겐 좋은 선택이 될 것이며, 터커가 이길 것이라고 말했다. 지미는 다음과 같이 말했다. "저는 클린턴 주지사를 좋아합니다. 하지만 그는 졌습니다. 그리고 우리는 더 이상 질 여력이 없습니다." 그의 주장은 설득력이 있었고, 특히나 내가 그곳에 앉아 있는 상황에서 그런 말을 할 만큼 배짱이 있기 때문에 더욱 그러했다. 나는 (나를 지지하는) 청중이 빠져나가는 것을 느낄 수 있었다.

09 Jimmy Wilson이 좋아하는 후보에서 싫어하는 후보 순으로 바르게 나열한 것은?

    ① 클린턴 – 짐 가이 터커 – 프랭크 화이트

    ② 짐 가이 터커 – 프랭크 화이트 – 클린턴

    ③ 짐 가이 터커 – 클린턴 – 프랭크 화이트

    ④ 클린턴 – 프랭크 화이트 – 짐 가이 터커

| 정답 | ③

| 해설 | 우선 지미 윌슨은 프랭크를 끔찍한 인물이자 반드시 낙선되어야 하는 인물로 보았으므로 프랭크는 선호도에서 꼴찌임에 틀림없다. 남은 것은 짐 가이 터커와 클린턴인데, 클린턴은 좋은 사람이지만 이미 떨어진 사람이라 곤란하고 그 보다는 흑인들을 보좌관으로 여럿 고용하는 등 여러 업적을 남긴 짐 가이 터커가 더 낫다고 지미 윌슨은 말했다. 따라서 정답은 ③이다.

10 밑줄 친 ⓐ me가 가리키는 대상은?

    ① 지미 윌슨   ② 프랭크 화이트

    ③ 짐 가이 터커   ④ 클린턴

| 정답 | ④

| 해설 | 지미 윌슨이 "저는 클린턴 주지사를 좋아합니다. 하지만 그는 졌습니다. 그리고 우리는 더 이상 질 여력이 없습니다"라고 말을 했을 때, "나"는 지미가 배짱이 있는 사람이라고 생각했고, 그 이유는 내가 바로 "클린턴"인데 내가 있는 앞에서 나 말고 다른 인물을 뽑아야 한다고 했기 때문이다. 따라서 정답은 ④이다.

| 어휘 | **delta** ⓝ 삼각주, 델타   **guts** ⓝ 배짱

[11~13]

해석

이후에, 물론, 코끼리를 총으로 쏜 것에 대한 끝없는 토론이 있었다. 코끼리의 주인은 화가 났지만, 그는 단지 인도인일 뿐이었고 할 수 있는 것이 아무것도 없었다. 게다가 법적으로 나는 옳은 일을 한 것이었다. 왜냐하면 주인이 코끼리를 통제하지 못할 경우, 미친 코끼리는 미친 개처럼, 죽여야만 했다. 유럽인들 사이에서 의견은 분분했다. 연장자들은 내가 옳다고 말했고, 젊은 사람들은 코끼리는 어느 막일꾼보다도 소중하기 때문에 막일꾼을 죽였다고 코끼리를 쏜 것은 매우 유감스러운 일이라고 말했다. 그 후, 나는 막일꾼이 그 코끼리에 의해 살해되었다는 사실에 매우 다행스러웠다. 그 사건은 나를 법적으로 정당하게 만들어 주었고, 내게 코끼리를 쏠 만한 <u>충분한 구실을 제공해 주었다</u>. 나는 사람들 중 누군가 내가 그 일을 단지 바보처럼 보이는 것을 피하기 위해서 했다는 것을 알아챘는지 종종 궁금했다.

11 이 글에 따르면, 다음 중 일치하는 것은?
① 코끼리를 쏜 사람은 인도인이었다.
② 필자는 코끼리가 죽은 것에 대해 화가 났다.
③ 막일꾼의 죽음은 필자에게 코끼리를 쏜 것에 대한 구실을 제공했다.
④ 젊은 유럽인들은 그들이 코끼리가 막일꾼을 죽이는 것을 막지 못할까 봐 걱정하고 있었다.

| 정답 | ③

| 해설 | 필자는 본문에서 코끼리가 막일꾼을 죽인 사실에 기뻐했으며, 그것이 필자를 법적으로 정당하게 해주고, 코끼리를 쏜 것에 대한 충분한 구실을 제공했다고 말하고 있다.

12 빈칸에 들어갈 적절한 문장은?
① 이는 내게 충분한 구실을 제공해 주었다
② 나는 의견이 어떤지 알았다
③ 어느 누구도 용기가 충분치 않았다
④ 유럽인들이 내게 돈을 주었다

| 정답 | ①

| 해설 | 앞 문장의 "막일꾼이 그 코끼리에 의해 살해되었다는 사실(the coolie had been killed by the elephant)"이 저자를 법적으로 정당하게 해 준 것과 대등하게 이어지는 문장을 찾아야 한다. 그러므로 코끼리를 쏜 것에 대해 충분한 구실을 제공해 주었다는 ①이 정답이다.

13 이 글에 따르면, 다음 중 <u>틀린</u> 진술은?

① 코끼리의 소유주는 코끼리가 죽어 마땅하다는 것에 대해 동의하지 않았다.

② 코끼리는 아무런 잘못이 없기 때문에 살해되어서는 안 되었다.

③ 코끼리는 그가 저지른 범죄보다 더 많은 가치가 있었다.

④ 코끼리를 죽였어야 하는지에 대해 논란이 있었다.

| 정답 | ②

| 해설 | 코끼리는 막일꾼을 살해했기 때문에 아무런 잘못이 없다는 ②는 잘못된 진술이다. "코끼리의 주인은 인도인으로 화가 났지만, 아무것도 할 수 없었다.(The owner was furious, but he was only an Indian and could do nothing.)"고 하였으므로 ①은 올바른 진술이고, 코끼리는 어느 막일꾼보다 가치가 있었다(an elephant was worth more than any coolie)고 하였으므로 ③ 역시 올바른 진술이다.

| 어휘 | **shame** ⓝ 수치, 유감   **coolie** ⓝ 막일꾼, 저임금 노동자   **grasp** ⓥ 붙잡다, 이해하다

        solely ⓐⓓ 혼자서, 오직, 단지   **pretext** ⓝ 변명, 구실, 핑계   **sufficient** ⓐ 충분한

[14~15]

`해석`

9월 어느 날, 아메리카 인디언 부족의 부족민들이 족장에게 이번 겨울이 추울지 아니면 따뜻할지 질문했다. 사실, 족장은 전혀 알 수 없었고, 이 질문에 대해 <u>현대적인 접근 방식을 취하기로</u> 하고 미시간 주의 게이로드에 위치한 국립 기상청(National Weather Service)에 전화를 걸었다. "예, 이번 겨울은 추운 겨울이 될 것입니다."라고 일기 예보관이 족장에게 말했다. 그 이후 족장은 부족으로 돌아가서 부족민들에게 장작을 많이 모으라고 지시했다. 2주가 지난 후 족장은 국립 기상청에 전화해서 날씨에 관해 새로운 소식은 없는지 요청했다. "추운 겨울이 올 것으로 아직도 예측합니까?" 그는 물었다. "예, 매우 추울 것입니다." 일기 예보관이 그에게 말했다. 그 결과 족장은 부족에 돌아가서 사람들에게 찾아낼 수 있는 모든 나무를 끌어모으라고 말했다. 한 달 후 족장은 국립 기상청에 다시 한번 전화해서 다가올 겨울에 관해 물었다. "예, 역사상 가장 추운 겨울 중 하나일 것으로 예상합니다."라는 답변을 받았다. 족장은 "어떻게 그렇게 확신할 수 있습니까?"라고 되물었다. 일기 예보관은 "5대호의 아메리카 인디언들이 미친 듯이 나무를 모으고 있기 때문"이라고 답변했다.

14 다음 중 (A)에 가장 적절한 것은?

① 자연의 신호를 읽다

② 현대적인 접근 방식을 취하다

③ 모든 부족민들을 속이다

④ 친구에게 도움을 요청하다

| 정답 | ②

| 해설 | 인디언 족장이 날씨에 관한 부족민들의 질문을 받고 기상청에 전화한 상황이므로, 현대 과학의 도움을 받고자 현대적 접근 방식을 취했다고 할 수 있으므로 정답은 ②가 된다.

15 다음 중 이 글의 내용과 일치하는 것은?

① 아메리카 인디언들은 날씨를 직관적으로 이해한다.
② 5대호 지역의 겨울은 항상 춥다.
③ 일기 예보관은 비과학적인 소스에 의존했다.
④ 족장은 차가운 겨울 날씨에 대해 정확한 예측을 했다.

| 정답 | ③

| 해설 | 족장이 어떻게 그렇게 이번 겨울이 추울지 확신할 수 있냐는 질문에 일기 예보관의 "Because the Native Americans of the Great Lakes are collecting wood like crazy." 답변을 통해 일기 예보관이 과학적인 데이터가 아닌 비과학적인 소스에 의존하고 있다는 것을 알 수 있으므로 정답은 ③이 된다.

| 어휘 | **tribe** ⓝ 부족   **ring** ⓥ 전화하다, 전화를 걸다   **fortnight** ⓝ 2주
intuitively ⓐ 직관적으로   **resort to** 의존하다

[16]

해석

2011년에 어머니와 내가 칠레의 산티아고(Santiago)에서 일하고 계신 아버지를 방문하기 위해 여객기를 타기로 했었는데 그 전날 밤에 나는 목이 따끔거리고 기침이 나왔다. 처음에는 보통의 감기라고 생각했지만, 20시간을 타고 가는 답답한 여객기에 갇혀 있다 보니 상태가 한층 더 괴로워졌다. 그런 후 칠레에 도착한 다음 날, 열이 40도까지 올라갔으며, 아스피린을 먹고 쉬었지만 열이 쉽게 떨어지지 않아서 어머니는 나를 병원으로 데리고 갔다.

우리가 병원에 도착하자마자 간호사들은 나를 독방으로 보냈으며, 크고 흰 유독물질 제거 복장을 입은 남자들이 들어와 돼지독감(혹은 H1N1 바이러스라고도 함)이 없는지 내 침을 검사하고 귀를 살폈다. 그곳에서 홀로 18시간을 검사 결과를 기다렸고, 결과는 양성으로 나왔다. 어머니에게 작별 인사를 하기도 전에 나는 구급차로 재빨리 옮겨졌고, H1N1 환자 전문 병원으로 옮겨졌다. 독방에 보내졌고, 그곳을 나는 떠날 수 없었으며 그 누구도 방문할 수 없었다. 나는 악성 독감에 걸린 것이 확실한데, 이런 상황에 놓인 것이 기이할 따름이었다.

열은 내려갔고, 이제 심한 기침만이 나를 힘들게 했다. 하지만 여전히 전염성이 있었기에 격리되어 있어야 했다. 감옥 같은 작고 흰 방에서 옴짝달싹 못하는 신세였으며, H1N1 검사 결과가 다시 음성으로 나오기 전까지 5일 동안 부모님과 말조차 할 수 없었다.

16 윗글의 내용과 일치하지 않는 것을 고르시오.

① 이 아이는 H1N1 진단을 받고 나서 구급차로 병원에 후송되었다.
② 칠레에 도착한 지 며칠이 지나서야 이 아이는 기침과 함께 목이 따끔거리기 시작했다.
③ 이 아이는 검사 결과를 18시간 동안 기다렸고, 검사 결과 감염된 것으로 밝혀졌다.
④ 이 아이는 자신이 H1N1 바이러스에 감염되었음을 믿고 싶어 하지 않았지만, 실제로는 감염되었다.
⑤ 이 아이는 혼자 병원에 갇혀 있었고 아이의 가족의 방문도 허용되지 않았다.

| 정답 | ②

| 해설 | 본문의 화자는 칠레에 도착하고 나서가 아니라 칠레로 가기 하루 전에 목이 따끔거리고 기침이 나오는 증상을 보였다. 따라서 정답은 ②이다.

[17~20]

해석

> 하와이 진주만(Pearl Harbor) 공습이 있은 지 불과 9개월 후인 1942년 9월에, 후지타 노부오(Nobuo Fujita)라는 젊은 일본인 조종사가 미국 본토에 대한 첫 번째 공중 공격을 감행했다. 일본인들이 원수를 갚기 바랐던 미국의 둘리틀 공습(Doolittle Raid)처럼, 그 폭격도 대규모 사상자를 내기보다는 공포를 심어 주기 위해 의도된 것이었다. 후지타는 로스앤젤레스와 같은 대도시를 공격하기를 바랐지만, 오리건 주의 시골 숲 위로 네 개의 폭탄을 투하하라는 명령을 받았다. 일본인들은 폭탄이 산불을 일으켜 전쟁에 기울이는 총력으로부터 미국의 자원을 이곳으로 끌어들이길 희망했다. 오리건 주 브루킹스 인근의 주민들에게는 운이 좋게도, 비가 내려 소이탄이 거의 피해를 주지 않았다. 임무를 마치고 후지타는 일본으로 돌아갔다. 전쟁이 끝난 후 오랜 세월이 흐른 1962년, 그는 브루킹스 마을로부터 초대의 편지를 한 통 받았는데, 이번에는 화해의 의미에서 명예로운 손님으로 초대되었다. 브루킹스에서 후지타는 그 마을에 그의 소중한 사무라이 검을 선물로 주었다. 그 검은 거의 400년 동안 그의 가문에 보관되어 왔던 것으로, 후지타는 그것을 마을에 기증하는 것을 택했다. 그 검은 오늘날에도 여전히 공공도서관에 전시되어 있다.

---

17 이 글에 따르면, 다음 중 일치하는 것은?

① 후지타의 공습 이전에, 미국 본토에 폭탄이 몇 차례 투하됐다.
② 둘리틀 공습은 많은 일본인 사상자를 내는 것을 목표로 했다.
③ 습한 날씨는 후지타의 폭탄이 숲을 불태우는 것을 막아 주었다.
④ 후지타의 검은 1962년부터 일본의 도서관에 보관되어 있다.

| 정답 | ③

| 해설 | ① 후지타의 공습이 미국 본토의 첫 공격이었다. ② 둘리틀 공습과 비슷하게 후지타의 공습도 사상자를 내는 것보다는 공포를 심어 주는 것을 목표로 했다고 했으므로 본문과 맞지 않는 설명이 된다. ④ 후지타의 사무라이 검은 미국 도서관에 전시되어 있다. 정답은 ③으로, 비가 오는 습한 날씨로 인해 후지타의 공습은 큰 피해를 주지 않았다고 나온다.

---

18 다음 중 밑줄 친 sow와 가장 의미가 유사한 것은?

① 선호되다   ② 소중히 여기다
③ 확산하다   ④ 진압하다

| 정답 | ③

| 해설 | 밑줄 친 'sow fear'는 '공포를 심다'는 뜻으로, 대중들에게 공포감을 확산시킨다는 의미로 사용되었으므로, 정답은 ③이 적합하다.

19 다음 중 빈칸 (A)에 들어갈 가장 적절한 것은?

① 전체적으로   ② 천상의

③ 승인된   ④ 명예로운

| 정답 | ④

| 해설 | 정답은 ④로, 'honored guest'는 귀빈을 의미한다.

20 다음 중 이 글을 통해 추론할 수 있는 것은?

① 폭격 임무는 성공으로 간주되었다.

② 폭격 임무는 계획하는 데 9개월이 걸렸다.

③ 후지타는 목표물의 위치에 실망했다.

④ 후지타는 진주만 공격 이후 그의 가족의 검을 보지 못했다.

| 정답 | ③

| 해설 | 본문의 "Although Fujita dreamed of attacking a large city like Los Angeles, he was ordered to drop his four bombs over a forest in rural Oregon."에서 알 수 있듯이 후지타는 대도시를 공격하길 희망했다. 이렇게 희망한 것은 둘리틀 공습에 대한 보복으로 생각할 수 있다. 하지만 그렇게 하지 못했고 시골 숲에 폭탄을 투하하라는 명령을 받았으므로 ③과 같이 실망했을 가능성이 크다.

| 어휘 | **undertake** ⓥ 떠맡다, 착수하다   **aerial** ⓐ 항공기에 의한, 공중의   **mainland** ⓝ 본토

raid ⓝ 습격, 급습

Doolittle Raid 둘리틀 공습(제임스 해럴드 둘리틀 중령이 지휘하는 경폭격기 편대가 일본의 여러 도시를 폭격한 사건)

avenge ⓥ 복수하다, 원수 갚다   **be intended to** ∼의 의도가 있다

sow ⓥ 심다, 씨를 뿌리다   **casualty** ⓝ 사상자   **spark** ⓥ 불붙이다, 촉발하다

draw away ∼로 부터 상대를 떼어놓다   **incendiary** ⓐ 방화의, 불을 지르기 위한   **incendiary bomb** 소이탄

in the spirit of ∼의 정신으로   **reconciliation** ⓝ 화해   **aim** ⓥ 목표로 삼다, 겨냥하다

set something on fire ∼에 불을 지르다 **quell** ⓥ 진압하다, 정복하다, 억누르다

unworldly ⓐ 이 세상의 것이 아닌 듯한, 천상의, 소박한, 시골티 나는

endorse ⓥ 승인하다, 찬성하다, 지지하다

연습 문제

01~02 01 ② 02 ③   03~05 03 ④ 04 ① 05 ② 06~07 06 ③ 07 ①   08~10 08 ① 09 ③ 10 ①

[01~02]

해석

[Ⅲ] 나는 플로리다 주 올랜도(Orlando) 도심 변두리 지역에서 1970년대에 문제 많은 가정에서 성장했다. 우리가 살던 구역은 점차 수가 줄어들고 있던 오렌지 밭까지 밀려난 수많은 구역 중 하나였다. 비슷하게 생긴 수많은 주택들 가운데 말과 몇 마리의 소와 엄청난 크기의 정원이 딸린 목초지로 이루어진 하나 남은 농장이 마치 섬처럼 존재했다. 그 집은 1900년대 초 미술공예운동(Arts and Crafts) 양식의 3층 건물이었고, 큰 현관과 함께 그네도 완비되어 있었다. 나는 그림책에서나 볼 수 있던 그 집을 매우 좋아했다.

[Ⅰ] 그 집은 어머니랑 함께 살던 집과는 전혀 같지 않았다. 내가 어머니랑 살던 곳은 다른 이들과 친구가 되기 위해 엄격한 규칙을 따라야 했던 암울한 장소였다. 어머니는 엄청난 우울증과 편집증적 망상에 시달리고 있었다. 그저 하루를 보내는 것이 어머니에게는 전쟁과도 같았다.

[Ⅱ] 이웃의 그 이상적 부지에 살고 있는 사람은 누구일까? 나는 궁금했다. 때로 나는 그 집의 아버지가 밧줄을 갖고서 말을 타고 있는 모습을 잠깐 바라보았다. 때로 그 집의 검은 곱슬머리를 하고 있던 두 아들들이 땅 위를 이리저리 뛰어다니고 두 마리의 개가 아이들의 뒤를 쫓던 모습을 볼 수 있었다. 그 집의 어머니의 모습을 본 적은 없었지만, 그 집에서 벌어지는 모든 일들은 마치 천국과도 같아 보였고 나는 그 가족에 속하기를 갈망했다.

01 이 글에 따르면, 다음 중 저자에 관해 일치하는 것은?

① 저자는 자신의 가족을 매우 자랑스러워했다.
② 저자의 어머니는 우울증에 시달렸다.
③ 저자는 아름다운 3층 집에 살았다.
④ 저자의 아버지는 밧줄을 갖고서 말을 타곤 했다.
⑤ 저자의 어머니는 집을 떠나 다시는 돌아오지 않았다.

| 정답 | ②

| 해설 | "어머니는 엄청난 우울증과 편집증적 망상에 시달리고 있었다.(She suffered from profound depression and paranoid delusions.)"에서 정답이 ②임을 알 수 있다. 저자는 자신이 살던 곳은 매우 암울한 곳이고 이웃집의 이상적 풍경을 그리워하며 그 집에 살기를 바랐던 사람이다. 때문에 ①은 답이 될 수 없다. ③에서 말하는 3층 집은 저자의 집이 아닌 이웃집이다. ④에서 말을 탄 사람은 저자의 아버지가 아니라 이웃집 사람이다. ⑤에 관한 내용은 본문에 언급된 바 없다.

02 세 단락 [Ⅰ] – [Ⅲ]의 순서로 적절한 것은?

① [Ⅰ] – [Ⅱ] – [Ⅲ]　　　　　　　　　② [Ⅲ] – [Ⅱ] – [Ⅰ]
③ [Ⅲ] – [Ⅰ] – [Ⅱ]　　　　　　　　　④ [Ⅰ] – [Ⅲ] – [Ⅱ]

| 정답 | ③

| 해설 | 이야기의 전개상 먼저 자신이 누구인지, 그리고 자신이 좋아하던 집이 나와야 한다. 그 다음에 그 집은 자신의 현실과 다른 이상적인 집이었다는 내용이 나와야 한다. 그러므로 [Ⅲ] - [Ⅰ]이고, 그 집에 대한 갈망으로 인해 그 집 사람들에 대한 동경이 마지막에 나오면 된다. 그러므로 [Ⅱ]이 마지막에 나와서, 정답은 ③이 된다.

| 어휘 |

outskirts ⓝ 변두리, 교외	subdivision ⓝ (대지의) 구획[구역]	dwindling ⓐ (점차) 줄어드는
orange grove 오렌지 밭	remnant ⓐ 남은, 나머지의	pastureland ⓝ 목초지, 방목지
tract house 트랙트 하우스, 규격형 주택(한 지역에 비슷한 형태로 들어서 있는 많은 주택들 가운데 한 채)		
porch ⓝ 현관	complete with ~로 완비된	befriend ⓥ 친구가 되어 주다
profound ⓐ 깊은, 엄청난	paranoid delusions 피해망상, 편집증적 망상	
plot of land 부지, 대지	glimpse ⓥ 잠깬[언뜻] 보다	yearn ⓥ 갈망하다

[03~05]

해석

가면올빼미는 해부학적으로 올빼미목 내에서 독자적인 과를 형성할 만큼 다른 올빼미와 큰 차이가 있다. 대부분의 올빼미는 다소 얼굴이 둥근데 반해 가면올빼미는 얼굴이 하트 모양이고 다른 올빼미들이 대체로 갖고 있는 귀 모양의 촘촘히 자란 털을 갖고 있지 못하다. 보통의 가면올빼미는 몸길이가 12~18인치이며 얼굴은 흰색이며, 등은 담황색의 시나몬색이고, 가슴은 흰색이며, 눈은 비교적 작다. 다리는 꽤 길고 발가락까지 깃털이 나 있고, 다른 모든 올빼미와 마찬가지로 매우 강하며 발가락은 날카롭고 튼튼하며 굽은 형태이다.

가면올빼미는 북극을 제외한 모든 대륙에서 거주하며 속이 빈 나무·동굴·건물 등에 둥지를 틀고 인간 근처에서 사는 것에 너무 적응을 잘한 덕분에 일부 지역에서는 인공 둥지를 선호하여 자연적인 둥지를 버리는 것으로 보인다. 가면올빼미는 개방된 공간에서 사냥을 하며 야행성 새 가운데 활동 반경이 가장 넓다. 가면올빼미는 먹이의 정확한 위치를 찾아내기 위해 시력을 활용하지만, 청각 능력 또한 완전한 어둠 속에서도 소형 포유류를 사냥할 수 있을 만큼 고도로 발달해 있다.

03 다음 중 가면올빼미의 특징이 <u>아닌</u> 것은 무엇인가?

① 작은 눈   ② 굽은 발톱
③ 흰 얼굴   ④ 검은 가슴

| 정답 | ④

| 해설 | 가면올빼미의 가슴은 검은색이 아니라 흰색이다. 따라서 정답은 ④이다.

04 다음 중 밑줄 친 단어와 의미상 가장 가까운 것은?

① 버리다   ② 인식하다
③ 고르다   ④ 선호하다

| 정답 | ①

| 해설 | 밑줄 친 단어인 forsake는 "저버리다, 버리다" 등의 의미를 가지며 보기 중에서 이와 의미상 가장 가까운 것은 ①이다.

이 글에 따르면, 가면올빼미는 어떤 감각이 고도로 발달했는가?

① 촉각　　　　　　　　　　　　　② 청각

③ 시각　　　　　　　　　　　　　④ 미각

| 정답 |　②

| 해설 |　"가면올빼미는 먹이의 정확한 위치를 찾아내기 위해 시력을 활용하지만, 청각 능력 또한 완전한 어둠 속에서도 소형 포유류를 사냥할 수 있을 만큼 고도로 발달해 있다.(They use their eyesight to locate prey, but their auditory capability is so highly developed that they can hunt small mammals in total darkness.)" 이 말은 즉 시력도 발달했긴 하지만 그래도 가장 많이 발달한 것은 청력이라는 의미이다. 따라서 정답은 ②이다.

| 어휘 |

barn owl 가면올빼미	**anatomically** ⓐ 해부학상으로, 해부학적으로	
merit ⓥ 받을 만하다[자격/가치가 있다]	**family** ⓝ (동식물 분류상의) 과(科)	**order** ⓝ (동식물 분류상의) 목(目)
strigiformes ⓝ 올빼미목	**more or less** 거의, 다소간	
tufted ⓐ (털 · 머리카락 등이) 촘촘한[촘촘히 자라는]		**buff** ⓝ 담황색, 누런색
feather ⓥ 깃털로 덮다	**equipped with** ~을 갖춘	**nest** ⓥ 둥지를 틀다
adapt ⓥ (상황에) 적응하다	**forsake** ⓥ 저버리다, 버리다	**nocturnal** ⓐ 야행성의
locate ⓥ ~의 정확한 위치를 찾아내다	**auditory** ⓐ 청각의	**abandon** ⓥ 버리다, 포기하다

[06~07]

해석

1922년 11월 27일 고고학자 하워드 카터는 고대 이집트 투탕카멘왕의 무덤으로 향하는 문의 봉인을 푸는 순간 자신의 주변에 쌓여 있는 환상적인 부장품을 놀라움과 함께 바라보았다. 왼쪽에는 최소 네 개의 황금 전차의 잔해가 놓여 있었다. 오른쪽 벽에는 사냥과 전투 장면으로 화려하게 채색된 아주 멋진 궤가 놓여 있었다. 카터의 맞은편에는 고양이 형태의 다리와 날개 달린 뱀 모양의 팔에 투탕카멘왕과 그의 왕비의 모습이 그려진 등받이가 달린 금박을 입힌 왕좌가 있었다. 왕좌 뒤에는 반은 하마고 반은 악어의 모습을 한 동물로 장식된 높이가 높고 긴 형태의 의자가 있었다. 이 의자는 더 많은 보물로 가득했다. 의자 오른쪽에는 실물 크기의 상이 보초처럼 서로를 쳐다보고 있었다. 두 개의 상은 검은색에 금으로 된 치마와 샌들을 착용했고, 이마에 코브라가 새겨져 있었다. 이 둘 사이에 두 번째의 봉인된 출입구가 있었다. 카터의 심장은 크게 뛰었다. 투탕카멘왕의 미라가 저 문 안에 있는 것일까?

06 이 글에서 유추할 수 있는 것은?

① 이것은 하워드 카터가 보리라고 예상한 것이 아니었다.

② 하워드 카터는 위험한 곳에 들어갔다.

③ 실내의 보물은 볼수록 놀라웠다.

④ 투탕카멘왕은 모두가 생각했던 것만큼 부유하지는 않았다.

| 정답 |　③

| 해설 |　본문은 투탕카멘왕의 무덤에 있던 보물들을 묘사하고 있으며, 묘사를 통해 화려한 부장품이 들어 있음을 알 수 있다. 따라서 정답은 ③이다.

이 글에 따르면, 다음 중 일치하지 **않는** 것은?

① 보초는 실제 사람의 크기보다 훨씬 작았다.

② 모든 것이 저장되어 있던 방은 하나만이 아니었다.

③ 황금 전차는 손상되어 있었다.

④ 무덤은 도둑들에게 약탈당하지 않았다.

| 정답 | ①

| 해설 | 보초상은 등신대 즉 실제 사람 크기라고 본문에 나와 있다. 따라서 정답은 ①이다.

| 어휘 | **archaeologist** ⓝ 고고학자　　**unseal** ⓥ 개봉하다, 봉인을 풀다　　**heap** ⓥ 쌓다, 쌓아올리다

wreck ⓝ 잔해　　**chariot** ⓝ 마차, 전차　　**chest** ⓝ 상자, 궤

gilded ⓐ 금박을 입힌, 도금을 한　　**couch** ⓝ 긴 의자　　**hippopotamus** ⓝ 하마

life-sized ⓐ 실물 크기의, 등신대의　　**ransack** ⓥ 샅샅이 뒤지다, 약탈하다

[08~10]

해석

어느 날 아침, 세탁물을 말리려고 널어 놓은 후, 내 앞에서 무엇인가가 반짝거렸다. 아침 햇살이 눈에 비쳐서, 나는 눈을 가늘게 뜬 후 우리 정원에서 가장 멋진 명작을 발견했다.

그 작은 건축가는 지붕에서 울타리까지 이어지는 거리를 가로질러 꼼꼼하게 거미줄을 쳤다. 나는 우리 정원의 주민의 훌륭한 예술성을 경외심에 찬 눈으로 바라보았다. 약 2미터에 달했는데, 그것은 정말 놀라운 광경이었다. 거미줄은 태양으로부터 오는 빛을 반사하면서 아침 미풍에 살랑살랑 춤을 추었다. 마치 거미가 햇빛으로 직접 고운 거미줄을 친 것 같았다.

어떻게 지붕에서 울타리까지 거미줄을 쳤을까? 이것은 마치 극한 스포츠를 즐기면서 집을 짓는 것과 같았다. 아주 조심스럽게 나는 거미의 작품을 망치지 않도록 많은 신경을 쓰며 머리를 거미줄 아래로 숙였다.

그날 오후 나는 그 거미줄을 다시 보기 위해 그곳으로 갔다. 내 마음이 내려앉았다. 그 아름다운 거미줄은 이제 부서져서 미풍 속에서 목적 없이 흔들리고 있었다. 그것은 느슨하게 늘어져 있는 측은한 실 몇 가닥에 지나지 않았다. 나는 감정에 겨워 목이 멜 지경이었다. "안타깝구나, 작은 친구. 그건 정말 멋진 구조물이었어."

그런데 바로 다음날 아침, 놀랍게도 또 다른 성이 공중에 떠 있었다. 그 작은 건축가가 다시 일터로 돌아왔던 것이다.

08 다음 중 밑줄 친 ⓑ meticulously와 가장 가까운 의미에 해당하는 것은?

① 철저히　　　　　　　　　② 본의 아니게

③ 악의적으로　　　　　　　④ 모욕적으로

| 정답 | ①

| 해설 | 밑줄 친 meticulously는 '꼼꼼하게'의 뜻이므로, '철저히'를 뜻하는 ① thoroughly가 동의어가 된다.

09 나머지와 의미가 <u>다른</u> 것은?

① Ⓐ   ② Ⓒ

③ Ⓓ   ④ Ⓔ

| 정답 | ③

| 해설 | 나머지는 모두 '거미'를 뜻하지만, ③은 거미의 작품인 '거미줄'을 뜻한다.

10 다음 중 빈칸 ⓐ에 들어갈 가장 적절한 것은?

① 놀랍게도

② 실망스럽게도

③ 높은 기대와 함께

④ 엄청난 만족과 함께

| 정답 | ①

| 해설 | 멋진 거미집에 감탄했었는데, 오후에 다시 가서 보니 거미집이 망가져서 필자가 무척 속상해했다. 그런데 다음날 아침 거미집이 다시 완성된 것을 보고 반가워하는 대목이므로, 정답은 ①이 적합하다.

| 어휘 |

hang out (세탁물을) 밖에 널다	**washing** ⓝ 세탁물, 빨랫감	**glisten** ⓥ 반짝거리다
squint ⓥ 눈을 가늘게 뜨고 보다	**architect** ⓝ 건축가	**meticulously** ⓐ 꼼꼼하게
spin ⓥ 거미집을 짓다	**awe** ⓝ 경외감	**artistry** ⓝ 예술가적 기교
resident ⓝ 거주자	**span** ⓥ ~에 미치다, 확대되다	**breeze** ⓝ 산들바람, 미풍
reflect ⓥ 반사하다	**as if** 마치 ~인 듯이	**ray** ⓝ 광선, 빛
weave ⓥ 짜다	**duck** ⓥ 피하다	**ruin** ⓥ 파괴하다
sink ⓥ 가라앉다	**sway** ⓥ 흔들리다	**aimlessly** ⓐ 목적 없이
nothing more than ~에 불과한	**pitiful** ⓐ 가련한, 측은한	**strand** ⓝ 가닥
chock on (목에) 걸리다	**fella** ⓝ 사람, 녀석; 남자 친구	**splendid** ⓐ 정말 멋진, 훌륭한
float ⓥ 표류하다	**thoroughly** ⓐ 철저히	**involuntarily** ⓐ 본의 아니게
maliciously ⓐ 악의를 갖고, 심술궂게	**contemptuously** ⓐ 모욕적으로, 경멸적으로, 거만하게	
expectation ⓝ 예상, 기대	**immense** ⓐ 광대한, 거대한, 막대한	

PART 02

글의 전개 방식

연습 문제

01~02	01 ③	02 ①		03~04	03 ③	04 ④		05~06	05 ④	06 ⑤		07~08	07 ①	08 ②
09~10	09 ③	10 ②		11~13	11 ③	12 ①	13 ③	14~15	14 ⑤	15 ③		16~17	16 ①	17 ②
18~20	18 ①	19 ③	20 ③											

[01~02]

해석

뉴베리 하우스 미국영어 사전(The Newbury House Dictionary of American English)에 따르면, 가십(gossip)은 '타인의 행동이나 삶에 대해 때로는 거짓으로 말하거나 쓰는 것'이라고 정의하고 있다. 예를 들어, 누군가가 친구가 우는 것을 보고 다른 사람에게 그 친구가 울고 있고 감정적 문제를 겪고 있다고 말하면, 이것이 가십이 된다. 처음에는 가십이 나쁘지 않아 보일지 모른다. 한 사람이 두 번째 사람에게 다른 누군가의 사적인 이야기에 대해 말하고, 두 번째 사람이 세 번째 사람에게 말하는 식으로 이야기는 이어진다. 정보는 사람에서 사람으로 전달된다. 하지만, 가십은 단순한 정보 그 이상이다. 가십은 커지고 바뀔 수 있다. 사람들은 종종 모든 진실을 알지 못한다. 그들은 고의로든 아니든 사실이 아닌 것을 추가할 수 있다. 결과적으로, 가십의 대상이 되는 사람은 상처를 입을 수도 있다. 이에 대한 결과가 그 사람을 기분 나쁘게 하는 것에서부터 그 사람의 경력을 망치는 것까지 다양하기 때문에, 가십은 단순히 '말하거나 쓰는 것'보다 훨씬 더 나쁘다.

01 다음 중 빈칸 ⓐ와 ⓑ에 들어갈 가장 적절한 것은?

	ⓐ	ⓑ
①	하지만	게다가
②	게다가	예를 들어
③	하지만	결과적으로
④	게다가	그건 그렇고

| 정답 | ③

| 해설 | ⓐ는 정보와 가십을 비교하면서 대조하고 있으므로, 역접의 연결어가 필요하다. 정보는 단순히 사람에서 사람으로 전달되는 것이지만, 이와는 달리 가십은 전달되면서 내용이 달라질 수 있다고 말한다. ⓑ의 경우, 가십이 어떤 결과를 가져오는지 말하고 있으므로, 'As a result'가 적합하다. 따라서 정답은 ③이 된다.

02 다음 중 빈칸 ⓒ에 들어갈 가장 적절한 것은?

① 범위가 이어지다   ② 전달하다
③ 연결하다   ④ 번갈아 하다

| 정답 | ①

| 해설 | ⓒ는 빈칸 뒤에 'from A(-ing) to B(-ing)'로 연결될 수 있는 동사가 와야 한다. 따라서 정답은 ①이 되며, 'range from A to B'는 '범위가 A에서 B까지 이어지다'는 뜻을 지닌다. ④의 alternate의 경우 'alternate between A and B' 혹은 'alternate A with/and B'의 형식을 취하며 'A와 B를 번갈아 하다'의 의미를 지닌다.

| 어휘 | **gossip** ⑪ (남의 사생활에 대한 좋지 않은) 소문, 험담   **untruthful** ⓐ 거짓말을 하는

on purpose 고의로   **range from A to B** 범위가 A에서 B까지 이어지다

alternate ⓥ 번갈아 하다, 교대하다

[03~04]

해석

쿠키는 여러분이 어떤 기업의 홈페이지를 방문하면 그 기업에서 여러분의 컴퓨터에 보내는 작은 크기의 파일이다. 쿠키는 여러분이 인터넷을 이용하는 습관에 관한 많은 내용을 기업에 전달해 준다.

오프라인 상태에서도 마찬가지 상황이 벌어진다. 여러분이 휴대전화의 전원을 켜면, 이동통신업체에서는 통화를 모니터링하고 전화기의 위치를 기록한다. 우리는 표 구매나 건물에 접근하기 위해 점차 많은 전자 시스템을 사용한다. 고용주가 직원의 통화, 음성 메시지, 이메일, 컴퓨터 이용 등을 모니터링하는 경우가 흔해졌다.

영상 감시 카메라의 사용도 증가하고 있다. 우리는 디지털카메라를 사용해 수많은 이미지를 수집하고, 저장하고, 분석할 수 있다. 그리고 이런 일들은 오직 시작일 뿐이다. 기술자들은 이제 의복, 벽, 자동차 등을 꿰뚫어 볼 수 있는 카메라를 개발 중에 있다.

새로운 기술은 상당한 혜택을 제공하며, 여기에는 테러리스트와 범죄자에 대항한 최대한의 보안 조치, 직장에서의 더 높은 생산성, 더 폭넓은 제품 선택의 폭, 더 큰 편리함 등이 있다. 하지만 이 모든 모니터링 행위로 인해 우리들에 관한 데이터가 산더미 같이 생겨나게 된다. 우리 사회에서 감시는 어디에서나 벌어지고, 종종 우리가 모르는 새 벌어지기도 한다. 대부분의 사람들은 이런 일을 생각하기도 싫어하지만 어떻게 해야 이를 멈추게 할지는 모른다.

03 빈칸 ⓐ에 들어갈 말로 가장 적절한 것은?

① 우리는 우리의 파일을 보호하기 위해 쿠키를 사용할 수 있다.

② 영상이 경비원보다 더 일을 잘한다.

③ 우리 사회에서 감시는 어디에서든 벌어진다.

④ 인터넷의 활용은 정보를 위해 중요하다.

| 정답 | ③

| 해설 | 빈칸 바로 앞 문장까지의 내용을 보면, 쿠키 · 감시 카메라 등 여러 감시 기술은 "상당한 혜택(substantial benefits)" 뿐만 아니라 "우리들에 관한 데이터가 산더미 같이 생겨나게 되는(generates a mountain of data about us)" 결과를 낳게 됨을 알 수 있다. 즉 온라인상에서든 오프라인상에서든 우리가 무엇을 하는지 추적하는 일종의 감시 행위는 끊임없이 벌어지고 있음을 알 수 있다. 따라서 정답은 ③이다.

04 이 글의 내용과 일치하지 <u>않는</u> 것은?

① 개인정보가 감시받지 않게 막는 일은 힘들어졌다.

② 카메라의 발달 덕분에 숨을 곳이 없을 수 있다.

③ 우리의 개인정보가 웹사이트를 통해 드러날 수 있다.

④ 우리의 사생활을 보호하기 위해 신기술이 필요하다.

| 정답 | ④

| 해설 | 본문 첫 번째 단락은 ③의 내용에 해당되며, 두 번째 단락과 네 번째 단락은 ①의 내용에 해당되고, 세 번째 단락은 ②의 내용에 해당된다. 하지만 ④에 해당되는 내용은 언급된 바 없다. 따라서 답은 ④이다.

| 어휘 | **surveillance** ⓝ 감시   **substantial** ⓐ 상당한   **security** ⓝ 보안
reveal ⓥ 드러내다, 폭로하다

[05~06]

해석

문화란 여러 사회적 요소가 복잡하게 추상적으로 구석구석 짜인 망으로 한 개인이 굳건히 자신의 장소를 확립할 수 있는 예측 가능한 세상을 펼쳐 놓는 방식으로 모든 것을 아우르는 삶의 방식 또는 형태로서 기능한다. 문화는 우리가 주변 환경을 이해하도록 해 주며, 우리가 자궁에서 벗어나 새로운 삶을 살도록 이행하도록 도움을 제공한다.

아이는 탄생 순간부터 공식적으로든 비공식적으로든 행동하는 방식을 교육받는다. 아이는 어떤 문화에 속하는지에 상관없이 어른들에게 용인되는 예의에 맞게 행동하는 법을 빠르게 배우게 된다. 그러므로 각 문화마다 어떤 일이 무엇을 의미하는지 또는 그 일에 어떻게 대처할지 결정하기 위해 에너지를 쏟을 필요는 없다. 추정에 따르면 동일한 문화를 공유하는 사람은 일반적으로 "올바르게" 그리고 예측이 가능하게 행동할 것으로 간주된다. 따라서 문화는 알 수 없는 것으로부터 사람들을 보호하여 놀라운 일을 당할 기회를 줄인다. 여러분이 속한 문화가 제시하는 지침에 접하지 못할 경우 살면서 하루라도 겪게 될 상황을 상상해 보라. 여러분의 행동을 통제하는 규칙이 없다면 여러분은 곧 무력함을 느끼게 될 것이다. 낯선 사람들을 맞이하는 방법에서 시간을 보내는 방법 등에 이르기까지 문화는 우리에게 체계를 제공한다. 문화가 없는 것은 체계가 없는 것이다.

---

05 다음 중 이 글의 제목으로 가장 적절한 것은?

① 문화의 정의   ② 문화의 체계
③ 문화의 구성 요소   ④ 문화의 기능
⑤ 문화의 특성

| 정답 | ④

| 해설 | 본문 첫 번째 단락을 보면 문화가 우리에게 어떤 기능을 하는지가 열거되어 있고, 두 번째 단락에서는 문화가 우리에게 체계를 제공하는 역할을 하고 있음이 나타나 있다. 따라서 정답은 ④이다.

---

06 다음 중 이 글에서 언급되거나 암시되지 <u>않은</u> 것은?

① 문화는 우리에게 우리 행동의 체계를 제공한다.
② 문화는 우리가 우리 주변 환경을 이해할 수 있게 해 준다.
③ 문화는 모든 것을 아우르는 삶의 방식 또는 형태로서 기능한다.
④ 문화는 태어나는 순간부터 어떻게 행동해야 할지에 관해 사람들에게 영향을 미친다.
⑤ 문화는 우리를 알려지지 않은 것에 노출시켜 덜 놀라게 만든다.

| 정답 | ⑤

| 해설 | "문화란 … 모든 것을 아우르는 삶의 방식 또는 형태로서 기능하다(Culture ... functions as an all-encompassing form or

pattern for living)"는 ③에 해당되고, "문화는 우리가 주변 환경을 이해하도록 해 주며, 우리가 자궁에서 벗어나 새로운 삶을 살도록 이행하도록 도움을 제공한다.(Culture enables us to make sense of our surroundings, aiding the transition from the womb to this new life.)"는 ②와 ④에 해당되며, "낯선 사람들을 맞이하는 방법에서 시간을 보내는 방법 등에 이르기까지 문화는 우리에게 체계를 제공한다.(From how to greet strangers to how to spend our time, culture provides us with structure.)"는 ①에 해당된다. 하지만 ⑤는 본문에 언급된 바 없으므로 정답은 ⑤이다.

| 어휘 | **pervasive** ⓐ 만연하는, 구석구석 스며든   **encompass** ⓥ 망라하다, 아우르다   **lay out** 펼치다
orient ⓥ ~을 지향하다, 자신의 위치를 알다   **transition** ⓝ 이행, 전환
acceptable ⓐ 용인되는, 받아들여지는   **count** ⓥ 인정하다, 간주하다   **helpless** ⓐ 무력한
structure ⓝ 체계   **ingredient** ⓝ 성분, 구성 요소   **property** ⓝ 속성, 특성

[07~08]

해석

포드주의는 헨리 포드가 개발한 대량 생산에 사용된 현대식 조립 라인을 의미한다. 차 한 대의 조립 공정을 단순 노동으로 세분화하고, 자동 조립 라인에서 작업하는 노동자 한 명이 사용하는 시간을 최소화했다. 포드주의는 생산 효율화, 고임금, 업무 시간 단축 등 획기적인 성공을 거두었다. 대량 소비는 대량 생산의 자연스러운 결과로 조성되었기 때문에, 서구 국가들의 경제적 번영을 창출하는 데 중추적인 역할을 했다. 1970년대 및 1980년대의 경제 혼란이 있고 난 뒤 세계화와 후기 산업화를 반영하듯 '포스트 포드주의(post-Fordism)'의 개념이 등장하기 시작했다.

07 다음 중 빈칸 Ⓐ에 들어갈 말로 가장 적절한 것은?

① 감소   ② 침범
③ 연장   ④ 분배

| 정답 | ①

| 해설 | 포드주의는 헨리 포드가 자동차 생산 라인에 도입한 현대식 자동화 조립 라인을 의미한다. 작업 공정을 세분화해 각 노동자들의 작업 시간을 최소화해 효율성을 끌어 올렸다고 말한다. 따라서 빈칸은 이런 결과로 나타나는 것이므로, 노동자들의 일반적인 작업 시간은 줄어들었을 것으로 예상할 수 있어서, 정답은 ①이 된다.

08 다음 중 밑줄 친 Ⓑ <u>In the wake of</u>와 가장 가까운 의미에 해당하는 것은?

① ~에도 불구하고   ② ~에 뒤이어
③ ~와 거리가 먼   ④ 반복하는

| 정답 | ②

| 해설 | 'in the wake of'는 '~에 뒤이어, ~의 결과로서'를 의미하므로, 동의어는 ② Following이 된다.

| 어휘 | **Fordism** ⓝ 포드주의, 포디즘, 대량 생산 방식(Henry Ford가 자동차 생산에 처음 도입)
mass production 대량 생산   **subdivide** ⓥ 세분하다, 더 작게 나누다   **minimize** ⓥ 최소화하다
laborer ⓝ 노동자   **automotive** ⓐ 자동차의   **assembly line** 조립 라인
efficiency ⓝ 효율성, 능률   **wage** ⓝ 임금   **mass consumption** 대량 소비

foster ⓥ 기르다, 육성하다, 촉진하다, 마음에 품다　　　　　　　pivotal ⓐ 중추의, 중요한

prosperity ⓝ 번영　　　　　　　in the wake of ~에 뒤이어, ~의 결과로서

turmoil ⓝ 소란, 소동, 혼란　　　　　reduction ⓝ 축소, 삭감　　　　intrusion ⓝ 침범

extension ⓝ 확대, 연장　　　　　distribution ⓝ 유통; 분배, 분포

[09~10]

| 해석 |

"증오범죄"란 용어는 1980년대에 유대인, 아시아인, 흑인들을 겨냥해 벌어진 일련의 범죄사건을 기술하고자 언론인들과 정책주창자들이 만든 용어이다. FBI는 (편견범죄라고도 알려진) 증오범죄를 "범법자가 인종, 종교, 장애, 성적 정체성, 민족성/국가별 기원 등에 품고 있는 편견이 전적으로 또는 일부 원인이 되어 사람, 재산, 사회 등을 대상으로 저지른 범법행위"로 정의한다. 워싱턴 주와 오리건 주는 1981년 증오범죄 대응법을 통과시킨 최초의 주이다. 오늘날은 49개 주에서 증오범죄 관련 법령을 갖고 있다. 증오범죄 대응법에 의거해 보호받는 대상(예를 들어 종교, 인종이나 민족, 성적 정체성 등), 다뤄지는 범죄의 범위, 범법자가 받는 처벌 강화 등은 각 주마다 다르다. 대부분의 주와 대도시에서는 여러 정부 단계에 걸쳐 업무를 조정하고 지역 공동체 조직과 협력하는 증오범죄 대응팀을 갖고 있다.

09　이 글에 따르면, 다음 중 일치하는 것은?

① 미국에서 더 이상 증오범죄는 벌어지지 않는다.

② 증오범죄 관련 법령은 모든 주에 존재한다.

③ 증오범죄 관련 법령은 대부분의 주에 존재한다.

④ 소수집단만이 증오범죄 관련 법령으로 보호받는다.

| 정답 |　③

| 해설 |　"오늘날은 49개 주에서 증오범죄 관련 법령을 갖고 있다(today, 49 states have hate crime statutes)." 따라서 정답은 ③이다.

10　이 글의 주제로 적절한 것은?

① 왜 사람들은 증오범죄를 저지르는가?

② 미국에서의 증오범죄 관련 법령

③ 증오범죄는 어디에서 벌어지는가?

④ 누가 증오범죄를 저지르는가?

| 정답 |　②

| 해설 |　본문은 증오범죄란 무엇인지를 설명하면서, 1981년 이후 미국의 거의 모든 주에서 증오범죄 대응법이 제정되고 이에 이행한 결과 증오범죄 대응팀이 대부분의 주와 대도시에서 출범하였음을 설명하고 있다. 따라서 정답은 ②이다.

| 어휘 |　coin ⓥ (새로운 낱말·어구를) 만들다　　advocate ⓝ 지지자, 주창자　　　direct ⓥ 겨냥하다

motivate ⓥ 동기를 부여하다, 이유가 되다

sexual orientation 성적 정체성, 성적 취향　　　　　　　　　ethnicity ⓝ 민족성

| with regard to ~에 관해서는 | enhancement ⓝ 강화, 상승 | task force 대응팀 |
| coordinate ⓥ 조직화하다, 조정하다 | minority ⓝ 소수집단, 소수자 | implementation ⓝ 이행 |

[11~13]

행사 이전에 그리고 종종 이후에 주차장에서 열리는 친목회를 테일게이트 파티(tailgate party)라 한다. 여기서 말하는 행사란 콘서트, 미식축구 경기, 야구 경기, 그 외 볼거리 등을 의미한다. 참가자들은 자동차의 뒷문을 열어서 즉석에서 자리를 만들고 아이스박스, 음식, 접이식 의자, 그 외 테일게이트 파티에 필요한 것들을 꺼낸다. 테일게이트 파티는 유사한 관심사를 가진 사람들이 어울려서 자신들이 참석 중인 행사를 기념하기 위한 방법이다. 테일게이트 파티는 사람들이 테일게이트 파티를 하고 있는 차량 주변에 자발적으로 모이는 장소인 주차장의 특정 구역에 국한하여 열릴 수 있다. 다른 경우엔 테일게이트 파티가 사실상 주차장 전체를 아울러서 열릴 수 있다.

테일게이트 파티는 비록 하루뿐이긴 해도 낯선 사람들끼리 축하하면서 빠르게 친구가 될 수 있는 좋은 방법이다. 일부 행사에서는 테일게이트 파티를 허용하지 않는데, 주차장을 통제하는 관리업체에서 술이나 주차장에서 서성거리는 것을 금지하기 때문이다. 음주나 서성거리는 행위는 높은 벌금을 무는 결과를 낳을 수 있으므로 테일게이트 파티를 하기로 결정하기 전에 반드시 규칙을 확인해야 한다. 집으로 차를 몰 지명 운전자가 있지 않다면 행사 이전에 있는 테일게이트 파티에 음주는 제한하는 것이 현명하다.

11 저자가 경고하는 사항은?
① 술을 너무 많이 마시면 행사의 즐거움을 망치게 된다.
② 테일게이트가 충분히 큰 곳인지를 확인하라.
③ 들어가게 될 주차장의 규칙을 확인하라.
④ 테일게이트 파티에 초대되기는 힘들다.

| 정답 | ③

| 해설 | 본문에 따르면 행사가 진행되는 장소의 주차장에서 테일게이트 파티를 허용할 수도 있고 아닐 수도 있기 때문에 미리 알아볼 것을 권장하고 있다. 따라서 정답은 ③이다.

12 다음 중 밑줄 진 부분을 가장 잘 바꾸어 표현한 것은?
① 테일게이트 파티에서 맺어진 우정은 하루밖에 지속되지 못할 수 있다.
② 테일게이트 파티에 참석한 낯선 이는 친구를 찾지 않는다.
③ 성공적인 테일게이트 파티는 낯선 이들을 뭉치게 한다.
④ 테일게이트 파티가 열리는 날에는 친구들에게 전화하는 것을 잊지 말라.

| 정답 | ①

| 해설 | 밑줄 친 부분은 "테일게이트 파티는 비록 하루뿐이긴 해도 낯선 사람들끼리 축하하면서 빠르게 친구가 될 수 있는 좋은 방법이다"로 해석된다. 이 말은 "테일게이트 파티에 낯선 사람들끼리 모여 친구가 될 수 있지만, 이렇게 형성된 우정은 하루밖에 지속되지 않을 수도 있다"라는 의미도 된다. 따라서 정답은 ①이다.

테일게이트 파티에 관해 유추할 수 있는 것은?

① 테일게이트 파티에서는 모두가 반드시 술에 취한다.
② 테일게이트 파티는 주로 스포츠 행사이다.
③ 모든 사람들이 테일게이트 파티를 좋은 생각이라고 보지는 않는다.
④ 테일게이트 파티는 이전에 벌어지는 행사와 관련이 거의 없다.

| 정답 | ③

| 해설 | 테일게이트 파티를 허용하지 않는 장소가 있다는 말은 테일게이트 파티가 항상 모두에게서 환영받는 것은 아님을 의미한다. 따라서 정답은 ③이다.

| 어휘 | **social gathering** 친목회, 사회적 모임   **impromptu** ⓐ 즉석에서 한, 즉흥적으로 한
ice chest 아이스박스   **localize** ⓥ 어느 한 지역에 국한시키다   **spontaneously** ⓐⓓ 자발적으로
virtually ⓐⓓ 사실상   **encompass** ⓥ 망라하다, 아우르다   **loitering** ⓝ 서성거리기, 빈둥거리기
precede ⓥ ~에 앞서다
designated driver 지명 운전자; 함께 파티나 바 등에 가면서 나중에 운전을 하기 위해 술을 마시지 않기로 한 사람

[14~15]

해석

논리학은 옳은 것과 옳지 않은 추론을 구별해 내는 데 사용하는 방법과 원리를 연구하는 것이다. 이런 정의가 논리학을 배운 학생만이 잘 혹은 바르게 추론할 수 있다는 것을 의미한다고 생각해서는 안 된다. 그렇게 말하는 것은 잘 달리기 위해서는 달리기와 관련된 물리학과 생리학을 공부해야 한다고 말하는 것만큼이나 바르지 못한 것이다. 몇몇 우수한 운동선수들은 자신들이 운동할 때 신체 안에서 일어나는 상세한 과정에 대해서는 잘 알지 못한다. 그리고 그런 과목에 대해 해박한 지식을 가진 노년의 교수가 경기장에서 자신의 명예를 걸고 뛰어야 하는 경우라 하더라도, <u>당연한 말이지만</u>, 좋은 성적을 낼 수는 없을 것이다. 근육과 신경 기관을 대체로 비슷하게 갖추고 있다고 하더라도, 그런 지식을 가진 사람이 "타고난 운동선수(natural athlete)"를 능가하지는 못할 것이다.

14 다음 중 빈칸에 들어갈 말로 가장 적절한 것은?

① 문제를 벗어난   ② 이루 말할 수 없는
③ 이상한 말이지만   ④ 제멋대로
⑤ 당연한 말이지만

| 정답 | ⑤

| 해설 | 빈칸 뒤에 오는 문장을 이해하는 것이 이 문제를 푸는 관건이 된다. if를 이용한 가정법 문장에서 if가 생략되어 종속절이 도치가 되어 있는 형태(원래는 'if they were to risk their dignity on the athletic field'가 된다.)이다. 그리고 were to를 사용해 실현 가능성이 거의 없는 일을 가정하고 있다. 체육 활동에 필요한 물리학이나 생리학에 어떤 노년의 교수가 해박하다 하더라도, 그가 경기장에서 명예를 걸고 뛴다고 좋은 성적을 낼 수 없음은 "말할 필요도 없는 당연한 말(needless to say)"이라는 것으로, 이와 같이 논리학을 잘 이해하고 있다고 해서 논리적으로 추론할 수 있다는 것을 의미하는 것은 아니라고 필자는 주장하고 있다. 따라서 정답은 ⑤가 된다.

다음 중 암시된 것은?

① 논리학을 공부한 사람은 그렇지 못한 사람에 비해 더 정확히 추론할 것임이 더욱 분명하다.

② "옳은" 추론과 "옳지 않은" 추론 간의 차이는 논리가 다루는 주요 문제에 속한다.

③ 뛰어난 운동선수가 생리학적 과정에 관해 항상 많이 알고 있다고는 할 수 없다.

④ 기본적인 근육 조직과 신경 조직에 대한 지식은 타고난 운동선수에게 있어 필수불가결하다.

⑤ 이성에 호소하는 것은 결국에는 감정에 호소하는 것보다 더욱 효과적이다.

| 정답 | ③

| 해설 | 본문에서 필자가 주장하는 바는 논리학을 배운 사람이 배우지 않은 사람보다 확실히 더 올바르게 추론한다는 ①이 아님은 자명하다. 그리고 "옳은" 것과 "옳지 않은" 추론 사이의 구별하는 것이 아닌 구별하는 방법(method)과 원리(principle)를 학습하는 것이 논리학이라고 했으므로 ②가 답이 될 수 없다. 기본적인 근육과 신경체계에 대한 지식은 타고난 운동선수에게 필수불가결하다는 ④의 경우 본문의 마지막 문장(Even given the same basic muscular and nervous apparatus, the person who has such knowledge might not surpass the 'natural athlete.)을 통해 사실이 아님을 알 수 있다. ⑤는 본문에 등장하지 않는 내용이다. 따라서 정답은 ③이 된다.

| 어휘 |

logic ⓝ 논리학

mistaken ⓐ 틀린

dignity ⓝ 존엄

surpass ⓥ 능가하다, 뛰어나다

indispensable ⓐ 필수불가결한, 없어서는 안 될

distinction ⓝ 차이

distinguish A from B A와 B를 구별하다

physics ⓝ 물리학

risk one's dignity 명예를 걸다

off the track 문제를 벗어나서

imply ⓥ 암시하다

physiology ⓝ 생리학

apparatus ⓝ 기관

in the long run 결국은

[16~17]

해석

스마트폰은 여러분이 필요로 하는 휴대용 컴퓨터 및 통신 기능을 모두 자그만 하나의 장치에 담아 해결하는 장비이다. 스마트폰은 별개의 제품군이라기보다는 휴대폰이 따라야 할 여러 가지 표준의 집합이다. 본 기사에서는 무엇이 휴대폰을 스마트폰으로 부를 수 있게 하는지, 스마트폰이라는 아이디어는 어떻게 생겨났는지, 스마트폰으로 무엇을 할 수 있는지 등에 관해 분석할 것이다. 기존의 수많은 휴대폰과 달리 스마트폰을 사용하면 개인 이용자들이 자신이 고른 어플을 설치하고, 설정하고, 가동시킬 수 있다. 스마트폰은 여러분의 사용 방식에 따라 기기를 맞출 수 있는 기능을 제공한다. 대부분의 일반적인 휴대폰에 탑재된 소프트웨어로는 설정 변경을 할 수 있는 선택지가 제한적이라 사용자가 기존에 설정된 방식에 적응하게 만든다. 일반적인 휴대폰에서는 여러분이 탑재된 달력 어플을 좋아하든 그렇지 않은 몇 가지 사소하게 변경할 수 있는 것만 제외하면 기존 어플을 어떻게 해 볼 방법은 없다. 그런데 만약 스마트폰이라면 좋아하는 달력 어플은 호환이 되면 무엇이든 설치할 수 있다.

16 이 글에 따르면, 다음 중 스마트폰에 대해 일치하는 것은?

① 소유자의 주인의 필요를 충족하도록 맞추는 것이 가능하다.

② 스마트폰은 사용하기가 더욱 까다롭다.

③ 스마트폰의 초기 설정이 맘에 들지 않아도 바꿀 수 있는 방법이 없다.

④ 스마트폰은 휴대폰의 시대가 끝이 났음을 시사한다.

| 해설 | "스마트폰은 여러분의 사용 방식에 따라 기기를 맞출 수 있는 기능을 제공한다.(A smartphone offers the ability to conform the device to your particular way of doing things.)" 따라서 답은 ①이다.

---

17 이 글의 목적은 무엇인가?

① 휴대폰에 의존할 때의 위험성에 관해 경고하기

② 스마트폰의 이점을 소개하기

③ 스마트폰의 리콜을 선언하기

④ 모든 휴대폰 제조업체에게 스마트폰의 개념을 준수할 것을 강요하기

| 정답 | ②

| 해설 | 본문은 스마트폰의 특징에 관해, 그 중에서도 사용자의 필요에 맞출 수 있는 특유의 이점에 관해 설명하고 있다. 따라서 정답은 ②이다.

| 어휘 | **not so much A as B** A라기 보다는 B   **live up to** ~에 부응하다, ~에 따르다

conform A to B A를 B에 따르게[맞추게] 하다   **re-configuration** ⑪ 설정 변경

adapt to ~에 적응하다   **tweak** ⑪ 수정, 변경   **customized** ⓐ 맞춤화 된

suit ⓥ (~에게) 편리하다[맞다]   **signal** ⓥ 표시하다, 시사하다

conform to ~에 따르다, ~을 준수하다

[18~20]

해석

거시경제학은 시장 경제 전반에 관한 학문이다. 경제학의 다른 분야와 마찬가지로 거시경제학은 사람들은 부족한 자원으로 목적 의식을 갖고 결정을 내린다는 생각을 중심으로 활용한다. 하지만 거시경제학은, 땅콩 시장이든 자전거 시장이든 간에, 시장의 작용 방식에 집중하기보다 경제 전반에 집중한다. 거시경제학은 큰 그림을 보는데, 경제 성장, 불황, 실업, 인플레이션 등을 주제로 삼는다. 당신은 불황기보다는 경제 성장기에 대학을 졸업하고 나서 원하는 직장을 구할 기회가 훨씬 더 많으며, 때문에 거시경제학은 당신 및 당신의 미래에 있어 중요한 의미를 갖는다. 높은 경제 성장은 빈곤 완화, 환경을 정화하는 데 드는 자원의 확보, 당신의 세대를 위해 더 나은 미래로의 인도 등에 도움을 줄 수 있다.

---

18 빈칸 [A]에 적절한 단어를 고르시오.

① 전반적으로   ② 부분적으로

③ 구체적으로   ④ 목적의식을 갖고

⑤ 특정한 관점 하에서

| 정답 | ①

| 해설 | 거시경제학은 특정 상품의 시장에 집중하는 학문이 아니라 시장경제 "전반"에 관한 학문이며 경제의 "전반적인" 상황에 집중한다. 따라서 정답은 ①이다.

19 밑줄 친 <u>alleviate</u>를 가장 잘 대체할 수 있는 것은?

① 시사하다   ② 악화시키다

③ 줄이다   ④ 늘리다

⑤ 야기하다

| 정답 | ③

| 해설 | 밑줄 친 단어는 본문에서 가난을 "완화하다"란 의미를 갖고, 보기 중에서 이와 대체할 수 있는 것은 가난을 "줄이다"란 의미에서 ③ reduce이다.

---

20 윗글에 따르면, 다음 중 일치하는 것은?

① 거시경제학은 사람들은 의사 결정을 내리기 위한 충분한 데이터를 사용한다는 생각을 활용한다.

② 거시경제학은 핵심적인 분야에 집중한다는 점에서 선별적이다.

③ 거시경제학은 미래의 경제 방향을 더 잘 이해하는 데 도움을 준다.

④ 거시경제학은 경제 불황과 빈곤을 초래할 수 있다.

⑤ 거시경제학은 항상 밝은 미래를 위한 청사진을 제공한다.

| 정답 | ③

| 해설 | 거시경제학은 경제 전반에 관한 학문이며 "당신 및 당신의 미래에 있어 중요한 의미를 갖는" 학문이다. 이 말은 거시경제학이 경제 전반을 이해하는 데 도움이 되며 미래의 경제적 방향을 이해하는 데도 도움이 되기 때문에 경제의 호황과 불황에 영향을 받는 우리의 입장에서도 중요한 의미를 갖는다는 의미이다. 따라서 정답은 ③이다.

| 어휘 | **macroeconomics** ⓝ 거시경제학   **study** ⓝ 학문   **purposeful** ⓐ 목적의식이 있는

scarce ⓐ 부족한   **working** ⓝ (기계 · 시스템 · 조직 등의) 작동[운용/작용] (방식)

recession ⓝ 불황   **subject matter** (책 · 연설 · 그림 등의) 주제[소재]

alleviate ⓥ 완화하다   **free up** 해방하다, 풀어 주다, (~을 할 수 있도록) (시간 · 돈 등을) 확보하다[내다]

specifically ⓐ 구체적으로, 분명히   **specific** ⓐ 특정한, 구체적인   **allude** ⓥ 암시하다, 시사하다

aggravate ⓥ 악화시키다   **selective** ⓐ 선택적인, 선별적인

연습 문제

[01~02]

해석

매일 수백만의 사람들이 전 세계의 사무실, 슈퍼마켓, 공장 등에서 배경음악을 듣는다. 대부분의 배경음악의 경우, 삽입곡은 인간의 행동을 바꿀 목적으로 신중하게 선정된 것이다. 연구 결과에 따르면 빠른 음악은 인간의 행동을 느린 음악만큼 변화시키지는 못한다고 한다. 예를 들면 느린 음악은 고객들이 더 천천히 쇼핑을 하도록 만든다. 상점에서 오래 쇼핑을 하면 할수록 고객들은 물건을 더 많이 사게 된다. 또한 배경음악은 수많은 공장에서 매우 성공적으로 쓰여 왔다. 빠른 음악은 예상했던 것만큼 직원들을 빠르게 일하게 하지는 않으며 그렇다고 느린 음악이 직원들을 느리게 일하게 하지는 않았다. 배경음악의 주요 효과는 직원들의 업무 관련 스트레스를 줄여 주고 일에 흥미를 잃지 않도록 만들어 주는 것이다. 이는 필연적으로 직장에서의 사고를 줄여 주고 회사의 돈을 절약해 준다. 다음에 배경음악을 듣게 된다면 주의 깊게 듣고서 음악이 여러분의 행동 중 어떤 것을 변화시키는지 생각해 보라. 여러분 또한 배경음악으로 영향을 어느 정도 받았을 가능성이 있다.

---

01 이 글의 주제는 무엇인가?

① 배경음악이 우리의 행동을 바꿀 수 있다.
② 배경음악은 업무 관련 스트레스를 덜어 준다.
③ 배경음악은 직원들이 더 빨리 일하도록 만든다.
④ 배경음악은 쇼핑객들에게 필요하다.

| 정답 | ①

| 해설 | "대부분의 배경음악의 경우, 삽입곡은 인간의 행동을 바꿀 목적으로 신중하게 선정된 것이다.(For most background music, the soundtracks have been carefully selected to change human behavior.)" 본문에서는 상점과 공장의 사례를 들어 배경음악이 인간의 행동을 어떻게 바꾸는지를 말하고 있다. 따라서 정답은 ①이다.

---

02 이 글에 따르면, 상점에서 느린 음악이 흐를 경우의 주된 효과는 무엇인가?

① 쇼핑객들이 상점에 더 오래 머무른다.
② 쇼핑객들이 상점에 더 자주 간다.
③ 쇼핑객들이 느린 음악에 흥미를 보인다.
④ 쇼핑객들이 상점에 있는 동안 비싼 상품을 구매한다.

| 정답 | ①

| 해설 | "느린 음악은 고객들이 더 천천히 쇼핑을 하도록 만든다.(Slow music … will make customers shop more slowly.)" 천천히 쇼핑을 한다는 것은 상점에 더 오래 머문다는 의미이기도 하다. 따라서 정답은 ①이다.

| 어휘 | **on-the-job** ⓐ 직장에서의, 근무 중의

[03~04]

상대방의 힘을 역이용하는 것은 유도만의 독특한 특징이다. 예를 들어, 당신에게 전속력으로 달려드는 상대를 베어허그 한 다음 당신의 몸을 지렛대로 삼아 상대를 어깨 위로 던져 바닥에 눕힐 수 있다. 몸집이 상대방보다 작은 유도 선수는 이런 식으로 자신보다 큰 상대를 무찌르며, 바로 이것이 유도의 정수이다. 상대가 공격을 개시하면, 몸을 휙 수그려서 상대가 균형을 잃게 만들 수 있다. 다윗이 골리앗을 무찔렀을 때처럼 유도에서 덩치 큰 사람은 작은 사람에게 기습을 당할 수 있고, 이 과정에서 5분간의 시합 동안 상당한 규모의 전략적 싸움이 보장된다. 예를 들어, 공격에 전력을 다할 경우 종종 반격에 취약해진다. 하지만 그렇다고 계속 가만히 있으며 시간을 보낼 여유도 없다. 소극적인 태도는 경고로 이어지고 점수가 깎일 수 있다. 이 때문에 유도는 신체를 중시하는 운동이지만 동시에 재치를 겨루는 싸움으로 알려져 있기도 하다.

03 다음 중 (A)에서 암시하는 것은 무엇인가?
① 매 라운드마다 앉아야 한다.
② 공격적이면서 방어적이어야 한다.
③ 서 있는 자세를 유지해야 한다.
④ 앞좌석으로 바꿔야 한다.

| 정답 | ②

| 해설 | (A) 앞에서는 계속 공격만 하다가는 반격을 당할 수 있음을 말하고 있다. 그렇다고 반격을 받지 않기 위해 "계속 가만히 있으며 시간을 보낼 여유도 없으며(you can't afford to sit back all the time)" 그 이유는 반격을 받지 않기 위해 소극적으로 행동하다가는 경고와 함께 점수가 깎일 수 있기 때문이다. 여기서 (A)가 '계속 공세를 취하는 것은 도움이 안 되지만 그렇다고 계속 수비적으로 행동하는 것 또한 도움이 안 되며, 양자의 균형을 맞추는 것이 중요하다'는 의미임을 유추할 수 있다. 따라서 정답은 ②이다.

04 (B)에 가장 적절한 것은?
① 시간 문제
② 힘 겨루기
③ 기술보다 운에 좌우되는 게임
④ 재치를 겨루는 싸움

| 정답 | ④

| 해설 | 유도는 5분의 시간 동안 전략적인 행동을 필요로 한다. 공세 일변도로 나가서도 안 되며 대결을 회피하며 시간을 끌어서도 안 된다. 즉 유도는 신체적 능력뿐만 아니라 "재치를 겨루는 싸움"이기도 한 것이다. 따라서 정답은 ④이다.

| 어휘 | **opponent** ⓝ 상대   **charge** ⓥ 달려들다, 공격하다

bear-hug ⓥ 상대를 끌어안아 팔 힘으로 조여서 허리를 압박하다 　　lever ⓝ 지렛대

judoka ⓝ 유도가, 유도 선수　　　　mount an attack 공격을 개시하다

duck ⓥ (머리나 몸을) 휙[쑥] 수그리다[숨기다]　　　　surprise ⓥ 기습하다

tactical ⓐ 전략적인　　　　go all out 전력을 다하다　　　　counterattack ⓝ 역습, 반격

sit back 편히[가만히] 있다　　　　physicality ⓝ 신체적임, 육체 중심주의　　wit ⓝ 기지, 재치

a game of chance 기술보다 운에 좌우되는 게임

[05~06]

해석

여러분들이 방문해 본 슈퍼마켓의 기억을 떠올려 보면 왜 다 똑같이 생겼는지 궁금해 본 적 없는지? 이건 슈퍼마켓을 운영하는 기업의 상상력이 부족하기 때문은 아니고, 사실 모든 슈퍼마켓은 사람들이 물건을 사도록 설득하는 설득의 과학에 정통하기 때문에 그런 것이다. 예를 들어 대부분의 슈퍼마켓에서 사람들이 들어와서 처음 마주하는 것은 신선한 과일과 야채를 파는 구역이다. 판매자들 입장에서 이런 배치는 말이 안 된다. 과일과 야채는 쉽게 상하고 따라서 쇼핑 과정에서 제일 처음이 아니라 가장 마지막에 사야 하는 것들이다. 하지만 여기서 심리학이 작용하게 된다. 품질 좋고 몸에도 좋은 신선한 음식을 고르는 것은 기분 좋게 쇼핑을 시작하는 방법이다. 그리고 사람들은 신선한 음식을 고르고 나서 나중에 기름진 음식에 손을 뻗게 될 때 죄의식을 덜 느끼게 된다. 또 다른 예를 들면, 우유같이 일상에서 필요한 품목은 예외 없이 고객을 유혹할 수 있는 기회를 더 제공할 수 있도록 상점 뒤편을 향해서 배치되어 있다. 이러한 발상을 통해 사람들이 상점 안에 머무르는 기간 즉 "체류 시간"이 한층 높아지게 된다.

05 이 글에 따르면, 다음 중 일치하지 않는 것은?

① 필수품은 상점 뒤편에 배치되는 경향이 있다.

② 대부분의 상점은 판매 구역의 배치가 동일하다.

③ 소매상들은 고객들이 상점에 더 오래 머무르기를 원한다.

④ 상점 내 구역은 고객이 최대한의 효율을 획득할 수 있도록 배치되어 있다.

| 정답 | ④

| 해설 | 슈퍼마켓 내 구역은 고객이 죄의식을 덜 느끼게 하기 위해 그리고 체류 시간을 높이기 위해 고안되었다. 하지만 고객의 효율을 높이기 위한 것이라는 내용은 본문에 등장하지 않는다. 그리고 고객의 효율을 높인다는 말은 달리 말하면 고객이 빠른 시간에 원하는 물건을 찾아 구매하고 나가는 것을 의미하며, 이는 고객을 가능한 한 오래 머무르도록 하는 것과는 맞지 않는다. 따라서 정답은 ④이다.

06 왜 소매상들은 신선한 과일 및 야채 구역을 전면에 위치시키는가?

① 과일과 야채는 쉽게 상하기 때문이다.

② 고객들이 건강한 식단을 지속할 수 있도록 하기 때문이다.

③ 소매상들이 고객의 시간과 돈을 절약하길 원하기 때문이다.

④ 고객들은 몸에 좋은 음식을 선택하여 스스로에게 위안을 줄 수 있기 때문이다.

| 정답 | ④

| 해설 | "하지만 여기서 심리학이 작용하게 된다. 품질 좋고 몸에도 좋은 신선한 음식을 고르는 것은 기분 좋게 쇼핑을 시작하는 방법이다. 그리고 사람들은 신선한 음식을 고르고 나서 나중에 기름진 음식에 손을 뻗게 될 때 죄의식을 덜 느끼게 된다.(But psychology is at work here: selecting good wholesome fresh food is an uplifting way to start shopping, and it makes people feel less guilty about reaching for the stodgy stuff later on.)" 즉 사람들은 신선식품 같은 몸에 좋은 음식을 고르고 나면 나중에 기름진 음식을 골라도 스스로의 행위를 정당화할 수 있게 된다. 따라서 정답은 ④이다.

[07~08]

해석

적응행위는 어떤 필요를 충족시키기 위해 고안된 비언어적 행동이다. 여기서 말하는 필요란 때로는 신체적인 것일 수도 있는데, 마치 간지러움을 해소하기 위해 긁거나 머리카락이 눈을 가리자 젖히는 경우가 해당된다. 필요는 때로 심리적인 것일 수도 있는데, 불안해서 입술을 깨무는 경우가 이에 해당한다. 때로 이러한 적응행위는 마른 입술에 침을 묻히는 것처럼 안도감을 증진시키는 데 목적이 있다. 이러한 적응행위는 다른 사람이 없을 때 한다면, 통째로 다 하게 된다. 하지만 사람들이 있는 경우엔 축약된 형태로 하게 된다. 예를 들어 사람들이 우리를 보고 있다면 우리는 손가락을 머리에 갔다 댄 다음 약간 움직이는 정도에 그치지, 혼자 있을 때처럼 열심히 머리를 긁지는 않을 것이다. 다른 사람들에게 보이는 적응행위가 일반적으로 이런 (축약된) 형태를 띠고 있으므로, 관찰하는 사람의 입장에서는 일부만 취한 적응행위의 목적이 무엇인지 구분하기가 종종 까다롭다. 예를 들어 누군가의 손가락이 머리에 있는 모습을 관찰했을 때 우리는 이런 행동이 무슨 의도를 갖고 있는지 확신할 수가 없다.

07 밑줄 친 "abbreviated form"과 의미상 가장 가까운 것을 고르시오.

① 완전히 발달한 방식   ② 감소된 방식
③ 과장된 방식   ④ 용서받지 못할 방식

| 정답 | ②

| 해설 | 문제의 abbreviated는 "단축된, 축약된" 등을 의미하므로 abbreviated form은 "축약된 형태"를 의미하고, 보기 중에서 이와 의미상 가장 가까운 것은 "감소된 방식"이란 의미인 ②의 a reduced way이다.

08 이 글에 따르면, 다음 중 "적응행위"에 관해 유추할 수 있는 것은?

① 말과 결합될 때 더욱 효과적이다.
② 다른 사람들을 괴롭힐 의도를 품고 있다.
③ 다른 문화권에서는 다른 것을 의미한다.
④ 사용하는 사람이 원하는 어떤 목적을 충족시킨다.

| 정답 | ④

| 해설 | "적응행위는 어떤 필요를 충족시키기 위해 고안된 비언어적 행동이다.(Adaptors are nonverbal behaviors designed to satisfy some need.)" 여기서 말하는 "필요"는 신체적이거나 심리적인 필요이며, 어떤 "필요"를 충족시킨다는 의미는 적응행위를 하는 사람이 행위를 통해 이루고자 하는 목적이 존재하고, 이 목적이 행위를 통해 달성된다는 의미이다. 따라서 정답은 ④이다.

| 어휘 | **adaptor** ⓝ 적응행위   **nonverbal** ⓐ 비언어적인, 말을 쓰지 않는

design ⓥ (특정 목적을 위해) 고안하다[만들다]		**itch** ⓝ 가려움
moisten ⓥ 촉촉하게 하다	**in private** 다른 사람이 없는 데서	**in its/their entirety** 통째로, 전부
abbreviated ⓐ 단축된, 축약된	**vigor** ⓝ 힘, 원기	**emit** ⓥ 내뿜다, 발하다
full-fledged ⓐ 완전히 발달한, 필요한 자격을 갖춘		
inexcusable ⓐ 용납할 수 없는, 용서받지 못할		**purpose** ⓝ 목적, 의도

[09]

해석

선물을 주는 것에 대한 선행 연구에 기초한 2016년 연구 논문은 선물을 주는 사람과 선물을 받는 사람이 선물을 생각하는 방식에 큰 차이가 있는 것을 주목한다. 일반적으로 선물을 주는 사람은 선물이 어떻게 받아들여질지를 상상하며 선물을 고른다. 상대방에게 감탄사를 유발하게 하거나 전혀 뜻밖의 선물이 되도록 한다. 하지만 선물을 받는 사람은 좀 더 실용적인 측면을 우선시하며, 선물을 열어 볼 때 선물의 유용함이나 장기적인 매력에 초점을 맞춘다. 한 가지를 예를 들어 보자. 남편이 아내를 위해 비싼 다이아몬드 귀걸이를 구매하면서, 아내의 감탄을 유도한다. <u>아내가 선물 상자를 열어 보면서 작은 환호성을 지르는 모습을 상상해 본다.</u> 하지만 아내는 그런 반응을 보이지 않았다. 아내는 슬리퍼나 블렌더, 가죽 장갑을 받기 원했고, 아무리 아름답다고 해도 다이아몬드 귀걸이보다 그런 것들을 더 선호했을 수 있다. 다른 예를 들어 보자. 한 여성이 커피를 좋아하는 아빠에게 커피숍에서 사용할 수 있는 기프트카드를 선물하며, 스스로 그것을 매우 사려 깊은 선물이라고 생각했다. 그녀의 아빠가 커피를 좋아하는 것은 사실이지만, 아빠는 좀 더 다양하게 쓸 수 있는 신용카드용 기프트카드를 받기 원했을 수 있다.

09 다음 지문에서 박스에 제시된 문장이 들어갈 가장 알맞은 곳을 고르시오.

> 아내가 선물 상자를 열어 보면서 작은 환호성을 지르는 모습을 상상해 본다.

① [A]   ② [B]   ③ [C]   ④ [D]   ⑤ [E]

| **정답** | ④

| **해설** | 제시된 문장은 남자가 여자에게 선물을 주는 내용으로, 여자가 선물을 열면서 감탄을 하는 모습을 상상하고 있다. 따라서 이 내용은 첫 번째 예에 해당하므로 [C], [D], [E]에 들어갈 수 있다. [C]는 특정 대상을 지칭하지 않고 대명사(he, she)가 나올 수 없으므로 적합하지 않고, [E]는 내용의 흐름상 부적절하다. 정답은 [D]로 남편의 선물에 아내가 감탄하길 상상했지만, 그렇게 반응하지 않았다는 내용으로 이어지며, 그 이유가 추가로 이어지고 있다.

| **어휘** |
picture ⓥ 그리다, 묘사하다	**prior** ⓐ 앞의, 전의, (~보다) 앞선(to)	**note** ⓥ 주목하다, 알아채다
discrepancy ⓝ 차이, 불일치	**recipient** ⓝ 수용자, 수용기관, 수상자	
wow factor ⓝ 사람들을 흥분시키는[깜짝 놀라게 하는] 요소		**earring** ⓝ 귀걸이
blender ⓝ 믹서기, 분쇄기(요리 기구)	**prefer A to B** B보다 A를 선호하다	**deem** ⓥ ~로 여기다, 생각하다
thoughtful ⓐ 배려심이 있는, 친절한; 생각에 잠긴		
versatile ⓐ 다재다능한, 다용도의; 변덕스러운		

해석

제2차 세계대전이 끝난 후, 서유럽 및 북미 국가들에서 출산율이 증가했다. 이러한 세계적 현상은 곧바로 베이비붐(baby boom)으로 인식되어 그 이름이 굳어지게 되었다. 그러나 베이비붐의 추세는 사실 서로 다른 국가적 환경에서 상당히 다른 양상을 보였다. 예를 들어, 핀란드와 같은 몇몇 국가들은 출산율이 빠르게 치솟았지만 그 이후 1950년대 초에 급격히 감소했다. 이와 대조적으로 미국에서는 1964년까지 높은 출산율이 계속되었다. 캐나다와 호주는 미국과 비슷한 패턴을 따랐다. 그러나 영국에서는 1947년과 1964년 두 번에 걸쳐 출산율이 정점에 다다랐고, 일부 분석가들은 이것이 진짜 베이비붐이었는지 의심을 떨치지 못하고 있다. 독일에서는 역사적으로 이 기간 동안 출산율이 약간의 증가만을 보였다. 요약하자면, 순전히 인구통계학적 관점에서조차 베이비붐은 나라마다 다른 형태를 띠었다.

10 이 글에 따르면, 다음 중 제2차 세계대전 이후 여러 국가에서 나타난 출산율 추세에 관한 설명으로 옳은 것은?

① 핀란드의 출산율은 떨어졌지만, 빠르게 반등했다.
② 호주에서는 베이비붐 현상이 약 20년간 지속되었다.
③ 영국의 높은 출산율은 1947년부터 1964년까지 계속되었다.
④ 독일의 출산율은 전후 기간 동안 크게 요동쳤다.

| 정답 | ②

| 해설 | ① 핀란드의 출산율은 빠르게 치솟았지만 그 이후 1950년대 초에 급격히 감소했다고 나온다. ② 호주는 미국과 비슷한 패턴을 따랐다고 나온다. 즉 1964년까지 높은 출산율이 계속되었다. 따라서 전후 20년간 베이비붐 현상이 지속된 것을 알 수 있다. ③ 영국에서는 1947년과 1964년 두 번에 걸쳐 출산율이 정점에 다다랐다. ④ 독일에서는 역사적으로 이 기간 동안 출산율이 약간의 증가만을 보였다고 했으므로 등락을 반복한 것이 아니다.

11 빈칸에 들어갈 가장 적절한 것을 고르시오.

① (A) 그러므로 – (B) 사실
② (A) 예를 들어 – (B) 그럼에도 불구하고
③ (A) 하지만 – (B) 게다가
④ (A) 이와 대조적으로 – (B) 요약하자면

| 정답 | ④

| 해설 | (A)의 경우 앞뒤 내용이 대조적이다. 핀란드의 출산율은 전후 급등한 후 급락했다. 하지만 미국은 1964년까지 높은 출산율이 지속되었다. 따라서 역접의 연결어인 'however'나 'by contrast'가 와야 한다. (B) 이후의 문장은 앞의 내용 전체를 요약하고 있으므로, 'In short'가 적합하다. 따라서 정답은 ④가 된다.

| 어휘 | **following** ⓟⓡⓔⓟ ~한 후에   **birthrate** ⓝ 출산율   **recognize** ⓥ 알아보다, 인식하다
immediately ⓐⓓ 곧, 즉시
baby boom 베이비 붐(일시적으로 출생률이 뚜렷한 증가를 보이는 시기. 특히 2차 세계대전 후의 이 현상을 가리킴)
surge ⓝ 급증   **(be) followed by** 뒤이어 ~가 계속되다   **peak** ⓝ 절정, 정점, 최고조
moderate ⓐ 적당한, 보통의   **demographic** ⓐ 인구(통계)학의
fluctuate ⓥ 변동하다, 동요하다, 오르내리다

해석

경찰의 인종 프로파일링의 가장 흔한 예로는 다른 말로는 "흑인인 상태로 운전하기(driving while black)"로 불리는 "DWB"가 있다. 이 단어는 경찰이 미국 흑인들이 범죄 활동에 연루되었을 가능성이 더 높다고 생각해서 흑인들을 겨냥해 차를 멈추라고 하는 관행을 가리킨다. 인종 프로파일링은 불법이긴 하지만 1996년 미 대법원 판결에서는 경찰에게 만약에 운전자가 불법 마약이나 불법 무기를 밀거래한다고 판단되면 운전자를 세워서 차량을 뒤질 수 있도록 허용했다. 차량을 더 많이 세울수록 더 많은 체포가 이루어지고, 이는 미 흑인들을 대상으로 한 인종 프로파일링 통계를 왜곡시키게 된다. 연구에 따르면 흑인들은 멈춰 세워져서 수색받을 확률이 훨씬 높다. 정말로 흑인들이 범죄를 더 많이 저지르는 것일까 아니면 경찰이 흑인들을 겨냥하기 때문에 더 많이 잡히는 것일까? 이는 가장 엄격한 법집행을 옹호하는 사람조차도 명백히 불공정하다고 인정할 악순환이다.

12 이 글에 따르면, 다음 중 일치하는 것은?

① 경찰은 적절한 이유를 들어 운전자를 세울 수 있다.
② 판사들은 미국 흑인들을 차별하는 인종차별주의자이다.
③ 인종 프로파일링은 미국 밖에서는 존재하지 않는다.
④ 미국 흑인들은 모두 불법 마약과 무기를 소지한다.

| 정답 | ①

| 해설 | "1996년 미 대법원 판결에서는 경찰에게 만약에 운전자가 불법 마약이나 불법 무기를 밀거래한다고 판단되면 운전자를 세워서 차량을 뒤질 수 있도록 허용했다.(a 1996 Supreme Court decision allows police to stop motorists and search their vehicles if they believe they are trafficking illegal drugs or weapons.)" 이 말은 즉 경찰은 적절한 이유를 들어 달리는 차를 세울 수 있다는 의미이다. 따라서 정답은 ①이다.

13 이 글의 목적은 무엇인가?

① 화를 북돋우기
② 경찰에 관해 다른 생각을 갖도록 하기
③ 독자에게 인종 프로파일링이 실제 합법적임을 알려 주기
④ 독자에게 직접 영향을 주는 새로운 법에 관해 알려 주기

| 정답 | ③

| 해설 | 본문 중간에는 인종 프로파일링이 불법이라는 언급이 나오지만, 이후 대법원 판결 때문에 경찰이 적당한 이유를 들어 운전자를 멈춰 세우는 것이 가능해졌고, 이러한 경찰의 행위가 사실상 흑인을 대상으로 인종 프로파일링을 조장하는 결과를 낳았음을 보여 주고 있다. 즉, 불법이라고는 하지만 대법원 판결 때문에 사실상 합법화 된 것임을 말하고 있는 것이다. 따라서 정답은 ③이다.

| 어휘 | **racial profiling** 인종 프로파일링; 피부색, 인종 등을 기반으로 용의자를 추적하는 수사 기법

practice ⓝ 관행	**motorist** ⓝ 운전자	
traffick ⓥ 밀거래 하다, 불법 거래를 하다	**skew** ⓥ 왜곡하다	**vicious cycle** 악순환
law enforcement 법집행	**advocate** ⓝ 지지자, 옹호자	**patently** ⓐ 명백히, 틀림없이
non-existent ⓐ 존재하지 않는, 실제로 있지도 않은		

[14~15]

해석

내 생각에는 중요한 문제냐 사소한 문제냐를 따지지 않고, 전문가의 의견은 말할 것도 없고, 남의 의견을 지나치게 존중하는 사람들이 많은 것 같다. 다른 사람들의 의견은 굶어죽지 않거나 감옥에 가지 않을 정도로만 존중하면 된다. 이러한 한도에서 벗어나는 행동은 지나친 횡포에 자발적으로 굴복하는 것이고, 이는 모든 면에서 행복을 방해하기 십상이다. 예를 들어 지출의 문제를 생각해 보자. 좋은 자동차를 가지고 있거나 성대한 만찬을 베풀 능력이 있어야만 주위 사람들의 존경을 받는다고 생각하기 때문에, 자신의 본래 취미가 요구하는 것과는 전혀 다른 데에 돈을 쓰는 사람들이 상당히 많다. 사실 자동차를 살 능력이 충분한데도, 여행을 하거나 훌륭한 장서를 갖추는 것을 더 좋아하는 사람들은 다른 사람들과 똑같이 행동했을 때보다 언젠가는 더 많은 존경을 받게 된다. 물론 일부러 여론을 조롱하는 행동을 할 필요는 없다. 여론을 조롱한다는 것은 전도된 방식이기는 하지만 여전히 여론의 지배에서 벗어나지 못하고 있다는 증거다. 그러나 정말로 여론에 대해 무관심하다면 그것은 하나의 힘이자, 행복의 원천이 된다.

14 빈칸 ⓐ에 들어갈 가장 적절한 것은?

① 탐닉하다   ② ~와 제휴하다

③ ~을 이겨내다   ④ ~을 방해하다

| 정답 | ④

| 해설 | 본문은 버트란트 러셀(Bertrand Russell)의 행복의 정복(The Conquest of Happiness)에서 발췌한 글로, 행복하기 위해서는 다른 이들의 의견에 일일이 신경을 쓰지 않아야 한다는 내용을 담고 있다. 남의 의견에 신경을 써야 할 경우는 어쩔 수 없는 경우(기아, 옥살이)이며, 이를 제외하고 다른 이들의 의견에 신경을 쓰는 것은 '지나친 횡포에 자발적으로 굴복'하는 것이라고 했으므로, 이렇게 하면 행복을 '방해'할 가능성이 크다는 것을 알 수 있다. 따라서 정답은 ④가 된다.

15 밑줄 친 ⓐ enjoin과 가장 가까운 의미에 해당하는 것은?

① 변경하다   ② 거부하다

③ 교체하다   ④ 요구하다

| 정답 | ④

| 해설 | 밑줄 친 enjoin은 '(무엇을 하도록) 명하다, 이르다'의 뜻을 지니므로, 동의어는 ④가 적합하다.

| 어휘 |

in general 일반적으로	**apart from** ~ 외에도, ~뿐만 아니라; ~와 별개로	
pay respect to ~에 경의를 표하다, ~를 존중하다		**in so far as** ~하는 한에 있어서는
starvation ⓝ 기아, 굶주림	**voluntary** ⓐ 자발적인	**submission** ⓝ 복종
tyranny ⓝ 폭정	**be likely to** ~할 가능성이 있다, ~하기 쉽다	
expenditure ⓝ 지출		
enjoin ⓥ (무엇을 하도록) 명하다[이르다]; (법령·명령으로) …가 ~하는 것을 금하다		
merely because 단순히 ~ 때문에	**depend upon** ~에 의존하다	**possession** ⓝ 소유, 재산
as a matter of fact 사실은	**obviously** ⓐd 분명히, 명백하게	**afford** ⓥ 여유가 있다
genuinely ⓐd 진정으로	**in the end** 마침내	**deliberately** ⓐd 고의로, 일부러
there is no point in -ing ~하는 것은 의미가 없다, 무의미하다		
flout ⓥ 모욕하다, 멸시하다; 어기다, 무시하다		**domination** ⓝ 지배

topsy-turvy ⓐ 거꾸로, 머리를 아래로; 역으로, 반대로; 뒤죽박죽, 뒤섞여

indifferent ⓐ 무관심한, 냉담한   **indulge in** 탐닉하다   **affiliate with** ～와 제휴하다

triumph over ～을 이겨내다   **interfere with** 방해하다, 침해하다, 지장을 주다

alter ⓥ 바꾸다, 변경하다   **refuse** ⓥ 거절하다   **replace** ⓥ 대체하다

demand ⓥ 요구하다, 강력히 묻다

연습 문제

[01~02]

해석

에이브러햄 링컨과 존 피츠제럴드 케네디는 미국에 지금까지 있던 대통령 중에서 가장 유명한 두 명의 대통령들이다. 언급되지 않고 넘어가는 미국 대통령은 없지만, 에이브러햄 링컨과 존 피츠제럴드 케네디는 여전히 가장 유명한 대통령이며 특히 이들의 성격, 정책, 암살 등의 이유로 더 그렇다. 링컨과 케네디 사이의 공통점 또한 두려울 정도라서 일부 사람들은 아마도 케네디가 링컨의 환생일지도 모른다고 한다. 이러한 주장은 꽤나 믿기지 않는 주장이지만 이 두 사람의 삶에 다소 이상한 유사성이 존재한다는 사실은 부정할 수 없다.

01 이 글의 목적은 무엇인가?
① 어떻게 모든 대통령은 모두 동일한지를 보여 주기
② 독자가 두 대통령 간의 공통점에 관해 생각해 볼 수 있도록 하기
③ 환생의 가능성을 증명하기
④ 어떻게 모든 위대한 인물들이 결국에 동일한 운명을 맞게 되는지 입증하기

| 정답 | ②

| 해설 | 본문은 링컨과 케네디 두 전직 미국 대통령 간의 공통점이 무엇인지 구체적인 사례를 제시하고는 있지 않으나 이제부터 언급할 것임을 독자에게 알려주는 역할을 하고 있다. 따라서 정답은 ②이다.

02 이 글에 따르면, 다음 중 일치하지 <u>않는</u> 것은?
① 두 대통령 모두 동일한 사람에 의해 암살당했다.
② 케네디와 링컨 둘 다 살해당했다.
③ 두 대통령은 잘 알려진 인물들이다.
④ 두 대통령은 여러 면에서 어느 정도는 동일하다.

| 정답 | ①

| 해설 | 두 대통령 모두 암살당했지만, 동일한 사람에 의해 암살당했다는 내용은 본문에 존재하지 않는다. 따라서 정답은 ①이다.

| 어휘 | **well-known** ⓐ 유명한   **particularly** ⓐ 특히   **assassination** ⓝ 암살
unnerving ⓐ 두려운, 불안한   **reincarnation** ⓝ 환생

far-fetched ⓐ 믿기지 않는, 설득력 없는 **there is no -ing** ~은 불가능하다, ~은 할 수 없다 **eventually** ⓐⓓ 결국

[03~04]

해석

미국인과 스페인인은 투우에 매우 다른 반응을 보인다. 미국인들은 투우를 볼 때마다 보통 왜 투우사들은 자신의 목숨을 걸고 싶어 하는지 궁금해한다. 이와는 대조적으로 스페인인들은 (투우사들이) 황소를 제어하면서 죽음의 위협 앞에서 용기를 드러내는 흥분되는 순간을 상상한다. 대체적으로 투우사의 움직임에서 아름다움을 보는 미국인들은 거의 없다. 하지만 스페인 관중들은 투우사의 모든 움직임을 이해하고 감상할 수 있도록 훈련되었다. 스페인 관중들은 우아하고 솜씨 있게 움직임을 수행하는 투우사에게 열광한다. 대부분의 미국인 관중들은 이와는 정반대이다. 이들은 투우사보다 황소에 더 집중한다. 투우사와 투우사를 보조하는 반데리예로에 수에서 밀리는 황소를 미국 관객들은 종종 동정한다. 이 같은 태도가 보통 스페인 관객들의 인내를 시험한다.

03 이 글의 주제는 무엇인가?
  ① 투우사가 자신의 목숨을 걸고 투우를 하기를 원하는 이유.
  ② 투우사의 움직임을 감상하는 방법.
  ③ 미국인들과 스페인인들은 투우에 얼마만큼의 다른 반응을 보이는가.
  ④ 미국인과 스페인인 사이의 문화적 차이를 분석하는 방법.

| 정답 | ③

| 해설 | 본문은 투우를 대상으로 미국인과 스페인인이 서로 얼마나 다른 반응을 보이는지를 말하고 있다. 따라서 정답은 ③이다.

04 다음 중 미국인 관중들이 투우에 보이는 반응을 가장 잘 설명한 것은?
  ① 투우사의 움직임 하나하나에 비판적이다.
  ② 투우사의 우아하고 솜씨 있는 움직임에 찬사를 보낸다.
  ③ 투우사보다 반데리예로에 더 주의를 기울인다.
  ④ 투우사보다는 황소를 대상으로 선뜻 측은한 마음을 더욱 크게 품는다.

| 정답 | ④

| 해설 | "대부분의 미국인 관중들은 이와는 정반대이다. 이들은 투우사보다 황소에 더 집중한다. 투우사와 투우사를 보조하는 반데리예로에 수에서 밀리는 황소를 미국 관객들은 종종 동정한다.(Most American spectators are just the opposite. They focus more on the bull than the matador. Outnumbered by the matador and his banderilleros, or assistants, the bull is often pitied by American spectators.)" 여기서 정답은 ④가 됨을 알 수 있다.

| 어휘 | **matador** ⓝ 투우사   **outnumber** ⓥ ~보다 수가 더 많다
  banderillero ⓝ 반데리예로; 장식이 달린 작살로 소를 찌르는 투우사   **attentive** ⓐ 주의를 기울이는
  sympathize ⓥ 동정하다, 측은히 여기다 **readily** ⓐⓓ 선뜻, 기꺼이

기업의 독점력이란 기업이 속한 산업에 의해 생산되는 제품의 공급을 기업이 통제할 수 있는 정도를 나타낸다. 주어진 제품을 생산하고 판매하는 기업이 많을수록 이들 기업이 산업 생산을 놓고 행사할 수 있는 통제력이 감소한다. 만약 어떤 산업에 충분한 수의 기업이 존재하여 한 기업의 산출량과 그 기업의 산업 생산에 미치는 통제력이 대수롭지 않은 수준이라면, 우리는 **경쟁적인** 성향의 시장을 보유한 것이다. 반면에 해당 제품을 생산·판매하는 기업이 하나뿐이라면 우리는 완전독점 시장을 보유한 것이다. 불완전 경쟁시장에서 한 기업의 독점력이 강화될수록, 해당 기업의 산출량도 산업 전체의 산출량과 비례해 커진다. 독점력이 약화될수록, 해당 기업의 산출량도 산업 전체의 산출량과 비례해 줄어든다.

05 빈칸에 들어갈 알맞은 말을 고르시오.

① 구식의　　　　　　　　　　　　② 소외된
③ 휴면기의　　　　　　　　　　　　④ 경쟁적인

| 정답 | ④

| 해설 | "만약 어떤 산업에 충분한 수의 기업이 존재하여 한 기업의 산출량과 그 기업이 산업생산에 미치는 통제력이 대수롭지 않은 수준이라면(If there are enough firms in an industry so that one firm's output and its control over industry supply are insignificant)" 이 말은 즉 독점 상태와 정반대되는 상황이다. 보기 중에서 독점과 반대되는 것은 ④뿐이다.

06 이 글에 따르면, "독점력"에 관해 추론할 수 있는 것은?

① 만일 어느 한 제품의 제조사가 하나밖에 없을 경우 독점력은 존재하지 않는다.
② 고도의 생산성이 독점력을 보장한다.
③ 시장 점유율이 어느 한 기업의 독점력을 결정한다.
④ 유명한 기업은 덜 알려진 기업에 비해 독점력이 더 크다.

| 정답 | ③

| 해설 | "주어진 제품을 생산하고 판매하는 기업이 많을수록 이들 기업이 산업 생산을 놓고 행사할 수 있는 통제력이 감소한다.(The more firms there are producing and selling a given product the less control any one of the firms can exercise over industry supply.)" 여기에서의 통제력은 독점력을 말하며, 기업의 수가 많다는 것은 시장 점유율이 분산되었음을 의미한다. "반면에 해당 제품을 생산·판매하는 기업이 하나뿐이라면 우리는 완전독점 시장을 보유한 것이다.(On the other hand, if there is only one firm producing and selling the product, we have a market of pure monopoly.)" 즉 기업의 수가 적거나 오직 하나뿐일 경우, 소수 기업에 시장점유율이 집중되면서 독점력 또한 강화되는 것이다. 따라서 정답은 ③이다.

| 어휘 | **monopoly power** 독점력　　　　　　**refer to** ~을 나타내다　　　　　　**extent** ⓝ 정도
insignificant ⓐ 무의미한, 대수롭지 않은　　**pure monopoly** 완전독점　　　　**be relative to** ~에 비례하여
obsolete ⓐ 구식의, 낡은　　　　　　**isolated** ⓐ 외떨어진, 소외된　　　**dormant** ⓐ 휴면기의, 활동을 중단한
nonexistent ⓐ 존재하지 않는

[07~08]

해석

효용성을 지향하는 우정과 즐거움을 지향하는 우정은 함께 어우러지며 의문의 여지 없이 가장 흔한 우정의 형태이다. 모두 이런 형태의 우정을 경험한다. 사람들은 직장 동료와 이웃사람 및 카풀을 함께 하는 사람뿐만 아니라 심지어 기차와 배 및 비행기에서 마주하게 된 사람에게는 "우호적"이다. 이러한 유형의 정중함은, 어느 정도는, 우정의 한 형태로, 효용성을 지향하는 우정이자 상호 편의를 위한 우정이다. 이와 마찬가지로, 사람들은 골프 파트너, 칵테일 파티의 상대방, 자신들에게 즐거움을 주는 지인에게 "우호적"이다. 이 또한 우정의 한 형태로, 즐거움을 지향하는 우정이자 상호 즐거움을 위한 우정이다.

이러한 급이 떨어지는 형태의 우정은 반드시 나쁜 것만은 아니지만 부적절한 우정이다. 이러한 우정의 단점 중 하나는, 이러한 우정이 상황에 좌우되고 상황에 따라 다르다는 사실에 기인한다. 이 때문에 이러한 우정은 빨리 생겼다가 그만큼 빨리 사라진다. 이와는 대조적으로, 구약성경의 잠언에서 "친구는 사랑이 끊이지 아니하고(A friend loveth at all times)"라 말한 것은 상황에 좌우되지 않는 보다 급이 높은 형태의 우정을 가리킨다. 시간과 우연으로 인한 영향을 극복하기 위해서는, 우정은 관련된 개인의 고유한 자질에 기반해야 한다. 이렇게 단단한 기반을 갖춘 우정은 일시적인 우정이 될 수 없다.

---

07 빈칸에 가장 적절한 것은?

① 신뢰
② 즐거움
③ 책임
④ 의존

| 정답 | ②

| 해설 | 빈칸 앞에서 언급된 우정은 즐거움을 주는 사람에게 보이는 우호적 태도에서 기인한 것이므로, 자연히 이는 상호 "즐거움"을 위한 우정이다. 따라서 정답은 ②이다.

---

08 이 글에 따르면, 다음 중 일치하는 것은?

① 미덕을 지향하는 우정은 일시적인 우정이 아니다.
② 효용성을 지향하는 우정은 필요치 않다.
③ 즐거움을 지향하는 우정은 부도덕하다.
④ 모든 우정은 일시적이다.

| 정답 | ①

| 해설 | 본문의 "이와는 대조적으로, 구약성경의 잠언에서 "친구는 사랑이 끊이지 아니하고(A friend loveth at all times)"라 말한 것은 상황에 좌우되지 않는 보다 급이 높은 형태의 우정을 가리킨다"에서 말하는 우정은 일시적인 우정이 아니라 "관련된 개인의 고유한 자질에 기반"한 우정으로 사랑 즉 "미덕"에 기반한 우정이다. 그리고 저자는 이런 우정이 "단단한 기반을 갖춘 우정"이며, "일시적인 우정이 될 수 없는" 우정이라 말한다. 따라서 정답은 ①이다.

본문에서는 효용성이나 즐거움을 지향하는 우정이 급이 떨어지는 우정이라고 말하고는 있지만, 필요치 않다거나 부도덕한 것이라고는 본문에 언급된 바 없다. 따라서 ②와 ③은 답이 될 수 없다. 그리고 본문에서 이런 우정은 "빨리 생겼다가 그만큼 빨리 사라진다"고, 즉 "일시적"이라고 말하고 있지만, 마지막 단락을 보면 일시적이지 않은 우정도 있음을 알 수 있다. 따라서 ④는 답이 될 수 없다.

| 어휘 | **utility** ⑪ 유용성, 효용성　　　　　　**casual acquaintance** 조금 알게 된 사람
　　　　civility ⑪ 공손함, 정중함　　　　　　　**defect** ⑪ 결점, 단점　　　　　　**Book of Proverbs** 구약성경 잠언

refer to ~을 가리키다	**surmount** ⓥ 극복하다	**happenstance** ⓝ 우연
inherent ⓐ 본래의, 고유의	**quality** ⓝ 자질, 특성	**anchor** ⓥ ~에 단단히 기반을 두다
passing ⓐ 잠깐의, 일시적인	**reliance** ⓝ 의존, 의지	**transient** ⓐ 일시적인, 순간적인

[09~10]

해석

우리는 카메라 친화적인 외모(겉모습)와 스타일이 후보자의 성공 가능성을 크게 높인다는 사실에서 미디어의 중요성을 인식할 수 있다. 카메라 앞에서 편안한 모습을 보이면서 행동하는 것이 후보자가 지향하는 대의명분에도 도움을 줄 수 있다. 외모의 중요성을 보여주는 초기 사례로 1960년 케네디 후보와 닉슨 후보 사이의 악명 높은 대통령 토론을 들 수 있다. 이 대통령 후보 토론회는 TV로 방영되었지만, 닉슨은 보좌관들이 추천한 짙은 화장을 거부했다. 화면에서 그는 수척한 모습을 보였고 면도가 필요해 보였던 반면, 케네디의 젊고 활기찬 모습은 그가 받은 TV용 메이크업에 의해 더 견고한 모습을 보였다. 이러한 외모의 차이가 가져오는 중요성은 토론 후 명백해졌다. 여론 조사에 따르면 라디오로 토론을 들은 사람들은 근소한 차이로 닉슨이 이겼다고 생각한 반면, 텔레비전으로 토론을 본 사람들은 마찬가지로 근소한 차이로 케네디에게 우위를 부여했다. 이 극적인 사건 이후, TV 토론회에서 좋은 성과를 거두지 못할 것이라는 두려움에 대선 후보들이 겁에 질린 나머지 또 다른 대통령 후보 토론회가 TV로 방영되기까지는 16년이란 세월이 걸렸다.

09 다음 중 밑줄 친 haggard와 가장 비슷한 의미인 것은?

① 화난   ② 당황한   ③ 더러운
④ 지친   ⑤ 졸린

| 정답 | ④

| 해설 | 밑줄 친 haggard는 '초췌한, 야윈, 수척한' 등의 뜻을 지니므로, 동의어는 '지친'을 의미하는 ④ exhausted가 된다.

10 다음 중 이 글의 요지는?

① 겉으로 보이는 정치인의 모습은 중요하다. 현대 정치에서 화면에 잘 나오는 것이 중요하다.
② 텔레비전으로 토론회를 시청한 사람들은 케네디 후보가 더 나은 연사였기 때문에 그를 선호했다.
③ 1960년 대통령 토론회는 성공적이지 못했다.
④ 대통령 선거에 대한 언론 보도가 편향되어있다.
⑤ 대통령 토론회는 불공정한 결과를 낳기 때문에 텔레비전으로 중계되어서는 안 된다.

| 정답 | ①

| 해설 | 후보가 당선되기 위해서는 'a camera-friendly style and appearance'가 중요하다고 강조하고 있다. 케네디와 닉슨의 텔레비전 토론회의 사례를 예로 들고 있다. 따라서 글의 요지는 정치인의 겉모습(외모)의 중요성과 화면발을 잘 받는 것의 중요성을 강조한 ①이 된다.

| 어휘 | **enhance** ⓥ 향상하다, 높이다   **aid** ⓥ 도와주다   **cause** ⓝ 대의명분
       indication ⓝ 표시, 징후   **infamous** ⓐ 악명 높은   **debate** ⓝ 토의, 토론
       televise ⓥ 텔레비전으로 방송하다   **decline** ⓥ 정중히 거절하다   **aide** ⓝ 보좌관

haggard ⓐ 초췌한, 야윈, 수척한	**vibrant** ⓐ 활기찬	**significance** ⓝ 중요성, 중대성
apparent ⓐ 명백한	**poll** ⓝ 투표, 여론 조사	**a slim majority** 근소한 (득표 수) 차이
edge ⓝ (약간의) 우위, 유리함	**intimidate** ⓥ 위협하다, 협박하다	**presidential hopeful** 대선후보
perplexed ⓐ 당황한, 난처한	**exhausted** ⓐ 지친, 피곤한, 기진맥진한	
telegenic ⓐ (외모가) 텔레비전에 잘 나오는, 잘 맞는		
contemporary ⓐ 동시대의, 현대의, 당대의		**media coverage** 언론 보도
biased ⓐ 편향된, 치우친, 편견을 지닌		**unfair** ⓐ 부당한, 불공평한

[11~12]

해석

대기에는 수증기가 포함되어 있지만, 한 잔 분량의 커피에 설탕이 얼마나 많이 녹아 들어갈 수 있는지에 한계가 있는 것처럼 정해진 양의 공기에 수분이 얼마나 많이 기화될 수 있는지에는 한계가 있다. 차가운 커피보다 뜨거운 커피에 설탕이 더 많이 녹아 들어갈 수 있다. 공기의 양이 정해진 경우 낮은 온도에서보다 높은 온도에서 수증기를 더 많이 포함할 수 있다. 정해진 온도에 담을 수 있는 수분의 한계치에 다다랐을 때 공기가 포화되었다고 말한다. 섭씨 20도에 1입방 미터의 공기는 17그램의 수증기를 포함할 수 있다. 30도에는 30그램의 공기를 포함할 수 있다. <u>대기는 보통 포화되지는 않는다.</u> 퍼센트로 표현되는 상대습도는 정해진 규모의 공기에 실제 포함된 수증기 총량과 포화되었을 경우 포함될 전체 수증기 총량간의 비율이다. 예를 들어 섭씨 20도에서 1평방미터 규모의 공기가 12그램의 수증기를 포함한다면, 상대 습도는 12/17그램×100=70%이다.

---

11 이 글의 목적은 무엇인가?

① 공기 중 습도를 어떻게 계산하고 정하는지를 설명하기
② 독자에게 물이 다른 양의 수분을 함유할 수 있는지 보여 주기
③ 차가운 커피가 뜨거운 커피만큼의 설탕을 함유할 수 없는 이유를 설명하기
④ 뜨거운 공기와 차가운 공기 간의 차이를 보여 주기

| 정답 | ①

| 해설 | 본문은 기온에 따라 상대 습도를 계산할 수 있는 방법을 설명하고 있다. 따라서 정답은 ①이다.

---

12 다음 중 밑줄 친 부분과 의미상 같은 것은?

① 공기 중 수증기의 양은 실제 가능한 규모보다는 항상 작게 함유되어 있다.
② 보통 공기 중에 있지 않은 수분의 양이 많다.
③ 공기 중에는 포화 되지 않을 만큼의 양보다 더 많은 양의 수분이 존재한다.
④ 대부분의 경우 공기 중 수증기의 양은 공기가 최대한 함유할 수 있는 양보다는 덜하다.

| 정답 | ④

| 해설 | 밑줄 친 부분을 해석하면 "대기는 보통 포화되지는 않는다"이며, 이 말을 다시 풀어쓰면 일반적인 대기 내의 수증기 양은 함유 가능한 최대치에 미치지는 못한다는 의미이다. 따라서 정답은 ④이다.

| 어휘 |

water vapor 수증기	**evaporate** ⓥ 증발하다, 기화하다	**given** ⓐ 정해진, 주어진
dissolve ⓥ 녹다, 용해되다	**saturate** ⓥ 흠뻑 적시다, 포화시키다	**cubic meter** 입방 미터
relative humidity 상대습도	**ratio** ⓝ 비율	**mass** ⓝ 총량

해석

상식적으로 여성과 남성 사이에는 분명한 차이가 존재한다. 어쨌든, 당신이 아이를 낳을 수 있을지 여부를 결정하는 것은 문화가 아니라 생물학이다. 하지만 문화와 문화적 신화는 우리의 공적 관계 및 사적 관계에서 남성과 여성이 행하는 역할을 형성한다. 우리 여성과 남성은 생물학적 존재로 태어나 사회학적 존재로 만들어진다. 사회학자들은 생물학적 성(sex)과 사회학적 성(gender)를 구분한다. 생물학적 정체성과 우리가 각 생물학적 성에 따라 연관짓도록 학습하는 전통적인 행동양식 간에 구분을 짓는다는 의미이다. 생물학적 성이 하나의 상수로 유지되는 반면에, 사회학적 성별에 따른 "적절한" 행동의 정의는 어느 한 문화적 집단이나 역사적 기간에서 다른 문화적 집단이나 역사적 기간에 따라 극적인 차이가 난다. 예를 들어, 여러 아메리칸 인디언 부족 중에서, 여성으로 살아온 그리고 여성처럼 입은 남성은 특별한 힘을 보유한 사람으로서 존중받는 반면에, 현재의 영미 문화권에서, 크로스드레서는 일반적으로 도착적인 또는 터무니없는 존재로 취급받는다. 17세기 말 및 18세기 초 영국의 남성복은 현재 우리의 "남성성" 테스트를 통과할 수 없을 것이다. 이 당시엔 정교한 레이스, 양단, 가발 및 심지어 화장이 남성과 여성 모두에게 부와 지위 및 성적 매력을 나타냈다.

13 다음 중 빈칸 (A)에 가장 적절한 것은?

① 성전환자
② 크로스드레서
③ 장애인
④ 미개인

| 정답 | ②

| 해설 | 빈칸 앞 문장에서 "여성처럼 입은 남성"은 아메리칸 인디언 부족 중에서 존중받는 존재임을 알 수 있다. 그리고 "whereas(반면에)" 때문에 빈칸 앞 문장과 빈칸이 들어간 문장이 서로 대조 관계임을 유추할 수 있다. "빈칸"에 해당하는 사람들은 현재의 영미 문화권에서는 아메리칸 인디언 부족의 경우와는 달리 터무니없는 존재 취급을 받는다. 여기서 "빈칸"은 문맥상 "여성처럼 입은 남성"과 의미가 같을 것임을 유추할 수 있다. 따라서 정답은 ②이다.

14 다음 중 빈칸 (B)에 가장 적절한 것은?

① 남성성
② 교수
③ 계급
④ 생물학

| 정답 | ①

| 해설 | "정교한 레이스, 양단, 가발 및 심지어 화장"은 현재는 남자다운 것으로 취급되지 않고 28번의 답인 "크로스드레스"와 마찬가지로 도착적이거나 터무니없는 것으로 취급받는다. 왜냐하면 "남성성"과 어긋나는 것이기 때문이다. 하지만 17세기 말~18세기 초에는 이런 것들이 남성과 여성 모두에게서 부와 지위 및 매력을 상징하는 요소였다. 때문에 이 시대의 남성복이 "남성성" 테스트를 통과할 수 없을 것이라고 보는 것이다. 따라서 정답은 ①이다.

15 다음 중 이 글에서 유추할 수 있는 것은?

① 영국계 미국인은 역사적으로 사회학적 성별에 따른 적절한 행동에 대해 동일한 태도를 보였다.

② 어느 한 문화권의 사회학적 성별에 따른 적절한 행동은 다른 문화권에서는 부적절할 수 있다.

③ 사회학적 성별에 따른 적절한 행동은 하나의 상수이지만, 생물학적 성은 문화권에 따라 차이가 있다.

④ 아메리칸 인디언들은 영국계 미국인과는 달리 가발과 정교한 레이스를 즐겨 착용했다.

| 정답 | ②

| 해설 | "사회학적 성별에 따른 "적절한" 행동의 정의는 어느 한 문화적 집단이나 역사적 기간에서 다른 문화적 집단이나 역사적 기간에 따라 극적인 차이가 난다"는 ②의 내용과 일치하며, 따라서 정답은 ②이다.

"현재의 영미 문화권에서, 크로스드레서는 일반적으로 도착적인 또는 터무니없는 존재로 취급받는다. 17세기 말 및 18세기 초 영국의 남성복은 현재 우리의 "남성성" 테스트를 통과할 수 없을 것이다"는 ①의 내용과 차이가 있다. "생물학적 성이 하나의 상수로 유지되는 반면에, 사회학적 성별에 따른 "적절한" 행동의 정의는 어느 한 문화적 집단이나 역사적 기간에서 다른 문화적 집단이나 역사적 기간에 따라 극적인 차이가 난다"는 ③의 내용과 정반대이다. 본문에서는 아메리칸 인디언의 경우 "여성으로 살아온 그리고 여성처럼 입은 남성"이 존중받았다는 내용은 있지만, 이들이 "가발과 정교한 레이스"를 착용했다는 내용은 없다. 따라서 ④는 정답이 될 수 없다.

| 어휘 |

common sense 상식

associate with ~와 결부[연관]짓다

deviant ⓐ 도착적인, 일탈적인

brocade ⓝ 양단(금·은색 명주실로 두껍게 짠 비단)

attractiveness ⓝ 매력

academic ⓝ 교수

bear ⓥ 아이를 낳다

constant ⓝ 상수, 정수

masculinity ⓝ 남성성

transsexual ⓝ 성전환자

shape ⓥ 형성하다

dramatically ⓐ 극적으로

elaborate ⓐ 정교한, 정성들인

signal ⓥ 표시하다, 시사하다

savage ⓝ 미개인, 야만인

연습 문제

01~02	01 ①	02 ②	03~04	03 ①	04 ①	05~07	05 ⑤	06 ⑤	07 ①	08~10	08 ②	09 ③	10 ④
11~13	11 ④	12 ①	13 ③	14~15	14 ④	15 ④							

[01~02]

해석

심리학자인 골드(Gold)는 형제자매가 중요한 도움이 필요할 때 서로에게 더 의지하지 않는 몇 가지 이유가 있다고 믿는다. 첫째, 그들은 보통 나이가 비슷하기 때문에 똑같이 궁핍하거나 유약할 수도 있다. 또 다른 이유는 많은 사람들이 형제자매를 다른 모든 것이 실패한 후 그들을 구해 줄 안전망으로 여기기 때문이다. 아들이나 딸에게 거의 대부분 가장 먼저 도움의 손길을 뻗을 것이다. 많은 사회에서 도움을 얻기 위해 가족의 사다리 위아래를 보는 것(부모나 자식에게 도움을 구하는 것)이 옆을 보는 것(형제자매에게 도움을 구하는 것)보다 더 용인된다. 마지막으로, 형제자매는 잠재적 경쟁의식 때문에 서로에게 도움을 요청하지 않을 수도 있다. 그들이 형제자매에게 도움을 요청해야 한다면 그것이 상대방은 성공한 사람이고 "나는 실패자"라는 사실을 인정하는 것일 수 있다. 골드의 연구에 참여한 거의 모든 사람들은 형제나 자매에게 도움을 청하기보다는 스스로의 힘으로 상황을 지속하는 편을 택할 것이라고 응답했다.

01 다음 중 빈칸에 들어갈 가장 적절한 것은?

① 잠재적 경쟁의식
② 정서적 격동
③ 극심한 적대감
④ 꺼림칙한 가능성
⑤ 독립적 정신

| 정답 | ①

| 해설 | 빈칸 바로 뒤의 내용을 통해 빈칸을 추론할 수 있다. 형제자매에게 도움을 요청하면 상대는 성공한 사람이 되고 자신은 실패자를 인정하는 것이 된다는 내용을 통해 형제자매 사이의 경쟁의식(rivalry)이 작용하고 있음을 알 수 있다.

02 다음 중 이 글의 제목으로 가장 적절한 것은?

① 형제자매가 안전망이 필요한 경우
② 형제자매가 서로에게 도움을 요청하지 않는 이유
③ 형제자매가 잠재력을 실현하는 방법
④ 형제자매를 가장 단단히 연결하는 것
⑤ 궁핍한 시기에 형제자매가 원하는 것

| 정답 | ②

| 해설 | 본문 서두의 'several reasons siblings don't turn to each other more for instrumental help'에서와 같이 본문은 형제

자매가 서로에게 도움을 잘 요청하지 않는 이유에 대해 3가지 근거를 제시하고 있다. 따라서 정답은 ②가 된다.

| 어휘 |

psychologist ⑪ 심리학자	**sibling** ⑪ 형제, 자매	**turn to** ~에게 의지하다
instrumental ⓐ 중요한	**needy** ⓐ 어려운, 궁핍한	**frail** ⓐ 무른, 약한
call on 요청하다, 촉구하다	**admit** ⓥ 인정하다	
would rather A than B B하느니 A하는 것이 더 낫다		
on their own 스스로	**latent** ⓐ 잠복성의	**rivalry** ⑪ 경쟁의식
turbulence ⑪ 격동, 격변	**hostility** ⑪ 적의, 적개심	**reluctance** ⑪ 마지못해 함, 꺼림
potential ⓐ 가능한, 잠재적인		

[03~04]

해석

비버에는 미국비버와 유럽비버 오직 두 가지 종만 있다. 이 두 종은 코뼈의 모양같이 겉모습에 약간의 차이가 존재하지만, 행동이 유사하고 해부학적 구조도 유사하다. 비버는 대형 설치류에 속하며 다 성장한 비버는 무게가 평균적으로 16kg이 나간다. 하지만 40kg에 달하는 표본이 발견된 것이 있고 일부 멸종한 비버는 크기가 곰과 같았다고 한다.

반수생 설치류인 비버는 미국 남부에서 댐을 건설하는 것으로 유명하지만 큰 댐이나 막대기로 된 집을 짓는 경우는 거의 없다. 대신에 비버는 강 후미 둑에 굴을 파고 터널 안에서 산다. 비버는 주로 밤에 먹이를 먹기 위해 나오며 따라서 사람의 눈에 거의 띄지 않는다. 나무나 관목이 잘린 모습이나 껍질이 벗겨진 모습은 비버가 있음을 나타낸다. 이런 이유 때문에 주변 경관을 크게 바꾼다는 점을 기준으로 보면 비버는 생명체 중에 인간 다음에 위치한다. 한 과학자는 다음과 같이 말했다. "일부 사람들은 매미나방을 떠올린다. 그 사람들은 매미나방은 단지 도착해서 먹어치우고 파괴한다고 생각한다. 이들이 이해하지 못하는 것은 비버야말로 점유하고 있는 숲과 개울의 특성을 수 세기 동안 제어해 온 동물이었다는 사실이다."

03 다음 문장이 들어가기에 가장 적절한 곳은?

대신에 비버는 강 후미 둑에 굴을 파고 들어가 터널 안에서 산다.

| 정답 | ①

| 해설 | 우선 instead 덕분에, 주어진 문장과 그 앞의 문장은 서로 대조되는 의미를 지닐 것임을 유추할 수 있다. 주어진 문장은 비버가 어디에 사는지를 설명하고 있으며, 따라서 앞 문장 또한 비버의 서식지에 관한 내용이 나와야 한다. 이를 염두에 두고 각 보기에 지정된 곳에 주어진 문장을 대입해 보면, "일반적으로는 비버가 ~에 산다고 하지만 실제로는 …하다"는 의미에서 (A)가 가장 적합하다.

04 윗글에서 비버에 관해 다음 중 유추할 수 있는 것은?

① 남부 지방에서 비버를 찾는 사람들은 나무껍질이 벗겨진 나무를 찾아야 한다.
② 비버는 보통 강 후미 중간에 위치한 큰 댐에 거주한다.
③ 비버의 서식지는 달라붙는 달팽이와 조개로 뒤덮인 막대기로 된 집이다.
④ 강 후미에 줄지어 선 사람은 쉽게 비버가 어떻게 집을 짓는지를 알아낼 수 있다.

| 정답 | ①

| 해설 | "나무나 관목이 잘린 모습이나 껍질이 벗겨진 모습은 비버가 있음을 나타낸다.(Trees and bushes that have been cut down or stripped of bark indicate their presence.)" 여기서 정답은 ①임을 알 수 있다.

| 어휘 | **anatomy** ⓝ 해부학, 해부학적 구조   **rodent** ⓝ 설치류   **specimen** ⓝ 표본
semiaquatic ⓐ 반수생의, 물 근처에서 생활하는   **burrow** ⓥ 굴을 판다
bayou ⓝ (강 · 호수 등의) 후미, 작은 만   **bark** ⓝ 나무껍질   **when it comes to** ~에 관한 한
modify ⓥ 수정하다, 바꾸다   **rank second** 2위이다   **clinging** ⓐ 달라붙는, 매달리는
line ⓥ ~을 따라 줄을 세우다[늘어서다]

[05~07]

해석

여전히 많은 사람들이 "나는 꿈을 꾼 적이 없다"고 말하는 것은 놀라운 일이다. 왜냐하면 모든 사람은 1년에 천 번이 넘는 꿈을 꾼다는 것이 입증되었기 때문이다. 비록 이런 밤에 꾸는 꿈들 중 실제 깨어났을 때 기억되는 것은 거의 없지만 말이다. '꿈꾸지 않는 사람들'이라고 확증된 사람들도 급속 안구 운동(REM) 기간 중에 일부러 잠을 깨우게 되면 꿈을 기억할 것이다. REM 기간은 얕은 잠을 자는 기간으로, 이 동안에는 눈을 감은 상태에서 눈동자가 빠르게 앞뒤로 움직이고 뇌가 매우 활발하게 움직이다. 정상적인 잠을 잘 경우 하루에 세 번이나 네 번 정도 이런 현상이 발생한다. 우리는 꿈을 꾸는 도중에 바로 깨지 않으면 꿈을 기억하지 못하는 것이 보통이며, 바로 깨더라도 곧바로 망각하는 경향이 있다. 사람이 꿈을 기억할 수 있을지 없을지를 결정하는 기본적 요소는 기억을 결정하는 요소와 동일하다. 꿈을 연구하는 학자들은 사람들을 한 달에 최소 꿈 하나는 기억하는 "기억하는 사람"과 이보다 더 적게 기억하는 "기억 못하는 사람"으로 대략적으로 분류한다. 실험에 따르면 자신의 감정에 매우 이성적인 접근을 하는 침착하고 분석적인 사람은 인생에 대한 태도가 개방적이고 유연한 사람보다 꿈을 덜 기억하는 경향이 있다.

---

05 이 글의 제목으로 가장 적절한 것은?
① 불면증에 대처하는 방법
② 정상적인 꿈과 비정상적인 꿈의 비교
③ 욕망의 억압으로서의 꿈
④ 꿈에 대한 이성적인 접근의 필요성
⑤ 기억하기 어려운 꿈

| 정답 | ⑤

| 해설 | 본문은 인간은 실제로는 꿈을 많이 꾸지만 이를 거의 기억하지 못하고 있고, 그나마 기억하는 것도 사람에 따라 차이가 있음을 말하고 있다. 따라서 정답은 ⑤이다.

---

06 이 글에 따르면, 사람은 REM 기간 동안 어떠한 모습을 보이는가?
① 푹 잠을 잔다
② 꿈을 덜 꾼다
③ 꿈을 더 쉽게 잊는다
④ 더 불규칙적으로 깬다
⑤ 꿈을 더 잘 기억한다

| 정답 | ⑤

"'꿈꾸지 않는 사람들'이라고 확증된 사람들도 급속 안구 운동(REM) 기간 중에 일부러 잠을 깨우게 되면 꿈을 기억할 것이다. (Even the most confirmed 'non-dreamers' will remember dreams if woken up systematically during the rapid eye movement (REM) periods.)" 따라서 정답은 ⑤이다.

---

07 이 글에 따르면, "기억하는 사람"이 "기억 못하는 사람"에 비해 더 강한 것은?

① 상상력이 풍부한   ② 논리적인
③ 현실적인   ④ 건강한
⑤ 억압된

| 정답 | ①

| 해설 | "실험에 따르면 자신의 감정에 매우 이성적인 접근을 하는 침착하고 분석적인 사람은 인생에 대한 태도가 개방적이고 유연한 사람보다 꿈을 덜 기억하는 경향이 있다.(Tests have shown that cool, analytical people with a very rational approach to their feelings tend to recall fewer dreams than those whose attitude to life is open and flexible.)" 꿈을 기억하지 못하는 사람들은 이성적이고, 침착하고, 분석적인 사람들로 ②, ③, ⑤에 해당하는 사람이라 볼 수 있다. 그리고 꿈을 기억하는 사람들은 개방적이요 유연한 사람들로, 상상력이 풍부한 사람으로도 볼 수 있다. 따라서 정답은 ①이다.

| 어휘 | **establish** ⓥ 밝히다, 입증하다   **nocturnal** ⓐ 야행성의, 밤에 일어나는
systematically ⓐⓓ 계획적으로, 의도적으로
rapid eye movement 급속 안구 운동   **oblivion** ⓝ 잊힘, 망각   **broad** ⓐ 일반적인, 대략적인
classification ⓝ 분류   **repression** ⓝ 억압
elusiveness ⓝ 모호함, 기억하기 어려움   **sleep sound** 숙면하다, 푹 자다
imaginative ⓐ 상상력이 풍부   **repressed** ⓐ 억압된, 억눌려진

[08~10]

해석

종교의 위대한 창시자들을 이해하고자 할 때 이들이 실제적이고 물질적인 세계에 거의 관심을 보이지 않았다는 것을 주목한다면 도움이 될 것이다. 예수는 실제적이고 물질적인 세계에 관해 거의 가르친 바가 없었다. 부처는 인간의 창조에 관해 논의를 하자고 제자들이 원했으나 종종 이 문제에 관해 침묵을 지켰다. 공자는 과학계에 관해 한 말이 거의 없다. 소크라테스는 천문학 연구보다 인간 본성의 연구가 훨씬 더 중요하다고 주장했다. 무함마드가 살던 당시는 아랍의 과학, 수학, 철학이 크게 발달하기 시작한 시기였으나 그는 과학, 수학, 철학 등이 인간의 본성이나 신에 관한 이해와 관련이 있을 경우를 제외하고는 "쿠란"에서 이것들에 거의 관심을 보이지 않았다. 이들 모두가 영적인 것을 자신의 일로 여겼고 실제적이고 물질적인 세계는 다른 사람들에게 남겨두었다.

---

08 종교의 위대한 창시자들은 오로지 거의 어떤 것에만 관심을 기울였는가?

① 물질적인 세계   ② 영혼의 문제
③ 과학의 세계   ④ 인간의 본성

| 정답 | ②

| 해설 | "이들 모두가 영적인 것을 자신의 일로 여겼고 실제적이고 물질적인 세계는 다른 사람들에게 남겨두었다.(All regarded things

spiritual as their work and left scientific studies of the physical and material universe to others.)" 즉 위대한 종교 지도자들은 실제적이고 물질적인 세계보다 정신적인 세계나 영혼의 문제에 더 관심을 기울였다. 따라서 정답은 ②이다.

---

09 "쿠란"은 무함마드의 성스러운 경전이며 _____ 성경이라 할 수 있다.

① 현 상황에서는　　　　　　　　　　② 반면에

③ 말하자면　　　　　　　　　　　　④ 거의 틀림없이

| 정답 |　③

| 해설 |　이슬람교의 쿠란은 기독교의 성경과 같은 경전이다. 이를 염두에 두면, 빈칸에 보기의 표현을 대입했을 때 문맥상 가장 적합한 것은 ③이다.

---

10 이 글에 따르면, 다음 중 일치하는 것은?

① 부처는 인간의 창조에서 관해 논해달라는 압박을 받으면 종종 당혹해했다.

② 예수와 달리 공자는 과학의 세계에 관해 거의 아무 것도 알지 못했다.

③ 소크라테스의 입장에서는 천문학은 인간의 본성에 비해 더 높은 곳에 위치한다.

④ "쿠란"은 무함마드가 살던 시대의 과학과 어느 정도 연관이 있다.

| 정답 |　④

| 해설 |　"무함마드가 살던 당시는 아랍의 과학, 수학, 철학이 크게 발달하기 시작한 시기였으나 그는 과학, 수학, 철학 등이 인간의 본성이나 신에 관한 이해와 관련이 있을 경우를 제외하고는 "쿠란"에서 이것들에 거의 관심을 보이지 않았다.(Though Arab science, mathematics, and philosophy were beginning to develop strongly in his day, Mohammed devoted very little attention to them in the "Koran" unless they were related to an understanding of the nature of man or God.)" 즉, 쿠란은 과학, 수학, 철학 등과 아예 연관이 없는 것은 아니고, 제한적이나마 약간의 연관은 있다. 따라서 정답은 ④이다.

| 어휘 |　**Confucius** ⓝ 공자　　　　　　**astronomy** ⓝ 천문학　　　　　　**exclusively** ⓐⓓ 오로지

　　　　so to speak 말하자면　　　　　**as it is** 현 상황에서는　　　　　**as likely as not** 거의 틀림없이

　　　　bewildered ⓐ 당혹한, 갈피를 못잡은

[11~13]

해석

소는 현대 사회에서 중요한 역할을 한다. 대체적으로 보면 소를 활용할 수 있는 네 가지 범주가 있는데 식품, 노동, 상품, 스포츠 등이다. 우리가 먹는 고기의 50% 이상이 소고기 이거나 송아지 고기이며 전 세계 우유 공급량의 95% 이상이 소의 우유이다. 에티오피아 같은 개발도상국에서 소는 쟁기와 수레를 끌어서 농업에 중요한 역할을 한다. 수단과 차드 같은 나라에서 소는 종종 짐을 나르는 용도로 쓰인다. 게다가 많은 상품이 소에서 나온다. 예를 들어 접착제는 소의 뼈로 만들고 소의 가죽으로 가방이나 신발 같은 가죽제품을 만든다. 특정 종류의 카펫, 담요, 심지어 솔은 소털로 만든다. 여기서 끝이 아니며, 미국 오클라호마 주에서 관중을 많이 동원하는 인기 경기로 로데오가 있다. 소는 로데오에서 중요한 역할을 한다. 스페인과 멕시코에서 소는 투우사들에게 즐거움을 제공하는 엄청나게 힘든 일을 한다.

11 이 글의 주제는 무엇인가?

① 소를 키울 때의 경제적 이점

② 선진국에서의 소의 용도

③ 농업에서의 소의 역할

④ 오늘날의 소의 용도

| 정답 | ④

| 해설 | 본문은 소가 현재 여러 곳에서 어떤 용도로 쓰이고 있는지를 말하고 있다. 따라서 정답은 ④이다.

12 소가 수송 용도로 사용되는 곳은 어디인가?

① 수단 ② 오클라호마 주

③ 스페인 ④ 에티오피아

| 정답 | ①

| 해설 | "수단과 차드 같은 나라에서 소는 종종 짐을 나르는 용도로 쓰인다.(In countries like Sudan and Chad, cattle are often used as a pack animal.)" 따라서 정답은 ①이다.

13 윗글에 따르면, 다음 중 일치하는 것은?

① 소는 현대 사회에서 중요성을 상실했다.

② 개도국에서 소의 용도는 농업으로 제한된다.

③ 소는 몇몇 나라에서 오락을 제공한다.

④ 원래 소에서 유래된 여러 상품이 지금은 화학물질 공장에서 생산된다.

| 정답 | ③

| 해설 | 투우나 로데오는 소를 활용해 청중에게 오락을 제공하는 수단이다. 따라서 정답은 ③이다.

| 어휘 | **broadly speaking** 대체적으로 보면 **veal** ⓝ 송아지 고기

spectator sport 관중을 많이 동원하는 스포츠

grueling ⓐ 녹초로 만드는, 엄청나게 힘든 **be restricted to** ～로 제한된다

[14~15]

해석

비록 사회에서 거의 언급되지 않고 있지만, 아동학대는 이 나라의 오늘날 가장 긴급한 문제 중 하나이다. 인구가 계속 늘어나면서 원치 않은 그리고 계획되지 않은 아동의 수 또한 늘어나고 있다. 아동 100명 중 6~7명이 학대받거나 방치되는 것으로 추정된다. 아동 학대는 다음의 세 가지 형태로 나타날 수 있다: (1) 아이에게 애정이 없는 또는 교육을 못 받은 부모가 자녀를 방치한 결과인 수동적인 학대, (2) 좌절감을 느끼는 또는 과중한 부담에 시달리는 부모가 순간 폭력적으로 반응한 결과로 인한 이따금 발생하는 학대, 그리고 (3) 정신적으로 문제가 있는 부모의 통제 불가능한 행동으로 인한 거듭되는 그리고 의도적인 학대. 단순한 방치는 바로 잡기가 가장 쉽다. 순간적인 충동에 따른 실질적인 학대는 보다 심각하지만 정신 질환으로 인한 지속적인 학대에 비해서는 훨씬 덜 심각하다.

14 이 글에 따르면, 아동학대 문제에 관한 설명으로 적절한 것은?

① 서서히 점차 극복되고 있으며 관심을 거의 요하지 않는 문제이다
② 소수의 아이들에게만 영향을 끼치기 때문에, 지나치게 과대평가되고 있다
③ 전체 인구의 10%가 조금 넘는 사람들에게 영향을 끼친다
④ 마땅히 받아야 하는 만큼의 관심을 받지 못하고 있다

| 정답 | ④

| 해설 | 본문에 따르면 아동학대는 "이 나라의 오늘날 가장 긴급한 문제 중 하나"임에도 불구하고 "사회에서 거의 언급되지 않고 있다." 즉 이 문제는 "마땅히 받아야 하는 만큼의 관심을 받지 못하"는 문제인 것이다. 따라서 정답은 ④이다.

15 이 글에서 지적되는 것은?

① 기초적 수준의 방임은 계속되는 학대보다 훨씬 심각한 문제이다
② 즉흥적인 학대는 계속되는 학대보다 훨씬 심각한 문제이다
③ 정신병을 앓는 부모와 아동학대 간에는 아무 관련이 없다
④ 계속되는 학대는 즉흥적인 학대보다 훨씬 심각한 문제이다

| 정답 | ④

| 해설 | 본문에 따르면 학대의 세 유형 중 "단순한 방치는 바로잡기가 가장 쉬운" 문제이다. 나머지는 "순간적인 충동에 따른 실질적인 학대"와 "정신 질환으로 인한 지속적인 학대"인데, 이 순간적인 충동에 따른 학대는 보기의 "즉흥적인" 학대라 할 수 있고 지속적인 학대는 보기의 "계속되는" 학대라 할 수 있다. 상식선에서 "즉흥적"으로 벌어지는 학대보다는 "계속하여" 벌어지는 학대가 훨씬 심각할 것으로 유추 가능하다. 따라서 정답은 ④이다.

| 어휘 |
pressing ⓐ 긴급한
cruelty ⓝ 잔인함, 학대
momentary ⓐ 순간적인, 잠깐의
overburdened ⓐ 과중한 부담에 시달리는
deliberate ⓐ 고의의, 의도적인
on the spur of the moment 순간적인 충동에 따른, 충동적인
overcome ⓥ 극복하다
impact ⓥ 영향을 끼치다, 충격을 주다
ongoing ⓐ 계속 진행 중인, 계속되는

maltreat ⓥ 학대하다
unloving ⓐ 애정이 없는, 사람
frustrated ⓐ 좌절감을 느끼는, 불만스러워하는
correct ⓥ 바로잡다
overestimate ⓥ 과대평가하다
reading ⓝ 읽기 자료
spontaneous ⓐ 즉흥적인

neglect ⓥ 방치하다 ⓝ 방치, 소홀
occasional ⓐ 이따금, 가끔의
consistent ⓐ 거듭되는, 일관된
continual ⓐ 지속적인, 거듭되는
neglection ⓝ 방임, 간과

연습 문제

[01~02]

해석

지금은 컴퓨터 워드프로세서가 없는 세상을 상상하기 어렵지만, 컴퓨터의 전신인 타자기는 상대적으로 새로운 기술이라는 것을 기억할 가치가 있다. 최초의 사용 가능한 모델은 19세기 중반이 되어서야 발명되었다. 요하네스 구텐베르크(Johann Gutenberg)의 15세기 인쇄기와 타자기의 발명 사이에 큰 차이가 있는 것은 주로 개인용 타자기의 필요성이 부족했기 때문이다. 노동력은 싸고 풍부했지만, 기계는 비쌌다. 산업 생산이 자동화되고 널리 보급<u>되자</u>, 타자기가 사회에서 기능적인 역할을 할 때가 되었었다.

---

01 다음 중 빈칸 Ⓐ에 들어갈 가장 적절한 것은?

① ~이든지　　　　　　　　　　　② ~까지

③ 일단 ~하면　　　　　　　　　　④ ~임에도 불구하고

| 정답 | ③

| 해설 | 타자기가 발명되었지만 기계가 비싼 반면 노동력은 싸고 풍부해서 사람들이 타자기를 사용할 필요성을 느끼지 못했다는 내용이 빈칸 앞에 나온다. 기계를 이용한 산업 생산이 자동화되고 널리 보급되면서 가격 또한 저렴해진 이후 타자기가 사용되게 되었다는 내용이 되어야 하므로, 빈칸에는 '일단 ~하면, ~하자마자, ~할 때' 등을 의미하는 접속사 ③ Once가 정답으로 적합하다.

---

02 다음 중 이 글의 내용과 일치하는 것은?

① 타자기는 다소 오래된 기술이다.

② 구텐베르크의 인쇄기는 타자기에 대한 즉각적인 영감을 주었다.

③ 사람들은 직접 손으로 쓰는 것을 선호했기 때문에 타자기의 필요성을 느끼지 못했다.

④ 대량 생산이 도입되기 전까지는 대부분의 사람들은 타자기를 살 형편이 안 됐다.

| 정답 | ④

| 해설 | ① 타자기는 다소 새로운 기술이라고 했다. ② 구텐베르크의 인쇄기와 타자기 사이에는 시기적으로 큰 격차가 있었다. ③ 사람들이 타자기를 사용하지 못했던 것은 높은 비용 때문이었다. ④ 본문의 마지막 문장인 '산업 생산이 자동화되고 널리 보급되자, 타자기가 사회에서 기능적인 역할을 할 때가 되었었다' 부분을 통해 알 수 있다. 따라서 정답은 ④가 된다.

| 어휘 | **be worth -ing** ~할 가치가 있다　　　　**predecessor** ⓝ 전임자　　　　**relatively** ⓐⓓ 비교적, 상대적으로

discrepancy ⓝ 차이, 불일치	**printing press** 인쇄기	**due to** ~ 때문에
abundant ⓐ 풍부한, 유복한	**whereas** 〈con〉 반면에	**automated** ⓐ 자동화된, 자동의
widespread ⓐ 광범위한, 널리 퍼진	**inspiration** ⓝ 영감, 영감에 의한 착상	

[03~04]

해석

새로운 연구에 따르면 더 깨끗한 공기가 아이들의 폐 질환을 큰 폭으로 줄어들게 만드는 결과를 수반했다고 보고하고 있다. 이 연구는 매년 오존, 이산화질소, 미세먼지에 대한 자료를 활용했다. 부모들 또한 아이들의 기침 및 가래 생성과 같은 증상에 대해 정기적으로 정보를 제공했다. 천식에 걸린 아이들의 경우 대기오염의 감소가 호흡기 증상의 감소와 지속적인 연관성이 있음을 보였다. 예를 들어, 천식에 걸린 아이들의 경우 초미세먼지의 감소는 증상의 32%가 줄어드는 연관성을 보인 반면, 낮은 수준의 오존 수치는 증상이 21% 줄어드는 연관성을 보였다. 천식에 걸리지 않은 아이들의 경우 이보다는 연관성이 약했지만 그럼에도 상당한 연관성이 있었다. 서던캘리포니아 대학의 예방의학 교수인 Kiros Berhane은 "대기오염 수준의 감소는 호흡기 건강의 향상으로 이어진다는 사실은 명백하다."고 말했다. "특히 천식이 있는 아이들의 부모에게 이것은 매우 좋은 소식이지만, 천식이 없는 아이들도 큰 향상을 보았다."고 덧붙였다.

03 다음 문장이 들어갈 가장 적절한 곳은?

> 예를 들어, 천식에 걸린 아이들이 경우 초미세먼지의 감소는 증상의 32%가 줄어드는 연관성을 보인 반면, 낮은 수준의 오존 수치는 증상이 21% 줄어드는 연관성을 보였다.

① [A] ② [B] ③ [C] ④ [D]

| 정답 | ②

| 해설 | 천식에 걸린 아이들의 경우 대기오염의 감소가 호흡기 증상의 감소와 지속적인 연관성이 있다는 내용의 예로 네모 박스 안의 문장이 들어가야 한다. 그러므로 정답은 ②이다.

04 이 글에 따르면, 다음 중 일치하는 것은?

① 높은 수준의 초미세먼지가 호흡기 증상의 감소에 기여했다.
② 천식이 있는 아이들이 천식이 없는 아이들보다 깨끗한 공기에 더 큰 영향을 받았다.
③ 이 연구는 천식 환자에 대한 정기적인 업데이트가 폐 질환을 감소시킨다는 것을 보여 주었다.
④ 호흡기 질환이 있는 아이들에 대한 자료는 이번 연구에서 제외되었다.

| 정답 | ②

| 해설 | ① 본문의 "reductions in fine particulate matter were associated with a 32-percent reduction in symptoms"을 통해 초미세먼지의 증가가 아닌 감소가 호흡기 증상의 감소에 기여한 것을 알 수 있다. ② 본문의 "The associations were weaker, but still significant, in children without asthma."과 바로 앞의 내용을 통해 ②가 정답임을 알 수 있다. 여기서 연관성(association)이 더 약했다는 것은 천식이 없는 아이들의 경우를 천식이 있는 아이들의 경우와 비교해서 설명하는 대목이다. 천식이 있는 아이들보다는 덜 하지만 상당한 연관성을 보였다고 했으므로, 천식이 있는 아이들의 경우 미세먼지 감소와 증상의 감소 사이의 연관성이 더 컸음을 알 수 있고, 이를 재진술해서 "천식이 있는 아이들이 천식이 없는 아이들보다 깨끗한

공기에 더 큰 영향을 받았다"고 설명하고 있다. ③ 정기적인 정보를 제공한 이유는 연구 수행을 위한 것이지 폐 질환 감소와는 무관한 사항이다. ④ 호흡기 질환이 천식을 의미하므로 이들의 자료가 연구의 주요 대상이므로, 연구에서 제외됐다는 것은 사실과 반대가 된다.

| 어휘 |

accompany ⓥ 동반하다, 수반하다	**lung** ⓝ 폐	**ozone** ⓝ 오존
nitrogen dioxide ⓝ 이산화질소	**particulate** ⓐ 미립자의; 미립자로 된	**particulate matter** 미세먼지
symptom ⓝ 징후, 증상	**cough** ⓝ 기침 ⓥ 기침을 하다	**phlegm** ⓝ 가래, 담
asthma ⓝ 천식	**consistently** ⓐⓓ 일관되게, 착실히, 끊임없이, 항상	
be associated with ~와 연관되다	**respiratory** ⓐ 호흡기의, 호흡기와 관련된	
fine ⓐ 미세한	**fine particulate matter** 초미세먼지	**be linked to** ~와 연관되다
association ⓝ 연계, 제휴; 연관; 협회	**A translate into B** A가 B로 연결되다, 바뀌다	
preventive medicine 예방의학	**exclude** ⓥ 배제하다	

[05~06]

해석

> 상호확증파괴는 영어로 mutual assured destruction 또는 mutually assured destruction으로 불리며 약어로는 MAD라 한다. 상호확증파괴는 군사전략 및 국가안보 원칙 중 하나로 <u>서로 대립하는 양측 간의 전면적인 핵무기 사용이 사실상 공자와 방자 양측의 파괴를 낳을 것이며,</u> 따라서 승리도 휴전도 없이 오직 전면적 파괴만 벌어지는 전쟁만 남을 것임을 의미한다. 상호확증파괴는 강력한 무기의 배치는 동일한 무기를 사용하지 못하도록 막고자 적을 위협하는데 반드시 필요하다는 전쟁 억제력 이론에 기반을 둔다. 이 전략은 사실상 일단 무장을 갖추게 되면 어느 쪽도 무장을 해제할 동기를 잃게 된다는 내쉬 균형의 한 형태이다.

05 다음 중 밑줄 친 부분과 의미상 가장 가까운 것은?

① 먼저 핵무기로 공격하는 쪽이 궁극적으로 승리한다.
② 양쪽이 핵무기를 사용하기로 결정할 경우, 가장 큰 무기를 획득하기 위한 경쟁이 벌어진다.
③ 만일 양쪽이 동일한 규모의 핵무기를 보유할 경우, 양쪽 모두 말살당한다.
④ 핵무기를 사용하면 적이 반드시 전투에서 이기게 된다.

| 정답 | ③

| 해설 | 밑줄 친 부분을 해석하면 "서로 대립하는 양측 간의 전면적인 핵무기 사용이 사실상 공자와 방자 양측의 파괴를 낳는다"이다. 즉 양측이 상대방을 향해 자신이 보유한 핵무기를 쏟아 부을 경우 양측 모두 멸망하고 만다는 의미이다. 보기 중에서 이와 의미상 가장 가까운 것은 "양측 모두 말살당한다"는 의미의 ③이다.

06 다음 중 일치하지 <u>않는</u> 것은?

① 상호확증파괴로는 승자도 없고 평화협정도 없다.
② 양측이 평형 상태에 도달하면 서로 군사력을 축소하기 시작할 것이다.
③ 상호확증파괴 이론에 따르면 강력한 무기를 보유하면 적이 동일한 무기를 사용하지 못하게 막는 역할을 한다.
④ 양측은 무장을 하게 되면 어느 쪽도 무장을 해제하기를 원하지 않는다.

| 정답 | ②

| 해설 | "이 전략은 사실상 일단 무장을 갖추게 되면 어느 쪽도 무장을 해제할 동기를 잃게 된다는 내쉬 균형의 한 형태이다.(The strategy is effectively a form of Nash equilibrium in which neither side, once armed, has any incentive to disarm.)" 여기서 말하는 "이 전략"이란 상호확증파괴를 뜻하며, 이 문장은 어느 쪽이 핵무장을 갖추는 순간 양측 모두 핵무장으로 스스로를 방위하게 되며 서로 무장을 강화할 뿐 결코 해제하는 일은 없을 것임을 의미한다. 따라서 군사력을 축소한다는 ②는 본문과 전혀 맞지 않는 사실이 된다.

| 어휘 | **mutual assured destruction** 상호확증파괴   **doctrine** ⓝ 원칙, 주의

effectively ⓐ 실질적으로, 사실상   **armistice** ⓝ 휴전   **deterrence** ⓝ 전쟁 억제(력)

deployment ⓝ 배치   **equilibrium** ⓝ 평형, 균형

Nash equilibrium 내쉬 균형; 게임 이론에서 경쟁자 대응에 따라 최선의 선택을 하면 서로가 자신의 선택을 바꾸지 않는 균형 상태   **disarm** ⓥ 무장 해제시키다, 군비를 (특히 핵무기를) 축소[해제]하다

obliterate ⓥ 없애다, 말살하다   **scale back** 축소하다   **deter** ⓥ 단념시키다, 그만두게 하다

[07]

해석

Dog Days는 북반구에서 연중 가장 무더운 날을 뜻하며 보통 7월부터 8월 초까지의 날을 의미한다. 고대 로마에서 이 기간 중 무더운 날씨로 인해 사람들은 종종 앓곤 했고, 그래서 사람들은 1년 중 Dog Days에 천랑성 다른 말로는 the Dog Star가 태양과 같은 시기에 뜨기 때문에 병에 걸린다고 보았다. 천랑성은 가장 밝은 별이기 때문에 태양에 열기를 더 가하는 역할을 하고, 그래서 더위와 건강에 좋지 않은 날씨를 만든다고 생각되었다. 고대인들은 천랑성의 분노를 달래기 위해 Dog Days가 시작될 무렵 갈색 개를 희생 제물로 바쳤다.

특정한 한 해에서 어떤 날이 Dog Days인지 그리고 총 며칠 동안 Dog Days가 지속될지 계산하는 방법은 많이 있지만 정확한 계산은 불가능하다. 현재 일반적으로 추정되는 것은 Dog Days는 7월 3일부터 8월 11일 사이에 위치하고, 이는 고대에 Dog Days로 나타난 것보다 약간 늦은 시기이다.

Dog Days는 천랑성과 연관이 있기 때문에 해당 기간 동안 개들의 행동에 관해 다양한 믿음이 싹텄다. 16세기에는 Dag Days 기간 동안에는 개가 미쳐버린다고 생각되었다. Dog Days는 다른 말로는 canicular days라고도 하며, 이 말은 개를 의미하는 라틴어 canis에서 유래한 것이다.

---

07 **이 글에서 유추할 수 있는 것은?**

① 7월 말에 천랑성은 태양과 합을 이룬다.

② 여름의 열기는 Dog Days의 직접적인 결과이다.

③ 사람들은 Dog Days가 언제 발생할지 여전히 우려하고 있다.

④ 로마인들은 그다지 영리하지 않았다.

| 정답 | ①

| 해설 | "사람들은 1년 중 Dog Days에 천랑성 다른 말로는 the Dog Star가 태양과 같은 시기에 뜨기 때문에 병에 걸린다고 보았다.(they blamed their illnesses on the fact that this was the time of year when Sirius, the Dog Star, rose at about the same time as the sun.)" 여기서 천랑성이랑 태양이 같은 시기에 뜬다는 것은 '지구에서 봤을 때 행성이 태양과 같은 방향에 있게 되는 것'을 의미하는 "합"을 이룬다는 의미이다. 따라서 정답은 ①이다.

Northern Hemisphere 북반구 **sultry** ⓐ 무더운 **Sirius** ⓝ 천랑성, 시리우스

sacrifice ⓥ 희생 제물로 바치다 **appease** ⓥ 달래다 **slightly** ⓐⓓ 약간

association ⓝ 관련, 연계, 연상 **spring up** 갑자기 생겨나다, 싹트다 **canicular** ⓐ 천랑성의, 한여름의

conjunction ⓝ 합; 지구에서 봤을 때 행성이 태양과 같은 방향에 있게 되는 것

[08~10]

해석

미취학 아동을 위한 몬테소리 교육 방식을 창안한 마리아 몬테소리는 이탈리아에서 의학 분야로 학위를 받은 최초의 여성이었다. 몬테소리는 1894년 학위를 취득한 이후 로마 대학에서 정신과 의사로서 지능 발달이 떨어지는 아이들을 상대했다. 바로 이곳에서 그녀는 지능 발달이 늦된 아이들을 특히 손으로 조작할 수 있는 교재가 풍부한 환경을 활용해 지도하는 분야의 선구자가 되었다. 몬테소리의 프로그램은 지능 발달이 늦은 아이들에게 성공적이었고, 이를 통해 몬테소리는 정상적인 미취학 아동들을 교육하는 경우에도 앞서의 경우와 동일한 개선이 이루어질 수 있을 것이라 믿게 되었다. 그 결과 그녀는 로마에서 최초의 어린이집을 열게 되었다. 몬테소리의 어린이집이 성공을 거두면서 유럽 및 미국의 다른 지역에서도 비슷한 기관들이 문을 열었다. 몬테소리 방식의 주요 요소로는 자발성과 자동교육 등이 있다.

몬테소리 방식을 따른 사람들은 아이를 적절한 학습 교재로 충만한 환경에 위치시키면 아이가 자발적으로 학습을 할 것으로 믿는다. 교사는 관찰자 역할을 하면서 도움이 필요할 경우에만 개입한다. 이 몬테소리 체제하의 교육자는 활동적인 교사와 수동적인 학급이라는 기존의 체제를 뒤바꾸기 위해 노력한다.

---

08 이 글의 주제는 무엇인가?

  ① 마리아 몬테소리의 삶

  ② 지능 발달이 떨어지는 아동의 교육

  ③ 몬테소리 교육 방식

  ④ 자발성

| 정답 | ③

| 해설 | 본문은 몬테소리 교육 방식에 관해 역사를 포함한 전반적인 내용을 다루고 있다. 따라서 정답은 ③이다.

---

09 저자가 마리아 몬테소리가 믿었을 것이라고 암시한 것은?

  ① 아이들은 다른 사람 없이도 스스로 배울 수 있다.

  ② 교사는 매우 활동적이어야 한다.

  ③ 교육은 정신 의학보다 더욱 중요하다.

  ④ 지능 발달이 늦된 아이들은 강한 규율이 필요하다.

| 정답 | ①

| 해설 | "몬테소리 방식을 따른 사람들은 아이를 적절한 학습 교재로 충만한 환경에 위치시키면 아이가 자발적으로 학습을 할 것으로 믿는다.(Followers of the method believe that a child will learn naturally if put in an environment with the proper materials.)" 몬테소리 방식을 따른 사람들이 이렇게 믿었다면, 당연히 몬테소리도 그런 믿음을 가졌을 것임이 분명하

다. 따라서 정답은 ①이다.

---

10 몬테소리 교육 방식에 따르면, 다음 중 가장 중요한 것은?
① 교사
② 학습 교재
③ 규율
④ 관찰자

| 정답 | ②

| 해설 | 앞서 언급된 "몬테소리 방식을 따른 사람들은 아이를 적절한 학습 교재로 충만한 환경에 위치시키면 아이가 자발적으로 학습을 할 것으로 믿는다"를 보면, 아이는 학습 교재가 충분히 존재할 경우 알아서 배우게 된다는 것을 알 수 있다. 즉, 몬테소리 방식의 가장 중요한 요소는 바로 학습 교재인 것이다. 따라서 정답은 ②이다.

| 어휘 | **preschool** ⓐ 취학 전의, 미취학의   **subnormal** ⓐ 저능한, 지능 발달이 떨어지는
psychiatrist ⓝ 정신과 의사   **pioneer** ⓥ 개척하다, 선구자가 되다
retarded ⓐ 지능 발달이 늦은, 정신 지체의
manipulative ⓐ 손으로 다루는, 조작 가능한   **component** ⓝ 요소, 부품
self-motivation ⓝ 자발성, 자기 동기 부여   **auto-education** ⓝ 자동교육
psychiatry ⓝ 정신 의학

[11~12]

해석

예를 들어 화석연료의 연소는 대기 중 온실가스의 양을 늘려서 지구온난화, 해수면 상승, 대양의 산도 증가 등의 기후변화를 야기한다. 내륙 인구가 해양 환경에 영향을 미치는 또 다른 방식은 대양에 영양분을 공급하는 것이다. 질소는 수생 생태계에서 조류의 성장을 뒷받침하는 주요 영양분이다. 지상으로부터 나온 질소 함유 화학물질이 대양에 도달하는 것은, 조류의 엄청난 성장을 뒷받침한다. 조류가 죽게 되면, 조류의 유해가 부패하면서 물에서 산소를 앗아간다. 물고기처럼 헤엄쳐 갈 수 있는 해양 생물체는 물 상태가 더 나은 곳으로 이동할 수 있지만, 조개나 벌레처럼 그렇게 할 수 없는 생물체는 산소 부족으로 죽는다. 이런 조개 및 벌레는 부패하면서 더 많은 산소를 앗아가고, 이로 인해 이미 좋지 않은 상황이 더욱 악화된다. 과도한 부패의 결과 산소가 고갈된 해수 영역이 등장한다. 이런 영역에서 생존할 수 있는 해양 생물은 거의 없기 때문에, 그 영역은 '죽음의 해역'이라 불린다.

---

11 다음 중 일치하지 <u>않는</u> 것은?
① 일부 화학물질이 해양 생물의 성장을 촉발시키며 따라서 해양 생태계를 풍요롭게 만든다.
② 과도한 부패의 경우, 조개는 자력으로 움직일 수 없어서 생존에 도움이 안 된다.
③ 해양 생태계는 내륙의 활동에 의존한다.
④ 내륙 사람들은 해양 생태계에 영향을 가한다.

| 정답 | ①

| 해설 | 본문에 따르면 "질소는 수생 생태계에서 조류의 성장을 뒷받침하는 주요 영양분"이다. 질소가 바다에 도달하면 자연히 조류의 성장이 촉진된다. 엄청나게 성장한 조류는 죽게 되면 부패하면서 산소를 빼앗아 간다. 산소가 사라지면 움직일 수 있는 해양 생물체는 산소가 풍부한 곳으로 이동하면 되지만 그렇지 못한 생물체는 죽게 되고, 이렇게 죽게 된 생물체는 부패하면서 산소를

더 많이 앗아간다. 이렇게 되면 산소가 고갈되어 생물이 살 수 없는 해역까지 등장한다. 이는 일부 화학물질이 해양 생물의 성장을 촉발시켜 해양 생태계를 풍요롭게 만든다는 ①의 내용과는 정반대되는 상황이다. 따라서 정답은 ①이다.

---

12 다음 중 문법적으로 <u>틀린</u> 것은?

① (A) ② (B) ③ (C) ④ (D)

| 정답 | ①

| 해설 | (A)에서 affect는 타동사로 뒤에 전치사 on이 있을 필요가 없다. 따라서 on를 뺀 affect가 답이다.

| 어휘 | **acidity** ⓝ 산성, 산도 **nutrient** ⓝ 영양소, 영양분 **algae** ⓝ 조류
aquatic ⓐ 수생의, 물과 관련된 **terrestrial** ⓐ 육생의, 지상의 **decomposition** ⓝ 부패, 변질
remains ⓝ 유해 **migrate** ⓥ 이주하다, 이동하다 **excessive** ⓐ 지나친, 과도한
deplete ⓥ 고갈시키다, 대폭 감소시키다 **dead zone** (산소 부족으로 생물이 살 수 없는) 죽음의 해역
trigger ⓥ 촉발시키다 **enrich** ⓥ 풍요롭게 하다, 더 부유하게 만들다
inertness ⓝ 둔함, 자력으로 움직일 수 없음

[13~15]

해석

환경 문제에 있어 과학적 불확실성이 만연하다는 특성 때문에, 올바른 과학의 학문적 기준과 올바른 규제의 학문적 기준 간에는 긴장이 존재한다. 정부 관료는 규제적 접근 방식에 관해 결정을 내리기 전에 원하는 모든 과학적 정보를 사용할 수 있게 되기까지 기다릴 수가 없다. 과학적 증거가 등장하기 전까지 판단이 유보되는 과학 분야에서의 접근법과는 달리, 정부 관료는 <u>시의적절한</u> 행동을 취할 것이 요구된다. 정부 관료는 빈약한 또는 존재하지 않는 이론에 적용되는 극도로 제한적인 데이터를 가지고 환경 문제에 관한 결정을 내리도록 요구되는 경우가 매우 흔하다. 그 결과, 효과적인 규제가 때로는 정부 기구로 하여금 높은 수준의 과학적 정교함은 포함되지 않은 대신, 조잡하지만 집행 가능한 의사결정 전략을 <u>채택하게끔</u> 요구할 수 있다.

---

13 다음 중 빈칸 (A)에 가장 적절한 것은?

① 친절하게 ② 몸짓의
③ 때맞춘 ④ 공식적인

| 정답 | ③

| 해설 | 과학 분야는 과학적 정보를 입증하는 증거가 언제 등장할지 모르므로 어쩔 수 없이 과학적 불확실성이 존재할 수밖에 없다. 그런데 정부 관료 입장에서는 계속 기다릴 수만은 없고, 극도로 제한적인 자료만 가지고 어쨌든 결정을 내려야 한다. 즉 "시의적절한" 행동을 취해야만 하는 것이다. 때문에 정부의 결정이 과학적으로는 정교하지 못할지라도 어쨌든 시행은 가능한 수준인 경우가 흔하다. 여기서 정답은 ③임을 유추할 수 있다.

14 다음 중 빈칸 (B)에 가장 적절한 것은?

① 번역하다
② 상충하다
③ 채택하다
④ 극복하다

| 정답 | ③

| 해설 | 앞서 언급했다시피, 정부 입장에서는 계속 확실한 증거가 나올 때까지 기다릴 수만은 없으니, 결정을 내리기 위해서라도 수준 높은 정교함은 아닐지라도 조잡하긴 해도 어쨌든 집행은 가능한 전략을 '채택'할 필요가 있다. 여기서 정답은 ③임을 유추할 수 있다.

15 다음 중 이 글의 주제는?

① 환경 문제에 대한 효과적인 규제를 만드는 일의 어려움
② 과학과 규제 간의 긴장을 해결하는 일의 어려움
③ 환경 문제에 있어 과학적 불확실성을 줄이는 일의 어려움
④ 과학적 정교함을 발전시키는 일의 어려움

| 정답 | ①

| 해설 | 환경 관련 과학적인 불확실성이 상존하는 상황에서, 정부 관료는 불확실성에 대처할 수 있는 확실한 과학적 정보를 모두 입수할 때까지 마냥 기다릴 수만은 없다. 즉 제한적인 자료를 근거로 시의적절한 조치를 취해야 한다. 때문에 과학적으로 정교함은 떨어져도, 어쨌든 시행은 가능한 수준의 전략이 채택되는 것이다. 즉 정부는 과학적으로 충분한 근거를 지닌 효과적 규제를 수립하려 해도, 시간적 여유가 없기 때문에 우선은 효과는 떨어져도 시의적절한 규제를 수립해야 하는 처지에 놓이는 것이다. 이는 보기 ①의 내용과 일치하며, 따라서 정답은 ①이다.

| 어휘 |

pervasive ⓐ 만연하는, (구석구석) 스며[배어]드는

norm ⓝ 규범, 기준

timely ⓐd 시의적절한, 때맞춘

crude ⓐ 대강 만든, 조잡한

sophistication ⓝ 정교함; 세련

conflict ⓥ 상충하다

desired ⓐ 바라는, 원하는

expect ⓥ (어떤 일을 하기를) 요구하다[기대하다/바라다]

administrable ⓐ 집행 가능한

tenderly ⓐd 상냥하게, 친절하게

disciplinary ⓐ 규율의, 징계의; 학문의

suspend ⓥ 보류하다, 유보하다

incorporate ⓥ 포함하다, 구체화하다

gestural ⓐ 몸짓의, 손짓의

연습 문제

01~02	01 ①	02 ③	03~04	03 ③	04 ④	05-07	05 ②	06 ④	07 ③	08-09	08 ④	09 ⑤
10~11	10 ③	11 ①	12~13	12 ④	13 ③	14	14 ①			15	15 ⑤	

[01~02]

> 해석

20세기의 과학 기술의 등장과 함께, 의료 전문가들은 더 이상 효과적으로 기능하지 않는 사람의 손상된 심장의 대체물을 만들려는 것을 진지하게 생각해 볼 수 있었다. Dr. Willem Kolff는 1957년 최초의 인공심장을 만들고 그것을 개에게 이식했으나, 개는 실험 즉시 죽고 만다. 그럼에도 불구하고, 동물을 대상으로 한 연구는 계속되었고 1969년 Dr. Denton Cooley는 최초로 인공심장을 사람의 몸에 이식하게 된다. 대부분이 플라스틱으로 만들어진 인공심장은 환자가 이식될 다른 사람의 심장을 기다리는 잠시 동안만 기능을 하면 됐다. Dr. Robert Jarvik은 1979년 최초로 인공심장으로 특허를 받았다. 3년 후 Jarvik 심장이라 불리게 된 인공심장은 심장병으로 죽어가던 은퇴한 치과의사 Barney Clark의 몸에 이식되었다. Clark는 수술 이후 112일 동안 살았고, 그의 생존은 인공심장에 대한 미래의 성공에 희망을 고조시켰다.

---

01 윗글의 전개 방식으로 가장 적절한 것은?

① 시간적 구성 ② 원인과 결과
③ 분류 ④ 정의

| 정답 | ①

| 해설 | 본문은 1957년을 시작으로 1969년, 1979년까지 시간의 순서에 따라 이어지는 내용이다.

---

02 글의 흐름으로 보아 다음 문장이 들어가기에 적절한 곳은?

> 대부분이 플라스틱으로 만들어진 인공심장은 환자가 이식될 다른 사람의 심장을 기다리는 잠시 동안만 기능을 하면 됐다.

① [Ⅰ] ② [Ⅱ] ③ [Ⅲ] ④ [Ⅳ]

| 정답 | ③

| 해설 | 인공심장은 어떻게 만들어지며 어떤 기능을 하는지가 소개된 이후에, 이것으로 인해 특허를 받았다는 내용이 나와야 논리적으로 연결된다. 그러므로 정답은 ③이다

| 어휘 | **artificial** ⓐ 인공의, 인위적인 **implant** ⓥ 심다, 주입하다 **transplant** ⓥ 이식하다, 옮겨 심다
patent ⓥ 특허를 받다

[03~04]

브릭스 제약에서는 자사의 최신 천식약을 시장에 소개할 준비가 되었습니다. 지난 9개월 동안 연구원들은 흡입기에 사용되는 화학 물질의 양을 줄일 수 있는 방법을 연구해 왔습니다. 이는 자사의 흡입 제품을 사용한 후 수많은 환자분들이 두통, 경련, 메스꺼움 등의 여러 불만사항을 호소하신 결과로 인해 촉진되었습니다.

수많은 테스트와 실험실에서 행한 실험의 결과 식도 내벽에 직접 붙어 천식 증상을 완화하는 기화 물질을 분비하는 정제를 발견하게 되었습니다. 이 방법은 다른 약에 비해 불쾌한 기분이 덜 들며 비용 대비 효율이 높습니다. 화학물질을 감소시킴으로써 천식으로 고통 받는 분들이 평소 일상적인 것으로 받아들이시던 부작용을 줄일 수 있을 것입니다.

---

03 브릭스 제약은 어떤 이유로 자사의 천식약을 바꾸게 되었는가?

① 상당한 경쟁 때문에.

② 원 제품의 가격이 높았기 때문에.

③ 부작용이 너무 많았기 때문에.

④ 흡입기의 인기가 떨어졌기 때문에.

| 정답 | ③

| 해설 | "이는 자사의 흡입 제품을 사용한 후 수많은 환자분들이 두통, 경련, 메스꺼움 등을 호소하신 결과로 인해 촉진되었습니다(This was propelled by a number of patient complaints regarding headaches, twitching, and nausea after using the company's inhalation product.)" 즉 브릭스 제약이 신제품을 선보이는 이유는 기존 제품에 부작용이 있었기 때문이었다. 따라서 정답은 ③이다.

---

04 새로운 약의 이점은 무엇인가?

① 가격이 흡입기의 가격보다 훨씬 싸다.

② 환자에게 많은 고통을 안겨다 주지 않는다.

③ 천식을 잃는 사람들의 삶을 편하게 만들어 준다.

④ 훨씬 빠른 속도로 천식 환자들을 치료할 것이다.

| 정답 | ④

| 해설 | "이 방법은 다른 약에 비해 불쾌한 기분이 덜 들며 비용 대비 효율이 높습니다. 화학물질을 감소시킴으로써 천식으로 고통 받는 분들이 평소 일상적인 것으로 받아들이시던 부작용을 줄일 수 있을 것입니다.(This method is less abrasive than other medications and is also more cost effective. The reduction in chemicals will potentially reduce the side effects normally considered a way of life for asthma sufferers.)" 이는 보기 가운데 ②, ①, ③의 순서와 부합한다. 하지만 ④는 본문 어디에도 언급된 바 없으므로 정답은 ④이다.

| 어휘 |

pharmaceuticals ⓝ 제약 회사	**asthma** ⓝ 천식	**medication** ⓝ 약
inhaler ⓝ 흡입기	**propel** ⓥ 촉진하다, 추진하다	**twitching** ⓝ 경련
nausea ⓝ 메스꺼움	**inhalation** ⓝ 흡입	**inner lining** 내벽
esophagus ⓝ 식도	**asthmatic** ⓐ 천식의	**abrasive** ⓐ 거슬리는, 불쾌한
cost effective 비용 대비 효율이 높은	**potentially** ⓐⓓ 가능성 있게	**prompt** ⓥ 촉발하다, 유도하다

[05~07]

해석

17세기 이전에 사회는 아동을 작은 어른으로 보았다. 아이들은 어른과 동일한 행동 기준을 갖는 것으로 평가되었고 따라서 사법제도는 아이들을 성인과 같이 처벌하였다. 그래도 17세기에 유럽의 교회와 공동체 지도자들은 아동은 별개의 그룹이며 성인보다 약하고 더 순수한 존재로 봐야 한다고 사회의 다른 구성원들을 가까스로 설득할 수 있었다. 그 결과 젊은 범법자들은 어른과 다르게 나이와 연동되는 기준에 따라 판결되기 시작했다. 18세기경이 되면 영국 관습법에서는 14세 이하의 아동을 범죄를 범할 의도를 품을 수 없는 존재로 여겼다. 이러한 믿음을 반영해 최초의 청소년 법정이 미국에서 1899년에 세워졌다. 그 이후 100년 동안 청소년 사법제도는 젊은 범법자를 처벌하기보다 교정하는 데 집중했다. 하지만 오늘날에는 청소년이 저지른 수많은 폭력 범죄의 여파로 많은 사람들이 청소년 범죄에 더욱 냉혹한 입장을 취하고 있다. 이들은 젊은 범법자는 형사 법정에 회부되어 어른처럼 재판받기를 원한다.

---

05 이 글의 주제는 무엇인가?

① 청소년 범죄를 심각하게 여기는 사람들
② 청소년 사법제도의 점진적인 발전
③ 1600년대 이후 청소년 범죄의 변화
④ 유럽과 미국의 청소년 사법제도의 차이점

| 정답 | ②

| 해설 | 본문은 17세기 이전부터 시작해 청소년을 대상으로 한 사법제도가 어떤 변천 과정을 밟아왔는지를 말하고 있다. 따라서 정답은 ②이다.

---

06 다음 중 젊은 범법자들에 대한 17세기 유럽인들의 견해를 가장 잘 설명한 것은?

① 작은 어른이다.
② 범죄를 범할 의도를 품을 수 없다.
③ 어떤 경우이든 처벌받아서는 안 된다.
④ 성인과는 다른 기준에 따라 판결되어야 한다.

| 정답 | ④

| 해설 | "그래도 17세기에 유럽의 교회와 공동체 지도자들은 아동은 별개의 그룹이며 성인보다 약하고 더 순수한 존재로 봐야 한다고 사회의 다른 구성원들을 가까스로 설득할 수 있었다. 그 결과 젊은 범법자들은 어른과는 다르게 나이와 연동되는 기준에 따라 판결되기 시작했다.(In the seventeenth century, though, European church and community leaders managed to convince the rest of society that children were a distinct group, weaker and more innocent than adults. As a result, young offenders began to be judged against different, age-related standards.)" 따라서 정답은 ④이다.

---

07 이 글에 따르면, 다음 중 일치하는 것은?

① 오늘날 미국 형사 법정에서는 젊은 범법자들이 성인과 마찬가지로 재판을 받는다.
② 청소년 사법제도 덕분에 청소년들이 저지른 범죄는 유럽에서 상당히 감소했다.
③ 19세기에는 영국 관습법이 미국의 사법제도에 영향을 미쳤다.
④ 미국에서 세워진 최초의 청소년 법정은 젊은 범법자를 교정하기보다 처벌하는 데 목표를 두었다.

| 정답 | ③

| 해설 | "18세기경이 되면 영국 관습법에서는 14세 이하의 아동을 범죄를 범할 의도를 품을 수 없는 존재로 여겼다. 이러한 믿음을 반영해 최초의 청소년 법정이 미국에서 1899년에 세워졌다.(By the eighteenth century, English common law considered children under fourteen to be incapable of having criminal intentions. Reflecting that belief, the first juvenile court was established in America in 1899.)" 여기서 미국의 청소년 법정은 영국 관습법을 근거로 하여 설립되었음을 알 수 있다. 따라서 정답은 ③이다.

| 어휘 | **offender** ⓝ 범법자, 범죄자   **juvenile court** 청소년 법정, 청소년부   **reform** ⓥ 교정하다, 개심시키다
aftermath ⓝ 여파, 후유증   **refer to** ~에 회부하다   **perceptibly** ⓐⓓ 감지할 수 있게, 상당히

[08~09]

해석

간단한 모양의 진자는 가는 줄이나 실로 지탱되는 중심추(또는 금속 공)로 이루어져 있다. 만약 줄을 팽팽하게 핀 상태에서 공을 뒤로 당긴 다음에 놓아 주면, 진자는 호 모양을 따라 자유로이 앞뒤로 흔들린다. 중력 때문에 진자가 한쪽에서 다른 쪽으로 흔들리면서 생성되는 수평면의 높이는 동일하다. 추가 계속 흔들릴수록 추가 따라서 이동하는 호의 길이는 점차 짧아진다. 마침내 추는 완전히 멈춰 서게 되는데 주로 공기 마찰 때문이다. 흔들리는 간격은 추가 호를 따라 이동하다가 시작점으로 돌아가는 데 걸리는 시간이다. 호의 길이가 점차 짧아질수록 속도도 줄지만 흔들리는 간격은 일정하다. 흔들리는 간격은 중력가속도와 줄의 길이에만 좌우된다. 중력은 일정하기 때문에 흔들리는 간격은 줄의 길이가 변하지 않는다면 동일하다. 따라서 만약 줄의 길이를 알고 흔들리는 간격의 타이밍이 정확히 맞을 경우 중력 가속도를 계산할 수 있다.

08 이 글에 따르면, 다음 중 일치하는 것은?
① 중력 때문에 금속 공은 결국에는 멈추게 된다.
② 공이 이동하는 속도에 따라 흔들리는 간격이 증가한다.
③ 공의 무게는 흔들리는 간격에 영향을 주는 핵심 요소이다.
④ 중력이 변할 경우 흔들리는 간격도 변화한다.
⑤ 중력은 부분적으로는 줄의 길이에 좌우된다.

| 정답 | ④

| 해설 | "흔들리는 간격은 중력 가속도와 줄의 길이에만 좌우된다. 중력은 일정하기 때문에 흔들리는 간격은 줄의 길이가 변하지 않는다면 동일하다.(The period of the swing is the time that it takes for the ball to travel through its arc and back again to the starting point. As the arc becomes smaller, the speed also decreases but the period remains constant.)" 이는 즉, 만일 줄의 길이가 동일하다면 중력에 따라 흔들리는 간격이 변할 수 있다는 의미가 된다. 따라서 정답은 ④이다.

09 다음 중 빈칸에 가장 적절한 것은?

① 공기 마찰의 정도   ② 공이 흔들리는 속도

③ 호의 길이   ④ 공의 무게

⑤ 중력 가속도

| 정답 | ⑤

| 해설 | 우선 줄이 흔들리는 간격을 결정하는 요소는 앞 문제의 해설에서 알 수 있듯이, 중력 가속도와 줄의 길이이다. 따라서 "만약 줄의 길이를 알고 흔들리는 간격의 타이밍이 정확히 맞출 경우(if the wire's length is known and the period is accurately timed)" 남는 하나의 요소는 중력 가속도뿐이며, 이를 제외한 두 개의 요소를 안다면 남은 하나의 요소인 중력 가속도를 계산하는 것이 가능할 것이다. 따라서 정답은 ⑤이다.

| 어휘 | **pendulum** ⓝ 추, 진자   **concentrated weight** 중심추   **taut** ⓐ 팽팽한

     arc ⓝ 호, 원호   **plane** ⓝ 면, 수평면   **air friction** 공기 마찰

     acceleration of gravity 중력 가속도   **eventually** ⓐ 결국, 종내

[10~11]

해석

미국 독립선언서(Declaration of Independence)는 13개 식민지가 영국으로부터 독립을 선언한 문서이다. 미국 독립선언서의 작성자는 토머스 제퍼슨(Thomas Jefferson)으로, 그는 서식을 갖춘 선언서를 작성하기 위해 대륙회의(Continental Congress)에 의해 선임된 5인 특별 위원회의 구성원이었다. 1776년 6월 28일 대륙회의에 미국 독립선언서가 처음 제출되었을 때, 펜실베이니아주 및 사우스캐롤라이나주의 대표는 미국 독립선언서에 수정안이 포함되기 전 까지 미국 독립선언서의 승인을 거부했다. 수정안은 이후 미국 독립선언서에 포함되었고, 미국 독립선언서는 7월 4일에 최종적으로 승인되었다. 본래엔 대륙회의의 의장과 서기관만이 미국 독립선언서에 서명을 했지만, 각 주에서 대륙회의의 조치를 확정함에 따라 각 주의 대표도 미국 독립선언서에 서명을 추가했다.

10 윗글의 내용과 일치하지 않는 것은?

① 미국 독립선언서는 1776년 7월 4일에 승인되었다.

② 서식을 갖춘 선언문을 작성한 대륙회의의 구성원의 수는 다섯이었다.

③ 대표들은 특별 위원회의 다른 구성원들과 논쟁을 거친 후 서명을 남겼다.

④ 펜실베이니아주와 사우스캐롤라이나주는 수정안을 담고 있지 않다는 이유로 미국 독립선언서를 승인하지 않았다.

⑤ 미국 독립선언서는 식민지가 영국으로부터의 독립을 선언한 방식이었다.

| 정답 | ③

| 해설 | 본문에 따르면 13개 식민지의 대표가 독립선언서에 서명을 남긴 것은 각 주에서 대륙회의의 조치를 확정한 이후의 일이었다. 하지만 본문 어디에도 논쟁을 거친 후 서명이 이루어졌다는 내용은 찾을 수 없다. 따라서 정답은 ③이다.

"펜실베이니아주 및 사우스캐롤라이나주의 대표는 미국 독립선언서에 수정안이 포함되기 전까지 미국 독립선언서의 승인을 거부했다. 수정안은 이후 미국 독립선언서에 포함되었고, 미국 독립선언서는 7월 4일에 최종적으로 승인되었다"는 ①과 ④의 근거가 된다. "서식을 갖춘 선언서를 작성하기 위해 대륙회의(Continental Congress)에 의해 선임된 5인 특별 위원회"는 ②의 근거가 된다. "미국 독립선언서(Declaration of Independence)는 13개 식민지가 영국으로부터 독립을 선언한 문서이다"는 ⑤의 근거가 된다.

11 이 글의 주제는 무엇인가?

① 미국 독립선언서의 탄생
② 미국 독립선언서의 서명의 중요성
③ 미국 독립선언서의 수정안의 중요성
④ 미국 독립선언서의 세부 사항에 대한 의견 불일치
⑤ 서식을 갖춘 선언서의 작성을 위한 특별위원회의 역할

| 정답 | ①

| 해설 | 본문은 미국 독립선언서가 어떤 과정을 거쳐 탄생되었는지를 서술한 글이다. 따라서 정답은 ①이다.

| 어휘 |

instrument ⓝ 수단, (법률) 문서[서류]
bring ⓥ (논의·의안 따위를) 제출하다
affix signature 서명하다

form ⓝ (공식 문서의) 서식
delegate ⓝ 대표(자)
secretary ⓝ 서기관

special committee 특별 위원회
amendment ⓝ (법 등의) 개정[수정](안)
confirm ⓥ 확정하다, 공식화하다

[12~13]

해석

새로운 연구 결과에 따르면, 기성 종교에 대한 미국인들의 믿음이 약 10년 전과 비교해 더 떨어지는 것으로 나왔다. 설문 조사에 참여한 21%의 사람들이 "공식 종교"의 신앙생활을 하지 않고 있다고 응했으며, 이 수치는 2008년의 15%에서 상승한 것이라고 갤럽은 밝혔다. "종교가 사회적 영향력을 잃어가고 있다."고 갤럽은 밝혔지만, 종교의 영향력이 감소하는 이유는 밝히지 않았다. "이것은 단기적 현상일 수도 있지만, 영구적인 패턴일 수도 있다."고 덧붙였다. 전반적으로 미국인의 74%는 기독교인이라고 밝혔고, 2.1%는 유대인, 1.8%는 모르몬교도, 0.8%는 무슬림이라고 응답했다. 나머지 다른 사람들은 "종교 없음/무신론자/불가지론자"라고 주장하거나 전혀 응답하지 않았다. 1940년대와 1950년대 이후 신실한 종교인의 수는 급격하게 줄어들었다. 당시 신앙생활을 하지 않는다고 답한 사람은 3% 미만이었다. 1940~50년대에는 90%의 미국인들이 자신을 기독교인이라고 답했으며, 나머지 거의 대부분은 유대인이라고 답했다는 사실을 과거 갤럽 조사를 통해 알 수 있다. 1970년대에 이르러서는 신앙생활을 하지 않는 사람들의 수가 증가하기 시작해 10%에 달했다. 2000년대에는 그 비율이 10%대로 진입했다. 신실한 사람들 중에서도 교회에 출석하는 비율 또한 과거 몇십 년에 비해 낮았다고 연구는 보여 준다. 미국인들의 대략 36%가 교회에 출석하며, 이 수치는 연구가 처음 시행된 1939년의 41%에 비해 낮아진 것이다. 여론 조사는 173,229명의 미국인을 대상으로 조사했으며, 2016년 1월과 12월 사이에 시행됐다.

12 다음 중 빈칸 (A)에 들어가기에 적절하지 <u>않은</u> 것은?

① 불가지론자
③ 무신론자

② 종교 없음
④ 무정부주의자

| 정답 | ④

| 해설 | 빈칸 (A)에는 종교가 없다고 응답한 사람들의 답변이 와야 한다. ④는 무정부주의자란 의미이므로 여기에 적합한 답변이 아니다. ①은 신의 존재를 알 수 없다고 생각하는 사람들이고, ②는 믿거나 안 믿거나 상관없이 종교가 없다고 답한 사람들이며, ③은 신의 존재를 부정하는 사람들이다.

13 다음 중 일치하는 것은?

① 10년 전보다 더 많은 미국인들이 공식 종교에서 신앙생활을 하고 있다.

② 사람들은 앞으로 영원히 정식 종교로 다시 돌아가지 않을 것이다.

③ 미국인들의 3/4가 아직도 자신을 기독교인이라고 밝히고 있다.

④ 독실한 기독교인들 중에서 절반이 정기적으로 교회에 간다.

| 정답 | ③

| 해설 | 정답은 ③으로 자신을 기독교인이라고 답한 미국인들이 74%라고 나와 있으므로 이 수치가 대략 3/4에 해당한다. ①은 10년 전보다 신앙인들의 수가 줄어들었으며, ②의 경우 종교를 갖지 않는 현상이 일시적일 수도 영구적인 현상일 수도 있다고 나오므로 ②의 내용은 후자만 의미하는 것이 된다. ④의 경우 교회에 출석하는 사람들의 비율이 36%라고 했으므로 절반에 미치지 못한다.

| 어휘 | **organized religion** 조직적인 종교, 기성 종교   **decade** ⓝ 10년

staggering ⓐ 비틀거리는, 어마어마한   **survey** ⓝ 설문 조사 ⓥ 설문 조사하다   **formal religion** 공식 종교

lose influence 영향력을 상실하다   **short-term** ⓐ 단기의, 단기적인   **phenomenon** ⓝ 현상, 비범한 사람

indication ⓝ 징조, 지시   **lasting** ⓐ 영속적인, 지속적인   **identify as** ~라고 밝히다

pollster ⓝ 여론조사원   **dramatically** ⓐ 극적으로

it is not until A that B A해서야 비로소 B하다

climb to the teens 10% 대로 진입하다   **faithful** ⓐ 충실한, 충직한, 신의 있는   **attendance** ⓝ 참석자들, 출석, 돌봄

agnostic ⓝ 불가지(회의)론자 ⓐ 불가지론(자)의, 독단적 의견에 사로잡히지[얽매이지] 않는

none ⓝ 종교 없음   **atheist** ⓝ 무신론자   **anarchist** ⓝ 무정부주의자

for good 영원히, 영영

[14]

해석

재즈라는 단어는 1860년으로 거슬러 올라간 미국에서 '에너지'라는 의미로 사용된 속어인 'jasm'과 관련이 있다. 1912년 LA 타임스에는 "야구공이 흔들리면서 들어오기 때문에 그 공을 어떻게 해 볼 방법이 없다"라며 한 투수가 특정 투구를 '재즈 볼(jazz ball)'이라고 부른 기사가 나온다. 음악과 관련한 문맥에서 최초로 재즈가 사용된 기록은 1916년 「타임스-피카윤(Times-Picayune)」에 실린 'jas bands'에 관해 실린 기사를 들 수 있다. 음악가 유비 블레이크(Eubie Blake)는 재즈라는 용어와 관련한 원래 속어의 의미를 회상하며 다음과 같이 말했다. "브로드웨이에서 재즈를 처음 알게 됐을 때, 그것을 '재즈'라고 불렀어요. 그런데 철자는 'J-A-S-S'라고 썼지요. 좀 저속한 말이었어요. 그 단어가 무엇을 의미하는지 안다면 숙녀들 앞에서는 입 밖에 꺼내기 힘들지요."

14 글의 제목으로 가장 적절한 것은?

① 재즈라는 단어의 기원

② 미국에서 재즈의 역사

③ 야구와 재즈의 조화

④ 재즈라는 단어의 속어적 의미

⑤ 숙녀들이 재즈에 대해 싫어하는 취향

| 정답 | ①

| 해설 | 현재 음악에서 사용되는 재즈(jazz)라는 '용어'가 어떤 변화를 거쳤는가에 대한 글이므로 '재즈라는 단어의 기원'이라는 ①이 정답이 된다.

| 어휘 | **be related to** ~와 관계가 있다 　　**slang** ⓝ 속어, 은어

date back to (기원 등이) ~로 거슬러 올라가다 　　**article** ⓝ 기사

wobble ⓥ (불안정하게) 흔들리다 　　**context** ⓝ 문맥, 전후 관계, 배경, 상황 　　**recollection** ⓝ 기억, 추억

connotation ⓝ 함축적 의미, 숨은 의미 　　**term** ⓝ 용어; 임기; 기간; 학기

pick up (정보를) 알게 되다, (습관을) 들이게 되다, 알아채다, 획득하다 　　**jass** ⓥ (속어) 성매매하다, 끝내주다

origin ⓝ 기원, 출처 　　**accord** ⓝ 합의, 일치, 화음 ⓥ 부여하다, 주다

[15]

해석

1913년 초 산발적인 지역 항공사가 승객들에게 항공편을 제공하기 시작했음에도 불구하고, 국내선 정기편이 널리 이용 가능해진 것은 1920년대 들어서였다. 상업 항공편이 시작된 초기 몇 년간 미국에서 비행기를 이용한 여행은 비즈니스 여행객이나 비싼 항공료를 부담할 수 있는 부유한 개인들과 같은 소수의 사람들에게 국한되었다. 대신 대부분의 여행객들은 도시 간 교통의 필요가 있을 경우 좀 더 저렴한 열차 서비스를 이용했다. 95년이 지난 지금, 항공편은 미국의 비즈니스 승객이나 일반 여행객을 위한 가장 중요하고 가장 많이 이용되는 교통수단 중 하나로 성장했다. 1978년 미국 정부의 항공업계 규제 완화 이후, 항공 노선이 증가했고, 항공권 요금이 낮아졌으며, 저가 항공사들이 번창하게 되면서 훨씬 더 광범위한 미국인들이 항공 여행을 이용할 수 있게 되었다. 비행기 탑승권은 일반적으로 먹지를 사용해 손으로 준비되었으며, 승객들이 공항에 도착하면 제공되었다. 2008년 한 해에만 6억 4,990만 명의 승객들이 미국 항공편으로 국내 여행을 갔다.

15 글과 어울리지 <u>않는</u> 문장을 고르시오.

① [A] 　　② [B] 　　③ [C] 　　④ [D] 　　⑤ [E]

| 정답 | ⑤

| 해설 | 본문에서는 항공편을 이용하는 미국인들의 수가 증가해 온 역사에 대해 다루고 있다. 과거에는 소수만 이용하던 항공기가 최근에는 많은 이들이 이용하는 교통수단으로 성장했다고 설명하고 있다. 어울리지 않는 문장은 [E]로, 항공기 성장의 역사가 아닌 과거 탑승권이 어떻게 준비되고 배부되었는지를 나타내고 있다.

| 어휘 | **scattered** ⓐ 드문드문[간간이] 있는, 산재한; 산발적인 　　**domestic flight** 국내선

not A until B B하기 전까지는 A하지 않다, B해서야 비로소 A하다 　　**aviation** ⓝ 비행, 항공

can afford ~할 여유가 있다 　　**rely on** ~에 의지[의존]하다, ~을 필요로 하다

affordable ⓐ 줄 수 있는, 입수 가능한, (값이) 알맞은 　　**intercity** ⓐ 도시 간의

transportation ⓝ 수송, 운송; 추방형, 유형 　　**option** ⓝ 선택, 선택권

deregulation ⓝ 규제 완화, 규제 철폐 　　**route** ⓝ 도로, 노선, 통로 　　**ticket fare** 티켓 요금

discount carrier 저가 항공사 　　**prosper** ⓥ 번창하다, 성공하다

accessible ⓐ 접근하기 쉬운, 가기 쉬운, 입수하기 쉬운, 이용할 수 있는 　　**carbon paper** (복사용) 먹지

PART 03

출제 유형
(1) 전체적 이해

연습 문제

01~02	01 ④	02 ①	03~05	03 ①	04 ②	05 ①	06~07	06 ②	07 ③	08~10	08 ④	09 ②	10 ①
11~12	11 ②	12 ④	13~14	13 ③	14 ①		15~16	15 ②	16 ④	17~18	17 ①	18 ②	
19~20	19 ①	20 ①											

[01~02]

해석

이야기가 '판타지'로 취급되려면 이야기 속에 일종의 마법 체계가 포함되어야 한다. 즉 실제 세상에서 존재할 수 없는 것이 이야기 속에서 일어나거나 존재해야 한다. 여기에는 마법과 마술 및 요술의 요소, 환상 속 생물과 초자연적인 존재, 또는 고등 능력이나 힘 등이 포함된다. 기본적으로, 실제 증거나 논리에 기반을 두지 않은 것은 무엇이든 마법으로 간주될 수 있다. 당신의 이야기와 같은 (판타지) 장르 내의 다른 이야기가 제대로 구분되는 지점이 바로 여기이다. 만일 당신의 마법 체계가 독특하며 창의적이라면, 당신의 소설에는 차별점이 존재한다. 혁신적이고 아주 흥미로운 마법 체계는 종종 당신의 소설이 포화 상태인 판타지 시장에서 돋보이게 하는 데 도움을 주는 비결일 수 있다. 당신의 마법 체계는 이야기 속에서 핵심적인 역할을 해야 한다.

01 다음 중 이 글의 제목으로 가장 적절한 것은?

① 마법과 과학 간의 유사성
② 독자가 책을 구입하는 다양한 이유
③ 판타지 세계: 결코 경험할 수 없는 세상
④ 마법 체계: 판타지의 핵심 요소

| 정답 | ④

| 해설 | 본문에 따르면 판타지 소설 장르 내에서 다른 작품과 구별되는 개성을 보유하려면 마법 체계의 구축에 심혈을 기울여야 하며, 판타지 소설의 핵심이 바로 마법 체계임을 말하고 있다. 따라서 정답은 ④이다.

02 다음 중 (A)가 언급한 것은?

① 판타지 소설
② 시장 보고서
③ 시스템 설명서
④ 서평

| 정답 | ①

| 해설 | 보기 중에서 (A)가 가리키는 것은 ① "판타지 소설"을 제외하면 본문의 내용과 전혀 맞지 않으며, 따라서 정답은 ①이다.

| 어휘 | **sorcery** ⓝ 마법　　　　　　**witchcraft** ⓝ 마법, 마술　　　　　　**enchantment** ⓝ 마법, 요술
　　　　imaginative ⓐ 창의적인, 상상력이 풍부한　　　　　　**intriguing** ⓐ 아주 흥미로운
　　　　saturated ⓐ 포화된

[03~05]

해석

능동적인 청자는 귀와 눈과 마음을 활용해 듣는다. 이들은 입으로 표현되는 문자 그대로의 말을 듣고 객관적인 정보를 받아들인다. 하지만 입으로 전해지는 메시지는 모두 말 이상의 것을 포함한다. 화자는 또한 그 외 목소리를 통한 음성과 비언어적 신호를 통해 자신의 느낌과 감정 같은 주관적 정보를 전할 수 있다. 여기에는 소리의 세기, 강한 어조, 말 더듬기, 음성의 변동, 얼굴 표정, 자세, 손의 움직임 같은 언어적인 억양을 포함한다. 문자 그대로의 말뿐만 아니라 느낌과 감정에 귀를 기울이면 화자의 메시지 뒤에 숨겨진 전체적 의미를 파악할 수 있다. 하지만 전체적 의미를 듣는 것에 아무리 익숙해지더라도 오해할 가능성은 항상 남아있다. 때문에 능동적인 청자는 질문을 던져서 완벽하게 이해하고 있는지를 확인하고자 한다. 질문을 활용하면 왜곡된 것을 알아내고 오해한 것을 명확하게 밝힐 수 있다.

03　이 글의 제목으로 가장 적절한 것은?

① 올바른 청취 방법
② 효과적 청취를 위한 언어적 기술
③ 청취 중에 질문을 던지는 행위의 중요성
④ 청취와 감정 간의 관계

| 정답 | ①

| 해설 | 본문은 올바른 청취를 위해서는 단순히 입으로 표현되는 말 그 자체뿐 아니라 그 외 비언어적 신호 등을 통해 표현되는 말의 숨겨진 의미를 파악해야 하고, 혹시 있을 수 있는 오해의 소지를 막기 위해 질문도 던져야 한다는 내용을 담고 있다. 따라서 정답은 ①이다.

04　이 글에 따르면, 다음 중 일치하는 것은?

① 누군가 얘기하는 것을 들을 때 비언어적 신호는 중요하지 않다.
② 능동적인 청취는 귀로 듣는 것 이상을 필요로 한다.
③ 누군가 말하는 것을 가까이에서 듣는 것으로 당신은 완전하게 이해할 수 있다.
④ 만약 당신이 듣는 데 눈과 귀와 마음을 사용한다면, 당신은 절대로 누군가를 오해하지 않을 것이다.

| 정답 | ②

| 해설 | 문자 그대로의 말뿐만 아니라 느낌과 감정에 귀를 기울이면 화자의 메시지 뒤에 숨겨진 전체적 의미를 파악할 수 있다. (By listening for feelings and emotions as well as for literal words, you can grasp the total meaning behind the speaker's message.) 즉 "능동적인 청자는 귀와 눈과 마음을 활용해 듣는다.(Active listeners listen with their ears, their eyes, and their mind.)"고 하였으므로 귀로 듣는 것 이상을 필요로 한다는 ②가 정답이다.

05 청취할 때 질문하는 것이 중요한 이유는?

① 당신은 설명이 필요할 수 있는 것에 대해 명확히 할 수 있다.

② 당신은 화자가 말하려고 하는 것을 확인해야 한다.

③ 당신은 열심히 들었던 것처럼 보일 것이다.

④ 당신은 처음에는 포착하지 못했던 것을 찾을 수 있다.

| 정답 | ①

| 해설 | 청취할 때 질문하는 것이 중요한 이유는 바로 "질문을 활용하면 왜곡된 것을 알아내고 오해한 것을 명확하게 밝힐 수 있기(The use of questions can uncover distortions and clarify misunderstandings)" 때문이다.

| 어휘 |

active ⓐ 능동적인	take in ~을 받아들이다	objective ⓐ 객관적인
literal ⓐ 문자 그대로의	subjective ⓐ 주관적인	communicate ⓥ 전하다, 알리다
vocal ⓐ 목소리의	nonverbal ⓐ 비언어적인	verbal ⓐ 언어의, 말의
intonation ⓝ 억양	loudness ⓝ 소리의 세기	emphasis ⓝ 강한 어조, 강조법
hesitation ⓝ 말 더듬기	movement ⓝ 변동	facial expression 얼굴 표정
body posture 자세	grasp ⓥ 파악하다	potential ⓝ 가능성, 여지
misunderstanding ⓝ 오해	verify ⓥ 확인하다, 입증하다	uncover ⓥ 알아내다
distortion ⓝ 왜곡, 곡해	clarify ⓥ 명확하게 하다, 분명히 말하다	

[06~07]

해석

찬: 사형제 폐지론자들은 (범죄자가) 어떤 악의를 품고 도발적인 행동을 했든지 간에 정부는 절대 사람의 목숨을 빼앗아 가면 안 되므로 사형제는 본질적으로 부도덕하다고 주장할 것이다. 하지만 이는 사실의 문제가 아니라 신념의 문제로, 나를 포함해 사형제 폐지론을 반대하는 사람들이 갖는 입장과 정반대되는 신념일 뿐이다. 사형제는 피고를 자신의 운명을 스스로 좋은 쪽이든 나쁜 쪽이든 통제할 수 있는 자유로운 도덕적 행위자로 여기기 때문에 오히려 인간의 존엄성을 존중한다. 즉 사형제는 피고를 도덕심이 없는 동물로 취급하지 않는다는 의미이다. 게다가 사형은 피고의 포식자적 행위로 인해 목숨을 잃은 사람들의 존엄성을 기리는 역할도 한다.

반: 사형은 원칙적으로도 부도덕하고 실제로도 불공평하고 차별적이다. 죽어 마땅한 자는 아무도 없다. 정부가 정의라는 이름으로 포장된 복수를 가하는 것은 인간의 목숨과 존엄성의 가치를 낮추는 행위이고 정부는 (마찬가지 짓을 한) 살인자와 공범이나 다름없다. 문명사회에서 우리는 범죄자가 피해자에게 한 행위를 그대로 범죄자에게 가한다는 원칙을 거부한다. 즉 강간에 대한 처벌이 강간이 될 수는 없고, 방화에 대한 처벌이 방화범의 집을 불태우는 것이 되어서는 안 된다. 따라서 우리는 살인범을 죽음으로 벌줘서는 안 된다. 사형은 비문명화된 사회의 야만적인 유물일 뿐이다.

06 이 글의 제목으로 가장 적절한 것은?

① 사형제를 폐지해야 할 이유

② 사형제를 허용해야 할 것인가?

③ 사형제는 비인도적이지만, 그 외 다른 선택지가 우리에게 있는가?

④ 왜 미국에 사형제가 있어야 하는가?

| 해설 | 본문은 사형제에 대한 찬반의견을 같이 싣고 독자에게 판단을 유보하고 있다. 때문에 제목으로 가장 적합한 것은 독자에게 의문을 제시하고 판단을 맡긴 ②이다.

---

07 빈칸 ⓐ와 ⓑ에 가장 알맞은 것을 고르시오.

① 따라서 … 게다가
② 마찬가지로 … 그럼에도 불구하고
③ 게다가 … 따라서
④ 그럼에도 불구하고 … 마찬가지로

| 정답 | ③

| 해설 | 빈칸 ⓐ의 경우, 빈칸 뒤 문장은 빈칸 앞 문장에 제시된 내용에 "덧붙여" 사형제를 찬성하는 또 다른 주장을 담고 있으므로 Moreover가 적합하다.

빈칸 ⓑ의 경우, 빈칸 뒤 문장은 빈칸 앞 문장에 제시된 내용을 요약하면서 이에는 이 눈에는 눈 식의 처벌은 안 되기 때문에 살인자를 사형시켜서는 안 된다는 주장을 하고 있다. 즉 앞서 언급한 주장의 결론을 말하고 있으므로 therefore가 적합하다.

이 두 가지 요소를 고려했을 때 정답으로 가장 적합한 것은 ③이다.

| 어휘 | **abolitionist** ⓝ 폐지론자

provocation ⓝ 도발

defendant ⓝ 피고

discriminatory ⓐ 차별적인

vengeance ⓝ 복수

arson ⓝ 방화

contend ⓥ 주장하다

detractor ⓝ 비난하는 사람

predation ⓝ 포식, 약탈

mete out (벌ㆍ가혹 행위 등을) 가하다[부과하다]

disguise ⓥ 위장하다, 포장하다

remnant ⓝ 남은 부분, 유물

inherently ⓐ 본질적으로

dignity ⓝ 존엄(성)

in principle 원칙적으로

complicit ⓐ 연루된, 공모한

abolish ⓥ 폐지하다

[08~10]

해석

조지 오웰은 에릭 블레어의 필명으로, 아버지가 영국 식민국의 공무원으로 일하던 인도에서 태어났다. 그는 영국의 사립학교로 보내졌고, 이후 영국의 일류 "퍼블릭 스쿨"(즉 사립 기숙학교를 의미함)인 이튼스쿨에 장학생으로 입학했다. 이들 사립학교에서 오웰은 처음으로 자신의 집안 배경과 많은 동급생들의 부유한 집안 배경에 차이가 있음을 의식하게 되었다. 학교를 졸업하면서 그는 버마의 인도 제국 경찰이 되었다. (당시 버마와 인도는 대영 제국의 일부였다.) 1922년부터 1927년까지 버마에서 근무하면서 그는 영국의 식민주의에 관해 죄의식을 갖게 되었고 이에 대해 일종의 개인적인 속죄를 해야겠다는 생각을 했다. 그는 이후 극렬한 반식민주의 소설인 '버마의 나날(1934년작)'을 저술하면서 속죄를 하게 된다. 그는 작가가 되기로 결심하고 영국으로 돌아왔고 출생과 교육을 통해 자신에게 부여된 계급적 지위에서 벗어나기 위한 방편으로 필명을 취하게 되었다.

08 이 글의 주제로 가장 적절한 것을 고르시오.

① 오웰과 그의 부모

② 오웰과 그의 직업

③ 오웰과 영국 학교

④ 오웰과 영국 제국주의

| 정답 | ④

| 해설 | 본문은 오웰의 성장 과정을 살피면서, 과거 버마에서 영국 제국주의의 일원으로 일했던 경험이 이후 그가 작가로서의 삶을 살게 되는 데 큰 기여를 했음을 보여 주고 있다. 따라서 정답은 ④이다.

09 문맥상 빈칸 ⓐ에 들어갈 가장 적절한 단어를 고르시오.

① 열등함

② 죄의식

③ 우월함

④ 자존심

| 정답 | ②

| 해설 | 조지 오웰이 버마에게 근무하는 동안 "일종의 개인적인 속죄를 해야겠다는 생각(a feeling that he must make some kind of personal expiation)"을 갖게 된 이유가 무엇일지 생각해 보면, "죄의식" 때문에 이에 "속죄"해야겠다는 생각을 한 것으로 유추할 수 있다. 따라서 정답은 ②이다.

10 Orwell에 대한 설명 중 맞는 것을 고르시오.

① 소설 속에서 영국의 식민주의를 비난했다.

② 이튼의 동급생들과 많은 친밀감을 느꼈다.

③ 버마에서의 경찰직을 즐겼다.

④ 매우 수줍음을 타는 사람이라 필명을 채택했다.

| 정답 | ①

| 해설 | "그는 이후 극렬한 반식민주의 소설인 '버마의 나날(1934년작)'을 저술하면서 속죄를 하게 된다(This he would later do with a fiercely anticolonialist novel, *Burmese Days* (1934))." 따라서 정답은 ①이다.

| 어휘 | **pseudonym** ⓝ 필명   **scholarship** ⓝ 장학금   **conscious** ⓐ 의식하는, 자각하는

service ⓝ 근무   **colonialism** ⓝ 식민주의   **fiercely** ⓐⓓ 극렬한

inferiority ⓝ 열등함   **superiority** ⓝ 우월함   **affinity** ⓝ 친밀감

[11~12]

해석

적절하면서 사려 깊은 선물이란 무엇일까? 시카고에서 활동하는 미국의 사업가인 존 로저스는 고국에서 구할 수 있으며 그 외 다른 곳에서는 구하기 힘든 것이라면 무엇이든 좋다고 말한다. 예를 들어 캐나다산 메이플 시럽이나 하와이산 파인애플이 담긴 화려한 통 등이 환영받을 것이다. 일단 누군가를 알게 되면 그 사람의 개인적 취향에 맞는 선물을 주도록 해 보라. 예를 들어 만일 당신의 동업자가 미식축구를 좋아한다면 좋아하는 팀의 셔츠를 사 주는 것도 좋지 않을까? 하지만 남자가 여자에게 옷을 선물하는 것은 너무 사적인 행위로 보일 수 있고 부적절한 관계를 암시할 수도 있음을 기억해 둘 필요가 있다.
선물을 주는 시기는 어떤 문화권에 속해 있느냐에 달려 있다. 서양인들은 보통 서로 만나서 선물을 주지만, 동양 문화권에서는 떠날 때 선물을 주는 것이 보편적이다. 선물을 줄 것으로 기대되는 특별한 휴일도 존재한다. 기독교 문화권의 국가에서는 크리스마스는 선물을 주는 시기이다. 그리고 이슬람교도들은 신성한 달인 라마단이 끝나고 열리는 축제 기간에 카드를 교환한다.

11 윗글의 제목으로 가장 적절한 것은?

① 선물을 주는 이유
② 적절하면서 사려 깊은 선물
③ 선물로 인한 부적절한 관계
④ 현대의 선물을 주는 관습의 기원

| 정답 | ②

| 해설 | 본문은 가장 첫 문장인 "적절하면서 사려 깊은 선물이란 무엇일까?(What is an appropriate and thoughtful gift?)"에 관해 논하고 있다. 따라서 정답은 ②이다.

12 윗글의 내용과 일치하지 <u>않는</u> 것은?

① 캐나다산 메이플 시럽 한 병도 좋은 선물이 될 수 있다.
② 선물을 주는 관습은 문화마다 다를 수 있다.
③ 기독교 문화권의 국가에서는 크리스마스 휴일 기간에는 보통 선물을 줄 것으로 기대된다.
④ 여성에게는 너무 사적인 것으로 여겨질 선물이 권장된다.

| 정답 | ④

| 해설 | "하지만 남자가 여자에게 옷을 선물하는 것은 너무 사적인 행위로 보일 수 있고 부적절한 관계를 암시할 수도 있음을 기억해 둘 필요가 있다.(But remember gifts of clothing from a man to a woman may seem too intimate and might suggest an inappropriate relationship.)" 즉 남녀 간의 사적인 선물은 주의해야 할 사항이지 권장되어야 할 것은 아니다. 따라서 정답은 ④이다.

| 어휘 | **packet** ⑪ 꾸러미, (상품 포장용) 통[곽]   **appreciate** ⓥ 환영하다   **intimate** ⓐ 친숙한, 사적인[은밀한]
recommend ⓥ 권장하다

해석

[I] 대부분의 사람들은 사체를 가지고 살아 있는 괴물을 창조한 미친 박사인 프랑켄슈타인 남작의 소름 끼치는 이야기를 알고 있다. 이 이야기는 여러 번 반복되면서 들려졌다. [II] 또한 다수의 영화의 주제가 되었으며 대부분의 사람들이 이 이야기에 익숙해져 있다. [III] 하지만 많은 사람들이 모르는 점은 프랑켄슈타인 박사와 그의 창조물에 대한 으스스한 이야기는 메리 셸리란 이름의 19세 여성에 의해 쓰였다는 점이다. 어린 신부였던 셸리는 남편인 퍼시 비시 셸리와 남편의 친구이자 동료 시인인 조지 고든 바이런과 함께 이야기 경연대회에 참여하기를 좋아했다. 특별히 이야기가 오래 진행된 어느 날 저녁에 바이런은 귀신 이야기를 지어서 읽어보자는 제안을 했다. [IV] 메리 셸리는 프랑켄슈타인의 이야기로 이에 응답했고, 이후 이야기는 사람들이 말하듯 모든 이가 아는 이야기이다.

---

13 이 글의 주제를 가장 잘 나타내는 문장을 고르시오.

① [I]　　　　② [II]　　　　③ [III]　　　　④ [IV]

| 정답 | ③

| 해설 | 본문은 모두가 존재는 알고 있지만 누가 쓴 것인지는 모르는 프랑켄슈타인의 저자가 메리 셸리임을 설명하고 있다. 따라서 본문의 주제는 메리 셸리의 존재를 처음으로 제시한 ③으로 볼 수 있다.

---

14 이 글의 밑줄 친 부분들 중에서 문법적으로 <u>잘못된</u> 것을 고르시오.

① ①　　　　② ②　　　　③ ③　　　　④ ④

| 정답 | ①

| 해설 | 형용사 alive는 서술적으로만 쓰이므로 an alive를 a living으로 대체해야 한다. ③의 write and read는 Byron suggested that everyone (should) write and read이므로 타당한 표현이다. the rest는 나머지 전체를 하나의 집합으로 봐서 단수로 받는 것은 문제가 없다.

| 어휘 | **gruesome** ⓐ 섬뜩한, 소름끼치는　　　**baron** ⓝ 남작　　　**particularly** ⓐⓓ 특별히
the rest is history 그 나머지는 역사가 되었다[모두가 다 안다]　　　**as they say** 항간의 이야기로는, 이른바

해석

전통적인 사업가들의 판매 교섭은 본질적으로 합리적이었다. 그는 그의 상품을 알고 있었고, 고객의 욕구도 알고 있었다. 전통적인 사업가는 이러한 지식을 바탕으로 판매하려고 노력했다. 분명 그의 판매 교섭은 완전히 객관적이지는 않았고, 그는 능력껏 설득하는 방법을 사용하기도 했다. 하지만 효율적이기 위해서, 그것은 다소 합리적이고 양식 있는 대화여야만 했다. 현대 광고의 방대한 부분은 이와 다르다. 현대 광고는 이성이 아닌 감성에 호소한다. 다른 어떤 종류의 최면 상태의 제안과도 같이, 이것은 고객에게 감정적으로 강한 인상을 주고, 지성적으로 굴복하게 만든다. 이러한 종류의 광고는 예를 들어 같은 문구의 계속적인 반복 등, 모든 수단을 동원해서 소비자에게 깊은 인상을 심어 준다. 이런 모든 방법들은 본질적으로 비이성적이다. 그것들은 상품의 품질과는 아무런 관련이 없으며, 소비자들의 비판적인 능력을 억압하고 말살한다.

15 이 글의 제목으로 가장 적절한 것은?

① 판매 교섭의 중요성
② 광고 방법의 변화
③ 고객의 비판적인 능력
④ 감정적인 광고 슬로건의 중요성

| 정답 | ②

| 해설 | 본문은 과거의 판매 교섭을 통한 상품 판매 방식과 현재의 광고를 통한 상품 판매 방식을 비교하며, 상품 판매 방식의 변천을 설명하고 있다.

16 다음 중 올바른 진술을 고르시오.

① 오늘날 광고는 고객에게 구매를 유도하기 위해 합리적인 주장을 사용하려고 애쓴다.
② 고객들은 판매자들의 지식에 의해 강한 인상을 받고 있다.
③ 현대적인 광고는 고객들이 원하는 제품과 왜 이것이 필요한지에 초점을 맞춘다.
④ 전통적인 사업가들은 그의 제품과 고객에 대한 지식을 이용했다.

| 정답 | ④

| 해설 | 현대 광고는 이성이 아닌 감정에 호소하는 비합리적인 주장이고, 고객들은 감정적인 것에 이끌린다. 하지만 전통적인 사업가는 "그의 상품을 알고 있었고, 고객의 욕구도 알고 있었다. 전통적인 사업가는 이러한 지식을 바탕으로 판매하려고 노력했다.(He knew his merchandise, he knew the needs of the customer, and on the basis of this knowledge he tried to sell.)"고 본문에 언급되어 있다.

| 어휘 | **old-fashioned** ⓐ 전통적인, 구식의   **sensible** ⓐ 합리적인, 양식 있는   **hypnoid** ⓐ 최면의
submit ⓥ 굴복하다   **repetition** ⓝ 반복   **formula** ⓝ 문구, 공식

[17~18]

해석

고대 그리스인들의 올림픽 대회는 기원전 776년으로 거슬러 올라갈 수 있는데, 그들은 대회 우승자에게 메달을 수여하지 않고 대신 올리브 화환을 수여했다. 메달을 수여하는 전통은 1896년 아테네에서 열린 첫 번째 근대 올림픽에서 시작되었으며, 우승한 선수는 은메달을, 2등을 한 선수는 동메달을, 3위를 차지한 선수는 아무것도 얻지 못했다. 그 이후 112년이 지나는 기간 동안, 선수들의 선망의 대상이 되는 메달은 직사각형 모양, 물결 모양, 도넛 모양, 금박 모양, 1972년 삿포로 동계올림픽에서는 무정형의 덩어리 모양을 보이기도 했다. 1900년 파리 올림픽에서 일부 종목은 메달을 상으로 대체했다. 우승자들은 실제로 귀중한 그림과 예술 작품을 받았다. 2위를 한 장대높이뛰기 선수는 우산을 받았다. 오늘날 금메달은 실제로 은에 24캐럿 금 6그램을 입힌 것이다. 동계올림픽 메달은 표준 디자인이 없다. 따라서 대부분 유리로 된 1992년 알베르빌 동계올림픽 메달처럼 이상한 모양을 띠기도 하고 종래와는 다른 재료가 사용되기도 한다. 하지만 하계올림픽 메달은 앞면에 거의 항상 날개가 달린 승리의 여신인 나이키(Nike)를 어떤 식으로든 묘사한다. 1972년부터 개최 도시들이 메달의 뒷면을 디자인해 왔다.

17 이 글의 주제는 무엇인가?

    ① 올림픽 메달의 역사   ② 올림픽 경기의 종류

    ③ 올림픽 메달의 가격   ④ 올림픽 경기의 기원

    ⑤ 올림픽 경기를 기념하는 방법

| 정답 | ①

| 해설 | 본문에서는 올림픽 우승자들에게 수여되는 메달이 언제부터 시작되었는지, 어떤 재질로 만들어졌는지, 어떤 모양으로 제작되었는지, 동계올림픽과 하계올림픽의 메달은 어떻게 다른지 등을 설명하고 있으므로, 글의 주제는 '올림픽 메달의 역사'라고 한 ①이 정답이 된다.

18 이 글에 따르면, 다음 중 일치하는 것은?

    ① 1896년 아테네 올림픽에서 금메달이 우승자들에게 수여됐다.

    ② 대부분의 하계올림픽 메달은 앞면에 승리의 여신 나이키가 있다.

    ③ 우승자들에게 수여되는 오늘날의 금메달은 순금으로 만들어져 있다.

    ④ 동계올림픽 메달은 하계올림픽 메달과 반드시 같아야 한다.

    ⑤ 1990년 파리 올림픽에서 3등으로 우승한 선수는 빈손으로 고국에 돌아왔다.

| 정답 | ②

| 해설 | 두 번째 문단의 "Summer medals, however, almost always depict Nike, the winged goddess of victory, on their front in some fashion." 부분을 통해, 하계올림픽 메달 앞면에는 승리의 여신인 나이키가 어떤 형태로든 들어가 있는 것을 알 수 있으므로, 정답은 ②가 된다.

| 어휘 | **trace back to** ~의 기원이 ~까지 거슬러 올라가다   **bestow A upon B** A를 B에게 수여하다

    victor ⓝ 승리자   **wreath** ⓝ 화환   **intervene** ⓥ 개입하다, 조정하다, 중재하다

    covet ⓥ 탐내다, 갈망하다   **rectangular** ⓐ 직사각형의   **ridged** ⓐ 물결 모양의, 이랑이 있는

    gilded ⓐ 금박을 입힌, 도금을 한   **amorphous** ⓐ 무정형의, 특성이 없는

    blob ⓝ 작은 방울, 작은 덩이; 윤곽이 뚜렷하지 않은 것   **forgo** ⓥ (하고·갖고 싶은 것을) 포기하다

    in favor of ~을 위하여, 선호하여; ~을 찬성[지지]하여

    prize ⓝ 포획물, (경쟁, 경연을 통한) 상, 상품; 경품 ⓥ 높이 평가하다, 소중히 여기다

    pole jumping ⓝ 장대높이뛰기   **runner-up** ⓝ 2위, 차점자   **depict** ⓥ 설명하다, 묘사하다

    goddess ⓝ 여신   **host city** 개최 도시   **empty-handed** ⓐ 빈손의, 아무 소득이 없는

[19~20]

해석

충분한 숙면을 취하면 정신 건강, 신체 건강, 삶의 질 및 안전을 지키는 데 도움이 된다. 우리는 모두 이것을 잘 알고 있지만, 최신 연구 결과 숙면이 노화 과정을 억제해 준다는 사실도 드러났다. 예를 들자면, 과학자들은 노인들로 구성된 66명의 지원자 집단을 연구했다. 이들을 상대로 MRI 뇌 스캔을 실시한 후, 2년마다 이들에게 수면 습관에 대해 설문을 실시했다. 연구 결과에 따르면, 수면 시간이 평균보다 낮은 사람들은 뇌의 특정 영역의 부어 있는 것을 보였으며, 이는 인지 능력이 빠르게 감소하고 있고 이에 따라 전반적인 노화도 빠르게 진행되고 있는 것을 나타냈다. 다른 연구에 따르면 성인은 적절한 뇌 기능을 유지하기 위해 밤마다 대략 7시간의 수면이 필요하다는 사실을 밝혔다. 노화에서 수면의 역할이 밝혀졌기 때문에, 앞으로의 연구는 수면이 인지 기능을 보존하고 더 빠른 노화를 억제하는 데 어떻게 도움을 줄 수 있는지에 대한 조사가 될 것으로 예상된다.

19 다음 중 이 글의 제목으로 가장 적절한 것은?

① 뇌를 더 빨리 노화시키는 부족한 수면
② 과학을 통해 밝혀진 수면이 빠른 노화를 막는 방법
③ MRI: 수면 연구의 획기적인 영상 기술
④ 과도한 수면의 이점과 단점

| 정답 | ①

| 해설 | 잠을 적게 자거나 숙면을 취하지 못하면 뇌의 특정 영역이 부어오르면서 인지 기능이 떨어지고, 인지적 노화가 촉진된다는 내용을 담고 있으므로 정답은 ①이 적합하다. 수면이 어떤 방식으로 노화를 막는지에 대해서는 본문에 나와 있지 않기 때문에 ②는 정답이 되지 못한다.

20 다음 중 빈칸 (A)에 가장 적절한 것은?

① 노화의 과정을 억제하다
② 정신 건강을 유지할 수 있도록 돕다
③ 추론 능력을 회복시키다
④ 당신의 지각된 삶의 질을 결정하다

| 정답 | ①

| 해설 | 수면이 노화를 지연시킨다(hold off)는 마지막 문장과 유사한 의미를 지닌 ①이 정답이 된다. 이때 'keep something in check'는 '~을 억제하다, 억누르다'의 뜻을 갖는다.

| 어휘 | **quality sleep** 숙면 **swell** ⓥ 부풀다, 팽창하다 **cognitive** ⓐ 인지의
now that 이제 ~이니까 **hold off** 늦추다, 연기하다
breakthrough ⓝ 돌파, 타개, 획기적 발전
keep something in check ~을 억제하다, 억누르다
rejuvenate ⓥ 다시 젊어 보이게[젊은 기분이 들게] 하다, 활기를 되찾게 하다

연습 문제

01		01 ③		02~04	02 ②	03 ③	04 ①	05~06	05 ④	06 ③		07~09	07 ①	08 ②	09 ④
10-11	10 ②	11 ③		12~13	12 ②	13 ④		14~15	14 ⑤	15 ②					

[01]

| 해석 |

비타민 D는 때로는 "햇빛 비타민"으로 알려져 있으며, 피부가 햇빛에 노출될 때 체내에서 생성된다. 비타민 D는 칼슘의 흡수와 뼈의 형성을 촉진하는 것으로 알려져 있으며, 일부 관찰 연구에 따르면 비타민 D의 수준이 낮은 것과 수많은 급성 및 만성 질병에 걸릴 위험도가 증가하는 것 간에 서로 관계가 있을 것임이 암시된다. 하지만 이 점에 인과관계가 존재하는지 여부는 분명하지 않으며, 따라서 비타민 D를 보충할 경우 질병을 유발할 위험성이 감소되는지 여부를 검증하고자 수많은 유형의 대규모 연구가 수행되었다. 프랑스 리옹에 위치한 국제질병예방연구소의 필립 오티에 박사가 이끄는 연구진은 수백 건의 관찰 연구와 임상 실험을 통해 얻은 자료를 분석했고, 암·뇨병·심혈관 질환 같은 질병과의 관계를 포함해, 비타민 D 수준이 소위 뼈와 관련 없는 건강에 미치는 영향을 검사했다. 이들은 심혈관 질환·당뇨병·직장암 등에 걸릴 위험성의 감소를 포함해 관찰 연구에서 비타민 D 수준이 높을 경우 생기는 이점으로 나타난 것들이, 참가자들에게 비타민 D를 제공하여 비타민 D가 질병에 대항해 보호하는 역할을 하는지 여부를 알아보는 무작위 실험에서 되풀이되지 않는다는 점을 발견했다.

01 윗글의 요지를 고르시오.

① 비타민 D 정제를 섭취한 사람은 질병을 막을 수 있다.
② 건강한 사람도 비타민 D 보충제를 섭취할 필요가 있다.
③ 비타민 D는 과거 생각했던 것만큼 질병을 예방하는 데 효과적이지 못할 수 있다.
④ 비타민 D 결핍에 걸릴 위험이 있는 사람들은 보충제를 섭취할 필요가 있다.

| 정답 | ③

| 해설 | 본문에 따르면, 과거에는 비타민 D의 수준이 낮을 경우 여러 질환에 걸릴 위험도가 증가할지도 모른다는 말이 있었지만, 필립 오티에 박사의 연구진이 실험한 결과에 따르면, 실험 참가자들에게 비타민 D를 제공하고 나서 참가자들을 관찰해 보니 비타민 D의 수준이 높을 경우 누리게 될 이점이라 알려진 것들이 되풀이 되는 것은 아님을 알게 되었다. 즉, 연구 결과 ③에서 말하는 것처럼 비타민 D가 질병 예방에 효과적이지는 않을 수도 있음이 나타난 것이다. 따라서 정답은 ③이다.

| 어휘 | **uptake** ⓝ 흡수(율)
chronic ⓐ 만성의
colorectal ⓐ 결장[직장]의
ward off ～을 피하다[막다]

observational study 관찰 연구
supplementation ⓝ 보충, 보완
replicate ⓥ 복제하다, 되풀이하다
supplement ⓝ 보충[물]

acute ⓐ 급성의
cardiovascular disease 심혈관 질환
randomized ⓐ 무작위적인
deficiency ⓝ 결핍, 부족

해석

모든 사람들은 한두 번쯤은 걱정을 한다. 그것은 우리 일상의 일부분이다. 우리는 마감 시한에 대해 걱정하고, 재정적인 문제에 대해 걱정하고 그리고 다른 사람들과의 관계에 대해서도 걱정한다. 놀랍게도 사실은 걱정이 항상 안 좋은 것은 아니다. 어느 정도의 걱정은 필요하다. 왜냐하면 그것은 우리에게 문제에 대해 집중하고, 가능한 해결책이나 문제를 다룰 수 있는 방법을 찾을 수 있는 시간을 주기 때문이다. 어떤 걱정은 고무적이다. 그것은 당신이 일을 더 잘하게끔 혹은 일은 제 시간에 마치게끔 나아가게 한다. 그러나 다른 경우에 걱정은 우리의 문제해결 능력을 저해하기도 한다. 우리가 걱정을 지나치게 많이 한 나머지, 그것이 우리가 문제를 해결하기 위해 요구되는 조처를 취하지 못하게 한다. 만약 그것이 지속된다면, 걱정은 우리의 에너지를 없애버리고, 피로나 두통, 근육통 그리고 불면증 등의 육체적 문제를 야기하기도 한다.

02 다음 중 이 글을 가장 잘 요약한 것은?
① 어느 정도의 걱정은 유익할 수 있다.
② 걱정은 우리에게 긍정적인 효과와 부정적인 효과를 모두 가지고 있다.
③ 걱정은 우리의 신체에 다양한 문제를 가져온다.
④ 지나친 걱정은 우리가 문제에 집중하는 것을 막는다.

| 정답 | ②

| 해설 | 본문은 걱정의 적당한 걱정은 필요하지만, 지나친 걱정은 해로울 수 있다고 설명하고 있다.

03 빈칸에 들어갈 적절한 것은?
① 우리는 다른 요인들 때문에 우리 일을 끝내지 못한다.
② 걱정은 심각한 육체적인 문제를 유발할 수 있다.
③ 우리의 걱정은 우리의 문제해결 능력을 저해하기도 한다.
④ 사람들은 너무 많이 걱정해서 정신적인 문제마저 일으킨다.

| 정답 | ③

| 해설 | however를 중심으로 걱정으로 인하여 긍정적인 측면과 부정적인 측면을 대비시키고 있다. 즉 "당신이 일을 더 잘하게끔 혹은 일은 제 시간에 마치게끔 나아가게 한다.(It can propel you to do better work or to complete work on time.)"는 문장과 대비되는 걱정의 부정적인 측면이 이어져야 한다. 그러므로 일의 해결 능력과 관련된 부정적인 진술로 이루어진 ③이 정답이다.

04 이 글에서 추론할 수 있는 것은?
① 현대인의 삶에서 우리는 걱정을 피할 수 없다.
② 성공하는 사람들은 걱정을 줄일 수 있는 방법을 찾는다.
③ 걱정을 덜 하면 엄청난 경제적인 보상이 있다.
④ 타인과의 관계는 걱정의 가장 큰 원인이다.

| 정답 | ①

[05~06]

해석

유아의 정상적인 감정적 발달과 신체적 발달을 위해서는 감각적, 지각적 자극이 필수적이다. 건강한 아기들은 엄마 혹은 밥을 주거나, 기저귀를 채워 주거나 씻겨 주는 또 다른 어른들과 접촉하는 동안 이러한 자극을 경험한다. 그러나 조산으로 출생하거나 건강하지 못한 아기들은 그들이 정상적인 자극이 결여된 인공적인 환경인 인큐베이터에서 지내는 처음 몇 주 동안 이런 경험을 못하게 된다. 이런 아기들은 무기력한 경향을 보이고 그들의 환경에 무관심한 듯이 보인다. 그러나 이 아이들이 만져지고, 이야기를 듣고, 매달린 모빌이나 그림 등의 밝은 물체를 받음으로써 자극을 받게 될 때, 그들은 미소 짓고, 신체적으로 더 활발해지고, 더 빠르게 체중이 증가하는 것으로 반응하기 시작한다.

---

05 윗글을 아래와 같이 요약할 때 빈칸에 가장 적절할 것을 고르시오.

글에 따르면, 인큐베이터에서 지낸 조산아는 정상적인 아기들에 비해 _____ 하기 쉽다.

① 체중이 더욱 빠르게 증가한다.
② 더 많은 자연스러운 자극을 받는다.
③ 밝은 물체에 더 잘 반응한다.
④ 신체적으로 덜 활발해진다.

| 정답 | ④

| 해설 | 본문에 따르면 조산아나 건강하지 못하게 태어난 아기는, 인큐베이터에서 지내는 시간 동안 외부 자극을 받지 못해서 무기력해지고 외부 환경에 관심이 없어진다고 한다. 따라서 신체적으로 덜 활발해진다고 한 ④가 정답이다.

---

06 아이가 자극에 반응하는 방식이 <u>아닌</u> 것은?

① 아이들은 웃고 자신들이 이것을 즐기고 있다는 것을 보인다.
② 아이들은 육체적으로 더 많이 움직인다.
③ 아이들은 그들의 말에서 정신적인 발달을 보인다.
④ 아이들은 성장하고 체중이 빨리 는다.

| 정답 | ③

| 해설 | 아이들은 자극을 받게 될 때, "미소 짓고, 신체적으로 더 활발해지고, 더 빠르게 체중이 증가하는 것으로 반응(they began to respond by smiling, becoming more active physically, and gaining weight more rapidly)"한다고 하였으므로, 이에 해당하지 않는 ③이 정답이다.

| 어휘 | **sensory** ⓐ 감각의   **perceptual** ⓐ 지각의
diaper ⓥ 기저귀를 채우다, 변화를 주다   **premature** ⓐ 예정보다 이른, 조산의   **artificial** ⓐ 인공의, 인위적인

해석

올더스 헉슬리는 자신의 책 "멋진 신세계"에서 완전히 통제된 국가의 모습을 그리고 있는데, 그 국가에서 자유, 고난, 고통, 불안정 등은 완전히 사라진 상태이다. 하지만 너무 많이 편안하고, 너무 많이 즐겁고, 불안감이 완전히 사라져서 그 나라에 사는 사람들은 인간성이 말살되었고, 즉 인간 이하의 존재가 되었다. 급기야 한 국가 반란자가 지도자에게 "나는 편안함을 필요로 하지 않는다. 나는 신을 원한다. 나는 제대로 된 위험을 원한다. 나는 자유를 원한다. 나는 자유를 원한다. 나는 죄악을 원한다"라고 소리치자 그 지도자는 "실제로 자네는 불행해지고 싶다는 권리를 주장하고 있는 셈이네"라고 말했다. 소설 속의 이러한 모습이 실제든 아니든 간에 인간 본성에는 안전한 상황에서 벗어나고자 하는 무언가가 존재한다. 극지방 탐험이나 위험한 산악 등반 등이 그러한 예가 될 것이다.

---

07 윗글의 주제를 고르시오.

① 물질적 안정이 인간에게 항상 행복을 보장하는 것은 아니다.
② 인간은 얄궂게도 불행을 선호한다.
③ 인간은 안전을 크게 도모할 수 없다.
④ 헉슬리의 소설에 묘사된 국가는 존재하지 않는다.
⑤ 인간은 통제된 국가에서 살 수 없다.

| 정답 | ①

| 해설 | "멋진 신세계" 속의 세상은 모든 것이 만족스럽고 너무 편안하지만 대신 인간성이 말살되어 인간 이하의 존재가 된 세상이다. 때문에 반란분자들은 오히려 안정 대신 불안정을 통한 자유와 죄악을 바라고 있는 것이다. 즉, 물질적이든 정신적이든 너무 안정적인 것이 행복을 보장하지는 못한다는 의미인 것이다. 따라서 정답은 ①이다.

---

08 이 글에 따르면, '멋진 신세계'에서 그가 만족하지 못한 이유는?

① 그는 국가가 그의 기본적인 인권을 앗아갔다고 느꼈다.
② 모든 것이 너무 완벽했다; 그는 부정적인 정서적 자극이 필요했다.
③ 그는 정부가 모든 것을 통제하는 세상에서 살고 싶지 않았다.
④ 그는 총독이 국가를 통치하고 사람들을 대하는 방식이 싫었다.

| 정답 | ②

| 해설 | "멋진 신세계" 속의 세상은 모든 것이 만족스럽고 너무 편안하지만 대신 인간성이 말살되어 인간 이하의 존재가 된 세상이므로, 소설 속 그는 제대로 된 위험을 원하고 부정적인 자극이 필요했다.

---

09 이 글에서 추론할 수 있는 것은?

① 우리 삶에서 부정적인 것이 없다면 우리는 번영할 것이다.
② 위험한 일을 하는 것이 어떤 이들에게는 정상이지만, 다른 이들에게는 이질적이다.
③ 사람은 자연스럽게 인생에서 나쁜 일을 행하지만 우리는 그것들을 멈추어야 한다.
④ 인간이 된다는 것은 좋고 나쁜 것들을 경험하는 것을 포함한다.

| 정답 | ④

| 해설 | 인간은 고난, 고통, 불안정 등이 완전히 사라진 상태(difficulty, pain, and insecurity had all disappeared)라고 해서 행복을 느끼는 것이 아니고, 인간 본성에는 안전한 상황에서 벗어나고자 하는 무언가가 존재(there is something in the nature of men which makes them escape from secure situations)하는 것이다. 결국 인간은 좋은 것과 나쁜 것 모두를 제대로 경험해야 한다는 의미이다.

| 어휘 | **dehumanize** ⓥ 인간성을 상실시키다   **polar expedition** 극지방 탐험

[10~11]

해석

푸에르토리코 섬은 다소 크기가 작다. 동쪽에서 서쪽까지의 거리는 대략 111 마일에 불과하고 북쪽에서 남쪽까지의 거리는 40마일밖에 하지 않는다. 하지만 크기는 작아도 푸에르토리코의 풍경은 놀라울 만큼 다양하다. 섬의 북쪽에는 비가 많이 내린다. 연간 평균 강우량은 약 180 인치이다. 이렇게 비가 많이 내리는 상황에서 푸에르토리코의 북쪽이 열대우림의 자생지가 된 것은 놀랄 일이 아니다. 섬의 남쪽에는 비가 덜 내려서, 평균 강우량이 60인치밖에 되지 않는다. <u>그 결과</u> 푸에르토리코를 남북으로 나눴을 때 남쪽 부분에는 나무 수는 적고 가시 달린 관목의 수는 더 많다. 비록 농업으로 인해 원래의 식생 가운데 상당 부분이 사라졌지만, 푸에르토리코 섬의 언덕 많은 풍경은 아주 멋지고 화려한 색이 가득한 곳이다. 봉황목이나 화염목같은 나무에 밝은 오렌지색과 붉은색의 꽃이 달려있다. 푸에르토리코는 또한 여러 희귀한 난초 종이나 매우 희귀한 새들의 서식지이기도 하다. 멸종 위기에 처한 푸에르토리코 녹색 앵무새는 전 세계에서 푸에르토리코 섬 이외의 지역에서는 발견되지 않는다.

---

10 윗글의 주제는 무엇인가?

① 푸에르토리코는 희귀한 식물과 새가 살기에 이상적인 곳이다.
② 푸에르토리코는 작은 섬이지만 뚜렷한 대조가 이루어지는 곳이다.
③ 농작물을 키운 결과 푸에르토리코의 풍경의 미가 손상을 입었다.
④ 푸에르토리코는 작은 섬으로 동쪽에서 서쪽까지 거리를 측정하면 111마일을 넘지 않는다.

| 정답 | ②

| 해설 | 본문은 푸에르토리코 섬이 크기는 작아도 비가 많이 오는 북쪽과 덜 내리는 남쪽 간에 큰 차이가 있음을 설명하고 있다. 따라서 정답은 ②이다.

---

11 다음 중 빈칸 ⓐ에 들어가기에 가장 적절한 것은?

① 간단히 말해   ② 이와는 대조적으로
③ 그 결과   ④ 그럼에도 불구하고

| 정답 | ③

| 해설 | 빈칸 앞에서는 섬의 남쪽에는 비가 덜 내린다는 내용이 담겨 있으며, 빈칸 뒤에서는 나무 수는 적고 관목의 수는 더 많다는 내용을 담고 있다. '적은 강수량'과 '적은 수의 나무와 많은 수의 관목' 간의 관계를 살펴보면, 비가 적게 온 "결과" 나무 수가 적어지고 관목의 수는 많아진 것으로 유추 가능하다. 따라서 정답은 ③이다.

[12~13]

해석

> 마르코 폴로(Marco Polo)는 동아시아 지역으로 여행을 갔고 중국에서 20년을 보냈다. 그는 베네치아(Venice)로 돌아오는 길에 그가 보았던 여러 민족과 관습에 대한 자신의 인상을 책으로 기록했다. 하지만 그의 기록에는 적어도 두 가지 특별한 사실이 생략되어 있다. 그는 유럽에는 아직 알려지지 않았지만, 중국에서는 활짝 꽃을 피우고 있었던 인쇄술을 언급하지 않았다. 그가 인쇄술을 전혀 눈치채지 못했거나, 만약 알고 있었다면 그것으로 유럽에서 무엇을 할 수 있을지 예견하지 못한 것이다. 그러나 그가 빠뜨린 더 놀라운 것은, 그가 방문했을 당시 이미 존재한 지 1,000년이 넘었고, 길이가 약 4,000마일에 달하는 만리장성에 대해 전혀 언급하지 않은 사실이다. 이번에도 그가 그것을 보지 못했을지도 모르지만, 만리장성은 인간이 건설한 것 중 달에서도 관측 가능한 유일한 구조물이다. 실제로 여행가들은 (눈뜬) 장님일 수 있다.

12 다음 중 빈칸 ⓐ에 들어갈 가장 적절한 것은?

    ① 격렬한   ② 장님의

    ③ 장황한   ④ 믿을 수 있는

| 정답 | ②

| 해설 | 본문에서는 마르코 폴로가 자신의 여행기에서 언급하지 않은 두 가지 사실에 대해 서술하고 있다. 인쇄술과 만리장성이 언급하지 않은 것으로, 둘 모두 보지 못했을 수도 있지만 그랬을 가능성은 낮다고 설명한다. 인쇄술은 중국에서 이미 활짝 꽃을 피우고 있었고, 만리장성은 달에서도 보일 만큼 역사와 길이가 엄청난 구조물이기 때문이라고 설명한다. 따라서 마지막 문장에서는 여행가들이 눈으로 봤어도 그 중요성을 인지하지 못하는 '눈 뜬 장님'과 같다는 의미에서 ②가 정답이 된다.

13 다음 중 이 글의 요지를 가장 잘 요약한 것은?

    ① 위대한 여행자라는 마르코 폴로의 평판에 다소 오점이 있다.

    ② 13세기에 중국은 적어도 조판 분야에서는 유럽을 앞섰다.

    ③ 만리장성에 대한 언급이 없다는 것은 이 책의 유일한 결점인데, 그렇지 않았더라면 거의 완벽했을 것이다.

    ④ 우리는 보이는 것을 보는 것이 아니라 우리가 볼 수 있는 것을 본다.

| 정답 | ④

| 해설 | 본문의 주제문은 "But there were at least two extraordinary omissions in his account."와 마지막 문장인 "Indeed travelers can be blind."이다. 마르코 폴로가 동아시아 지역 여행기에서 생략한 2가지 사실이 매우 놀랍다는 것이고, 놀라운 이유는 눈으로 보고도 그 진가를 알아보지 못했기 때문이라고 말하고 있으므로, 본문의 요지는 "우리는 보이는 것을 보는 것이 아니라 우리가 볼 수 있는 것을 본다."는 ④가 정답이 된다. 참고로 ①의 'a great traveler'에 대한 내용은 본문에서 언급되지 않았으므로 정답이 될 수 없다.

| 어휘 | **Far East** ⓝ 동아시아 지역, 극동 지역 (한국, 중국, 일본 등 동아시아와 동남아시아 지역의 국가들)

set down ~을 적어 두다   **extraordinary** ⓐ 비범한, 기이한, 놀라운   **omission** ⓝ 배제, 생략

art of printing 인쇄 기술   **spectacular** ⓐ 굉장한, 극적인   **the Great Wall** 만리장성

acute ⓐ 격렬한, 극심한   **wordy** ⓐ 장황한   **reputation** ⓝ 명성

taint ⓥ 더럽히다, 오염시키다   **outstrip** ⓥ 능가하다, 앞지르다   **typography** ⓝ 활판술, 조판

omit ⓥ 생략하다   **flaw** ⓝ 결함, 결점, 흠

[14~15]

해석

스트레스에 시달리며 현대 사회를 살아가는 점점 더 많은 사람들이 돈보다 시간이 소중하게 생각된다고 얘기하며, 그들이 느리게 살기 위해 노력하고 있다고 말한다. 사람들은 그들이 몹시 지쳤다고 말한다. 그러나 그러한 기진맥진한 상태는 <u>역설</u>을 보여 준다. 그들은 불과 한 세대 전 사람들보다 더 많은 돈을 벌고, 더 많은 여가를 가지며, 시간을 절약해 주는 효율적인 기술을 더 많이 누리고 있음에도 불구하고, 엄청난 스트레스를 받고 있다. 이 <u>역설</u>의 기저의 원인은 다양하다. 많은 사람들, 특히 기혼 여성들은, 그들이 집 안에서 하는 일의 양을 줄였음에도 불구하고, 직장에서는 이전보다 더 오래 일하고 있다. 갈수록 경쟁이 치열해지는 세계 경제에 의해 야기되는 불안은 많은 사람을 위협하고 있는데. 거실에서 가족용 미니밴에 이르기까지 어디에서든 팩스, 이메일 또는 휴대전화로 업무가 침투해 들어올 수 있다는 사실은 말할 필요도 없다. 이제, 점점 더 많은 이들이 재충전할 시간이 거의 없거나 전혀 없게 만드는 시스템에서 자신의 삶을 분리하기 시작했다. 그들은 최소한의 조용한 시간을 갈망하면서, 사적인 공간으로 물러나기 시작했다.

14 빈칸에 공통으로 들어갈 말로 가장 적절한 것은?

① 양면성   ② 우려

③ 문제   ④ 오해

⑤ 역설

| 정답 | ⑤

| 해설 | 기술의 발달로 이전 세대보다 더 많은 돈을 벌고, 더 많은 여가를 가지고, 시간 절약을 해 주는 기술을 더 많이 누리고 있음에도 불구하고, 지금 세대는 더 많은 스트레스를 겪고 있다는 내용이 빈칸 뒤에 이어지고 있다. 어떤 행위로 예상과는 정반대의 결과가 생길 때 이것을 역설이나 모순이라고 말하므로, 정답은 ⑤가 된다.

15 윗글의 요지로 가장 적절한 것은?

① 생산성은 직장에서 보내는 시간의 가치를 높인다.

② 생활 수준이 향상되고 있음에도 불구하고 사람들은 여전히 스트레스를 받고 있다.

③ 노동력을 감소시키는 기계들의 확산이 여가를 갖는 것을 쉽게 해 준다.

④ 기술의 발전에도 불구하고 기혼 여성들은 한 세대 전보다 더 오래 일하고 있다.

⑤ 현대 사회에서 효율적인 통신기술로 인해 일과 사생활의 구분이 없다.

| 정답 | ②

| 해설 | 본문은 기술의 발달로 생활 수준이 향상되었음에도 더 많은 스트레스를 받고 격무에 시달려서 기진맥진한 상태가 된 현세대에 모순적 상황을 설명하고 있는 글이므로, 요지는 ②가 적합하다. ④와 ⑤는 현대인들이 스트레스를 왜 받고 있는지 그 요인에 관한 것이므로 요지가 될 수 없다.

| 어휘 | **be plagued by** 홍역을 치르다, 시달리다
wear down 마모되다, ~을 마모시키다
extraordinary ⓐ 비범한, 기이한, 놀라운
anxiety ⓝ 근심, 걱정
not to mention ~은 말할 것도 없고
retreat ⓥ 퇴각하다, 물러나다
ambivalence ⓝ 양면 가치, 상반되는 감정
misconception ⓝ 오해
proliferation ⓝ 확산

precious ⓐ 귀중한
exhaustion ⓝ 고갈, 소진, 기진맥진
underlying ⓐ 기저에 있는, 근본적인
put somebody on edge 안절부절 못하게 하다
intrude ⓥ 침입하다, 난입하다
demand ⓥ 요구하다

paradox ⓝ 역설, 모순
advancement ⓝ 발전, 진보

slow down 늦추다, 둔화시키다
represent ⓥ 나타내다, 대변하다
cut back on 줄이다, 삭감하다

unplug ⓥ 전원을 끄다

concern ⓝ 우려
living standard 생활 수준

연습 문제

01~02	01 ②	02 ①		03~04	03 ③	04 ④		05~06	05 ④	06 ④		07~08	07 ①	08 ④
09~11	09 ④	10 ②	11 ①	12~13	12 ②	13 ③		14~15	14 ②	15 ④				

[01~02]

해석

엔시에로는 산 페르민 축제의 핵심 행사이자 산 페르민 축제가 전 세계 어느 곳에서도 생각지 못할 구경거리가 되는 데 기여한다. 엔시에로는 황소를 도시 밖에서 투우장으로 데려오려는 필요성에 의해 탄생했다. 엔시에로는 7월 7일부터 14일까지 진행되며 산 세르닌 성당의 시계가 아침 8시를 알리는 순간 칼레 산토 도밍고의 황소 우리에서부터 시작된다. 폭죽 두 발이 발사되면, 우리에서 투우장까지의 거리인 825 미터에 걸쳐 달리는 사람들 뒤에서 황소가 돌진한다. 질주는 보통 3~4분 정도 진행되지만 특히 황소 한 마리가 동료들로부터 떨어져 있게 되는 경우엔 10분 이상 진행되는 경우도 있다.

---

01 이 글의 내용과 일치하는 것은 고르시오.

① 전 세계의 다른 지역에서는 이와 같은 행사가 다수 생겨나고 있다.

② 이 행사는 재미를 추구하려다 생겨난 것이 아니라 필요에 의해서 생겨났다.

③ 황소가 지쳐서 참가를 원하지 않을 경우에는 경주가 더 오래 진행된다.

④ 달리는 사람들과 황소 간의 거리는 시간이 흐를수록 더 멀어져야 한다.

| 정답 | ②

| 해설 | "엔시에로는 황소를 도시 밖에서 투우장으로 데려오려는 필요성에 의해 탄생했다.(It was born from need: getting the bulls from outside the city into the bullring.)" 따라서 정답은 ②이다.

참고로, 엔시에로는 "전 세계 어느 곳에서도 생각지 못할(unimaginable in any other place in the world)" 구경거리이므로 ①에서 말하는 것처럼 다른 곳에서 생겨날 일은 없다. "특히 황소 한 마리가 동료들로부터 떨어져 있게 되는 경우엔 10분 이상 진행되는 경우도 있다(although it has sometimes taken over ten minutes, especially if one of the bulls has been isolated from his companions)"는 ③에서 언급한 경주가 길어진 이유와는 차이가 있다. ④에서처럼 거리가 길어진다는 언급은 본문에 등장하지 않는다.

---

02 이 글의 목적은 무엇인가?

① 날짜, 시간, 위치 등 엔시에로의 기본적인 사항을 설명하기

② 달리는 사람들이 엔시에로에 참여하도록 등록을 요청하기

③ 왜 현재 경주가 여전히 벌어지고 있으며 취소되지 않는지 이유를 제시하기

④ 엔시에로라는 유명한 구경거리를 관찰하고픈 관광객들에게 경주에 관해 올바로 광고하기

| 정답 | ①

| 해설 | 본문은 엔시에로 축제가 열리는 장소나 시간 등 축제에 대한 전반적인 사항을 설명하고 있다. 따라서 정답은 ①이다.

| 어휘 | **fiesta** ⓝ 축제   **spectacle** ⓝ 구경거리, 장관   **bullring** ⓝ 투우장
corral ⓝ 우리   **invite** ⓥ 요청하다, 청하다

[03~04]

해석

우리 사회에서 죽음은 <u>금기</u>로 여겨지며, 죽음에 대한 논의는 무시무시한 것으로 간주되고, 죽음은 아이들이 이해하기에는 "너무 벅찬" 것이라는 추정과 구실로 아이들을 배제시킨다. 이후 아이들은 친척에게 보내지고, 종종 "엄마가 먼 곳으로 여행을 가셨다"와 같은 받아들이기 어려운 거짓말이나 다른 믿기 어려운 이야기가 덧붙여진다. 아이는 무엇인가가 잘못됐다는 것을 감지하며, 다른 친척들이 새로운 이야기를 만들어내 덧붙이거나, 아이의 의문이나 의혹을 외면하거나, 아이가 대처하도록 허용되지 않는 상실에 대한 보상으로 빈약한 대체품으로써 선물들을 잔뜩 내놓을 때마다, 어른들에 대한 아이의 불신은 커져만 가게 된다. 머지않아 아이는 가족의 바뀐 상황을 알게 되며, 아이의 나이와 성격에 따라 다를 수 있지만, 아이는 해결되지 않는 슬픔을 갖게 되고, 이런 사건을 무섭고, 이해하기 어렵고, 어쨌든 매우 정신적 충격이 큰 어른들에 대한 경험으로 간주하게 되며, 이에 대해 아이는 대처할 방법을 전혀 갖지 못하게 된다.

03 다음 중 빈칸 (A)에 가장 적절한 것은?
① 장관
② 신비
③ 금기
④ 의례

| 정답 | ③

| 해설 | 빈칸 바로 뒤의 "죽음에 대한 논의는 무시무시한 것으로 간주되고, 죽음은 …라는 추정과 구실로 아이들을 배제시킨다"와 같은 내용을 통해 죽음이 사회에서 금기시 된다는 것을 알 수 있으므로, 정답은 ③ taboo가 적합하다.

04 다음 중 이 글에서 죽음이 우리 사회에서 다루어지는 방식에 대해 저자가 취하고 있는 태도로 적절한 것은?
① 중립의
② 모순적인
③ 찬성하는
④ 비판적인

| 정답 | ④

| 해설 | 엄마의 죽음을 아이가 이해하지 못할 것이라는 생각에서 어른들이 거짓으로 아이를 대하게 될 때, 아이가 이후 감당할 수 없는 슬픔과 어른들에 대한 불신으로 인한 충격을 받게 된다는 내용을 통해, 사회가 죽음을 다루는 방식을 글의 저자가 비판하고 있다는 것을 알 수 있으므로, 정답은 ④가 적합하다.

| 어휘 | **morbid** ⓐ 무서운, 무시무시한, 병적인   **exclude** ⓥ 배제하다   **presumption** ⓝ 추정
pretext ⓝ 구실, 핑계   **relative** ⓝ 친척
unconvincing ⓐ 설득력이 없는, 납득하기 어려운   **distrust** ⓝ 불신 ⓥ 불신하다
multiply ⓥ 크게 증가하다   **variation** ⓝ 변화, 변형   **suspicion** ⓝ 의심, 혐의, 의혹

shower A with B A에게 B를 잔뜩 주다　　　　　　　　meager ⓐ 빈약한, 메마른

substitute ⓝ 대용품, 대리(인), 대역　　loss ⓝ 상실　　deal with (문제 등을) 대처하다

sooner or later 조만간, 머잖아　　be aware of ~을 알다, 의식하다　　personality ⓝ 성격, 인격, 개성

unresolved ⓐ 미해결의, 대답되지 않은　grief ⓝ 비탄, 비통　　traumatic ⓐ 외상의, 정신적 쇼크의

untrustworthy ⓐ 신뢰할 수 없는　　grownup ⓝ 어른, 성인　　cope with 대처하다

spectacle ⓝ 장관, (굉장히 인상적인) 광경　　　　mystery ⓝ 신비, 불가사의

taboo ⓝ 금기　　ritual ⓝ (특히 종교상의) 의식 절차, 의례　neutral ⓐ 중립의

ironic ⓐ 역설적인, 모순적인　　approving ⓐ 찬성하는, 좋다고 여기는　critical ⓐ 비판적인

[05~06]

해석

직업 관련 스트레스는 체중 증가, 피로, 질병 등의 안 좋은 신체 건강 상태의 증세를 야기할 수 있다. 식이요법과 운동 모두 이러한 스트레스의 악영향을 완화하는 데 기여할 수 있다. 첫 번째 단계는 정크 푸드를 식단에서 제거하는 것이다. 소다수나 캔디바 대신에 신선한 과일 한쪽을 먹어 보자. 다음 단계는 매일매일 운동하는 습관을 만드는 것이다. 그리고 하루에 20분에서 30분 정도 운동하는 것을 목표로 해야 한다. 핵심은 당신이 즐길 수 있는 형태의 운동을 찾는 것이다. 그런 방법이라면 당신은 매일 운동할 가능성이 높으며, 최대의 효익을 얻게 될 것이다. 식이요법과 운동 모두 당신이 건강한 체중을 유지하고, 활력 있는 기분을 유지하며, 질병으로부터 당신을 보호하는 데 도움을 줄 수 있다. 그러면 당신은 직장에서 스트레스의 원천을 다루는 데 더욱 잘 갖춰져 있게 될 것이다.

05 이 글의 목적은 무엇인가?

① 체중 증가를 예방하기 위해

② 스트레스의 원인을 설명하기 위해

③ 왜 정크 푸드가 건강에 나쁜지 설명하기 위해

④ 스트레스의 악영향을 어떻게 완화시키는지 설명하기 위해

| 정답 | ④

| 해설 | 본문은 식이요법과 운동을 통해서 직업 관련 스트레스를 조절하고 이로 인한 악영향을 예방할 것을 권장하는 내용이다.

06 이 글에 따르면, 우리가 운동을 규칙적으로 할 수 방법은 무엇인가?

① 운동할 때 운동으로 인해 얻을 수 있는 혜택을 상상해라.

② 운동을 건강의 우선순위로 생각해라. 마치 양치를 하는 것처럼.

③ 당신이 절대 잊어버리지 않을 습관이 될 때까지 매일 운동을 해라.

④ 당신을 즐겁게 만들고 귀찮게 느껴지지 않을 운동을 해라.

| 정답 | ④

| 해설 | 매일매일 운동하는 습관을 가지는 것이 중요한데, "핵심은 당신이 즐길 수 있는 형태의 운동을 찾는 것(The key is to find a form of exercise that you enjoy)"이다. 그러므로 즐겁고 귀찮지 않을 운동을 하는 것이 운동을 규칙적으로 할 수 있는 방법이다.

| 어휘 | **contribute** ⓥ ~에 기여하다   **alleviation** ⓝ 완화   **eliminate** ⓥ ~을 제거하다
        energize ⓥ ~을 활기 있게 하다   **equipped** ⓐ 갖춰진

[07~08]

해석

얼굴 표정은 다른 몸짓 언어와 마찬가지로 비언어적 의사소통 수단의 한 형태이다. 몸짓 언어를 관찰하면서 얼굴 표정을 읽는 법을 배우면 정확한 표정을 읽는 데 도움이 된다. 예를 들어 한 사람이 팔짱을 끼고 있고 표정을 보니 눈이 재빨리 움직인다면 불편함과 신중한 태도를 전하고 있는 것이다. 그렇다면 여러분은 상대가 갖고 있는 감정적인 불편함이 무엇인지 아니면 상대가 무엇을 숨기고 있는지에 관해 추가적인 실마리를 찾을 수 있다. 또 하나 언급할 만한 중요한 점은 비록 눈을 맞추지 못한다는 것은 상대가 여러분에게 완전히 솔직한 태도를 보이지는 못한다는 의미이긴 하지만 너무 상대를 뚫어져라 쳐다보는 것 또한 속임수의 신호일 수 있다는 점이다. 자신이 얼굴 표정을 통해 너무 많은 것을 드러낸다고 걱정하는 사람은 의도적으로 눈을 맞추도록 노력해야 한다. 눈을 맞추기 위한 자연스런 방법이 아니라 억지로 노력을 하고 있지 않은지 살피라.

07 이 글에 따르면, 다음 중 얼굴 표정에 관해 일치하는 것은?

① 팔짱을 끼는 것은 불안감을 발한다.
② 강제로 눈을 맞추려고 애쓰다 보면 정직한 모습을 보이게 된다.
③ 소시오패스들은 특히 자신의 감정을 잘 숨기지 못한다.
④ 눈이 이리저리 많이 움직일 경우 믿을 수 있다는 느낌을 준다.

| 정답 | ①

| 해설 | "예를 들어 한 사람이 팔짱을 끼고 있고 표정을 보니 눈이 재빨리 움직인다면 불편함과 신중한 태도를 전하고 있는 것이다.(For instance, if a person crosses his or her arms and has the facial expression of darting eyes, discomfort and a guarded front is being communicated.)" 따라서 정답은 ①이다.

08 이 글의 목적은 무엇인가?

① 당신과 가까운 사람을 속이는 것이 능숙해지는 것
② 언어적인 의사소통과 비언어적인 의사소통에 관해 배우는 것
③ 소시오패스를 발견하는 법을 보여 주는 것
④ 당신의 얼굴 표정이 당신에 관해 무엇을 말하는지를 보여 주는 것

| 정답 | ④

| 해설 | 본문은 얼굴 표정을 통해 사람에 대한 많은 것을 알 수 있다는 내용을 다루고 있으므로, 보기 중에서 정답으로 가장 적절한 것은 ④이다.

| 어휘 | **facial expression** 얼굴 표정   **non-verbal** ⓐ 비언어적인   **body language** 몸짓 언어
        accurate ⓐ 정확한   **darting** ⓐ 재빨리 움직이는   **discomfort** ⓝ 불편함, 불쾌함
        guarded ⓐ 조심스러운, 신중한   **straightforward eyes** 뚫어져라 쳐다보기
        deceit ⓝ 속임수   **purposely** ⓐⓓ 의도적으로   **give off** 풍기다, 발하다
        uneasiness ⓝ 불안, 걱정   **spot** ⓥ 발견하다

해석

1910년에서 1930년까지 미국 남부 주에 거주하는 아프리카계 미국인 중 10%가 넘는 사람들이 북부로 이주했고, 이는 북부 도시에서 증가하던 노동에 대한 수요를 충족시키기 위해서였을 것으로 추정된다. 이들 근로자 중 대부분이 시골 지역 출신일 것이라는 추정이 널리 확산되었지만, 실제로는 이들 중 3분의 1이 넘는 사람들이 남부를 떠나기 전에 숙련직에 종사했었다. 안정된 일자리에 종사했던 사람들 중 이처럼 상당한 비율의 사람들이 북부로 이주했다는 사실이 특이하게 여겨질 수 있지만, 실은 그 당시 남부 근로자의 노동 조건은 급격히 하락하고 있었다. 따라서 흑인 대이동(Great Migration)에 참가한 이러한 사람들 중 대부분은 보다 도시적인 생활방식을 따르려는 기회에 이끌린 것이 아니라 더 많은 봉급과 보다 안정적인 생활 수준이라는 단순한 약속에 이끌린 것이다.

09 빈칸에 가장 적절한 것은?
① 예를 들어   ② 하지만
③ 그럼에도 불구하고   ④ 따라서

| 정답 | ④

| 해설 | 빈칸 앞을 보면 미국 남부에서는 근로자들의 노동 조건이 악화되고 있었음을 알 수 있고, 빈칸 뒤를 보면 흑인 대이동에 참여한 사람들은 "더 많은 봉급과 보다 안정적인 생활 수준"에 이끌렸음을 알 수 있다. 따라서 빈칸에는 빈칸 앞의 내용이 원인이 되어 빈칸 뒤의 내용으로 이어졌다는 점에서, therefore가 적합하다.

10 밑줄 친 부분과 의미상 가장 가까운 것은?
① 꾸물거려진   ② 유혹된
③ 역겹게 된   ④ 극복된

| 정답 | ②

| 해설 | 밑줄 친 entice는 "유도하다, 유인하다" 등의 의미를 지니며, 보기 중에서 이와 의미상 가장 가까운 것은 "꾀다, 유혹하다" 등의 의미를 지닌 ② lured이다.

11 이 글의 주된 목적은 무엇인가?
① 널리 수용된 설명에 이의를 제기하기
② 최근에 밝혀진 데이터 출처를 소개하기
③ 독자들에게 부당하게 폐기된 이론을 재평가할 것을 촉구하기
④ 저자가 무관하다 생각하는 데이터에 대해 잘 해명하기

| 정답 | ①

| 해설 | 흑인 대이동과 관련하여 이동한 "근로자 중 대부분이 시골 지역 출신일 것이라는 추정이 널리 확산되었지만" 본문은 이러한 추정이 실제와는 다르다는 점을 말하고 있다. 본문에 따르면 이동을 택한 근로자 중 3분의 1이 숙련 노동자였다. 그리고 이들은 "보다 도시적인 생활방식을 따르려는 기회에 이끌린" 결과 이주를 택한 것이 아니라 "더 많은 봉급과 보다 안정적인 생활 수준"을 찾아 떠난 것이다. 즉 본문은 흑인 대이동과 관련하여 널리 받아들여졌던 설명이 사실과 다르다는 점을 말하고 있다. 따

라서 정답은 ①이다.

presumably ⓐⓓ 아마, 짐작건대
skilled trades 숙련(熟練)하고 있는 (자(者)의) 직업
securely ⓐⓓ 안정되게, 단단히
curious ⓐ 특이한, 기이한
migrate ⓥ 이주하다
entice ⓥ 유도하다, 유인하다
dawdle ⓥ 꾸물거리다
lure ⓥ 꾀다, 유혹하다
nauseate ⓥ 역겹게 하다
surmount ⓥ 극복하다
challenge ⓥ 이의를 제기하다
unearth ⓥ 발굴하다, 밝혀내다
unjustly ⓐⓓ 부당하게, 불공평하게
discard ⓥ 버리다, 폐기하다
explain away (무엇이 자기 잘못이 아님을[중요하지 않음을]) 잘 해명하다
irrelevant ⓐ 무관한, 상관없는

[12~13]

| 해석 |

우리는 낙제의 위협을 재검토하고 낙제가 무엇인지 있는 그대로 봐야 한다. 낙제는 학생들이 자신에게 제시된 학습 자료를 습득할 능력이 있다고 교사와 학부모가 확신한다는 표현이다. 하지만 낙제가 제구실을 하도록 하려면 교사와 학부모 간에 (학생에게) 헌신적이고 (학생을) 배려하는 공모 관계가 필요하다. 낙제란 학습 자료를 습득하지 못한 아이가 (낙제 없이) 그냥 통과되면, 비록 단기적으로 그 아이는 괴롭지 않겠지만, 결국 장기적으로는 못 배워 무식해지게 될 뿐이라는 냉정한 현실을 깨닫는 것을 의미한다. 교사는 (학생들에게) 낙제로 인해 어떤 위협이 가해질지를 (물러섬 없이) 끝까지 고수해야 하고 학부모는 (낙제로 인해) 자신의 자녀의 최고 관심사가 실제로 위험에 처했음을 인식하고 교사를 지지해야 한다는 의미이다. 이는 즉 스콧의 부모는 스콧이 낙제할 수도 있으니 스콧을 위해 숙제를 더 이상 대신할 수 없다는 의미이다. 또한 조디가 착한 아이라서 그냥 통과시켜 주는 일은 없다는 의미이기도 한다. 낙제는 과거에도 먹혔고 지금도 먹히는 정책이다. 현명한 교사는 부모의 지지를 업고 우리의 자녀들에게 성공할 기회 또는 실패할 기회를 준다. 이제는 모든 학생들에게 낙제라는 선택지를 돌려줄 때가 되었다.

---

12 이 글의 제목으로 가장 적절한 것은?
① 학생의 잘못을 교정하는 방법
② 긍정적인 교육의 도구 역할을 하는 낙제
③ 교사와 부모간의 관계
④ 학생의 삶을 제어하는 방법

| 정답 | ②

| 해설 | 본문은 낙제가 학생에게 긍정적으로 작용할 수 있는 몇 가지 사례를 제시하고 있다. 그러므로 정답으로 가장 적절한 것은 ②이다.

---

13 낙제 정책에 관한 저자의 태도는?
① 비판하는
② 반대 감정이 병존하는
③ 찬성하는
④ 회의적인

| 정답 | ③

| 해설 | 본문은 낙제가 교육 목적으로 긍정적일 수 있는 몇 가지 사례를 제시하고 있으므로, 낙제에 대한 저자의 태도는 "찬성"이라 할 수 있다. 따라서 정답은 ③이다.

flunking ⓝ 낙제 **dedicated** ⓐ 헌신적인 **caring** ⓐ 배려하는

conspiracy ⓝ 음모, 공모 **illiteracy** ⓝ 문맹, 무식

follow through on ~을 고수하다, ~을 완수하다 **at stake** 성패가 달려 있는, 위태로운

condemning ⓐ 비난하는, 비판하는 **ambivalent** ⓐ 반대 감정이 병존하는, 애증이 엇갈리는

approving ⓐ 찬성하는, 좋다고 여기는 **skeptical** ⓐ 의심 많은, 회의적인

[14~15]

해석

나는 아내로 알려진 사람들의 범주에 속한다. 나는 아내이다. 그리고 아내라고 다 엄마가 되기 마련이라고는 할 수 없겠지만, 엄마이기도 하다.

얼마 전에 성별이 남자인 친구 중 하나가 최근에 막 이혼하여 모습을 드러냈다. 그에겐 아이가 한 명 있었는데 물론 전처와의 아이였다. 그는 분명히 다른 아내를 찾고 있었다. 어느 날 저녁 다림질을 하면서 그 친구에 대해 생각을 하던 와중에 갑자기 나 역시도 아내가 있었으면 좋을지 모른다는 생각이 들었다. 왜 나에게 아내가 필요할까?

나는 다시 학교로 가서 경제적으로 독립하고, 스스로 생계를 유지할 수 있고 필요하다면 나에게 의지하는 사람들을 부양하고 싶다. 나는 직업이 있으면서 나를 학교로 보내 줄 아내가 필요하다. 그리고 내가 학교에 다니는 동안 아이들의 주치의나 치과 예약 등에 대해 계속 파악할 아내가 필요하다. 그리고 내 것도 계속 파악해 주기도 하고 말이다. 나는 내 아이가 음식을 제대로 먹게 하고 아이의 청결을 유지하게 해 주는 아내가 필요하다.

---

14 이 글의 어조를 가장 잘 표현한 것은?

① 낙관적인 ② 비꼬는

③ 객관적인 ④ 향수를 불러일으키는

| 정답 | ②

| 해설 | 저자는 여자임에도 가정에서 자신과 아이를 위해 온갖 뒷바라지를 하는 '아내'가 있었으면 한다는 말을 하고 있다. 저자는 성별이 남자인 친구가 이혼 후에도 아내를 원하고 있다는 말을 듣고 나서, 저자가 집안일을 하는 와중에 갑자기 저자의 친구를 포함해 사람들에게는 아내라는 존재가 남편이나 아이의 뒷바라지를 하는 존재로 보고 있는 것을 깨달은 것이다. 때문에 저자는 특히 세 번째 단락에서 자신도 남편들처럼 돈만 버는 대신 자기랑 아이들을 돌봐줄 '아내'가 있으면 좋겠다는 말을 하고 있다. 즉 본문은 여자가 가정에서 남편이나 아이의 뒷바라지를 하는 현 상황을 꼬집고 있는 글이다. 따라서 정답은 ②이다.

---

15 세 번째 단락에서 아내의 역할은 무엇으로 설명되었는가?

① 성적 대상 ② 남편의 동반자

③ 가족을 부양하는 사람 ④ 가족을 돌보는 사람

| 정답 | ④

| 해설 | 세 번째 단락에서 아내의 역할은 남편과 아이의 뒷바라지를 하는 사람이다. 따라서 정답은 ④이다.

| 어휘 | **incidentally** ⑳ 일어나기 쉬운, 흔히 있는 **iron** ⓥ 다림질을 하다 **keep track of** 계속 파악하다

ironic ⓐ 반어적인, 비꼬는 **optimistic** ⓐ 낙관적인 **nostalgic** ⓐ 향수를 불러일으키는

PART 04

출제 유형
(2) 세부적 이해

연습 문제

01~02	01 ④	02 ②		03~04	03 ③	04 ①		05~06	05 ②	06 ②		07~08	07 ④	08 ④
09~11	09 ②	10 ③	11 ①	12~13	12 ③	13 ④		14~15	14 ④	15 ④		16~17	16 ①	17 ②
18~20	18 ①	19 ⑤	20 ⑤	21~23	21 ③	22 ④	23 ①	24~25	24 ③	25 ③				

[01~02]

해석

"당신들이 비슷한 상황에서 재판관 앞에 서게 되었을 때, 아마 당신들 중 일부는 많은 눈물로 재판관에게 구걸하고 애원했으며, 재판관의 동정을 사기 위해 아마 당신의 아이를 재판정으로 데리고 왔을지도 모르오. 하지만 비록 내가 목숨을 잃을 위기에 처해 있을지라도, 나는 이런 행위들을 하지 않을 것이오. 나 역시 아이들이 있소. 하지만 그럼에도 불구하고 나는 재판관에게 날 방면해 달라고 애원하기 위해 그들을 재판정으로 데리고 오지 않을 것이오. 이것은 내가 완고하기 때문이 아니오. 이것은 존경받는 사람들에겐 그런 식으로 행동하는 것이 수치스럽기 때문이오. 평판의 문제를 떠나서 나는 재판관에게 간청하거나 혹은 구걸함으로써 결백을 얻고자 하는 것이 옳지 못하다 생각하오. 우리는 오히려 재판관에게 사실을 말하고 그를 설득해야 하는 것이오. 왜냐하면 재판관이 재판에 대해 호의를 베풀어 주려 이곳에 있는 것이 아니라 심판을 하기 위해 이곳에 있는 것이기 때문이오. 그리고 그의 서약은 그의 기쁨에 따라서 호의를 베풀도록 하는 것이 아니라, 법에 따라서 판결하도록 그를 구속하고 있는 것이오."라고 소크라테스가 말했다.

01 소크라테스의 행동을 가장 잘 설명한 것은?

① 완고한
② 동정적인
③ 어리석은
④ 존경할 만한

| 정답 | ④

| 해설 | 자신이 목숨을 잃더라도 법에 따른 엄정한 재판을 요구하는 소크라테스의 행동에 대해서는 존경심이 들 만하다.

02 왜 소크라테스는 자유를 얻기 위하여 자신의 자녀들을 이용하지 않았는가?

① 소크라테스는 자존감도 없이 구걸했던 사람들처럼 자신도 똑같이 여겨지는 것을 원하지 않았다.
② 소크라테스는 자신의 상황에 있는 사람은 재판관을 이성으로 납득시켜야 한다고 생각했다.
③ 소크라테스는 자신이 재판관에게 자신이 원하는 것을 하도록 설득할 말재주와 능력이 있다는 것을 알았다.
④ 소크라테스는 재판관이 그가 얘기한 것을 주의 깊게 듣고 아이들로 인해 신경이 분산되지 않기를 원했다.

| 정답 | ②

| 해설 | "우리는 재판관에게 사실을 말하고 그를 설득해야 한다.(we ought rather to inform the judge and convince him)"는 소크라테스의 얘기에서 재판관에게 감정으로 호소하기보다는 이성으로 납득시켜야 한다는 것을 끌어낼 수 있다.

| 어휘 | **beg** ⓥ 간청하다, 구걸하다　　　　**implore** ⓥ 애원하다, 간청하다　　　　**arouse** ⓥ 불러일으키다, 자극하다

peril ⓝ 위험　　　　　　　**stubborn** ⓐ 완고한, 고집스러운　　　　　**oath** ⓥ 맹세, 서약

[03~04]

빌리 반스는 거의 매일 그랬듯 학교에 지각을 했다. 교사는 빌리에게 지각하는 것에 관해 경고를 했다. "빌리, 절대 지각하지 마라. 학교 오는 길에 딴짓하지 마라. 학교로 바로 와야 하고, 8시 45분까지 와야 한다. 학교 종이 울리면 수업이 시작되고, 그때가 되면 다른 학생들은 학교에 와 있다. 너 또한 와 있어야 해."

다음날 아침 빌리는 집을 나와서는 학교로 걸어가기 시작했다. 그는 도중에 멈춰 서더니 몇몇 새를 관찰했다. 엄마 새가 아기 새에게 벌레를 먹이고 있었다. 빌리는 이에 매우 흥미를 느꼈다. 잠시 후에 빌리는 다시 학교를 향해 걷기 시작했다. 빌리는 길가에서 몇 개의 빛나는 돌을 발견했다. 빌리는 돌을 줍고는 손에 쥐었다. 아름다운 돌이었다.

갑자기 학교 종이 울렸다. 빌리는 종소리를 들었다. 빌리는 겁을 먹었다. 늦고 싶지는 않았다. 빌리는 하늘을 보고 다음과 같이 말했다. "하느님 도와주세요. 늦을 것 같아요. 선생님께서 화를 내실 거예요. 제발 절 좀 도와주세요." 빌리는 뛰고 또 뛰었다. 숨이 찼다. 돌에 발이 걸렸고 거의 넘어질 뻔했다. 빌리는 다시 하늘을 보고는 다음과 같이 말했다. "하느님 도와주세요. 밀지는 마시고요."

03　오늘 빌리는 왜 늦었는가?

① 늦게 일어났고 학교 갈 준비를 늦게 했다.
② 선생님이 무서워서 학교에 도착하는 것을 늦췄다.
③ 학교 오는 길에 있는 재밌는 것들에 정신이 팔렸다.
④ 시간을 보는 법을 몰랐다.

| 정답 | ③

| 해설 | 두 번째 단락을 보면 알 수 있지만, 빌리는 집을 나선 다음에 학교로 곧장 오지 않고 주변의 여러 일에 정신이 팔리는 탓에 결국 지각을 한다. 따라서 정답은 ③이다.

04　빌리는 돌에 걸렸을 때 무슨 생각을 했는가?

① 하느님이 고의로 걸려 넘어지도록 했다고 생각했다.
② 다치지 않기 위해 속도를 늦춰야 한다고 생각했다.
③ 학교에 다친 채 도착하는 것이 좋을 것 같다고 생각했다.
④ 왜 길에 돌이 이렇게 많은지 이해할 수 없었다.

| 정답 | ①

| 해설 | 마지막에 빌리가 한 말을 보면 알 수 있듯이, 빌리는 자신이 넘어진 이유가 하느님이 밀었기 때문이라고 생각했기 때문에 밀지는 말아 달라고 말을 했다. 따라서 정답은 ①이다.

| 어휘 | **tardiness** ⓝ 지각, 느림　　　　　**frightened** ⓐ 겁먹은　　　　　**distract** ⓥ 주의를 딴 데로 돌리다
deliberately ⓐⓓ 고의로, 의도적으로

해석

전쟁은 으르렁대며 울부짖는 자칼이다. 아니면 생기를 주는 폭풍인가? 자멸하는 광기인가 아니면 정화하는 불길인가? 제국주의자의 억지인가? 아니면 지구상에 분명히 드러난 정력 넘치는 국가의 영광스러운 폭발인가? 모든 기록된 역사에서 이러한 논쟁은 최근의 일이며, 평화를 단순히 난투가 벌어지던 기간 사이의 공백 기간으로 묘사하는 것이 아니라 그보다 더 행복한 활동적 상태를 묘사한다는 생각 또한 최근의 일이다. 믿기 어려울 수도 있지만 이러한 논쟁의 승자는 일관되게도 전쟁이었다. 사실 전쟁에게는 제대로 된 경쟁자가 없었다. 어쨌든 러시아의 차르 니콜라스 2세(Nicholas Ⅱ)가 구체적으로 "실질적이고 영속적인 평화"를 위한 "가장 효과적인 수단"을 논의하기 위한 국제 회의를 요구한 1898년까지는 그랬다. 이는 각국이 전쟁이 벌어지는 상황을 배경으로 두는 일 없이 체계적으로 전쟁을 예방하는 방법을 논의하기 위해 최초로 모인 경우였다. 니콜라스 2세의 요구는 성공적이었다. 니콜라스 2세의 첫 번째 평화 회의는 1899년 개최되었다. 뒤이어 1907년 2차 회의가 개최되었다. 이들 회의는 세계가 국제법이라는 공통적 법규를 획득하기 위한 과정의 탄생으로 이어졌다.

---

05 다음 문장이 들어가기에 가장 적절한 곳은?

> 믿기 어려울 수도 있지만 이러한 논쟁의 승자는 일관되게도 전쟁이었다.

① (A) ② (B) ③ (C) ④ (D)

| 정답 | ②

| 해설 | 주어진 문장에서 "논쟁"이 언급되며, 이 논쟁이 무엇을 가리키는지 생각해 보면 전쟁을 둘러싼 논쟁이 최근 있었음을 (A) 다음 문장에서 언급한 다음 그 논쟁의 승자가 주어진 문장을 통해 밝혀진 것으로 볼 수 있다. 따라서 정답은 ②이다.

---

06 이 글에 따르면, 일치하지 않는 것은?

① 과거에 평화는 단지 이전 전쟁과 다음 전쟁 사이 전쟁이 잠깐 중단된 기간을 의미했다.
② 1차 평화 회의는 계속 진행 중이던 전쟁을 멈추기 위해 1899년 개최되었다.
③ 2차 평화 회의는 1907년에 개최되었다.
④ 니콜라스 2세는 국제법의 기반을 확립하는데 기여했다.

| 정답 | ②

| 해설 | "전쟁이 벌어지는 상황을 배경으로 두는 일 없이 체계적으로 전쟁을 예방하는 방법을 논의하기 위해 최초로 모인 경우였다"는 말은 전쟁이 벌어지지 않을 때 전쟁 예방법을 논의하기 위해 모였다는 의미이다. 이는 진행 중이던 전쟁을 멈추기 위해 개최되었다는 내용의 ②와는 차이가 있으며, 따라서 정답은 ②이다.
"평화를 단순히 난투가 벌어지던 기간 사이의 공백 기간으로 묘사하는 것이 아니라 그보다 더 행복한 활동적 상태를 묘사한다는 생각 또한 최근의 일이다"란 말은 즉 최근이 아니라 예전에는 평화는 "이전 전쟁과 다음 전쟁 사이 전쟁이 잠깐 중단된 기간"을 의미했음을 의미한다. 이는 ①의 내용과 일치한다. "뒤이어 1907년 2차 회의가 개최되었다"는 ③의 내용과 일치한다. "이들 회의는 세계가 국제법이라는 공통적 법규를 획득하기 위한 과정의 탄생으로 이어졌다"는 말은 니콜라스 2세의 제안이 국제법 탄생으로 이어졌다는 의미에서 ④의 내용과 일치한다.

| 어휘 | **howling** ⓐ 울부짖는, 으르렁대다   **bay** ⓥ (사냥개 등이) 짖다, 짖어 대다
animate ⓥ 생기 있게[활기 띠게] 하다, 활동시키다   **suicidal** ⓐ 자멸하는, 자멸을 초래하는

purify ⓥ 정화하다

imperialist ⓐ 제국주의자의

travesty ⓝ 희화화; 억지, 곡해

virile ⓐ 남성적인, 정력이 넘치는

manifest ⓐ 분명한, 분명히 드러나는

interregnum ⓝ 궐위 기간, 정치의 공백 기간

fisticuff ⓝ 주먹 싸움, 난투

astounding ⓐ 경악스러운, 믿기 어려운

consistently ⓐ 일관되게, 지속적으로

specifically ⓐ 구체적으로, 명확하게

effectual ⓐ 효과적인

durable ⓐ 오래가는, 영속성이 있는

systematically ⓐ 체계적으로, 조직적으로

give rise to ~이 생기게 하다, ~을 야기하다

code ⓝ 법규, 규정

break ⓝ 중단, 휴식

ongoing ⓐ 계속 진행 중인

[07~08]

`해석`

신디: 복권은 많은 사람들에게 성공의 희망을 가져다주지만 실제로 복권에 당첨될 확률은 극도로 낮다. 통계적으로도 금요일까지 복권을 사지 않는 것이 현명한데, 그 이유는 그때까지 복권에 당첨될 확률은 토요일 복권 추첨 이전에 차에 치일 확률보다 더 낮기 때문이다. 정부가 복권 같은 행위를 조장하는 것은 국민들이 속기 쉽다는 사실을 이용하는 것이나 마찬가지다. 물론 당신이 당첨될 수도 있지만 그럴 확률은 정말로 거의 없다.

빌: 복권은 사람들의 삶에 활기를 가져다주는 무해한 재미거리일 뿐이다. 복권을 사는 사람들이 멍청하게도 자신이 당첨될 것을 기대하는 사람들일 것으로 가정하는 것은 그 사람들을 깔보는 행위에 불과하다. 복권을 사는 사람들은 자신이 '기회를 사는 것'일 뿐이라는 점을 잘 알고 있으므로 재미를 아는 사람이고, 그것만으로도 만족한다. 매주 몇몇 사람들이 수백만 파운드에 당첨된다. 우리는 사람들이 자신의 돈을 가지고 무엇을 할지 스스로 결정하도록 해야 한다. 개인의 자금 운용을 관리하는 것은 국가의 역할이 아니다.

07 다음 중 위 논쟁의 주제는 무엇인가?

① 복권을 재미있게 만드는 방법
② 복권에 당첨되기 위한 특별한 기술
③ 재정적 문제를 극복하는 방법
④ 국가 발행 복권을 폐지할 것인가 그렇지 않을 것인가
⑤ 사람들의 복지를 증진하기 위한 정부의 역할

| 정답 | ④

| 해설 | 본문은 국가 차원에서 발행하는 복권에 대해 찬반 의견을 싣고 있다. 따라서 정답은 ④이다.

08 빌은 논쟁에서 사람들에 대해 주장하는 것은?

① 복권에 너무 많은 돈을 쓴다.
② 복권을 살 정도로 너무 멍청하다.
③ 행복을 위해 정부에 의존해야 한다.
④ 복권을 통해 부자가 될 것이라는 기대 속에 산다.
⑤ 복권의 도움을 받아 재정적 위기로부터 살아남아야 한다.

| 정답 | ④

| 해설 | 빌의 주장에 따르면 복권을 사는 사람들은 자신이 당첨될 것을 확신하는 사람들이 아니라 당첨될지도 모른다는 기대에서 재미를 찾고 이에 만족하는 사람들이다. 따라서 정답은 ④이다.

| 어휘 | **statistically** ⓐ 통계(학)상으로 　　　　**sensible** ⓐ 현명한, 합리적인 　　　　**draw** ⓝ 추첨
gullibility ⓝ 속기 쉬움, 잘 속아 넘어감 　　**patronize** ⓥ (윗사람 행세를 하며) 가르치려 들다, 깔보는 듯한 태도로 대하다

[09~11]

해석

> 잠시만 심사숙고해 보면 미국에서 논쟁 없이 제대로 자유롭게 영향력 있는 삶을 살 수 없다는 점을 분명하게 알 수 있다. 사람들이 불충분한 증거를 가지고 불충분한 이유로 언쟁을 하는 경우가 잦은 것은 의심의 여지가 없다. 사람들이 우선 공부하고 생각을 하는 편이 더 나은 문제를 가지고 언쟁하는 것도 의심의 여지가 없다. 때로는 사람들이 말다툼을 할 뿐인데도 실제로는 논쟁을 하고 있다고 생각하기도 한다는 것에도 의심의 여지가 없다. 하지만 이는 논쟁이 잘못 이용된 증거일 뿐이고, 능숙하게 쓰인 것이 아니라 다소 오용된 경우일 뿐이다. 논쟁은 제대로 된 순간에 제대로 된 목적을 위해 제대로 된 방식으로 쓰인다면 의심의 여지없이 미국인의 삶에 있어 가장 쓸 만한 도구 중 하나일 뿐이다. 논쟁은 스스로를 표현하고 다른 사람에게 깊은 인상을 주기 위해 없어서는 안 될 수단이다.

09 이 글의 제목으로 가장 적절한 것은?

① 논쟁의 원칙　　　　　　　　　　　② 논쟁의 유용함
③ 논쟁에서 이기는 법　　　　　　　　④ 논쟁의 오용
⑤ 논쟁에 있어 증거의 필요성

| 정답 | ②

| 해설 | "논쟁은 스스로를 표현하고 다른 사람에게 깊은 인상을 주기 위해 없어서는 안 될 수단이다.(It is an indispensable means of expressing oneself and impressing others.)" 즉 본문은 미국에서는 논쟁이 꼭 필요한 것임을 주장하고 있다. 따라서 정답은 ②이다.

10 논쟁이 다음의 어떤 결과를 낳을 때 현명하게 사용되는 것인가?

① 혐오　　　　　　　　　　　　　　② 갈등
③ 심사숙고　　　　　　　　　　　　④ 증오
⑤ 적의

| 정답 | ③

| 해설 | 본문에서 논쟁이 잘못 사용된 경우로 제시된 것들은, "불충분한 증거를 가지고 불충분한 이유로(insufficient evidence and for insufficient reasons)" 하는 논쟁, "우선 공부하고 생각을 하는 편이 더 나은 문제(points about which they should rather be thinking and studying)"를 가지고 하는 논쟁, '말다툼(wrangling and disputing)'에 불과할 뿐인데도 논쟁으로 오해받는 것 등이 있다. 모두 신중하게 "심사숙고"한 논쟁과는 거리가 먼 것이다. 역으로 말하면 서로 신중하고 올바른 근거를 통해 "심사숙고"하는 결과가 나오는 논쟁은 제대로 된 이상적인 논쟁이라 할 수 있다. 따라서 정답은 ③이다.

11 논쟁이 미국인의 삶에 있어 중요한 이유는?

① 사람들의 다른 이의 생각에 영향을 미치는 데 도움이 되기 때문에

② 사람들이 말다툼을 피하는 데 도움이 되기 때문에

③ 사람들이 친밀한 대화를 나누는 것이 가능해지기 때문에

④ 사람들이 자신이 거의 알지 못하는 것에 관해 대화를 하는 것이 가능해지기 때문에

⑤ 미국인들이 제대로 된 순간에 제대로 된 방식으로 사용하기 때문에

| 정답 | ①

| 해설 | 앞서 언급했듯이 "논쟁은 스스로를 표현하고 다른 사람에게 깊은 인상을 주기 위해 없어서는 안 될 수단이다." 따라서 정답은 ①이다.

| 어휘 | **reflection** ⓝ 심사숙고　　　**wrangling and disputing** 언쟁, 말다툼　　**employ** ⓥ 쓰다, 이용하다

indispensable ⓐ 없어서는 안 될, 필수적인　　　　　　　　　　　　**abhorrence** ⓝ 혐오

deliberation ⓝ 심사숙고, 신중함　　**detestation** ⓝ 혐오, 증오　　**malice** ⓝ 악의, 적의

[12~13]

해석

프로이트 이론뿐만 아니라 프로이트보다 수백 년에서 심지어는 수천 년 전에 글을 남긴 여러 사람들의 이론에 따르면, 꿈은 미래에 관해 그 어떤 것도 드러내지 않는다. 그 대신에 꿈은 우리가 현재 지니고 있는 풀리지 않는 무의식적인 콤플렉스에 관해 무언가를 말해 주며, 정신분석 이론에 따르면, 나중에 등장하는 결점의 근원이 형성되던 시기였던 어렸을 때로 되돌아가게 한다. 이러한 일반 이론에는 두 가지 주요 가설이 존재한다. 첫 번째 가설은 꿈은 영상이나 생각이 우연히 서둘러 합쳐지면서 뒤죽박죽으로 뒤섞인 의미 없는 무언가가 아니며, 그보다는 꿈은 전체적으로, 그리고 꿈의 모든 요소가, 의미가 있다는 가설이다. 프로이트가 제시한 두 번째 의견은 꿈은 어떤 의미에서는 언제나 소망의 성취라는 것이다. 다른 말로 하자면, 꿈에는 목적이 있으며, 보통 무의식적인 특성을 지닌 어떠한 욕망이나 욕구를 충족시키는 것이 바로 목적이다.

12 이 글의 제목으로 가장 적절한 것을 고르시오.

① 무의식적인 콤플렉스

② 꿈의 소망 성취

③ 프로이트의 꿈 이론

④ 정신분석 이론의 두 가지 가설

| 정답 | ③

| 해설 | 본문은 꿈이 무엇인지 프로이트식 이론에 따라 설명하고 있다. 따라서 정답은 ③이다.

13 프로이트의 주장과 가장 거리가 먼 것을 고르시오.

① 꿈은 미래를 예견하지 않는다.

② 꿈은 과거 사건에서 유래하기도 한다.

③ 꿈은 사람의 무의식적 욕구를 드러낸다.

④ 꿈은 자주 현실이 된다.

| 정답 | ④

| 해설 | 프로이트 이론에 따르면 "꿈은 미래에 관해 그 어떤 것도 드러내지 않는다(dreams do not reveal anything about the future)." 즉 꿈이 미래에 현실로 드러날 일은 없다는 의미이다. 대신 꿈은 자신의 욕망의 표현이라는 것이 프로이트의 대략적인 설명이다. 따라서 정답은 ④이다.

| 어휘 | **Freudian** ⓐ 프로이트 학설의　**precede** ⓥ ~에 앞서다　**psychoanalytic** ⓐ 정신분석의
hypothesis ⓝ 가설　**jumble** ⓝ 뒤죽박죽 뒤섞인 것　**accidentally** ⓐ 우연히
throw together 서둘러 합치다[준비하다]　**wish fulfillment** 소망 성취　**more often than not** 자주, 대개

[14~15]

해석

영국에서 조지 오웰(George Orwell)의 "동물농장(Animal Farm)"은 대체로 호평을 받았고, 특히 시릴 코널리(Cyril Connolly)의 호평을 받았으며, 초판본인 4,500부 전체가 며칠 만에 매진되었을 뿐만 아니라, 그 이후 인쇄된 부수도 모두 매진되었다. 비교적 수년 동안 등한시되어 온 오웰은 마침내 환대받고 사람들이 찾는 존재가 되었다. "동물농장"은 또한 미국에서도 출판되었다. "동물농장"은 "미국 이달의 책 클럽(American Book of the Month Club)"의 선정 도서가 되었는데, 이는 즉 54만 부가 인쇄되었음을 의미한다. 그리고 유명 평론가인 에드먼드 윌슨(Edmund Wilson)은 "뉴요커(The New Yorker)"지에 "동물농장"에 대한 논평을 실었는데, 윌슨은 "동물농장"이 "절대적으로 최상급"에 속하는 작품이라 말했고, 오웰이 "지금 시대에 영국이 배출한 가장 능력 있고 가장 흥미로운 작가 중 하나로 알려지게" 될 것이라고 예측했다. 오웰은 1950년 1월 21일에 사망했으며, 사망 수 주 전에 극도로 쇠약한 상태에서 "난 돈을 이렇게나 많이 벌어놓고서 이제 죽게 되었구나"라고 음울하게 말했다. 1950년대 CIA는 "동물농장"을 반소(反蘇) 선전을 위한 자료로 사용했고 상당히 많은 부수를 배포했다. "동물농장"은 당연히도 소련 및 그 위성국가에서 금지되었고, 심지어 오늘날에도 여러 억압적인 국가에서 금지 대상이다.

14 이 글에 따르면, 다음 중 "동물농장"에 관해 일치하지 <u>않는</u> 것은?

① 영국에서 평론가들이 논평했다.

② 초판 부수가 수요를 맞추지 못했다.

③ 영국 및 미국에서 잘 팔렸다.

④ 여전히 억압적인 정권을 타도하는 데 사용된다.

| 정답 | ④

| 해설 | 본문 마지막 문장을 보면, "동물농장"이 억압적인 독재 정권에서 금지 대상이라는 내용은 있지만 독재 정권 타도를 위해 사용된다는 내용은 찾을 수 없다. 따라서 정답은 ④이다.

첫 번째 문장은 영국 내에서 "동물농장"이 호평을 받았음을 의미하고, 이는 ①의 내용과 일치한다. ②에서 수요를 맞추지 못했

다는 말은, 책을 찾는 수요가 초판 부수를 뛰어넘었음을 의미하고 이는 계속 매진이 발생했다는 본문 내용과 일치한다. 영국과 미국에서 호평과 함께 매진 행렬이 이어졌고, 이는 ③의 내용과 일치한다.

---

15 이 글에 따르면, 다음 중 오웰에 관해 일치하지 <u>않는</u> 것은?

① "동물농장"을 출판하기 전까지는 그리 널리 유명하지 않았다.
② 에드먼드 윌슨은 오웰을 극찬했다.
③ 사망 당시 성공한 사람이었다.
④ CIA에서 "동물농장"을 사용한 결과 명예가 훼손되었다.

| 정답 | ④

| 해설 | 본문에는 CIA에서 "동물농장"을 반소 선전에 활용했다는 내용은 있지만 그 결과 오웰의 명예가 훼손되었다는 내용은 없다. 따라서 정답은 ④이다.
"비교적 수년 동안 등한시되어 온 오웰은 마침내 환대받고 사람들이 찾는 존재가 되었다"는 ①의 내용과 일치한다. 윌슨의 호평은 ②의 내용과 일치한다. 오웰이 죽기 수 주 전에 한 말을 통해 오웰이 상당히 유명해지고 돈도 많이 벌게 되었음을 알 수 있고, 이는 ③의 내용과 일치한다.

| 어휘 |

favorable review 호평
print run (책 · 잡지 등의 한 회분의) 인쇄 부수
fete ⓥ 환영하다, 환대하다
celebrated ⓐ 유명한
mortally ⓐⓓ 극도로
circulate ⓥ 배포하다, 유포하다
satellite ⓝ 위성 도시[국가 · 조직 등]
overthrow ⓥ 전복시키다, 타도하다
defame ⓥ 명예를 훼손하다, 중상하다

notably ⓐⓓ 특히
break through 돌파하다, 나타나다
emerge ⓥ 드러나다, 알려지다
propaganda ⓝ (정치 지도자 · 정당 등에 대한 허위 · 과장된) 선전
ban ⓥ 금지하다
outlaw ⓥ 불법화하다, 금지하다
regime ⓝ 정권

subsequent ⓐ 다음의, 차후의
selection ⓝ 선정
able ⓐ 재능 있는, 능력 있는

oppressive ⓐ 억압적인, 탄압하는

[16~17]

해석

재주 많은 스코틀랜드인이자 전기요금 고지서의 수호성인인 제임스 와트(James Watt)는 증기기관의 발명자라고 할 수는 없지만, 증기기관을 크게 개선한 사람이고, 인색한 광산 소유주들이 자신의 새로운 기계를 사들이도록 설득한 것이 자신의 주된 업적이라고 정한 사람이다. 와트는 자신에게는 (구매자에게) 손해가 안 되는 제안이 필요하다는 점을 깨달았고, 어떤 제안이냐면 자신의 새 기계를 통해 절약한 금액이 기계를 사들인 비용을 상쇄하고도 남을 것임을 보여 주는 제안이었다. 하지만 이를 위해 와트는 절약될 금액을 측정할 필요가 있었고, 이는 즉 와트에게는 광산에서 수레를 끌고 펌프를 가동시키는 말이 하는 일을 요약하여 보여 줄 수 있는, 떠올리기 쉬운 방법을 찾아내야 했음을 의미했다. 와트는 말 한 마리가 500파운드짜리 무게를 꽤 일정하게 끌어당길 수 있음을 파악했고, "마력(horsepower)"이란 개념을 떠올리게 되었다. 마력이란 평균적인 말 한 마리가 하루 종일 계속 일을 할 수 있는 정도를 가리킨다. 와트는 만일 자신이 광산 소유주에게 말 한 마리 및 그 사료보다 더 싸면서도 1마력보다 더 강한 힘을 가진 증기기관을 하나 제공할 수 있다면, 증기기관을 팔 기회가 생길 것이라는 사실을 깨닫게 되었다. 미터법의 확산과 더불어 와트가 본래 만든 용어는 정말로 당연하게도 '와트'라는 용어로 대체되었다. 말은 힘이 세고, 1와트의 일률은 1마력의 작은 일부로, 즉 약 750분의 1로, 정의된다.

16 이 글에 따르면, 다음 중 일치하지 **않는** 것은?

① 현재 1마력은 1와트의 대략 750분의 1이다.

② 제임스 와트는 말 한 마리가 500파운드짜리 무게를 일정하게 끌어당길 수 있음을 파악했다.

③ 1마력은 평균적인 말 한 마리가 하루 종일 계속 일을 할 수 있는 정도를 의미한다.

④ 제임스 와트는 마침내 말 한 마리를 유지하는 것보다 더 저렴한 증기 기관을 제공할 수 있었다.

| 정답 | ①

| 해설 | "1와트의 일률은 1마력의 작은 일부로, 즉 약 750분의 1로, 정의된다"를 보면 1와트=1/750마력이다. 이는 ①의 1마력 =1/750와트의 반대이다. 따라서 정답은 ①이다.

"와트는 말 한 마리가 500파운드짜리 무게를 꽤 일정하게 끌어당길 수 있음을 파악했고"는 ②의 내용과 일치한다. "마력이란 평균적인 말 한 마리가 하루 종일 계속 일을 할 수 있는 정도를 가리킨다"는 ③의 내용과 일치한다. "만일 자신이 광산 소유주 에게 말 한 마리 및 그 사료보다 더 싸면서도 1마력보다 더 강한 힘을 가진 증기기관을 하나 제공할 수 있다면, 증기기관을 팔 기회가 생길 것이라는 사실"을 깨달은 와트는 결국 증기기관을 판매하는 데 성공했고, 이 때문에 와트의 이름이 현재에도 남아 있게 된 것이다. 이는 ④의 내용과 일치한다.

17 이 글에 따르면, 다음 중 제임스 와트에 관해 일치하는 것은?

① 처음에는 '와트'라는 용어를 사용하자고 제의했다.

② 광산 소유주에게 증기기관을 팔려 했다.

③ 증기기관을 발명하고 이를 상당히 개선했다.

④ 광산 소유주를 대상으로 은행을 열었다.

| 정답 | ②

| 해설 | 와트는 "인색한 광산 소유주들이 자신의 새로운 기계를 사들이도록 설득한 것이 자신의 주된 업적이라고 정한 사람"이며 본문 에 따르면 결국 증기기관 개선하여 판매한 사람이다. 따라서 정답은 ②이다.

| 어휘 | **ingenious** ⓐ 기발한, 재간이 많은　　**patron saint** 수호성인　　　　　　**tight-fisted** ⓐ 돈에 인색한, 구두쇠의
risk-free ⓐ (구매자에게) 손해가 안 되는　　　　　　　　　　　　　　　　　**offset** ⓥ 상쇄하다, 벌충하다
catchy ⓐ 기억하기[떠올리기] 쉬운　　**tug** ⓥ 잡아당기다, 끌어당기다　　**come up with** 떠올리다
metric system 미터법　　　　　　**justly** ⓐ 당연히, 당연하게도　　　**power** ⓝ 일률
fraction ⓝ 일부, 부분　　　　　　**initially** ⓐ 처음에는

[18~20]

해석

> **제4차 산업혁명: 인간에 대한 영향**
> 제4차 산업혁명은 우리가 하는 일뿐만 아니라 우리가 누구인지를 바꿀 것이다. 이 혁명은 우리의 정체성 및 이와 관련된 모든 문제, 즉 사생활에 대한 우리의 의식, 소유의 개념, 소비의 패턴, 일과 여가에 쏟는 시간, 우리가 커리어를 개발하고, 기술을 연마하고, 사람들을 만나고, 관계를 키워가는 방식 등에 영향을 줄 것이다. 이 혁명은 이미 우리의 건강을 변화시키고 있으며, "수치화된(quantified)" 자아로 이어지고 있다. 이 목록은 우리의 상상력에 의해서만 묶여 있기 때문에 그 끝이 없다. 새로운 정보기술에 의해 제기된 가장 큰 개별 과제 중 하나는 개인의 정보 보호이다. 본인 데이터의 통제력 상실이 우리의 내적 삶에 미칠 영향과 같은 근본적인 문제에 관한 논의는 앞으로 더욱 심화될 것이다. 마찬가지로 생명공학과 인공지능에서 일어나고 있는 혁명은 수명, 건강, 인지 및 능력의 현재 한계를 넓히며 인간이 의미하는 것이 무엇인지를 재정의하고 있는데, 이것이 우리의 도덕적 · 윤리적 경계를 재정의하도록 강요할 것이다.

18 윗글 "The Fourth Industrial Revolution"의 부제목으로 가장 적절한 것은?

① 인간에 대한 영향 　　　　　② 수치화된 자아를 향해
③ 새로운 정보기술 　　　　　④ 인간의 삶에 대한 논의
⑤ 생명공학과 인공지능

| 정답 | ①

| 해설 | 본문은 4차 산업혁명이 인간에 미칠 향후 영향에 관한 글이다. 4차 산업혁명으로 인간의 정체성 및 이와 관련한 여러 문제가 영향을 받을 것이라고 서두에서 서술하고 있다.

19 밑줄 친 문장의 결과로 가장 부합하지 <u>않는</u> 것은?

① 사생활의 경계는 쉽게 결정되지 않을 것이다.
② 우리가 소비하는 방식은 이전보다 다양해질 것이다.
③ 일과 여가 시간에 변화가 예상된다.
④ 개인의 커리어 개발에 대한 전략이 변할 것이다.
⑤ 사람들과의 관계를 발전시키는 것이 훨씬 더 간단해질 것이다.

| 정답 | ⑤

| 해설 | ① 4차 산업혁명의 결과로 사생활에 가장 큰 영향을 줄 것이라고 하면서, "본인 데이터의 통제력 상실"을 언급하고 있다. 이를 통해 미래에는 사생활의 경계가 더 희석될 것이라는 사실을 알 수 있다. ②부터 ⑤는 4차 산업혁명으로 영향을 받을 정체성과 관련한 분야에 대한 내용인 "our consumption patterns, the time we devote to work and leisure, and how we develop our careers, cultivate our skills, meet people, and nurture relationships"에 언급되어 있다. 정답은 ⑤로 사람들을 만나고 관계를 발전시키는 것이 간단하게 변한다는 것이 아니라 그 방식이 달라질 것이라는 내용이다.

20 윗글의 내용과 가장 부합하지 <u>않는</u> 것은?

① 4차 산업혁명은 우리의 삶에 너무도 많은 급격한 변화를 가져올 것이므로 우리가 그 끝을 상상만 할 수 있을 것이다.

② 4차 산업혁명은 개인의 사생활의 경계를 혼란스럽게 만들 수 있는 새로운 정보기술을 만들어낼 것이다.

③ 우리의 데이터에 대한 통제력 상실이 우리의 내적 삶에 영향을 미치게 될 것이며, 미래에 이에 대한 치열한 논쟁이 예상된다.

④ 과학의 혁명이 인간의 수명, 건강, 인지, 능력을 향상시킬 수 있다.

⑤ 4차 산업혁명은 사생활을 침해하고 사회의 도덕과 윤리에 부정적인 영향을 미칠 수 있다.

| 정답 | ⑤

| 해설 | ① 본문의 "The list is endless because it is bound only by our imagination."을 지칭하는 내용이다. 변화의 끝을 상상만 할 수 있다는 것이 endless를 의미한다. ② 본문의 "One of the greatest individual challenges posed by new information technologies is privacy."을 의미한다. ③ "Debates ... will only intensify in the years ahead." 부분을 의미한다. ④ "by pushing back the current thresholds of life span, health, cognition, and capabilities"을 지칭하는 것으로, push back이 경계를 넓히는, 즉 향상시키는 것을 의미한다. ⑤가 정답으로, 본문에서는 4차 혁명으로 사생활의 경계가 희석되고 도덕과 윤리에 대한 재정의가 필요하게 될 것이라는 의미이지, 이를 부정적인 것으로 해석하고 있으므로, '프라이버시 침해'라든가 '부정적인 영향'이라는 단어가 적합하지 않다.

| 어휘 |

revolution ⓝ 혁명, 변혁
notion ⓝ 생각, 관념
cultivate ⓥ 재배하다, 양식하다, 경작하다, 양성하다
identity ⓝ 신원, 정체성
consumption ⓝ 소비, 소모
be associated with ~와 연관되다
devote ⓥ 바치다, 쏟다, 기울이다
nurture ⓥ 양육하다, 키우다

quantified self 수치화된 자아, 자아 정량화, 자가 측정 (개인의 일상 활동에서 신체적 · 정신적 상태를 센싱 및 트래킹하여 이를 수치화함으로써 자신의 상태를 분석하고 삶의 질을 개선하기 위한 방법을 연구하여 실생활에 적용하는 활동을 의미함)

pose ⓥ (문제 등을) 제기하다, 주장하다 ⓝ 자세
intensify ⓥ (정도 · 강도가) 심해지다[격렬해지다]; 심화시키다, 강화하다
push back (the boundaries) (~의 경계를) 확장시키다
life span 수명
compel ⓥ 강제하다, 억지로 ~시키다
redefine ⓥ 재정의하다
threshold ⓝ 한계점; 문지방
cognition ⓝ 인식, 인지
moral ⓐ 도덕의, 도의적인
ethical ⓐ 윤리적인, 도덕적인

[21~23]

해석

청자고둥은 해양에 거주하며 강력한 독을 사용해 물고기를 사냥하는 생물이다. 청자고둥은 천천히 움직이기 때문에 머리에 달린 창 모양의 물체를 가지고 먼 거리에서 사냥감을 쏜 다음 독을 주입한다. 이 독은 물고기를 무력화시키고, 이를 통해 청자고둥은 물고기를 잡아 섭취할 수 있다. 비교적 큰 표본의 경우를 제외하면, 청자고둥은 대체로 사람을 죽일 정도로 강력한 상처를 주지는 않는다. 그럼에도, 청자고둥의 독으로 부기와 근육마비 및 호흡곤란이 발생할 수 있고, 이로 인해 먹잇감은 자신이 청자고둥에 쏘였다는 사실을 깨닫지 못하게 된다. 이러한 효과를 모방하는 화학적 혼합물을 사용하여 과학자들은 고통에 대한 민감도를 줄이는 약을 만들었다. 이 약은 미국 식품의약국으로부터 의료용 사용이 승인되었다.

21 다음 중 빈칸 (A)에 가장 적절한 것은?

① 마침내   ② 따라서

③ 그럼에도   ④ 게다가

| 정답 | ③

| 해설 | 빈칸 앞에서는 청자고둥으로 사람이 죽는 일은 거의 없다고 하면서 청자고둥이 그리 위험한 생물은 아님을 말하고 있다. 그런데 빈칸 뒤에서는 청자고둥에 쏘이면 그래도 고통을 받을 수 있음을 말하고 있다. 즉 빈칸을 중심으로 앞과 뒤 내용이 서로 상반된다. 따라서 정답은 ③이다.

22 다음 중 청자고둥에 관해 일치하는 것은?

① 청자고둥은 날카로운 이빨로 먹잇감을 물어서 독을 주입한다.
② 청자고둥은 독을 주입하기 전에 먹잇감을 움켜잡는다.
③ 청자고둥의 독은 인간에게 거의 항상 치명적이다.
④ 청자고둥의 희생자는 자신이 쏘인 것을 모를 수 있다.

| 정답 | ④

| 해설 | "이로 인해 먹잇감은 자신이 청자고둥에 쏘였다는 사실을 깨닫지 못하게 된다"는 ④의 내용과 일치하며, 따라서 정답은 ④이다. 청자고둥은 멀리서 사냥감을 쏘는 방식으로 독을 주입하지 이빨로 물어 독을 주입하지 않고, 먹잇감을 움켜쥐지도 않는다. 이는 ①과 ②의 내용과는 맞지 않다. "비교적 큰 표본의 경우를 제외하면, 청자고둥은 대체로 사람을 죽일 정도로 강력한 상처를 주지는 않는다"를 보면, ③은 정답이 아님을 알 수 있다.

23 청자고둥의 독으로부터 개발된 약은 무엇을 하도록 고안된 것인가?

① 고통 둔화   ② 근육 이완

③ 무감각 완화   ④ 호흡 개선

| 정답 | ①

| 해설 | 청자고둥의 독으로부터 개발된 약은 "고통에 대한 민감도를 줄이는 약"이며, 이는 "고통 둔화"를 위한 약이다. 따라서 정답은 ①이다.

| 어휘 |

cone snail 청자고둥
object ⓝ 물체
specimen ⓝ 표본, 견본
swelling ⓝ 부기
design ⓥ 고안하다
numbness ⓝ 무감각, 저림

dwell ⓥ (~에) 살다[거주하다]
prey ⓝ 사냥감
sting ⓝ (곤충 따위의 침·가시에) 쏘인[찔린] 상처
compound ⓝ 화합물, 혼합물
dull ⓥ 누그러뜨리다, 둔화시키다

venom ⓝ 독, 독액
incapacitate ⓥ 무력화하다
sensitivity ⓝ 민감도, 감도
lessen ⓥ 줄이다, 완화시키다

[24~25]

해석

스페인어를 사용하는 미국인은 최근 스페인어의 확산이 자신들의 권력과 지위에 위협이 된다고 생각하는 다수의 영어를 사용하는 미국인으로부터 점차 큰 압박을 받고 있다. 이러한 '위협'은 객관적 견지에서 논파되었지만, 영어를 사용하는 미국인들 사이에서는 위협에 대한 인식이 널리 확산된 나머지 캘리포니아 주에서만 여러 지방정부에 '영어만을 사용할 것'을 요구하며 발의된 주민 법안 발의 건수가 25건이 넘는다. 영어를 사용하는 미국인들을 대상으로 수행된 여론조사 결과 스페인어의 확산이 주된 걱정거리로 나타났다. 이는 미국의 여러 지역에서 드러나는 스페인어의 '영속성' 때문일 수도 있다. 영속성은 소수어를 사용하는 인종 집단이 뚜렷이 구분되는 집단으로 행동하는 정도를 가리킨다. 영속성이 높은 언어 집단은 집단 사이의 맥락에서 소수 집단으로 살아남아 번성할 가능성이 매우 크다. 이와는 대조적으로 영속성이 낮은 집단은 사라질 가능성이 크다. 언어는, 이 경우 스페인어는, 주류 집단이 소수 인종 집단의 영속성 때문에 불안감을 느낄 경우 갈등의 중심이 된다.

---

24 이 글에 따르면, 다음 중 일치하는 것은?

① 스페인어는 영어에 대한 실체 있는 위협이다.
② 스페인어 사용자는 제한적인 영속성을 보유한다.
③ 영속성은 소수 집단의 힘을 반영한다.
④ 갈등은 다수 집단의 자신감으로 인해 유발된다.

| 정답 | ③

| 해설 | "영속성은 소수어를 사용하는 인종 집단이 뚜렷이 구분되는 집단으로 행동하는 정도를 가리킨다. 영속성이 높은 언어 집단은 집단 사이의 맥락에서 소수 집단으로 살아남아 번성할 가능성이 매우 크다"에서 영속성이 소수어를 사용하는 소수 집단이 지닌 힘을 반영하고 있음을 알 수 있다. 따라서 정답은 ③이다. 영어를 사용하고 있는 미국인이 스페인어에 대해 위협을 느끼고 있지만 이러한 위협은 "객관적 견지에서 논파된" 즉 실체 없는 위협이다. 이는 ①의 내용과는 상반된다. "영속성이 높은 언어 집단은 집단 사이의 맥락에서 소수 집단으로 살아남아 번성할 가능성이 매우 크다"인데, 스페인어의 존재가 분명히 드러나고 스페인어가 소수어로 번성할 가능성이 크다는 것은 스페인의 영속성이 높다는 의미와 같다. 이는 ②의 내용과 상반된다. 갈등은 "주류 집단이 소수 인종 집단의 영속성 때문에 불안감을 느낄 경우"에 유발되며 이는 ④의 내용과는 맞지 않다.

---

25 이 글에 따르면, 다음 중 일치하지 <u>않는</u> 것은?

① 영어를 사용하는 미국인은 스페인어를 사용하는 미국인에 의해 지위를 잃을까 봐 두렵다.
② 감소하거나 사라지는 소수 집단은 흔히 영속성이 낮다.
③ 영속성이 높은 소수 집단과 영속성이 낮은 소수 집단 사이에서는 집단 사이의 갈등이 발생한다.
④ 영어를 사용할 것을 주장하는 주민 법안 발의는 영어를 사용하는 미국인들의 스페인어 확산에 대한 두려움을 반영한다.

| 정답 | ③

| 해설 | "언어는, 이 경우 스페인어는, 주류 집단이 소수 인종 집단의 영속성 때문에 불안감을 느낄 경우 갈등의 중심이 된다"에서 말하는 집단 사이의 갈등은 주류 집단과 소수 인종 집단 간의 갈등이다. ③에서 말하는 것 같이 소수 집단 간의 갈등은 아니다. 따라서 ③을 정답으로 볼 수 있다. "스페인어를 사용하는 미국인은 최근 스페인어의 확산이 자신들의 권력과 지위에 위협이 된다고 생각하는 다수의 영어를 사용하는 미국인으로부터 점차 큰 압박을 받고 있다"는 ①의 근거가 된다. "영속성이 낮은 집단은 사라질 가능성이 크다"는 ②의 근거가 된다. "영어를 사용하는 미국인들 사이에서는 위협에 대한 인식이 널리 확산된 나머지 캘

리포니아 주에서만 여러 지방정부에 '영어만을 사용할 것'을 요구하며 발의된 주민 법안 발의 건수가 25건이 넘는다"는 ④의 근거가 된다.

| 어휘 | **objectively** ⓐ 객관적으로
initiative ⓝ 주민 법안 발의
distinct ⓐ 뚜렷이 구분되는, 별개의
focal point (관심·활동의) 초점[중심]
confidence ⓝ 자신(감), 확신

disprove ⓥ 틀렸음을 입증하다, ~을 논파하다
principal ⓐ 주요한, 주된
intergroup ⓐ 그룹[집단] 사이의
dominant ⓐ 지배적인, 주류의

vitality ⓝ 활기, 영속성

concrete ⓐ 구체적인, 실체가 있는

연습 문제

[01~02]

해석

이상적 체중을 달성하고 유지하는 일이 간단한 일인 척하는 사람은 아무도 없다. 하지만 그럼에도 불구하고 이를 위해 지켜야 할 규칙의 목록은 간단하다. 음식은 적당히 섭취한다. 땅에서 나왔을 때 상태 그대로인 것으로 보이는 음식을 선택한다. 잡식 식성을 갖는다. 운동을 한다. 인간은 세상에서 자신이 먹을 음식의 공급을 완전히 통제할 수 있는 법을 파악한 유일한 생물종이다. 음식이 우리를 지배하지 못하게 하는 것이 바로 우리가 달성해야 할 과제이다.

01 밑줄 친 Ⓐ와 의미상 가장 가까운 것은?

① 자신이 섭취할 음식은 스스로 경작한다.
② 가공되지 않은 채소를 섭취한다.
③ 맛있어 보이는 음식을 선택한다.
④ 현장에서 뜯어낸 채소를 섭취한다.

| 정답 | ④

| 해설 | 밑줄 친 Ⓐ는 해석하면 "땅에서 나왔을 때 상태 그대로인 것으로 보이는 음식을 선택한다"이다. 보기 중에서 이와 의미상 가장 가까운 것은 ④이다.

02 빈칸 ⓐ에 가장 적절한 것은?

① 음식이 우리를 지배하지 못하게 한다.
② 다양한 식품군이 있는 것에는 이유가 있다.
③ 단순한 칼로리 계산 이외의 것이 작용한다.
④ 이상적 체중을 달성하고 유지하는 일은 그다지 쉬운 일이 아니다.

| 정답 | ①

| 해설 | 빈칸 앞에서 "인간은 세상에서 자신이 먹을 음식의 공급을 완전히 통제할 수 있는 법을 파악한 유일한 생물종이다"라고 나와 있다. 이를 본문의 주제인 체중 조절과 연계시켜 보면, 음식을 적당히 섭취하여 체중을 조절하려면 음식에 굴복하지 않고 음식을 통제할 줄 알아야 한다. 이는 보기 ①과 같은 내용이다. 따라서 정답은 ①이다.

| 어휘 | **pretend** ⓥ ~인 척하다[것처럼 굴다] **in moderation** 알맞게, 적당히 **omnivore** ⓝ 잡식 동물

cultivate ⓥ 경작하다, 재배하다 **unprocessed** ⓐ 가공[처리]되지 않은 **pluck** ⓥ 뜯다, 뽑다

arithmetic ⓝ 산수, 계산

[03~05]

해석

최근에 이루어진 한 연구에 따르면 이중 언어 사용자들은 실제로는 단일 언어 사용자들에 비해 정보를 더 효율적으로 처리할 수 있다. 노스웨스턴 대학 소속 연구진은 뇌 영상법을 활용하여 이중 언어 사용자의 이해 능력을 살펴봤다. 이들은 두 개 이상의 언어를 사용할 줄 아는 사람은 단일 언어 사용자에 비해 불필요한 말을 비교적 더 잘 걸러 낸다는 사실을 발견했는데, 단일 언어 사용자의 뇌는 <u>동일한 정신적 과업을 완수하기 위해 (이중 언어 사용자의 뇌에 비해) 더 열심히 노력해야 한다.</u> 이 연구 결과는 어느 정도 "닭이 먼저냐 달걀이 먼저냐"와 같은 시나리오를 낳았다. 이중 언어 사용자는 두 개의 언어를 사용할 수 있는 전문 지식을 갖추고 있기 때문에 이런 정신적 과업을 더 잘 수행할 수 있는 것일까? 아니면 이해력이 뛰어난 사람들은 다수의 언어를 완벽히 익힐 만한 준비가 된 인물인 것일까? 어쩌면 이 두 가지 요소가 혼합된 것일 수도 있다. 여기 제시된 새로운 연구를 수행한 연구진은 이중 언어 구사를 지속적인 두뇌 운동으로 본다. 따라서 퍼즐을 풀기 위해 씨름하는 대신에, 단순한 두뇌 훈련을 위한 것까지는 아니라 하더라도, 새로운 언어의 학습을 시도해 보는 것은 어떨까?

03 윗글의 주제로 가장 적절한 것은?

① 둘 이상의 언어를 구사하게 되면 두뇌의 기량을 연마할 수 있다.
② 두 개의 언어를 구사하려면 지속적인 두뇌 운동이 필요하다.
③ 새로운 언어를 완벽히 익힐 수 있을지 여부는 개인의 능력에 의해 결정된다.
④ 사람들은 학문적 성공을 달성하기 위해 새로운 언어를 연구해야 한다.
⑤ 뇌 영상법은 이중 언어 사용자의 이해 능력을 살피기 위해 활용될 수 있다.

| 정답 | ①

| 해설 | 이중 언어 사용자들은 단일 언어 사용자들에 비해 정보를 더 효율적으로 처리할 수 있으며 불필요한 말을 더 잘 걸러 낼 수 있다. 즉 이중 언어 사용자들의 두뇌는 단일 언어 사용자들의 두뇌에 비해 더 뛰어난 기량을 갖고 있다. 따라서 정답은 ①이다.

04 밑줄 친 빈칸에 들어갈 가장 적절한 것은?

① 필요한 말도 마찬가지로 걸러 내야 한다.
② 정보를 효과적으로 처리할 수 있었다.
③ 정보를 완전히 처리할 수 없었다.
④ 짧은 시간 내에 더 많은 말을 이해할 수 있었다.
⑤ 동일한 정신적 과업을 완수하기 위해 더 열심히 노력해야 한다.

| 정답 | ⑤

| 해설 | 이중 언어 사용자들은 단일 언어 사용자들에 비해 불필요한 말을 더 잘 걸러 낼 수 있다. 이는 역으로 말하면, 단일 언어 사용자들은 더 열심히 노력해야만 이중 언어 사용자들과 동일한 정신적 과업을 완수할 수 있으며, 그렇지 못할 경우 뒤처질 수밖에 없

다는 의미이다. 따라서 답은 ⑤이다.

---

05 밑줄 친 chicken-or-the-egg가 비유적으로 가장 잘 나타낸 것은?

① 지속적인 두뇌 운동 또는 두뇌 훈련
② 단일 언어 사용자 또는 이중 언어 사용자
③ 단일 언어를 사용하는 것 또는 다수의 언어를 사용하는 것
④ 퍼즐을 풀기 위해 씨름하는 것 또는 새로운 언어의 학습을 시도해 보는 것
⑤ 언어의 전문 지식 또는 뛰어난 이해 능력

| 정답 | ⑤

| 해설 | chicken-or-the-egg는 "닭이 먼저냐 달걀이 먼저냐"란 의미이며, 이 말의 의미는 바로 뒤에 등장하는 "이중 언어 사용자는 두 개의 언어를 사용할 수 있는 전문 지식을 갖추고 있기 때문에 이런 정신적 과업을 더 잘 수행할 수 있는 것일까? 아니면 이 해력이 뛰어난 사람들은 다수의 언어를 완벽히 익힐 만한 준비가 된 인물인 것일까?(Is a bilingual person better at such tasks because of their expertise in both languages, or are people with greater comprehension capacity better equipped to master multiple languages?)"를 통해 알 수 있다. 즉 이중 언어 사용자는 언어의 전문 지식을 갖추고 있기 때문에 이중 언어를 할 수 있는 것인지 아니면 이해력이 뛰어나기 때문에 이중 언어를 할 수 있는 것인지에 관한 의문을 의미 한다. 따라서 답은 ⑤이다.

| 어휘 | **bilingual** ⓐ 두 개 언어를 할 줄 아는, 이중 언어를 사용하는
monolingual ⓐ 단일 언어를 사용하는, 하나의 언어만을 할 줄 아는   **brain imaging** 뇌 영상법
comprehension ⓝ 이해력   **comparatively** ⓐ𝖽 비교적   **filter out** 걸러 내다
expertise ⓝ 전문 지식
equip ⓥ (필요한 학문 · 지식 · 교육 따위를) ~에게 가르쳐 주다, 갖추게 하다, ~할 수 있도록 하다
mixture ⓝ 혼합, 혼합물   **tackle** ⓥ (힘든 문제 · 상황과) 씨름하다   **give ~ a shot** ~을 시도해 보다
if not ~까지는 아니라 하더라도   **sharpen** ⓥ (기량 등을) 갈고 닦다[연마하다]

[06~07]

해석

내가(제인(Jane)이) 12살 때 아버지는 우리 가족이 아버지 직장으로부터 50마일 떨어진 더 멋진 집으로 이사해야 한다고 결정했다. 이사로 인해 많은 비용이 들었고 엄마는 일을 해야 했다. 아빠는 통근을 위해 새 차를 구매했지만 엄마는 버스정류장에 가기 위해 1마일을 걸어야 했다. 아빠는 주말에 경마장에서 경마를 했다. 우리 중 누군가 아프면 그것은 엄마의 책임이었다. 배관이 파손되면 그것은 우리 책임이었다. 언니와 나는 직접 일을 해서 돈을 벌어 대학을 나왔다. 아빠는 우리에게 한 푼도 주지 않았다.
아빠가 퇴직하고 몇 년 후 엄마는 암에 걸렸고, 해야 할 일들은 죄다 내 책임이 되었다. 아빠는 손가락 하나도 까딱하지 않았다. 엄마가 돌아가시자 아빠는 여자 친구를 사귀었고, 새 차를 샀고, 우리랑 전화 통화 할 시간은 전혀 없었다. 마지막으로 내가 전화를 걸어 "요즘 어떻게 지내세요?"라고 묻자 아빠는 "그건 네 알 바 아니다"라고 답했다. 올해 크리스마스에 아빠 혼자 남겨지더라도 우리는 전혀 걱정하지 않을 것이다. 왜냐하면 아빠에게는 새 차와 새 여자 친구가 있고 딸들이 얼마나 형편없는 아이들인지에 관해 할 말이 많기 때문이다.

06 밑줄 친 표현인 That's none of your business는 _____.

① 아빠가 얼마나 세련된 사람인지를 보여 준다.

② 아빠의 유머 감각이 얼마나 형편없는가를 보여 준다.

③ 아빠는 제인이 시간을 허비하는 것에 크게 걱정하고 있음을 보여 준다.

④ 아빠가 제인을 쌀쌀맞게 대했음을 보여 준다.

| 정답 | ④

| 해설 | 본문 전체적으로도 아빠는 자신만 생각할 뿐 자신을 제외한 다른 식구들에게 무관심한 사람이었음을 알 수 있다. 때문에 "그건 네 알 바 아니다"라는 답변은 "제인을 쌀쌀맞게 대했음"을 보여 주고 있다. 따라서 정답은 ④이다.

07 이 글에 따르면, 다음 중 일치하는 것은?

① 엄마와 아빠의 관계는 아빠가 퇴직하고 나서 개선되었다.

② 아빠는 제인이 대학생 때 제인에게 재정적 지원을 하지 않았다.

③ 아빠가 직장에서 잘 나가고 있었을 때 엄마가 암 진단을 받았다.

④ 엄마가 돌아가시자 제인은 정기적으로 아빠와 전화로 대화를 나눴다.

| 정답 | ②

| 해설 | "언니와 나는 직접 일을 해서 돈을 벌어 대학을 나왔다. 아빠는 우리에게 한 푼도 주지 않았다.(My sister and I worked our way through college. Dad never gave us a dime.)" 여기서 정답은 ②임을 알 수 있다.

"아빠가 퇴직하고 몇 년 후 엄마는 암에 걸렸고, 해야 할 일들은 죄다 내 책임이 되었다. 아빠는 손가락 하나도 까딱하지 않았다.(Mom got cancer a few years after Dad retired, and everything that needed doing fell on me. He never lifted a finger.)"는 ①과 ③이 답이 될 수 없는 근거이다. "엄마가 돌아가시자 아빠는 여자 친구를 사귀었고, 새 차를 샀고, 우리랑 전화 통화할 시간은 전혀 없었다.(When Mom died, he found himself a girlfriend, bought a new car and had no time for our phone calls.)"는 ④가 답이 될 수 없는 근거이다.

| 어휘 | **track** ⓝ 경마장의 경주로   **play the horse** 경마   **plumbing** ⓝ 배관, 수도 시설

fall on (부담이) ~에게 떨어지다, ~의 책임[몫]이다   **chic** ⓐ 멋진, 세련된

indicate ⓥ 나타내다, 보여 주다   **give ~ cold shoulder** ~을 냉대하다, ~을 쌀쌀맞게 대하다

prosper ⓥ 번창하다, 번영하다

지그문트 프로이트(Sigmund Freud)는 결코 심리학자가 되려고 한 적이 없다. 상당히 나이가 들기 전까지, 자신이 사회 심리학 분야에 기여하고 있다는 생각은 더더욱 하지 않았다. 그는 단순히 신경 계통의 질병 치료를 전문으로 하는 빈의 의사일 뿐이었다. 프로이트가 이 일을 시작했을 때, 이 일로 인해 사회적 행동을 완전히 새로운 방식으로 이해하게 될 것이라고는 생각을 그는 별로 해 본 적이 없다.

사실, 프로이트는 개업 의사로 시작하기 전 이미 나이 서른을 넘겼다. 그리고 이 일을 시작한 이유도 원래 과학에 뜻이 있어서라기보다는 재정적인 이유로 시작하게 됐다. 약혼한 지 4년 후에 프로이트는 1886년 가을 마사 버네이즈(Martha Bernays)와 결혼했다. 그는 자신과 아내가 함께 시작할 새 가정 및 자신의 부모님 생계를 책임져야만 했다. 바로 이 무렵에 프로이트는 더 나은 재정적 안정을 찾고자 개업 의사로서 자신의 경력을 시작했다.

---

08 다음 중 나머지와 의미가 다른 것은?

① Ⓐ   ② Ⓑ   ③ Ⓒ   ④ Ⓓ

| 정답 | ③

| 해설 | Ⓐ, Ⓑ, Ⓓ는 개업의사로서 수행하는 신경계통의 질환의 치료에 해당하며, Ⓒ는 사회심리학자로서의 연구 대상에 해당한다. 따라서 정답은 ③이 된다.

---

09 이 글에 따르면, 다음 중 일치하는 것은?

① 어떤 면에서는 프로이트는 자신의 재정 상태로 인해 개업 의사가 되었다.
② 프로이트는 자신을 결코 사회 심리학 분야의 공헌자로 여기지 않았다.
③ 처음부터 프로이트는 인간의 정신을 이해하는 선구자가 되기로 결심했다.
④ 안타깝게도, 프로이트는 자신의 결혼으로 인해 심오한 심리 연구를 포기해야만 했다.

| 정답 | ①

| 해설 | 정답은 ①로 글 후반부의 "Sigmund Freud, in search of improved financial security, embarked on his career as a private physician." 부분에서 더 안정된 재정 상태를 얻기 위해 개업의가 되었다고 나온다. ②의 경우 "until quite late in life"를 통해 인생 말년이 되어서는 생각이 바뀌었다는 것을 알 수 있다. ③의 경우 첫 문장에 심리학자를 처음부터 꿈꾼 것은 아니라고 밝히고 있다. ④의 내용은 본문에 등장하지 않고, 대신 프로이트는 결혼 때문에 개업의를 시작한다고 나온다.

| 어휘 | **set out** 출발하다[(여행을) 시작하다]   **psychologist** ⓝ 심리학자   **physician** ⓝ 내과 의사
       specialize in ~을 전문으로 하다   **engagement** ⓝ 약속, 맹세, 약혼   **financial security** 경제적 안정
       embark on 착수하다, 시작하다

[10~11]

해석

과학은 조직화된 지식 체계로 종종 부적절하게 정의되곤 한다. 이런 식의 정의는 요리책, 카탈로그, 전화번호부와 같은 것을 과학으로 만들지만, 그렇다고 이런 책들이 과학이 되지는 않는다. 때때로 과학은 단순히 합리성으로 정의되지만, 이와 같은 식의 정의를 내리게 되면 신학과 형이상학도 과학이 되지만, 그렇다고 신학과 형이상학을 과학이라고 할 수 없다. 합리성은 논리적 일관성과 모순의 부재를 말한다. 합리성(rationality)은 사리분별(reasonableness)과 구분되어야 한다. 사리분별이란 믿는 바와 반대되는 주장과 증거에 열려 있는 마음을 의미하며, 기꺼이 (자신이 옳다고 믿는 것을) 재고하려는 의지를 말한다. 합리주의자들이라 하더라도 사리분별을 제대로 하지 못하거나 독단으로 흐를 수 있다.

10 다음 중 밑줄 친 ④ which와 ⑧ which 공통으로 의미상 가장 가까운 것을 고르시오.

① 과학
② 책들
③ 지식
④ 이성

| 정답 | ①

| 해설 | which는 science를 선행사로 받는 관계대명사이다. 따라서 각각의 which가 지칭하는 것은 science가 된다.

11 다음 중 ©에 들어갈 말로 가장 적절한 것은?

① 열려 있는
② 저항하는
③ 무관한
④ 제한적인

| 정답 | ①

| 해설 | 빈칸 바로 앞에서는 합리성(rationality)을 사리분별(reasonableness)과 구분하고 있다. 합리적이라고 해서 과학이 될 수 없다는 것이다. 그러면서 콜론을 이용해 빈칸의 내용과 콜론 뒤의 내용을 부연으로 처리하고 있다. 즉 "a willingness to reconsider"와 의미가 일치해야 하므로 빈칸에는 자신의 믿음에 반대되는 것들에 열려 있는(open) 자질이 되어야 한다. 반대되는 것에 열려 있다는 것이 자신이 옳다고 생각하는 것을 다시 한 번 재고한다는 의미가 되기 때문이다.

| 어휘 | **be defined as** ~로 정의되다   **inadequately** @ 부적당하게; 불충분하게
organized @ 조직화된, 조직적인   **rationality** ⓝ 순리성, 합리성; 도리를 알고 있음
theology ⓝ 신학   **metaphysics** ⓝ 형이상학   **logical consistency** 논리적 일관성
contradiction ⓝ 모순, 반박   **reasonableness** ⓝ 사리를 앎, 합리적임, 온당함
dogmatic @ 독단적인

[12~13]

한 연구에서, 참가자들은 미취학 아동들을 대상으로 한 수업을 비디오테이프에 녹화해 달라는 요청을 받았다. 한 '전문가'가 참가자들에게 그들의 업무 수행에 대한 상세한 피드백을 주었다. 참가자들은 같은 요청을 받은 파트너와 나란히 작업을 수행했다. 관심사는 피드백이 참가자들의 기분에 어떠한 영향을 미칠 것인가였다. 행복한 사람들의 기분은 그들이 긍정적인 피드백을 받았을 때 향상되었고, 부정적인 피드백을 받았을 때 나빠졌지만, 그들의 파트너가 받은 피드백을 듣거나 듣지 않았거나 하는 것은 영향을 미치지 않았다. 반면, 행복하지 않은 사람들은 그들의 파트너가 받은 피드백에 의해 매우 큰 영향을 받았다. 만일 한 참가자가 긍정적인 피드백을 받고, 그의 파트너가 더 좋은 피드백을 받았다면, 그 참가자의 기분은 나빠졌다. 만일 한 참가자가 부정적인 피드백을 받았으나, 그의 파트너가 더 나쁜 피드백을 받았다면, 그 참가자의 기분은 개선되었다. 따라서 행복하지 않은 사람들에게 유일하게 중요한 것은 마치 파트너와 비교해 그들이 얼마나 잘 수행했는가가 문제인 것처럼 보였다.

12 밑줄 친 ⓐ~ⓔ 가운데 가리키는 대상이 나머지 넷과 다른 것은?

① ⓐ   ② ⓑ   ③ ⓒ   ④ ⓓ   ⑤ ⓔ

| 정답 | ⑤

| 해설 | ⓐ ~ ⓓ까지는 실험 참가자 중 행복한 사람들에 해당하고, 마지막 ⓔ는 불행한 사람들을 지칭한다. 따라서 정답은 ⑤가 된다.

13 빈칸 (A)와 (B)에 들어갈 말로 가장 적절한 것은?

	(A)		(B)
①	예를 들어	–	그러나
②	반면에	–	따라서
③	요약하자면	–	비슷하게
④	간단히 말해서	–	놀랍게도
⑤	결과적으로	–	게다가

| 정답 | ②

| 해설 | (A)의 경우, 앞에서는 실험 참가자 중에서 행복한 사람들에 대한 실험 결과에 대해 말하고 있으며, 뒤에서는 참가자 중 불행한 사람들에 대해 말하고 있으며, 실험 결과도 대조적으로 나온다는 것을 알 수 있으므로, 대조를 의미하는 'on the other hand'가 와야 한다. (B)의 경우, 앞의 내용을 바탕으로 뒤에서 결론을 이끌어 내고 있으므로, 'thus'가 적합하다. 따라서 정답은 ②가 된다.

| 어휘 | **expert** ⓝ 전문가　　　　　**participant** ⓝ 참가자　　　　**performance** ⓝ 실행, 수행
feedback ⓝ 피드백　　　　**alongside** ⓟ ~옆에, 나란히, ~와 함께 **improve** ⓥ 향상되다, 향상시키다
worsen ⓥ 악화시키다　　　　**affect** ⓥ 영향을 주다　　　　**comparison** ⓝ 비교, 비유
to sum up 요컨대, 요약해서 말하면　**similarly** ⓐ 비슷하게, 유사하게　**in short** 요약하면, 요컨대

소프트백이나 소프트커버로도 불리는 페이퍼백은 책을 제본 형태에 따라 묘사한 것을 나타낸 말이다. 페이퍼백의 표지는 보통 종이나 보드지로 만들어져 있고 책장이 실이나 철사로 묶여있기 보다 풀로 접착되어 있다. 표지가 종이로 된 값싼 책은 최소한 19세기부터 소책자, 노란 표지책, 10센트짜리 소설, 공항 소설 등 여러 독특한 이름을 갖고 다양한 형태로 존재해 왔다. 대부분의 페이퍼백은 "신서판(新書版) 페이퍼백"이나 "대형 페이퍼백"이다. 반대로 하드커버 또는 두꺼운 표지를 가진 책은 표지가 천으로 덮인 보드지로 되어 있다. 하드커버는 더 비싸긴 하지만 내구성이 더 좋다.

책의 페이퍼백판은 출판사가 저가 형태로 책을 내놓기로 결정할 때 발행된다. 값싼 종이에, 풀로 제본되고, 표지도 두껍지 않기 때문에 페이퍼백은 낮은 가격에 팔릴 수밖에 없게 되며, 특히 하드커버판의 평균 가격과 비교해서 더 싸게 팔린다. 페이퍼백 형태는 책이 잘 팔릴 것으로 생각되지 않을 때나 출판사가 금액을 많이 투자하지 않고서 책을 출간하기를 원하는 상황에서 선호되는 매체이다. 이러한 예로는 여러 소설책의 경우 그리고 이전에 출간된 책의 판갈이를 하거나 재출간하는 경우 등이 있다.

14 다음 중 본문에 따르면 사실인 것은 무엇인가?

① 특별히 잘 팔릴 것으로 예측되지 않는 책은 페이퍼백 형태로 나온다.
② 인기 있는 책은 보통 하드커버 형태로 출간된다.
③ 책은 처음에는 하드커버 형태로 출간된다.
④ 오래된 책은 항상 하드커버 형태로 재출간된다.

| 정답 | ①

| 해설 | "페이퍼백 형태는 책이 잘 팔릴 것으로 생각되지 않을 때나 출판사가 금액을 많이 투자하지 않고서 책을 출간하기를 원하는 상황에서 선호되는 매체이다.(Paperbacks can be the preferred medium when a book is not expected to be a major seller, or in other situations where the publisher wishes to release a book without putting forth a large investment.)" 여기서 정답은 ①임을 유추할 수 있다.

15 밑줄 친 부분과 의미상 가장 가까운 것은?

① 하드커버 책의 가격이 낮아지면 더 많은 사람들이 하드커버 책을 읽게 된다.
② 하드커버 책은 더 비싸지만 페이퍼백 책에 비해 더 오래 간다.
③ 하드커버 책은 가격이 높을수록 더 오래 간다.
④ 책에 더 많은 비용을 지불할수록 더 오래 갈 것이 보장된다.

| 정답 | ②

| 해설 | 밑줄 친 부분을 해석하면 "하드커버는 더 비싸긴 하지만 내구성이 더 좋다"이며, 보기 중에서 이와 의미상 가장 가까운 것은 ②이다.

16 페이퍼백 책에 관해 유추할 수 있는 것은?

    ① 하드커버 책에 비해 품질이 낮다.

    ② 독자들은 페이퍼백 책을 선호한다.

    ③ 하드커버 책에 비해 읽기 더 쉽다.

    ④ 하드커버 책에 비해 더 나아 보인다.

| 정답 | ①

| 해설 | "값싼 종이에, 풀로 제본되고, 표지도 두껍지 않기 때문에 페이퍼백은 낮은 가격에 팔릴 수밖에 없게 되며, 특히 하드커버판의 평균 가격과 비교해서 더 싸게 팔린다.(Cheap paper, glued bindings and the lack of a hard cover contribute to the inherent low cost of paperbacks, especially when compared to the average cost of hardcovers.)" 여기서 정답은 ①임을 유추할 수 있다.

| 어휘 |
binding ⓝ 제본   bound ⓐ (책이) 장정한; 표지를 단

yellowback ⓝ 노란 표지책; 19세기 후반에 널리 보급되었던 염가판 선정 소설

dime novel 10센트짜리 싸구려 소설, 삼류 소설

mass-market paperback 신서판(新書版) 페이퍼백

trade paperback 대형 페이퍼백; 포켓판보다 큰 일반 서적   durable ⓐ 내구성이 있는, 오래 가는

inherent ⓐ 본질적인, 선천적인   preferred ⓐ 선호되는   medium ⓝ 매체

particularly ⓐⓓ 특히, 특별히

[17~18]

해석

과학자가 자연을 들여다보려고 노력하는 통찰력(insight)이란 무엇일까? 그런 통찰력을 상상력이 뛰어나다거나 창의적이라고 부를 수 있을까? 문학가에게는 이런 질문은 어리석은 것처럼 보일 수 있다. 그(문학가)는 과학이 많은 사실(facts)의 집합이라고 배워 왔다. 그리고 이것이 사실이라면, 과학자들이 해야 할 유일한 관찰이란 이런 사실을 관찰하는 것이라고 생각한다. 그는 과학에 대한 무색의 전문가들이 아침에 중립적이고, 어디에도 노출되지 않은 상태로 대학교에 일하기 위해 떠나는 모습을 상상한다. 그런 다음 그들은 사진건판(photographic plate)처럼 자신을 노출시킨다. 그리고 암실, 즉 실험실에 들어가 이미지를 현상한다. 그 결과 갑자기 그리고 놀랍게도 그 이미지가 원자력의 새로운 공식의 모습으로 대문자로 인쇄되어 나타난다.

17 다음 중 빈칸 (A)에 들어갈 말로 적절한 것은?

    ① 자연   ② 진실

    ③ 사실   ④ 신비

| 정답 | ③

| 해설 | 앞에서 과학을 잘 알지 못하는 문학인(a literary man)에게 과학은 사실의 거대한 집합(a large collection of facts)으로 인식된다고 설명한다. 따라서 그들에게 있어 과학자들이 할 일이란 그런 사실(facts)을 관찰하는 것이어야 하므로 정답은 ③이 된다.

18 다음 중 밑줄 친 (B) They가 지칭하는 것은?

① 문학자　　② 교수
③ 과학자　　④ 사진사

| 정답 | ③

| 해설 | (B)가 지칭하는 것은 과학자로, 본문에서는 'the colorless professionals of science'라고 표현하면서, 사진사에 비유하고 있다. 참고로, 문학인들에게 과학자가 하는 일이 사실들을 관찰하고 이후 연구실로 들어오면 사실이 사진이 현상되는 것처럼 바로 나타날 것으로 생각하지만, 사실은 그렇지 않다고 강조하는 글이다. 즉 과학자들의 통찰력(insight)의 중요성을 강조하는 글이다.

| 어휘 |
insight ⓝ 통찰력, 이해
creative ⓐ 창조적인, 창의적인
unexposed ⓐ 노출되지 않은
develop ⓥ (필름을) 현상하다
capital letter 대문자
imaginative ⓐ 창의적인, 상상력이 풍부한
literary ⓐ 문학의
expose ⓥ 노출시키다
startlingly ⓐⓓ 놀랍게도
formula ⓝ 공식
neutral ⓐ 중립의
photographic plate 사진 건판

[19~20]

해석

휴대폰의 푸른색 화면을 보며 잠에서 깨 즉시 일하기 시작하는 일은 없어야 한다. 휴대폰을 방 맞은편에 두거나 인접한 다른 방에 두면 더 좋다. 매일 아침 강제로 일어나 침대에서 나와 휴대폰의 알람 소리를 끄도록 해야 한다. 회사에 다니며 일할 때와 마찬가지로 알람 소리가 울리면 일어나 샤워를 하고 옷을 입는 등 일할 준비를 해야 한다. (당연한 말이지만) 비즈니스 정장은 필요하지 않다. 하지만 마치 회사 동료들과 대면하면서 소통할 것처럼 행동해야 한다. 따지고 보면, 동료들이 언제 화상 채팅을 원할지 알 수 없기 때문이며, 티셔츠를 입고 있지 않다는 이유로 화상 채팅을 못하겠다고 할 수도 없기 때문이다. 이렇게 하는 것은 그날의 리듬을 설정해 주는 것이기도 하고, 만에 하나 혹시라도 생길 수 있는 점심시간 즈음에 한숨 자러 침대에 다시 기어 들어가고 싶다는 나른한 생각을 단념시켜줄 수도 있다. 물론 업무 시간에 낮잠을 청하는 것이 어느 정도 타당한 이유가 있기는 하지만 말이다.

19 다음 중 글의 요지로 적합한 것은?

① 시간 관리를 어떻게 할 것인가
② 재택근무를 어떻게 할 것인가
③ 일과 삶의 균형을 어떻게 유지할 것인가
④ 직장에서 성공하려면 어떻게 해야 하는가

| 정답 | ②

| 해설 | 본문 중 "회사에 다니며 일할 때와 마찬가지로 알람 소리가 울리면 일어나 샤워를 하고 옷을 입는 등 일할 준비를 해야 한다"는 내용을 포함해, 동료와 화상 채팅을 할 수 있으니 복장은 어느 정도 갖춰 입고 있어야 한다는 내용 등으로 재택근무를 어떻게 할 것인가에 대해 충고하는 내용이므로, 정답은 ②가 된다.

20 다음 중 밑줄 친 부분이 의미하는 것은?

① 근무 중 낮잠을 위해 무엇인가가 필요하다.

② 근무 중 낮잠이 당신에게 좋은 것일 수 있다.

③ 어떤 고용주도 근무 중 낮잠을 허용해 주지 않을 것이다.

④ 근무 중 낮잠에 대해서는 당신이 말할 수 있는 것이 있다.

| 정답 | ②

| 해설 | "there is something to be said for something"은 "~에 대해서는 어느 정도 타당한 이유가 있다"는 뜻으로, 업무 중 낮잠이 좋은 것일 수 있다는 내용이다. 따라서 정답은 ②가 된다. ④는 근무 중 낮잠은 해 줄 말이 있는 사안이라는 뜻으로, 어떤 사안에 대한 직접적인 경험 등의 이유로 다른 사람에게 얘기할 수 있을 정도로 어느 정도는 알고 있다는 의미이다. 따라서 정답으로 부적합하다.

| 어휘 | **hue** ⓝ 색조, 모양, 특색

go off (경보기 등이) 울리다

after all (예상과는 달리) 결국에는; 어쨌든, 따지고 보면

tempo ⓝ 박자, 속도

notion ⓝ 생각, 관념

nap ⓝ 낮잠 ⓥ 잠시 졸다

better yet 더 좋은 것은

attire ⓝ 의복, 복장

discourage ⓥ 낙담시키다, 단념시키다

crawl back into 다시 안으로 기어 들어가다

adjacent ⓐ 인접한, 접근한

in person 직접, 대면한

beg off (하기로 한 일을) 못하겠다고 하다

there is something to be said for something ~에 대해서는 어느 정도 타당한 이유가 있다

[21~22]

해석

펜실베이니아 대학의 연구자들은 주요 심장 수술을 받은 환자 중 배우자가 있는 환자가 이혼이나 별거, 혹은 배우자를 여의고 홀로 된 환자보다 2년 이내에 더 나은 기능 회복을 보였다는 사실을 발견했다. 이 말은 그들이 스스로 더 잘 옷을 입거나 목욕을 하거나 화장실에 갈 수 있다는 것을 의미한다. 실제로 더 이상 결혼 상태가 아닌 사람들은 집에 배우자가 있는 사람들보다 수술 후 처음 2년 동안 사망하거나 새로운 기능 장애를 일으킬 가능성이 약 40% 더 높았다. (연구에서 한 번도 결혼하지 않은 사람은 숫자가 부족해 평가하지 못했다.)

연구원들은 건강이 더 좋지 않은 사람들이 결혼 후 다시 독신이 될 가능성이 더 높은 것인지 아니면 재활에 배우자가 큰 영향을 주는 것인지는 아직 확실하지 않은 것으로 나타났다. 어느 쪽이든, 병원은 사람들이 심장 수술 후의 삶을 계획할 수 있게 도와줄 때 환자의 결혼 상태를 고려해야 한다고 연구원들은 말한다.

21 이 글에 따르면, 다음 중 일치하는 것은?

① 혼인 여부가 수술 후 빠른 회복을 결정하는 유일한 요인이다.

② 이혼한 환자들은 심장 수술 전에 건강이 더 나쁜 상태였다.

③ 통계적으로 결혼한 환자들은 더 이상 결혼한 상태가 아닌 환자들보다 더 빠른 회복을 보였다.

④ 건강이 더 좋지 못한 사람들은 심장 수술 후 결혼하는 경향이 있다.

| 정답 | ③

| 해설 | 배우자가 있는 환자들이 이혼/별거/사별 등의 이후로 결혼 후 다시 독신이 된 사람들보다 더 빠른 회복을 보인다는 글이므로 정답은 ③이 된다. ①의 경우 only가 빠져야 한다.

22 다음 중 밑줄 친 부분이 함축하고 있는 것은?

① 평가를 하기 위해서는 우리는 결혼한 사람들이 충분히 많아야 한다.
② 수술 전에 결혼한 사람이 충분히 많지 않았다.
③ 한 번도 결혼하지 않은 사람은 평가하기 쉽다.
④ 한 번도 결혼하지 않은 사람들을 평가할 데이터가 충분하지 않았다.

| 정답 | ④

| 해설 | 밑줄 친 부분은 한 번도 결혼하지 않은 사람들의 경우 평가하기에 충분한 수가 아니었다는 말이므로 데이터가 충분하지 않았다는 ④가 정답이 된다.

| 어휘 | **spouse** ⑪ 배우자
divorced ⓐ 이혼한, ~와 분리된[단절된]
bathe ⓥ 목욕하다
make an assessment 평가하다
rehabilitation ⑪ 갱생, 재활

cardiac surgery 심장 수술
separated ⓐ 갈라선[헤어진 · 별거 중인]
disability ⑪ 장애
make a big difference 큰 영향을 끼치다
marital status 혼인 여부

functional ⓐ 기능 위주의, 실용적인
widowed ⓐ 미망인[홀아비]이 된
postsurgery ⑪ 수술 후

[23~25]

해석

자신의 실생활에 대한 정확한 모습을 소셜 미디어에 공개하는 사람은 없다. 삶에서 말다툼하고, 지루하고, 있는 그대로의 모습은 생략하고, 대신 멋진 순간들을 올려놓는다. 페이스북(Facebook)에 매일 노출될 경우 사람들은 스스로 자신이 불충분한 존재라는 생각을 하게 된다는 것이 이러한 "성공 극장(success theater)"이 갖는 단점에 해당한다. 다른 사람들의 최고의 순간들을 지속적으로 직면하다 보면 나를 제외한 세상 모든 사람들이 성공과 즐거움, 모험으로 가득 찬 이러한 멋진 세상에 살고 있는 반면, 당신은 그곳에 앉아 페이스북이나 들여다보고 있다는 착각이 들게 한다. 이런 현상이 인스타그램(Instagram)과 같은 다른 사이트에서도 발생한다.

23 저자가 믿는 것으로 적절한 것은?

① 다른 사람들의 페이스북을 들여다보는 것이 자신을 더 잘 돌보도록 장려한다.
② 페이스북에 사진을 게시하는 것은 높은 자존감과 관련이 있다.
③ 다른 사람들의 페이스북에 자주 노출되면 우울증의 위험이 증가할 수 있다.
④ 페이스북 이용자들은 페이스북을 이용하지 않는 사람들보다 더 외향적인 경향이 있다.

| 정답 | ③

| 해설 | 사람들의 가공된 모습이 게시되는 페이스북과 같은 소셜 미디어를 지속적으로 보다 보면 자신은 무엇인가 부족한 사람이라는 생각을 갖게 된다는 내용이므로, 다른 사람들의 페이스북에 자주 노출되면 우울증의 위험이 증가할 수 있다는 ③이 저자의 생각으로 적합하다.

24 다음 중 밑줄 친 "This"가 의미하는 것은?

① 정 반대의 착각

② 다른 사람들의 인생 중 지루한 측면

③ 보다 정확한 모습

④ 동일한 현상

| 정답 | ④

| 해설 | This는 바로 앞 문장 전체를 지칭하며, 다른 이들의 페이스북에 지속적으로 노출되면 자신을 제외한 다른 모든 이들이 멋진 삶을 살고 있다는 착각(illusion)이 든다는 내용이다. 그리고 이것과 동일한 현상이 다른 소셜 미디어인 인스타그램과 같은 곳에서도 동일하게 발생한다는 내용이므로, 정답은 ④가 적합하다.

25 다음 중 빈칸 (A)에 가장 적절한 것은?

① 불충분한

② 중요한

③ 안심하는

④ 안도하는

| 정답 | ①

| 해설 | 이용자들이 자신들의 멋진 모습만을 올려놓는 페이스북과 같은 소셜 미디어가 갖는 단점(downside)에 대해 말하고 있으므로, 빈칸에는 부정적 내용이 와야 한다. 다른 사람들의 페이스북을 자주 들여다보면 스스로를 부족한 사람이라고 생각하게 된다는 내용이 뒤에 이어지므로, 빈칸에는 '불충분한'이라는 ① inadequate가 적합하다.

| 어휘 | **omit** ⓥ 생략하다   **bickering** ⓐ 말다툼하는

unflattering ⓐ 있는 그대로 나타내는, 아첨하지 않는, 노골적인

in favor of ~을 위하여, 선호하여; ~을 찬성[지지]하여   **fabulous** ⓐ 기막히게 좋은, 멋진

downside ⓝ 단점, 불리한 면, 하락세

success theater 성공 극장 (성공의 환상 속에 있는 것. 현실적 성공을 위해 경주하는 것과 대비되는 상황을 나타냄)

exposure ⓝ 노출, 발각, 탄로   **constant** ⓐ 변함없는, 일정한   **barrage** ⓝ 집중 포화; (~의) 세례

illusion ⓝ (특히 사람 · 상황에 대한) 오해[착각]; 환상, 환각, 착시   **have to do with** 서로 관계가 있다

self-esteem ⓝ 자존감   **outgoing** ⓐ 외향적인, 사교적인   **inadequate** ⓐ 부적당한, 불충분한

secure ⓐ 안심하는   **relieved** ⓐ 안도하는, 다행으로 여기는

연습 문제

[01~02]

해석

한 노인이 천막 근처에서 칠면조를 키웠다. 어느 날 누군가 칠면조를 훔쳐 갔다. 노인은 아들들에게 가서 칠면조를 찾으라고 말했다. 하지만 아들들은 칠면조가 그렇게 소중한 것은 아니라고 생각해서 아버지의 말을 신경 쓰지 않았다. 2주 뒤 낙타를 도둑맞았다. 아들들이 이제 어떻게 해야 하느냐고 묻자, 노인은 가서 칠면조를 찾으라고 했다. 몇 주 뒤 딸이 납치를 당했다. 노인은 "그들은 칠면조를 훔친 후 자신들을 제지할 사람이 아무도 없다는 것을 알게 됐다."라고 말했다. 기만적인 사람은 예의를 모른다. 당신이 그들을 제지하지 않으면 그들은 당신을 이용하려고 할 것이고 나중에는 더 큰 것을 빼앗으려 할 것이다. 도둑들은 자신들이 훔친 것을 정당하게 소유할 권리가 자신들에게 있다고 잘못 생각하고, 동일한 나쁜 짓을 반복한다. 많은 국가는 테러범들에게 단호한 태도를 취하며, 그들과는 절대 협상하지 않을 것이라고 말하는데, 그렇게 했다가는 무고한 사람들을 위험에 빠뜨릴 수 있기 때문이다.

01 다음 중 밑줄 친 Ⓐ devious와 가장 가까운 의미에 해당하는 것은?

① 탐욕스러운　　　　　　　　　　② 거만한
③ 교묘하게 속이는　　　　　　　　④ 솔직한

| 정답 | ③

| 해설 | devious는 '정직하지 못한, 기만적인'의 뜻이므로, '교활한, 음험한, 교묘하게 속이는'을 뜻하는 ③ guileful이 동의어가 된다.

02 다음 중 빈칸 Ⓑ에 가장 적절한 것은?

① 단호한　　　　　　　　　　　　② 고분고분한
③ 우유부단한　　　　　　　　　　④ 은밀한

| 정답 | ①

| 해설 | 빈칸 뒤에서 "they will never negotiate with them"을 통해 테러범들과는 결코 협상하지 않는다고 했으므로, 테러범에 대해 우유부단하지 않은 '단호한(adamant)' 입장을 취하고 있다는 것을 알 수 있다. 따라서 정답은 ①이 된다. 고분고분하게 행동하거나 우유부단하게 행동하면 나쁜 짓을 하는 이들이 나중에는 더 큰 잘못을 서슴지 않고 하기 때문이라고 말한다.

| 어휘 | **turkey** ⑪ 칠면조　　　　　　　**not bother** ~에 신경 쓰지 않다　　　　**abduct** ⓥ 유괴하다
　　　　devious ⓐ 정직하지 못한, 기만적인; 많이 둘러 가는[직선도로가 아닌]　　　**courtesy** ⑪ 예의, 공손, 정중
　　　　take advantage of 이용하다　　　**mistakenly** ⓓ 잘못하여, 실수로

legitimately ⓐ 합법적으로, 정당하게	**be entitled to** ~을 받을 자격을 갖춘 **mischief** ⓝ 나쁜 짓, 장난
negotiate ⓥ 협상하다	**put somebody in danger** ~를 위험에 빠뜨리다
insatiable ⓐ 만족을 모르는, 탐욕스러운	**pompous** ⓐ 젠체하는, 거만한
guileful ⓐ 교활한, 음험한, 교묘하게 속이는	
candid ⓐ 솔직한, 노골적인, 거리낌 없는	**adamant** ⓐ 요지부동의, 단호한; 완강한, 강직한
pliant ⓐ 유연한, 고분고분한, 잘 휘는	**vacillating** ⓐ 우유부단한, 동요하는 **surreptitious** ⓐ 은밀한, 슬쩍 하는

[03~04]

해석

세계 경제의 가속화 그리고 이와 연관되어 봉급 및 근로 환경에 대해 어떠한 형태로든 통제력을 지니고 있었던 사람들의 감소가 바로 주된 원인이다. 사회 경제적 단계에서 밑바닥에 위치한 사람들이 가장 극심한 고통을 느끼고 있다. 이들은 두서너 개의 직업을 유지하면서, 지금의 생활방식을 유지할 수 있을 만큼의 소득을 가까스로 벌어들이며, 주말에도 일을 하고, 휴일에도 쉬지 못하며, 사회 안전망이 거의 없다시피 하며, 때문에 자신에게 벌어지는 온갖 일들을 스스로 통제하지도 못하고 있다는 생각을 종종 하게 된다. 하지만 자신의 운명을 완전히 통제하고 있는 것으로 보이는 성공적인 전문직 종사자라도 <u>경제적으로 쪼들리는</u> 것은 마찬가지이다. 예를 들어 미국 민간 의료보험 조직(HMO)의 명령 하에서 불가능하리만큼 빡빡한 일정 하에서 근무하는 의사의 경우 너무나 상황에 압도당한 나머지 의사들 중 상당수가 노조를 통해 대리권을 행사하는 것을 추구하고 있다.

---

03 다음 중 밑줄 친 표현과 의미상 가장 가까운 것은?

① 한 입 베어 물다
② 재정적인 어려움을 겪다
③ 파산 선고를 하다
④ 부를 추구하다

| 정답 | ②

| 해설 | 밑줄 친 feel the pinch는 "돈에[경제적으로] 쪼들리다"는 의미를 지니며, 보기 중에서 이와 의미상 가장 가까운 것은 ②이다.

---

04 이 글에 따르면, 다음 중 일치하는 것은?

① 고액 연봉을 받는 사람들 대부분은 자신의 직업에 관해 무기력한 태도를 보이고 있어서 제대로 일을 해나갈 수 없다.
② 너무 큰 충격을 받은 의사들은 겁을 집어먹은 나머지 자체적으로 노조를 조직하게 되었다.
③ 경제적 세계화가 가속화될수록 가장 큰 피해를 입는 사람들은 사회 경제적으로 낮은 계층에 속하는 사람들이다.
④ 경제 성장의 가속화는 미국 민간 의료보험 조직의 노조 대리권을 좌절시켰다.

| 정답 | ③

| 해설 | "사회 경제적 단계에서 밑바닥에 위치한 사람들이 가장 극심한 고통을 느끼고 있다.(People at the bottom of the socioeconomic ladder feel the pain most sharply.)" 따라서 정답은 ③이다.

| 어휘 | **acceleration** ⓝ 가속, 촉진　　**associated** ⓐ 관련된, 연관된　　**culprit** ⓝ 범인, 장본인, (문제의) 원인
socioeconomic ⓐ 사회 경제적인　　**ladder** ⓝ (조직·활동 분야 등에서 성공하기 위해 밟고 올라가는) 단계[사다리]
hold down (지위·직업 등을) 유지하다
pay the bills 스스로의 생활방식을 유지할 수 있을 만큼의 소득을 벌다　　**social safety net** 사회 안전망
out of control 제어[통제]할 수 없는　　**professional** ⓝ (지적) 직업인, 전문가

in charge of ~을 맡아서, ~을 책임지고 있는
feel the pinch 돈에[경제적으로] 쪼들리다
health maintenance organization 미국 민간 의료보험 조직
union representation 노조 대표성, 노조의 대리권
highly-paid ⓐ 높은 급료를 받는, 고액 연봉의
outrageous ⓐ 너무나 충격적인, 아주 별난
frustrate ⓥ 좌절감을 주다

destiny ⓝ 운명, 숙명
crowded ⓐ 빡빡한, 붐비는
overwhelmed ⓐ 압도당한, 제압당한
take a bite 한입 베어 물다
lethargic ⓐ 무기력한, 둔감한
frightened ⓐ 겁먹은, 무서워하는

[05~06]

해석

젊은 경찰관이 처음 제복을 입게 되면, 거의 확실히 생경하고 낯선 느낌을 받게 된다. 하지만 다른 사람들은 다소 예측 가능한 다양한 방식으로 제복에 반응하며, 이는 성직자나 흰 상의를 걸친 의사에 반응하는 것과 마찬가지이다. 이러한 반응은 경찰관이 제복의 일부가 된 느낌을 갖도록 그리고 제복에 포함된 역할에 보다 편안함을 느끼도록 하는 데 도움이 된다. 이것이 제복의 요점이다. 제복은 사람들로 하여금 스스로를 특정한 행동 방식에 맞게 생각하도록 돕고, 그 사람이 수행할 것으로 기대되는 기능에 대해 다른 사람들에게 명확하게 전한다. 우리의 복장 및 외모 또한 좋든 싫든 간에 일종의 제복이다. 이들은 우리에게서 기대해야 할 것이 무엇인지에 관해 다른 사람들에게 전하는 매우 영향력 있는 진술이다. 마찬가지로, 이들은 우리 자신에게서 기대해야 할 것이 무엇인지에 관해 우리 스스로에게 전하는 매우 영향력 있는 진술이기도 하다. 이러한 것이, 다른 사람들이 우리의 외모에 반응하는 방식과 함께, 우리가 느끼고, 생각하고, 행동하는 방식을 형성하는 데 강력한 영향을 미친다.

05 다음 중 빈칸 (D)에 가장 적절한 것은?

① 간결한
② 마찬가지로
③ 설상가상으로
④ 이에 반하여

| 정답 | ②

| 해설 | 빈칸 앞 문장에서 they는 "우리의 복장 및 외모"를 가리킨다. 사람들은 우리의 복장 및 외모를 통해 우리가 어떤 사람인지 그리고 우리에게서 무엇을 기대할 수 있을지 유추할 수 있다. 이것이 빈칸 앞 문장의 내용이다. 그리고 빈칸이 들어간 문장을 보면, 우리의 복장 및 외모가 우리로 하여금 마음을 다잡고 외부에 비치는 우리 자신의 모습을 바라볼 수 있는 역할을 함을 알 수 있다. 즉 우리의 복장 및 외모의 역할은 빈칸 앞 및 뒤에서 유사함을 알 수 있다. 따라서 정답은 ②이다.

06 가장 알맞은 것을 고르시오.

	(A)	(B)	(C)
①	예측 가능한	편안한	특정한
②	종잡을 수 없는	불편한	특정한
③	예측 가능한	불편한	일반적인
④	종잡을 수 없는	편안한	일반적인

| 정답 | ①

| 해설 | **(A)**: 제복을 보면 그 사람이 어떻게 행동할 것인지 쉽게 예상이 가능하고, 따라서 사람들은 "예측 가능한" 방식으로 제복에 반응한다. 따라서 빈칸에는 predictable이 적합하다.

(B): 사람들이 제복을 입은 사람에 보이는 반응은 어느 정도 예측이 가능하고, 따라서 제복을 입은 사람은 사람들의 반응을 예측할 수 있으므로 제복에 맞는 자신의 역할 또한 "편안한" 마음으로 받아들일 수 있다. 따라서 빈칸에는 comfortable이 적합하다.

(C): 제복을 입은 사람의 행동은 그 제복에 맞는 "특정한" 행동일 것이다. 따라서 빈칸에는 particular가 적합하다. 이러한 점들을 감안했을 때 답으로 가장 적합한 것은 ①이다.

| 어휘 |
a range of 다양한	**predictable** ⓐ 예측 가능한	**coated** ⓐ 상의를 걸친
go with ~에 포함되다[딸려 나오다]	**communicate** ⓥ 전하다, 알리다	**statement** ⓝ 성명, 진술
shape ⓥ 형성하다, (어떤) 모양[형태]으로 만들다[빚다]		**to the point** 간단명료한, 간결한
equally ⓓ 마찬가지로	**contrarily** ⓓ 이에 반하여	

[07~09]

> 해석

도라(Dora)는 자신이 잇달아 몰아 본 중고차에 불만을 느꼈다. 통근하는 사람은 자신임에도 차를 선택하는 사람은 남편인 행크(Hank)였다. 남편은 항상 "흥미롭긴" 하지만 수리를 계속 할 필요가 있는 차만 택했다. 차의 브레이크가 고장 나는 바람에 도라는 거의 죽을 뻔했고, 이후 둘은 또 다른 중고차를 고르기 위해 시장에 있다. 도라는 친구로부터 신형 세단을 구입하고 싶었다. 남편은 15년 된 스포츠카에 시선을 고정했다. 도라는 지루할지 모르나 신뢰할 수 있는 차량을 사는 것이 더 합리적인 선택이라고 남편을 설득하려 했지만, 남편은 흔들림 없이 스포츠카를 고집했다.

예전이었다면 도라는 남편의 바람에 응했을 것이다. 하지만 이번에 도라는 지루하지만 신뢰할 수 있는 차량을 구입했고 남편이 분노할 것에 대비하여 마음을 단단히 먹었다. 놀랍게도 남편은 불평의 말을 한마디도 하지 않았다. 나중에 도라가 남편에게 남편이 분노의 반응을 보일 것이라고 예상했었다고 말하자 남편은 도라가 가진 두려움에 대해 놀리면서 만일 도라가 자신이 원하는 차를 절실히 얻고 싶다고 생각했다면 처음부터 원하는 차를 구매했어야 했는데 왜 그렇지 못했냐고 되물었다.

---

07 이 글에서 유추할 수 있는 것은?

① 도라는 지나치게 뭔가를 밀어붙이는 성격이라 행크는 도라와 대립하는 상황을 두려워한다.
② 도라는 어떤 차를 살지에 관해 행크와의 대립을 피했었다.
③ 도라는 출근할 때 운전하는 것 보다 걷는 것을 더 선호한다.
④ 도라와 행크 부부는 도라가 사기를 원하는 차의 주인인 도라의 친구와 매우 친밀한 사이이다.

| 정답 | ②

| 해설 | 본문 마지막의 남편의 반응을 통해 알 수 있듯이 만일 도라가 중고차 구매에 있어 남편과의 의견 충돌을 각오하고 자신의 의견을 강하게 피력했더라면 남편은 도라의 의견을 따랐을 것이지만, 이 사실을 알게 되기 전까지 도라는 계속 남편의 의견을 따랐다. 즉 도라는 남편과의 의견 충돌을 회피하고 남편이 원하는 대로 따르기만 했다가 충돌을 각오하고 남편의 뜻을 따르지 않았던 것이다. 따라서 정답은 ②이다.

08 다음 중 빈칸에 가장 적절한 것은?

① 놀랍게도   ② 슬프게도

③ 실망스럽게도   ④ 예상대로

| 정답 | ①

| 해설 | 빈칸 앞에서는 도라가 남편과의 충돌을 각오하고 자신의 의견을 관철했음을 알 수 있고, 빈칸 뒤에서는 남편이 불평 한마디 없이 부인의 뜻을 따랐음을 알 수 있다. 이는 도라 입장에서는 "놀라운" 일이다. 따라서 정답은 ①이다.

09 밑줄 친 <u>steeled herself</u>와 의미상 가장 가까운 것은?

① 더욱 적극적이 되려고 한다

② 실제보다 더욱 약삭빠르게 보이려 한다

③ 뭔가 불편한 일이 벌어지는 상황에 대비하려 한다

④ 까다로운 상황에 대처하는 것을 회피한다

| 정답 | ③

| 해설 | steel oneself for는 "~에 대해 마음을 단단히 먹다" 등을 의미하며, 본문에서는 도라가 남편의 의견에 따르지 않았고 이에 대해 남편이 반발하는 상황 즉 "뭔가 불편한 일이 벌어지는 상황에 대비하려 했다"는 의미이다. 따라서 정답은 ③이다.

| 어휘 | **frustrated** ⓐ 좌절한, 불만스러워 하는   **go for** ~을 택하다[고르다]   **continual** ⓐ 반복되는, 계속되는
late-model ⓐ 신형의   **dependable** ⓐ 믿을[신뢰할] 수 있는   **sway** ⓥ (마음을) 흔들다[동요시키다]
accede to ~에 응하다   **steel oneself for** ~에 대해 마음을 단단히 먹다
to one's amazement 놀랍게도   **remonstrance** ⓝ 항의, 불평   **scoff at** 비웃다, 놀리다
pushy ⓐ 지나치게 밀어붙이는[강요하려 드는]   **confrontation** ⓝ 대치, 대립
as to ~에 관해서는   **sharp** ⓐ 영리한, 약삭빠른

[10~11]

해석

뛰어난 제2 언어 독자들은 수많은 단어를 자동적으로 인식할 수 있어야 한다. 제2 언어 독자들은 언제나 어휘 지식이 제한적이라 불리한 입장에 처해 있기 때문에 자신들이 마주할 수많은 모르는 단어의 의미를 유추할 수 있도록 문맥에서 실마리를 얻어야 한다. 불행히도 제2 언어 독자들의 매우 제한적인 어휘 지식이야말로 바로 이들이 문맥에서 실마리를 최대한 얻는 데 방해가 된다. 다시 말해 모국어 독자에 비해 제2 언어 독자들은 어휘 지식이 부족해 단어의 의미를 유추를 통해 얻을 수밖에 없는 경우가 더 잦다는 것이다. 그러나 이처럼 어휘 지식이 모자란 것 그 자체로 인해 제2 언어 독자들은 추측을 할 수 있도록 문맥을 활용해 실마리를 얻는 능력이 크게 제한당한다.

10 밑줄 친 (A), (B), (C), (D) 중 용법상 옳지 <u>않은</u> 것은?

① (A) 가능한   ② (B) 최대한

③ (C) 비교하여   ④ (D) 크게

| 정답 | ④

| 해설 | (A)는 be able to의 표현이므로 옳고, (B)는 make use of의 표현에서 형용사인 full은 명사인 use 앞에 나오기 때문에 적절하고, (C)의 compared to 역시 '모국어 독자에 비해'라는 표현으로 분사구문으로 적절하다. 하지만 (D)의 경우 severe가 동사 limit를 수식하기 때문에 severely로 바뀌어야 한다.

---

11 이 글의 제목으로 가장 적절한 것은?

① 어휘 구축을 위한 방법
② 모국어 독서에 있어 단어의 의미
③ 제2 언어 독서에 있어 어휘 지식
④ 모국어 독서에 있어 문맥을 통한 실마리

| 정답 | ③

| 해설 | 본문은 제2 언어 독자들에게 있어 단어를 자동적으로 인식할 수 있는 능력을 갖춰야 하지만, 어휘 지식 자체가 제한적이라 단어의 의미를 유추하여 얻으려 해도 단어의 실마리를 찾는 데도 어려움을 겪음을 말하고 있다. 즉, 제2 언어 독자는 풍부한 어휘 지식을 갖출 필요가 있음을 강조하고 있다. 따라서 정답은 ③이다.

| 어휘 | **infer** ⓥ 추론하다, 유추하다　　　　　　**hinder** ⓥ 방해하다, 가로막다

[12~14]

해석

나폴레옹은 검은 고양이를 두려워했다. 소크라테스는 악마의 눈을 두려워했다. 율리우스 카이사르는 꿈을 무서워했다. 헨리 8세는 자신이 앤 불린과 결혼한 것은 마법으로 인해 함정에 빠진 탓이라고 주장했다. 표트르 대제는 다리를 건너는 것을 병적으로 두려워했다. 새뮤얼 존슨은 건물에 들어가고 나올 때 오른발을 먼저 댔다. 불운에 대한 미신 때문에 여전히 많은 사람들은 사다리 밑을 걷지 않고, 실내에서 우산을 펴지 않고, 13일의 금요일에 비행기를 타지 않는다. 반면에 이런 미신을 믿는 같은 사람들이 행운을 빌면서 손가락을 꼬거나 나무 막대기를 두드린다.

미신적인 믿음은 본래 비논리적이라는 점을 <u>고려했을 때</u> 교육의 도입과 과학의 출현을 통해 사라졌어야 했다. 그러나 객관적인 증거가 큰 가치를 지닌 것으로 평가되는 오늘날에도, 하나나 둘 또는 수많은 미신을 비밀리에 간직하고 있음을 인정하지 않으려는 사람은, 굳이 압력을 가하자면, 거의 없다. 미국 전역에 걸쳐 수만 장의 복권의 번호는 날마다 사람들이 "행운의" 숫자라 여기는 것과 다를 바 없는 것에 근거해 기입된다. 아마도 이는 미신은 <u>과거로부터 전해진 일관성 있는 유산</u>이기 때문에 나타날 수밖에 없는 결과이다.

---

12 빈칸 ⓐ에 가장 알맞은 것은?

① ~에도 불구하도　　　　　　　② ~을 고려해 볼 때
③ ~에 관해　　　　　　　　　　④ ~에도 불구하고

| 정답 | ②

| 해설 | 빈칸이 들어간 문장과 그 다음 문장의 대략적인 내용은, "미신적인 믿음은 비논리적이고 과학적이지 않기 때문에 교육이 널리 보급되고 과학이 발달할수록 사라질 수밖에 없다고 생각했지만, 실제로는 오늘날에도 아직 미신을 중시하는 사람이 존재한다"

이다. 이를 감안하고 보기에 등장하는 표현을 빈칸에 대입해 봤을 때 가장 적합한 것은 "비논리적이라는 점을 고려했을 때 사라져야 했을 것이다"란 의미에서 ②가 가장 적합하다.

---

13 밑줄 친 ⓑ cherishing과 그 의미가 가장 가까운 것은?

① 마음속에 품다　　　　　　　　　② 모방하다

③ 즉흥적으로 하다　　　　　　　　④ 삭감하다

| 정답 |　①

| 해설 |　밑줄 친 cherishing에서 cherish는 "소중히 여기다, (마음속에) 간직하다" 등의 의미를 지니며, 보기 중에서 이와 의미상 가장 가까운 것은 "(계획ㆍ생각 등을) 품다"는 의미인 harbor에서 나온 ①의 harboring이다.

---

14 빈칸 ⓒ에 가장 알맞은 것은?

① 과거로부터 전해진 일관성 있는 유산

② 우리 역사의 터무니없는 현상

③ 우리 인간 유산의 고대의 일부

④ 모든 인간 문명의 불필요한 기준

| 정답 |　①

| 해설 |　미신은 과학의 발전과 교육의 확대와 함께 사라져야 할 것 같지만 실제로는 그렇지 않았다. 왜 어떤 미신이 사라지지 않고 지금도 이어지는지를 생각해 보면, 과거부터 미신이 어떤 일관성 있는 결과를 보였고 그것이 현대인들에게도 뭔가 설득력이 있기 때문이 아닐까 유추할 수 있다. 따라서 정답은 ①이다.

| 어휘 |　**witchcraft** ⓝ 마법, 마술　　　　**pathological** ⓐ 병적인

knock (on) wood (불길함을 떨치기 위해) 나무 막대기 등을 두드리며 주문을 외다　　**given** ⓟ ~을 고려해 볼 때

irrational ⓐ 비이성적인, 비논리적인　　**recede** ⓥ 약해지다, 서서히 물러나다　　**advent** ⓝ 도래, 출현

cherish ⓥ 소중히 여기다, (마음속에) 간직하다

nothing more or less ~와 다를 바 없는　**harbor** ⓥ (계획ㆍ생각 등을) 품다　　**emulate** ⓥ 모방하다

improvise ⓥ 즉흥적으로 하다　　**curtail** ⓥ 삭감하다, 축소하다　　**coherent** ⓐ 일관성 있는

absurd ⓐ 터무니없는, 우스꽝스러운　**dispensable** ⓐ 없어도 되는, 불필요한

[15~16]

해석

보고서를 돌려받게 되면, 시간을 내서 교사가 작성한 의견을 꼼꼼히 따져 보는 것이 좋다. 이것은 초안과 수정된 보고서 사이의 변경 사항을 고려하여 반 친구들의 의견을 교사의 의견과 비교할 수 있는 좋은 기회이다. 반 친구들이 당신에게 더 신경 쓰도록 독려했던 원고의 부분을 개선했는가? 교사가 반 친구들이 보고서에서 의견을 말하지 않은 부분에 대해 의견을 말했는가? 이 정보를 피어에디팅(peer-editing)을 함께했던 친구와 공유하길 바란다. 당신이 살펴봤던 모든 보고서에 대해 당신이 했던 의견과 교사의 의견을 비교해 보라. 각 보고서에 대해 당신과 교사가 공동으로 가졌던 생각에 유념하라. 또한 당신이 놓친 부분에 대해 교사가 지적한 내용이 있는지 주목하라. 이는 중요한 정보이다. 다음번에 글을 쓸 때 그리고 다음번에 피어에디팅을 할 때 이 내용을 사용하게 될 것이다.

15 밑줄 친 (A)~(E) 가운데 어법상 틀린 것은?

① (A)　　　　② (B)　　　　③ (C)　　　　④ (D)　　　　⑤ (E)

| 정답 | ②

| 해설 | (B)에서 taken into account는 'take something into account'의 수동태 표현으로 만일 taken into account가 됐다면 something이 주어가 되어 뒤에 something에 해당하는 내용이 나올 수 없다. 하지만 (B)에서는 the changes 이하 내용이 목적어인 something에 해당하므로 수동형이 될 수 없다. 또한 앞의 내용과 접속사 없이 콤마로 이어져 있으므로 분사구문의 형태로 취해 taken이 taking으로 수정되어야 한다.

16 윗글의 주제로 가장 적절한 것은?

① 친구들의 피드백에 대한 장단점
② 효율적인 초안 작성과 교정에 대한 몇 가지 조언
③ 피어에디팅 프로젝트를 진행할 때 정보 교환의 중요성
④ 작문에서 교사와 친구들의 피드백을 현명하게 사용할 것
⑤ 피어에디팅을 할 경우 다른 사람의 감정을 고려해야 하는 이유

| 정답 | ④

| 해설 | 본문은 보고서 작성에 관한 글이며, 보고서를 작성할 때 초안(draft)을 작성한 후 친구들끼리 비교해 보는 피어에디팅(peer-editing)을 통해 초안을 수정해서 제출해야 하며, 그 이후 최종적으로 돌려받은 보고서를 통해 교사의 의견을 참고해서 글쓰기를 향상하는 내용을 담고 있다. 따라서 작문에서 교사와 친구들의 피드백을 현명하게 사용하는 것이 중요하다고 말한 ④가 정답이 된다. ③의 내용은 전체 보고서 쓰기의 일부에 해당하므로 정답이 될 수 없다.

| 어휘 | examine ⓥ 조사[검토]하다　　　　compare A to B A와 B를 비교하다
take something into account ~을 고려[참작]하다　　　　draft ⓝ 초안
revise ⓥ 수정하다　　　　work on ~에 애쓰다[공들이다]
keep something in mind ~을 유념하다　　　　notice ⓥ 주목하다, 알아차리다

[17~20]

해석

주에서 발급한 운전면허증을 소지하고 있는 운전자들은 운전면허증의 기한이 만료되기 전에 면허증 갱신을 신청해야 한다. 면허증 갱신은 기한 만료 최대 90일 전부터 가능하다. 5년 기한의 운전면허증을 갱신하는 수수료는 25달러이다. 기한이 만료된 후 60일이 넘어 갱신할 경우 벌금으로 10달러가 부과된다. 다음 사항을 꼭 기억해야 한다. <u>유효한 운전면허증 없이 운전하는 것은 법에 저촉된다.</u> 만료된 운전면허증을 소지한 채 운전하다 적발될 경우 교통 위반 딱지가 발부될 수 있다.

17 빈칸 Ⓐ에 들어갈 가장 적절한 단어를 고르시오

① at　　　　② by　　　　③ on　　　　④ with　　　　⑤ for

| 해설 | apply를 '~을 신청하다, ~에 지원하다'의 의미로 사용할 경우 'apply for'로 사용된다. 따라서 정답은 ⑤가 된다.

---

18 윗글에 제시된 알림 내용의 대상이 되는 사람이 누구인지 고르시오.

① 초보 운전자들
② 운전면허증이 정지된 사람들
③ 교통 위반 딱지가 발부된 운전자들
④ 운전면허증이 곧 만료가 되는 운전자들
⑤ 난폭 운전자들

| 정답 | ④

| 해설 | 본문은 운전면허증의 갱신(renewal)에 대해 설명하고 있다. 언제부터 갱신할 수 있는지, 갱신을 늦게 하는 경우 벌금은 얼마가 부과되는지 등을 설명하고 있으므로, 윗글의 대상은 ④ '운전면허증이 곧 만료가 되는 운전자들'이 적합하다.

---

19 윗글에 제시된 갱신된 운전면허증의 유효 기간을 고르시오

① 90일   ② 1년   ③ 5년
④ 10년   ⑤ 60일

| 정답 | ③

| 해설 | 본문의 "The fee for a five-year license renewal is \$25."를 통해 갱신된 운전면허증의 유효 기간은 5년이라는 것을 알 수 있다.

---

20 빈칸 ⑧에 들어갈 가장 적절한 단어를 고르시오.

① 새로운   ② 유효한   ③ 지정된
④ 세련된   ⑤ 최근의

| 정답 | ②

| 해설 | 운전면허증이 만료된 상태에서 갱신하지 않고 운전하면 안 된다는 내용으로, '유효한' 운전면허증 없이 운전하는 것은 불법이 된다는 내용이 적합하다. 따라서 정답은 ② valid가 된다.

| 어휘 |

driver's license 운전면허증	**apply for** 신청하다	
renewal ⑩ 갱신, 기한 연장; 재개, 부활	**expire** ⑩ 무효가 되다, 만료되다	**expiration date** 만기일, 유효기간
fee ⑩ 수수료	**against the law** 법에 저촉되는, 법을 위반하는	
issue a ticket 위반 딱지를 발부하다	**suspend** ⑩ (매)달다, 중지하다, 일시 정지하다	
be about to 막 ~하려는 참이다	**reckless** ⓐ 무모한, 부주의한	**novel** ⓐ 새로운 ⑩ 소설
valid ⓐ 유효한	**designated** ⓐ 지정된	**refined** ⓐ 세련된

PART 05

출제 유형
(3) 논리적 이해

연습 문제

01	01 ①	02~03	02 ②	03 ④	04	04 ③	05~06	05 ③	06 ②
07	07 ②	08~10	08 ③	09 ①	10 ③	11~13	11 ③	12 ③	13 ②	14~15	14 ③	15 ④

[01]

해석

만약 당신이 얼리어답터가 아니더라도, 당신은 분명 얼리어답터인 사람을 한 명 정도는 알고 있을 것이다. [A] (얼리어답터인) 그녀는 친구들 중 처음으로 스마트폰을 구입한 사람이었고, 스마트폰으로 무엇을 할 수 있는지 당신에게 보여 주고 싶어서 잠시도 기다릴 수 없었다. (얼리어답터인) 그는 당신이 클라우드가 무엇인지 알기도 전에 자신의 모든 데이터를 클라우드로 옮길 수 있는 것에 대해 흥분해서 이야기했던 사람이었다. [C] 얼리어답터는 새로운 기술이 널리 이용되거나 심지어 철저히 검증되기도 전인 매우 이른 시기에 이를 받아들이는 소수의 사용자들이다. 널리 인용된 한 연구에 따르면, 얼리어답터는 기기나 게임, SNS, 그 밖의 다른 신제품을 사용하기 시작한 사람 중 대략 처음 13%에 해당하는 사람들로 정의된다. [B] 우리들 대다수는 느긋하게 앉아서 혁신이 스스로를 입증하기를 기다리는 동안, 얼리어답터들은 바로 그것으로 뛰어든다. [D] 그렇게 함으로써, 그들은 새로운 영역을 정복했다는 즐거움을 느끼며, 자신들의 명성이 올라가고, 기술 산업 내부에서 심지어 권력까지 맛보는 기쁨을 얻는다.

01 다음 중 주어진 문장으로 시작하는 본문을 구성할 경우 그 순서로 가장 적절한 것은?

① [A] − [C] − [B] − [D]
② [A] − [B] − [D] − [C]
③ [B] − [A] − [D] − [C]
④ [B] − [D] − [A] − [C]
⑤ [D] − [A] − [C] − [B]

| 정답 | ①

| 해설 | 주어진 문장에서 얼리어답터를 한 명 정도는 알고 있을 것이라고 했으므로, 그런 친구에 관한 내용인 [A]가 이어져야 한다. 얼리어답터의 정의에 대한 [C]가 [B], [D]보다 먼저 나와야 하며, 그 이후 그런 이들의 특징인 [B], [D]가 그 뒤를 잇는 것이 적합하므로, 정답은 ①이 된다.

| 어휘 | **early adopter** ⓝ 얼리어답터(남들보다 먼저 신제품을 사서 써 보는 사람)　**certainly** ⓐⓓ 틀림없이, 분명히
excitedly ⓐⓓ 흥분하여　**majority** ⓝ 다수　**be widely used** 널리 사용되다
thoroughly ⓐⓓ 철저히　**define** ⓥ 정의하다　**social network** ⓝ 소셜네트워크
conquer ⓥ 정복하다　**frontier** ⓝ 변경; 국경 지역, 경계 지역　**enhance** ⓥ 향상하다, 높이다
prestige ⓝ 명성, 위신

[02~03]

해석

집단 치료 방식 중 가장 혁신적인 것은 야코브 모레노(Jacob L. Moreno)가 창시한 심리극(사이코드라마)이었다. 집단 치료 형태로써의 심리극은 정신 질환이 사실상 정신이나 마음에서 발생하는 것이라는 프로이트의 세계관과는 상당히 다른 가정으로 출발했다. (B) 주류 관점에서 벗어난 그의 이론적 차이에도 불구하고 21세기 심리적 지각을 형성하는 데 있어 모레노가 미친 영향은 상당했다. 그는 인간의 본성은 창의적이라고 믿었으며, 창의적 인생을 살아가는 것이 인간의 건강과 행복에 대한 열쇠라고 믿었다. (A) 하지만 그는 창의성이 혼자서 하는 고독한 과정이 아닌 사회적 상호작용에 의해 야기되는 무엇이라고 믿었다. 그는 창의성과 일반적인 사회적 신뢰를 높이기 위해 역할극이나 즉흥극과 같은 연극 기법에 상당 부분 의존했다. (C) 그의 가장 중요한 연극적 도구는 그가 '역할 바꾸기'라고 부른 것으로, 참가자들에게 다른 사람의 모습을 하도록 요구했다. 자신이 마치 다른 사람인 것처럼 가장하는 연기는 동정적 충동을 이끌어 내고 그것을 더 높은 차원의 표현으로 발전시키기 위해 고안되었다.

02 주어진 글 다음에 이어질 글의 순서로 가장 적절한 것은?

① (A) – (C) – (B)　　　　　　② (B) – (A) – (C)
③ (B) – (C) – (A)　　　　　　④ (C) – (B) – (A)

| 정답 | ②

| 해설 | 제시된 글 마지막에 모레노의 심리극은 프로이트의 세계관과 다르다는 내용이 나온다. 이 내용을 (B)에서 "his theoretical difference from the mainstream viewpoint"라고 받고 있으므로 (B)로 이어져야 한다. 또한 (B)의 후반부에 창의적인 삶이 중요하다는 내용이 나오는데, 이 내용이 (A)의 앞부분과 연결된다. 창의성이 중요하지만 그것은 개인적 과정이 아닌 집단적 과정을 통해 발현된다고 믿었다는 내용이 나온다. (C)에서 이런 집단적 과정을 역할 바꾸기를 통해 설명하고 있다. 따라서 정답은 (B) – (A) – (C)로 연결되는 ②가 된다.

03 본문의 take on과 같은 의미를 지닌 문장은 무엇인가?

① 우리는 수확기에는 더 많은 근로자들을 고용해야 한다.
② 네가 화났을 때는 절대 상사와 맞서지 마라.
③ 그의 얼굴에는 불쾌하고 회의적인 표정이 드러났다.
④ James는 회사에서 새로운 역할을 맡을 것이다.

| 정답 | ④

| 해설 | take on은 다양한 의미를 가지고 있는데, 그 중 ①은 고용한다는 의미로 쓰였다. ②는 겨루거나 다툰다는 의미이다. ③은 색깔을 띤다는 의미로, 여기에서는 불쾌하고 회의적인 표정을 띠고 있었다는 뜻이다. ④는 사명이나 임무를 맡거나 띤다는 뜻으로 정답이 된다.

| 어휘 | **innovative** ⓐ 혁신의, 쇄신의　　**group therapy** 집단 치료　　**brainchild** ⓝ 발명품, 두뇌의 소산
premise ⓝ 전제, (pl.) 구내, 경내　　**be alien to** ~와 이질적인, ~와 맞지 않는
worldview ⓝ 세계관　　**mental illness** 정신질환　　**essentially** ⓐⓓ 사실상
psyche ⓝ 마음, 정신, 심령　　**creativity** ⓝ 독창성, 창조성　　**rarely** ⓐⓓ 좀처럼 ~하지 않는
solitary ⓐ 혼자 하는　　**bring out** ~을 끌어내다[발휘되게 하다]

rely on ~에 의지[의존]하다, ~을 필요로 하다   heavily ⓐ 심하게[아주 많이]

theatrical ⓐ 연극[공연]의   improvisation ⓝ 즉흥시 등 즉석에서 하기

as a means to ~을 위한 수단으로   promote ⓥ 향상시키다, 승진시키다, 홍보하다

theoretical ⓐ 이론상의, 가정상의, 이론을 좋아하는   mainstream ⓝ 주류, 대세

viewpoint ⓝ 관점   psychological ⓐ 심리학적인   consciousness ⓝ 의식

considerable ⓐ 상당한, 중요한   reversal ⓝ 전환, 반전   participant ⓝ 참가자

take on (특정한 특질·모습) 띠다, (일) 맡다; (책임) 지다

persona ⓝ [심리학] 페르소나(사회 역할이나 배우에 의해 연기되는 등장인물), 외적 인격(가면을 쓴 인격)

pretend ⓥ ~인 체하다, 가장하다   as if 마치 ~인 듯이[~인 것처럼]

be in another's skin 다른 사람 속으로 들어가다   be designed to ~하도록 설계된

empathic ⓐ 감정 이입의[에 입각한]   impulse ⓝ 충동, 일시적 감정

[04]

해석

대부분의 교사들은 동일한 교육을 받지만, 그것이 구성주의든 다른 교육 철학이든, 교사들은 자신들이 배운 것을 모두 흔쾌히 받아들이는 것은 아니다. 예를 들어, 의료 종사자들과는 달리, 교육자들은 자신의 분야에서 거의 모든 문제에 대해 의견이 다르다. 의사들은 그 치료가 환자를 치료했는지 여부를 관찰하기만 하면 된다. 그들은 치료가 왜 효과가 있었는지 혹은 어떻게 효과가 있었는지에 대해 의견이 다를 수 있지만, 적어도 치료가 효과가 있었는지 여부에 대해 객관적이고 검증 가능한 증거를 가지고 있다. <u>반면에 교육은 의견이 일치하지 않는 경우가 더 많다.</u> 사람들은 어떻게 배우는가? 사람들은 무엇을 배워야 하는가? 우리는 학습을 어떻게 평가할 것인가? 이러한 질문들의 복잡성은 모든 교육자들 사이에서 어떤 것이 효과가 있는지에 대한 사실상 그 어떤 합의로도 이어지지 않게 하는 결과를 낳는다.

04 주어진 문장이 들어갈 가장 알맞은 곳을 고르시오.

반면에 교육은 의견이 일치하지 않는 경우가 더 많다.

① (A)   ② (B)   ③ (C)   ④ (D)

| 정답 | ③

| 해설 | 주어진 문장의 'on the other hand(반면에)'를 통해 앞에서 말한 의사와 교육자들을 대조하고 있음을 알 수 있다. 의사의 내용이 끝나는 지점이 (C)이므로, 정답은 ③이 된다.

| 어휘 | readily ⓐ 선뜻, 기꺼이   whether it be A or B 그것이 A든 B든 간에

constructivism ⓝ 구성주의   unlike prep ~와는 달리   practitioner ⓝ 전문직 종사자

physician ⓝ 내과의사   treatment ⓝ 치료   cure ⓥ 완치하다, 치료하다

work ⓥ (원하는) 효과가 나다, 효과가 있다   objective ⓐ 객관적인

verifiable ⓐ 검증할 수 있는   result in (결과적으로) ~을 낳다, 야기하다

virtually ⓐ 사실상   consensus ⓝ 일치, 합의

해석

많은 사람들은 살면서 엄청난 장애에 직면하고 말지만 이를 극복할 방법을 찾아내고 실제로는 이런 장애로부터 혜택을 입기도 한다. 예를 들어 미국의 1984, 1988, 1992년도 카약 올림픽 금메달리스트인 Greg Barton은 심각한 장애를 갖고 태어났다. (A) 그는 발이 기형이었고 발가락이 안쪽을 향하고 있는 탓에 그 결과 수월하게 걸을 수 없는 몸이었다. 수술을 여러 번 받았음에도 이동성에 심각한 제약이 있었다. (B) 그럼에도 Greg은 결코 좌절하지 않았다. 그는 우선 걷는 법을 독학으로 깨친 다음 뛰는 법도 깨쳤다. 다음에 그는 자신이 다니던 고등학교 달리기 팀에 출전했다. (C) 다행인 점은 그가 자신에게 딱 맞는 스포츠인 카약을 발견한 것이다. 카약은 다리와 발 근육을 거의 필요로 하지 않기 때문이었다. 그는 자신의 상체 힘만을 사용해 카약에 숙달될 수 있었다. (D) 마침내 오랜 훈련과 인내의 기간이 지나고 Greg는 1984년 올림픽 팀에 속할 수 있었다.

05 다음 문장이 들어갈 위치로 가장 적절한 것은?

> 하지만 그는 자신이 결코 올림픽 주자가 될 수는 없음을 알고 있었다. 그는 그래서 자신이 할 수 있는 다른 스포츠를 찾았다.

① (A) ② (B)
③ (C) ④ (D)

| 정답 | ③

| 해설 | Greg Barton은 자신이 비록 고등학교 달리기 팀에 속하긴 했지만 올림픽 '주자' 즉 달리기 선수는 될 수 없음을 깨달았다. 그래서 '다른' 스포츠를 찾았다. Greg Barton이 발견한 것은 카약이고, 그는 결국엔 노력과 인내 끝에 올림픽 카약 대표 선수로 출전하여 금메달을 따게 되었다. 문맥상 고등학교 달리기 팀에 속할 만큼 노력했다 → 올림픽 주자는 될 수 없음을 깨닫고 다른 스포츠를 찾았다 → 다행히 카약을 발견했다 로 문장을 연결하는 것이 문맥상 가장 적합하므로 답은 ③이다.

06 빈칸 (가), (나), (다)에 각각 들어갈 올바른 표현은?

	(가)	(나)	(다)
①	다시 말해서	이와는 반대로	때문에
②	예를 들어	결과적으로	때문에
③	다시 말해서	대조적으로	그래서
④	예를 들어	이에 더하여	~이긴 하지만

| 정답 | ②

| 해설 | 장애에 직면한 사람들이 이를 극복한 사례를 소개하고자 하므로, 이에 대한 사례가 뒤에 이어서 나와야 한다. 그러므로 (가)에는 '예를 들어'에 해당하는 ①과 ③이 가능하다. ②와 ④는 부연 설명으로 예시가 나오는 자리에 적절하지 않다. (나)에는 장애가 있다는 것과 걷기가 수월하지 않다는 것 사이에는 인과관계가 존재하므로 as a result가 타당하다. (다)에는 카약이 Greg에게 알맞은 스포츠인 까닭은 다리와 발 근육을 거의 사용하지 않기 때문이라는 논리적 이유가 나오므로, because가 올바르다. 그러므로 정답은 ②이다.

| 어휘 | **obstacle** ⓝ 장애(물) · **overcome** ⓥ 극복하다 · **actually** ⓐⓓ 실제로는 · **kayak** ⓝ 카약 · **disability** ⓝ 장애 · **deformed** ⓐ 기형의

point ⓥ (특정 방향으로) 향하다	**inward** 안쪽으로	**mobility** ⓝ 이동성
defeated ⓐ 패배한, 좌절한	**compete in** 참가하다, 출전하다	**master** ⓥ 숙달하다, 통달하다
perseverance ⓝ 인내	**make** ⓥ ～이 되다, ～에 속하다	

[07]

해석

치즈의 기원에 관한 가장 흔한 설로는 아랍 유목민이 자신도 모르게 최초의 치즈 덩어리를 만들었다는 것이 유력한데, 동물의 위로 만든 주머니(양의 것일 가능성이 유력하다)에 자신이 보관했던 우유가 응고된 것을 발견했던 것이다.

[B] 이 설은 매우 그럴듯하다. 생각해 보면 건조 처리한 동물의 가죽과 장기는 식량과 물을 담기 위한 통이나 용기로 자주 사용되었고, 양이나 염소, 소 같은 어린 반추동물(되새김한 내용물을 씹는 포유류)의 위벽은 치즈를 만드는 데 사용되는 효소인 레닛(rennet)을 원래부터 포함하고 있다.

[C] 따라서, 우유가 동물의 위에 저장되어 있고, 하루 종일 혹은 여러 날에 걸쳐 이리저리 밀쳐지고, 무더운 기후에 노출되게 되면 치즈가 형성될 가능성이 매우 높을 것이다.

[A] 하지만 사실을 직시하자. 사람들은 수천 년에 걸쳐 우유를 발효시켜 왔고, 그래서 치즈가 역사적으로 세계 여러 지역에서 여러 번 '발견'되었을 가능성 또한 매우 높다.

07 다음 중 제시된 내용 뒤에 연결될 올바른 순서를 고르시오.

① [A] – [C] – [B] ② [B] – [C] – [A]
③ [A] – [B] – [C] ④ [C] – [B] – [A]

| 정답 | ②

| 해설 | 치즈의 기원에 대한 내용으로, 제시문에서 어떻게 치즈를 처음 발견했을 것인지 제시하고 있다. [B]는 처음 언급한 설명이 일리가 있다고 말하며 근거를 제시한다. [C]의 내용은 [B]와 연결되어 있고 Thus를 이용해 [B]에 대한 결론을 이끌고 있다. [A]는 'But let's face it'을 사용해 앞의 설명에 오류가 있을 수 있다고 지적하며 그 근거를 제시하고 있다. 따라서 정답은 ②가 된다.

| 어휘 |

origin ⓝ 기원, 출처	**nomad** ⓝ 유목민	**unwittingly** ⓐⓓ 뜻하지 않게, 부지중에
curdle ⓥ (특히 우유가[를] 액체와 고체로) 분리되다[분리시키다]		
cure ⓥ (짐승의 가죽 등을) 건조 처리하다, (훈제 · 소금 절임 등으로) 보존하다		
vessel ⓝ (액체를 담는) 그릇[용기/통]; 배, 선박		**lining** ⓝ (인체 부위의) 내벽, 안감
ruminant ⓝ 반추[되새김] 동물	**cud** ⓝ (소 등의) 되새김질 거리	**mammal** ⓝ 포유류
rennet ⓝ 레닛(우유를 치즈로 만들 때 사용되는 응고 효소)		
enzyme ⓝ (생물) 효소	**jostle** ⓥ 난폭하게 밀다, 떠밀다, 제치다	
let's face it 솔직히 말해 보자, 사실을 직시하자		**ferment** ⓥ 효소, 발효(하다), 격동(하다)

해석

가장 보편적인 행운의 부적으로 여겨지는 편자는 아주 옛날부터 말이 존재하는 나라에서는 아주 강력한 부적 역할을 했다. 비록 그리스인들은 편자를 서구 문명에 4세기쯤에 전파했고 편자를 행운의 상징으로 여겼지만, 전설에 따르면 집 문 위에 매달린 편자가 악에 맞서는 특별한 힘을 부여받은 것은 성 던스턴의 공이라 한다. (I) 전통에 따르면 대장장이가 직업이었다가 서기 959년에 캔터베리 대주교가 되는 던스턴에게 어느 날 수상스럽게 갈라진 자신의 발에 부착할 편자를 만들어 달라고 요청하는 한 남자가 접근했다. (II) 던스턴은 즉시 그 남자가 사탄임을 깨닫고 편자를 다는 일을 수행하려면 남자를 벽에 족쇄로 채워야 한다고 설명했다. (III) 던스턴은 문 위에 편자가 달린 집에는 결코 들어가지 않겠다는 엄숙한 맹세를 사탄이 할 때까지 사탄을 풀어주기를 거부했다. (IV) 10세기에 이 이야기가 생겨난 이래 기독교인들은 편자를 매우 숭상하게 되었고 편자를 처음에는 문틀 위에 놨다가 나중에는 문 중간쯤으로 내려서 달았다. 문 중간에 달린 편자는 <u>부적 역할뿐 아니라 문을 두드리는 고리쇠 역할</u>이라는 두 가지 기능을 수행했다.

08 글의 흐름으로 보아, 다음 문장이 들어갈 가장 알맞은 곳은?

성 던스턴은 의도적으로 편자를 다는 일을 극도로 고통스럽게 만들어서 벽에 묶인 악마는 계속해서 자비를 베풀어 달라고 애원했다.

① (I)   ② (II)   ③ (III)   ④ (IV)

| 정답 | ③

| 해설 | 주어진 문장에서 힌트가 되는 것은 1. "일(the job)"이 무엇인지 2. "악마"가 등장했다는 점 그리고 3. 악마가 "벽에 묶인 (bound)" 상태임 등이 있다. 주어진 문장을 (III)에 대입해 보면, 1. "일"이란 "편자를 다는 일"이고 2. "악마"는 사탄이고 3. 편자를 달라면 "벽에 족쇄로 채워야 한다"고 했기 때문에 "벽에 묶여 있음"을 알 수 있다. 따라서 답은 ③이다.

09 빈칸 (가)에 가장 알맞은 것은?

① 부적 역할뿐 아니라 문을 두드리는 고리쇠 역할
② 행운의 부적뿐 아니라 기념품 역할
③ 성스러운 표지판뿐 아니라 말의 근원
④ 강력한 상징뿐 아니라 천박한 맹세

| 정답 | ①

| 해설 | 우선 편자는 행운의 부적 역할을 하므로 ①이나 ②가 답이 되고, 편자를 문 중간에 달게 되면 편자로 문을 두드릴 수 있으므로 편자가 고리쇠 역할을 하게 된다. 따라서 정답은 ①이다.

10 윗글에서 언급되지 않은 것은?

① 편자의 마술적인 힘

② 문에 편자를 두기

③ 기독교인들의 편자를 향한 경멸

④ 성 던스턴이 사탄을 상대로 승리한 전설

| 정답 | ③

| 해설 | 본문에는 기독교인들이 편자를 숭상하게 되었다는 언급만 있을 뿐 편자를 경멸하게 되었다는 내용은 없다. 따라서 정답은 ③이다.

| 어휘 |

good luck charm 행운의 부적 　　　**horseshoe** ⓝ 편자 　　　**amulet** ⓝ 부적

credit A with B B를 A의 공이라 하다[공으로 믿다] 　　　**by trade** 직업상

archbishop ⓝ 대주교 　　　**suspiciously** ⓐ 수상스럽게, 수상쩍게 　　　**cloven** ⓐ (승의 발굽이) 갈라진

shackle ⓥ 족쇄를 채우다, 구속[제약]하다 　**solemn** ⓐ 근엄한, 엄숙한 　　　**talisman** ⓝ 부적

door knocker 문 두드리는 고리쇠 　　　**deliberately** ⓐ 의도적으로

excruciatingly ⓐ 견딜 수 없이, 극도로 　　**memento** ⓝ 기념품 　　　**equine** ⓐ 말의, 말과 같은

vulgar ⓐ 저속한, 천박한 　　　**contempt** ⓝ 경멸, 멸시

[11~13]

해석

(B) 미국은 이민자의 나라이다. 1840년대 이전에는 매년 약 6만 명의 이민자가 미국에 도착했다. 1840년대에서 1850년대에는 미국으로 오는 사람의 수가 극적으로 증가했다. 당시 3백만이 넘는 아일랜드인 및 독일인이 대서양을 건너 미국으로 향했다.

(C) 아일랜드 이민자의 대부분은 극심하게 가난한 삶을 살았다. 대부분은 보스턴 및 뉴욕의 슬럼가에 정착했고 저임금 직종에 종사했다. 아일랜드 여성은 주방 식모로 일했고 남성은 저임금에 위험한 직종에 종사했다. 이와는 대조적으로 대부분의 독일인 이민자는 아일랜드인보다 돈도 더 많고 교육도 더 많이 받은 상태였다. 이들은 미국 중서부에서 땅을 구입할 수 있었다. 많은 이들이 오하이오와 위스콘신 같은 주에서 농부로 일했다.

(A) 그 다음 새로운 이민자들이 물밀듯 밀려든 시기는 1870년에서 1900년 사이였다. 새로운 이민자 중에는 중국인이 많았고, 이들은 대부분은 남성이었고 캘리포니아 주에서 살았다. 많은 이들이 지뢰밭 및 철도 건설 현장에서 일했다. 그 외 다른 이들은 요리사, 세탁소 종업원, 하인 같은 하찮은 일을 했다. 하지만 중국인들은 가혹한 인종적 편견과 마주했다. 1882년 미국 의회는 중국인 배척법(Chinese Exclusion Act)을 통과시켰고, 거의 모든 중국인이 미국으로 들어오는 것을 금지했다.

11 다음 중 순서가 올바른 것은?

① (C) – (A) – (B) 　　　② (B) – (A) – (C)

③ (B) – (C) – (A) 　　　④ (C) – (B) – (A)

| 정답 | ③

| 해설 | 우선 미국이 이민자의 나라임을 언급하면서 대규모 이민이 언제 처음 이루어졌는지가 언급된(1850년대 이후) (B)가 가장 먼저 와야 한다. 그 다음에는, (B)에서 아일랜드 및 독일계 이민자가 처음 언급되므로, 이들의 이민에 관해 좀 더 상세하게 언급된

(C)가 와야 한다. 마지막으로 1850년대 이후 시간이 흘러 새로운 이민자들이 많이 몰려든 시기인 1970년대가 언급된 (A)가 마지막에 와야 한다.

---

12 다음 중 일치하지 않는 것은?

① 미국 이민자 수는 19세기 중반 경에 상당히 증가했다.

② 아일랜드 이민자의 대부분은 도시의 가난한 구역에 살았다.

③ 1882년부터 모든 중국인 이민자는 금지되었다.

④ 독일인 이민자 대부분은 아일랜드 이민자보다 더 많은 부를 갖고 미국에 들어왔다.

| 정답 | ③

| 해설 | "1882년 미국 의회는 중국인 배척법(Chinese Exclusion Act)을 통과시켰고, 거의 모든 중국인이 미국으로 들어오는 것을 금지했다"에서 "거의 모든"이지 "모든"은 아니므로 ③이 답이 된다. ①의 근거: "1840년대에서 1850년대에는 미국으로 오는 사람의 수가 극적으로 증가했다." ②의 근거: "아일랜드 이민자의 대부분은 극심하게 가난한 삶을 살았다. 대부분은 보스턴 및 뉴욕의 슬럼가에 정착했고 저임금 직종에 종사했다." ④의 근거: "이와는 대조적으로 대부분의 독일인 이민자는 아일랜드인보다 돈도 더 많고 교육도 더 많이 받은 상태였다."

---

13 (D)에 가장 적절한 것을 고르시오.

① 마찬가지로
② 이와는 대조적으로
③ 그 결과
④ 그런

| 정답 | ②

| 해설 | 빈칸을 기준으로 앞에서는 아일랜드 이민자들의 빈곤한 삶을 말하고 있고 뒤에서는 독일인 이민자들의 상대적으로 부유한 삶을 말하고 있다. 따라서 정답은 ②이다.

| 어휘 | **immigrant** ⓝ 이민자　　　　**dramatically** ㉮ 극적으로　　　　**menial** ⓐ 천한, 하찮은

prejudice ⓝ 편견

[14~15]

해석

DNA 분자가 하는 첫 번째 일은 복제, 즉 스스로의 사본을 만드는 것이다. 이것은 생명이 시작된 이래 멈추는 일 없이 계속되었고, 이제는 DNA 분자가 실제로도 복제를 매우 잘한다. 성인인 당신의 몸은 천조 개의 세포로 구성되어 있지만, 처음 착상되었을 때 당신은 단지 하나의 세포에 불과했고, 이 하나의 세포는 당신의 몸을 만들 수 있는 모든 계획의 원본을 한 부 지니고 있다. 이 세포는 두 개로 분열되고, 두 개의 세포 각각은 그 계획의 사본을 받았다. 연속적인 분열을 통해 세포의 수는 4, 8, 16, 32개로 늘어나고, 뒤이어 수십억 개로 늘어났다. 분열될 때마다 DNA 계획은 거의 실수 없이 정확히 복제되었다.

14 다음 문장이 들어가기에 가장 적절한 곳은?

이 세포는 두 개로 분열되고, 두 개의 세포 각각은 그 계획의 사본을 받았다.

① (A)　　　　② (B)　　　　③ (C)　　　　④ (D)

| 정답 | ③

| 해설 | 주어진 문장은 세포가 둘로 분열되었음을 말한다. 따라서 주어진 문장 앞에서는 세포가 하나였음이 언급되어야 한다. 그러므로 정답은 ③이다.

15 이 글에 따르면, 일치하지 <u>않는</u> 것은?

① 신체의 모든 세포에는 DNA 분자가 있다.
② 인체는 단 하나의 세포로부터 형성되었다.
③ 사람의 신체를 만들려는 계획은 DNA 분자에 포함되어 있다.
④ 세포 분열의 핵심적 단계에서 DNA 분자는 중요한 변화를 겪는다.

| 정답 | ④

| 해설 | "DNA 분자가 하는 첫 번째 일은 복제, 즉 스스로의 사본을 만드는 것이다" 및 "분열될 때마다 DNA 계획은 거의 실수 없이 정확히 복제되었다"를 통해 유추할 수 있는 것은, DNA 분자는 세포 분열 시 스스로를 복제하지만 변형되지는 않는다는 사실이다. 복제와 변형은 다른 것이다. 따라서 정답은 ④이다. 세포 분열 시 DNA 분자가 복제된다는 사실은 DNA 분자가 모든 세포에 존재한다는 말과 같다. 따라서 ①은 정답이 될 수 없다. "처음 착상되었을 때 당신은 단지 하나의 세포에 불과했고"는 ②의 근거가 된다. "이 하나의 세포는 당신의 몸을 만들 수 있는 모든 계획의 원본을 한 부 지니고 있다"는 ③의 근거가 된다.

| 어휘 | **molecule** ⓝ 분자　　　　　　**replicate** ⓥ 복제하다　　　　　　**conceive** ⓥ 임신하다, 착상하다
endow A with B A가 B를 지니고 있다고 믿다[생각하다], A에게 B를 주다　　　　**successive** ⓐ 연속적인, 연이은
faithfully ⓓ 충실히, 정확히

연습 문제

[01]

> **해석**
>
> 우울증은 교과서적인 현대 정신 질환이다. 우울증은 유전적, 신경화학적, 호르몬적 측면이 정신 "질환"을 야기하는 생물학적 장애이며, 무력감을 야기하는 환경에 극도로 민감하게 반응하는 장애이다. 주요 우울증은 가슴이 아프게도 흔한 질환으로, 선진국 인구의 약 15%가 일생동안 언제인가는 우울증으로 고통을 받는다. 그리고 우울증은 점차 흔한 질환이 되고 있다. 서구권 국가에서 우울증을 앓는 사람들의 비율은 지난 50년간 점차적으로 상승 중에 있다. 몇몇 사람들은 이러한 연구 결과가 어쩌면 거짓일지도 모른다고 의심하는데, 오늘날 우울한 사람들은 과거에 비해 의학적 도움을 구할 가능성이 높고, 의료 전문가는 1950년대의 의사에 비해 우울증이라 진단할 가능성이 높기 때문이다. 하지만 해당 연구는 정신의학 분야에서 수행된 가장 엄격한 역학 관련 연구 중 하나이며 이러한 혼재변수를 설명할 수 있도록 신중하게 통제된 것이다. 우울증을 앓는 사람들의 비율은 실제로도 항상 증가 중에 있다.

01 문맥상 낱말의 쓰임이 적절하지 <u>않은</u> 것은?

① (A) ② (B) ③ (C) ④ (D) ⑤ (E)

| 정답 | ③

| 해설 | 우선 우울증이 "가슴이 아프게도 흔한" 질환이고, "우울증을 앓는 사람들의 비율은 실제로도 항상 증가 중에 있다"면, "서구권 국가에서 우울증을 앓는 사람들의 비율은 지난 50년간 점차적으로" "떨어지는(fallen)"게 아니라 "상승(climbed)"해야 할 것이다. 따라서 정답은 ③이다.

| 어휘 |

textbook ⓐ 교과서적인
neurochemical ⓐ 신경화학의
helplessness ⓝ 무력함, 난감함
afflict ⓥ 괴롭히다, 피해를 입히다
gradually ⓐ 서서히, 점차적으로
finding ⓝ (조사·연구 등의) 결과[결론]
diagnose ⓥ 진단하다, 진단을 내리다
epidemiological ⓐ 역학의, 유행병학(상)의
account for 설명하다, 처리하다
ever ⓐ 항상, 언제나

psychiatric ⓐ 정신 의학[질환]의
facet ⓝ 측면, 양상
heartbreakingly ⓐ 가슴 아프게, 가슴이 찢어질 듯이
at one point or another 언젠가는, 어느 때에는
question ⓥ 의심하다, 의문을 갖다
potentially ⓐ 어쩌면, 잠재적으로
rigorous ⓐ 엄격한, 철저한

confound (= confounding variable) 혼재변수; 설계 시 포함되지 않은 변수

disorder ⓝ 장애
profoundly ⓐ 극심하게, 깊이

spurious ⓐ 거짓된, 비논리적인

psychiatry ⓝ 정신의학, 정신과학

해석

청소년 시기에 사람들은 나이가 비슷하고, 유사한 관심을 가진 자신의 또래 집단과 점점 더 깊은 관계를 갖게 된다. 또래 집단은 가족 및 학교와 함께 사회화의 3대 주체 중 하나이다. 하지만, 또래 집단은 가족이나 학교와는 매우 다르다. 부모와 교사가 자녀 및 학생보다 더 많은 권한을 가지고 있는 반면, 또래 집단은 동등한 이들로 구성되어 있다. 또래 집단은 모든 연령층에서 발생하지만, 청소년들의 발달에 특히 중요하다. (청소년들의 행동 방식에는 문화권마다 차이가 있을 수 있다.) 사춘기의 또래 집단은 동료들에게 사교 기술, 동등한 관계에서의 우정의 가치, 그리고 어른들로부터 독립하는 것을 가르친다. 이것은 때때로 또래 집단이 동료들에게 권위자와 어른들을 거스르도록 장려한다는 것을 의미한다. 그러나 이런 종류의 반항적 행동은 일정 부분 문화권의 영향을 받는 것이며, 모든 문화권에서 보편적으로 나타나는 현상은 아니라는 사실을 기억할 필요가 있다.

02 다음 중 본문에 적합하지 <u>않는</u> 문장을 고르시오.
① [A]   ② [B]
③ [C]   ④ [D]
⑤ [E]

| 정답 | ③

| 해설 | [C]의 앞부분에서 또래 집단은 특히 청소년들의 발달에 중요하다고 했으며, [C] 문장 뒤에 그 이유가 나열되고 있다. 따라서 [C]가 전체 흐름과 무관한 내용이 된다. [C] 문장은 본문 마지막 내용에 이어지는 것이 적합하다.

| 어휘 | **adolescence** ⓝ 청소년기, 사춘기   **be involved with** ~와 연관된, ~와 관계를 갖게 되다
peer group 또래 집단   **agent** ⓝ 중요한 작용을 하는 사람[것], 동인
socialization ⓝ 사회화   **whereas** ⓒⓞⓝ 반면에   **be made up of** ~로 구성되다
independent ⓐ 독립한, 자치의   **authority** ⓝ 권위, 권위자
encourage ⓥ 장려하다, 용기를 북돋우다   **rebellious** ⓐ 반역하는, 고집센
partly ⓐⓓ 부분적으로, 어느 정도   **universal** ⓐ 보편적인

[03~04]

해석

스웨덴의 구스타프 3세는 커피를 극도로 혐오했고 커피가 사람의 건강에 나쁜 영향을 끼친다고 확신했다. 커피에 대한 그의 반대가 너무도 강한 나머지 그는 과학을 이용해 백성들에게 커피를 당장 그만 마셔야 한다는 것을 증명하기로 했다. 현대 과학자들의 입을 떡 벌어지게 할 수 있는 조치를 취했는데, 구스타프는 과학 실험을 위해 죄수들을 징집했다. 그는 자신의 실험을 수행할 두 명의 유죄 판결을 받은 살인자를 선별했는데, 이는 오늘날 대조군 실험의 초기 사례라 할 수 있다. 그들은 사형 선고를 받았던 이들이었고, 그래서 왕은 그들이 실험에 참가하면 그들에게 종신형으로 감형하겠다고 제안했다. 그들에게 주어진 일은 교도소에서 수행하기에 그렇게 끔찍한 일은 아니었다. 커피와 차를 마시는 것이었기 때문이다. (그즈음 스웨덴에서는 매일 마시는 음료로 차가 커피를 대신했다.) 한 죄수는 매일 세 단지의 커피를 마셔야 했고, 다른 죄수는 같은 양의 차를 마셔야 했다. 그들은 작업에 착수했고, 구스타프는 과학적인 대조 실험의 결과를 기다렸다. 그러나 왕의 예측은 실현되지 않았다. 커피를 마셨던 죄수가 계속 생존했고, 아이러니하게도 구스타프 자신보다 더 오래 살았다. 그 죄수가 왕보다 더 오래 살았을 뿐만 아니라, 그를 감독하기 위해 구스타프가 임명한 의사들보다 더 오래 살았다.

03 다음 중 본문의 흐름에 불필요한 것을 고르시오.

① Ⓐ   ② Ⓑ

③ Ⓒ   ④ Ⓓ

| 정답 | ③

| 해설 | 커피의 유해성을 실험하기 위해 죄수를 선별하고 한명에게는 커피를, 다른 한 명에게는 차를 마시게 하는 실험을 진행한 내용을 담고 있고, 밑줄 친 부분은 그들을 선별한 이후의 내용에 대해 서술하고 있다. Ⓒ의 경우 커피에 대한 실험의 내용이 아닌, 일반 대중들이 커피보다 차를 일상적으로 마셨다는 내용이므로, 전후 실험 내용과 무관한 내용이 된다.

04 다음 중 실험을 통해 왕이 기대한 것은?

① 두 죄수가 모두 정신 질환을 갖게 될 것이다.

② 커피를 마신 죄수의 건강이 곧 나빠질 것이다.

③ 두 죄수가 모두 카페인 중독에 시달릴 것이다.

④ 커피를 마신 사람이 실험 참가를 거부할 것이다.

| 정답 | ②

| 해설 | 왕은 커피가 몸에 해롭다는 사실을 입증하고 싶어 했으므로, '커피를 마신 죄수의 건강이 곧 나빠질 것이다'라고 예상했다. 따라서 정답은 ②가 된다. 참고로 커피를 마신 죄수는 건강이 악화되기는커녕 왕과 감독을 담당한 의사들보다 더 오래 살아남았다고 나온다.

| 어휘 | **disgust** ⓥ 혐오감을 유발하다, 역겹게 만들다

brew ⓥ 달이다, 우려내다; (맥주를) 양조하다

subject ⓝ (실험) 대상, 피실험자, 피사체   **once and for all** 영원히, 확실하게, 최종적으로, 완전히

move ⓝ 조치, 수단   **make one's jaw drop** 입이 쩍 벌어지게 하다

enlist ⓥ 요청하다, 입대하다, 징집하다   **convicted** ⓐ 유죄 판결을 받은   **murderer** ⓝ 살인자

controlled study 대조 연구   **pot** ⓝ 단지, 항아리   **assign** ⓥ 할당하다, 배당하다

set about 시작하다   **control experiment** 대조 실험

bear out ~이 옳음[사실임]을 증명하다   **outlive** ⓥ ~보다도 오래 살다   **oversee** ⓥ 감독하다

[05~07]

해석

우리는 모두가 우리가 보고 있는 것에 의존한다. 우리는 과연 우리의 눈을 통한 증거를 신뢰할 수 있을까? 경기 스포츠를 예로서 들어 보자. 동일한 경기를 본 팬끼리도 서로 의견이 일치하지 않을 것이고, 심판과도 의견이 맞지 않을 것이다. 이는 법정의 경우에도 마찬가지이다. 재판 절차는 선서 후 증언을 하는 증인에게 좌우된다. 하지만 자신이 본 것을 전하는 한 사람의 증언은 과연 얼마나 신뢰할 수 있을까? 최근의 한 연구에서는, 10,000명의 증인에게 범죄를 저지르는 것이 목격된 남성에 관해 묘사해 달라고 요청했다. 연구에 따르면 증인들은 평균적으로 남성의 키는 5인치, 나이는 8세 정도 과대평가했고, 83%의 사건에서는 머리카락 색깔을 잘못 설명했다. 오류를 최소한으로 하기 위해 우리가 할 수 있는 일은 무엇인가? 우선은, 무언가를 보고 싶다는 이유로 보지 않도록 한다. 두 번째로, 긴장을 푼 채 지내도록 노력하라. 긴장한 상태에서는 푸른색을 붉은색으로 보기 쉽다. (마지막으로, 팬이 항상 옳은 것은 아니므로 심판의 의견에 동의하도록 한다.)

05 일관성이 가장 떨어지는 것을 고르시오.

① Ⓐ   ② Ⓑ

③ Ⓒ   ④ Ⓓ

| 정답 | ④

| 해설 | 본문은 스포츠에 관해 언급이 되기는 하지만 Ⓐ 이후부터는 재판에 있어 목격자의 증언의 신뢰성은 오류 때문에 상당히 흔들릴 수 있기 때문에 오류를 최소화하기 위해 노력해야 한다는 점 그리고 오류 최소화를 위해 할 수 있는 방법에 관해 말하고 있다. 그런데 갑자기 Ⓓ에서 스포츠 팬과 심판에 관해 말하고 있으며, 이는 오류를 최소화하는 방법과 별 관련이 없다. 따라서 정답은 ④이다.

06 다음 중 이 글에서 유추할 수 있는 것은?

① 목격자의 증언은 형사 사건에서 가장 신뢰할 수 있는 요소이다.

② 우리는 우리의 눈을 통한 증거를 완전히 신뢰할 수 없다.

③ 증인이 선서 후 제공한 증언은 언제나 신뢰할 수 있다.

④ 팬은 자신이 본 바를 결코 정확하게 묘사하지 않는다.

| 정답 | ②

| 해설 | "하지만 자신이 본 것을 전하는 한 사람의 증언은 과연 얼마나 신뢰할 수 있을까?" 다음을 보면, 우리가 목격한 것이 결코 신뢰할만한 것은 아님을 알 수 있다. 따라서 정답은 ②이다.

07 이 글에 따르면, 저자의 의견과 가장 잘 일치할 가능성이 높은 것은?

① 스포츠 행사에 참가한 해외 팬은 자신이 본 바를 기록한다.

② 증인은 배심원단에게 범죄를 신고할 때 편안함을 느낀다.

③ 통계 연구에 따르면 목격자들은 인지 문제에 있어 상당한 오류를 저지를 수 있다.

④ 대부분의 팬은 심판의 결정이 관중의 영향을 받는다고 생각한다.

| 정답 | ③

| 해설 | 본문에 제시된 10,000명의 증인을 대상으로 한 통계 연구는 시각을 통한 정보가 정확하지 않다는 점을 제시하고 있다. 시각은 인지 기능이고, 시각을 통해 얻은 정보가 정확하지 않다는 것은 인지 문제에 있어 오류가 존재한다는 의미이다. 따라서 정답은 ③이다.

| 어휘 | **take** ⓥ (예를) 들다, (예로서 들어) 보다   **courtroom** ⓝ 법정   **procedure** ⓝ 절차

sworn ⓐ (특히 법정에서) 선서[맹세]를 하고 한   **testimony** ⓝ 증언

reliable ⓐ 믿을 수 있는, 신뢰할 만한   **witness** ⓝ 증인, 목격자   **liable** ⓐ ~하기 쉬운, ~할 것 같은

coherent ⓐ 일관성 있는, 논리 정연한   **eyewitness** ⓝ 목격자, 증인   **trustworthy** ⓐ 신뢰할[믿을] 수 있는

make notes of 기록하다   **jury** ⓝ 배심(원단)

identification ⓝ (존재 · 중요성 등의) 인지[발견]

[08~10]

해석

한국 행정안전부에 따르면, 한국의 인구는 12월 31일 기준 작년 대비 20,838명이 줄어든 51,829,023명이다. 이는 한국이 1962년 주민등록제를 도입한 이래 통계상으로 인구가 처음으로 줄어들었음을 나타낸다. 또 하나 심각한 사실은 인구가 급속히 노령화되고 있다는 점이다. 한국 인구의 4분의 1은 60세 이상이고, 이와 함께 젊은이들의 수는 꾸준히 줄어들고 있다. 혼자 사는 젊은이와 노인의 수는 계속하여 크게 늘고 있는데, 이로 인해 전체 1인 가구 수가 9백만에 달하며, 이는 전체 가구 수의 38.2%에 해당한다. 서구 선진국 및 일본의 경우에서 볼 수 있듯이, 출산율의 감소와 노령화 사회는 노동력 및 소비의 부족으로 이어질 수 있고, 이는 인구 감소와 국가 예산의 고갈을 야기한다. 이제는 정부가 결혼 및 출산과 관련한 부정적인 요소를 처리해야 할 때가 되었다. 그리고 정부는 자녀 양육과 교육 및 주거 관련 재정적 지원을 과감하게 늘려야 한다. 우리는 다문화 가정을 포함해 다양한 유형의 가정을 수용할 수 있도록 미래지향적인 사고방식을 지녀야 한다. 지속된 인구 감소는 경제적 활력과 성장 잠재력을 제한하며, 따라서 국가의 전반적인 역량을 약화시킨다. 정부는 출산을 증대시키고 인구 고령화를 늦춘다는 편의주의적인 조치를 취하기보다는 사람들의 생계를 증진시키는 데 집중해야 한다. 또한 정부는 젊은이들을 위해 민간의 주도 하에 더 많은 일자리를 창출하고 주택의 공급을 확대할 수 있게끔 과감한 조치를 취해야 한다.

08 이 글의 전체 문맥과 맞지 <u>않는</u> 것을 고르시오.

① Ⓐ   ② Ⓑ   ③ Ⓒ   ④ Ⓓ   ⑤ Ⓔ

| 정답 | ④

| 해설 | 출산율이 감소하고 사회의 노령화가 지속될 경우, 노동력과 소비가 "넘치는(surplus)" 것이 아니라 "부족(shortage)"할 수밖에 없다. 따라서 정답은 ④이다.

09 이 글의 주제는 무엇인가?

① 정부는 1인 가구에 부과하는 세금을 늘려야 한다.
② 정부는 보다 강력한 주민등록제도를 개발해야 한다.
③ 정부는 결혼과 출산을 증진시키기 위해 재정적 지원을 제공해야 한다.
④ 정부는 인구 감소 문제를 해결하기 위해 사람들의 생계를 개선하는 과감한 조치를 취해야 한다.
⑤ 정부는 서구 국가 및 일본이 채택한 모델을 따라야 한다.

| 정답 | ④

| 해설 | 본문은 한국의 저출산 고령화 현황을 먼저 언급한 다음 이를 해결하기 위한 방안을 제시하고 있다. 본문 마지막 두 문장이 해결책에 해당하며, 구체적으로는 "생계 증진"을 위해 "일자리 창출"과 "주택 공급 확대"에 집중할 것을 말하고 있다. 즉 본문의 주제는 저출산 고령화 문제 해결을 위한 조치를 취하자는 것이다. 따라서 정답은 ④이다.

10 윗글의 내용과 일치하지 <u>않는</u> 것은?

① 고령인구가 증가하고 있다.

② 우리는 다양한 유형의 가족을 수용해야 한다.

③ 1인 가구의 수가 현저하게 늘고 있다.

④ 인구 감소는 경제적 활력에 손상을 가할 것이다.

⑤ 정부는 더 많은 일자리를 창출하기 위해 일시적인 조치를 취해야 한다.

| 정답 | ⑤

| 해설 | 본문은 정부가 일자리 창출을 위한 조치를 취해야 한다고 말하고 있지만, 이러한 조치는 "과감한" 것이어야 한다고 했지 "일시적인" 것이라고는 말하지 않았다. 따라서 정답은 ⑤이다.

| 어휘 | **introduce** ⓥ 도입하다   **graying** ⓝ 고령화, 노령화   **account for** ~에 달하다, ~에 해당하다

dwindle ⓥ 줄어들다, 감소하다   **depletion** ⓝ 고갈, 소모

it's high/about time (that) ~해야 할 때가 되었다, ~할 때다   **drastically** ⓐⓓ 과감하게, 철저하게

oriented ⓐ ~지향의, ~ 중심의   **mindset** ⓝ 사고방식, 태도   **embrace** ⓥ 수용하다, 포용하다

hamper ⓥ 방해하다, 제한하다   **vitality** ⓝ 활력   **potential** ⓝ 잠재력, 가능성

expedient ⓐ 방편의, 편의주의적인   **drastic** ⓐ 과감한, 극단적인   **adopt** ⓥ 채택하다

remarkably ⓐⓓ 두드러지게, 현저하게

연습 문제

01~02	01 ③	02 ①		03~04	03 ③	04 ⑤		05~07	05 ②	06 ④	07 ③	08~10	08 ③	09 ③	10 ②
11~12	11 ④	12 ①		13~15	13 ③	14 ②	15 ①								

[01~02]

해석

사람들 사이의 교류에서 나타날 수 있는 가장 위대한 교류는 사과를 주고받는 것이다. 사과에는 굴욕과 원한을 치유하고, 복수하려는 욕망을 제거하며, 기분이 상한 사람 입장에서 용서하고 싶은 마음을 만들어 내는 힘을 가지고 있다. 기분을 상하게 한 사람 입장에서 사과는 보복에 대한 두려움을 줄여 주고, 떨쳐낼 수 없는 집요함으로 마음을 움켜쥘 수 있는 죄책감과 수치심을 덜어줄 수 있다. 사과의 과정에서 발생하는 결과는, 이상적으로 보자면, 깨진 관계의 화해와 회복이다. 질문을 해 보면 대부분의 사람들은 중요한 관계, 심지어 가족과 친구들 사이를 갈라놓았던 원한에 대해 이야기한다. 그 당시 제대로 된 사과를 했더라면 그런 원한의 감정을 막을 수 있었을 것이고, 수개월, 수년 또는 심지어 수십 년이 지난 이후라도 사과를 했다면 화해를 끌어낼 수 있었을 것이다. 이제, 원한을 일으킨 사건이 발생하고 61년이 지난 다음 건넸던 사과에 대해 생각해 보자.

---

01 다음 중 빈칸 (A)과 (B)에 들어갈 단어의 쌍으로 가장 적절한 것은?

① 보복 – 보충

② 민감성 – 탐닉

③ 복수 – 용서(사면)

④ 결단력 – 용서

| 정답 | ③

| 해설 | 사과(apology)의 힘에 대해 설명하고 있다. (A)는 동사가 remove이므로 원한과 관련한 부정적인 단어가 와야 한다. 따라서 '보복, 복수(retribution, vengeance)'가 적합하다. (B)는 사과를 통해 감정이 상한 사람 입장에서 만들어(generate) 낼 수 있는 것은 '용서(amnesty, forgiveness)'가 적합하다. 따라서 정답은 ③이 된다.

---

02 다음 중 이 글 바로 다음에 이어질 내용으로 적절한 것은?

① 서술한 내용의 사례

② 설득력 있는 분류

③ 문제를 일으킨 과정에 대한 토론

④ 독자에게 사과

| 정답 | ①

| 해설 | 본문의 마지막 문장인 "Now, consider this apology delivered 61 years after the triggering event."를 통해 문제가 발생한 후 61년이 지나 사과한 경우를 고려해 보자고 말하고 있다. 따라서 다음 이어질 내용은 저자가 서술한 사례라는 것을 알 수 있다.

humiliation ⓝ 창피, 굴욕　　**grudge** ⓝ 원한, 유감　　**retaliation** ⓝ 보복, 앙갚음

relieve ⓥ (불쾌감·고통 등을) 없애[덜어] 주다, 안도하게[후련하게] 하다　　**reconciliation** ⓝ 화해, 조화

tear apart ~을 갈가리 찢어[뜯어] 버리다　**belated** ⓐ 늦은, 때늦은

effect ⓥ ~을 결과로 초래하다, (변화를) 가져오다　　　　　　　　**trigger** ⓥ 일으키다, 유발하다

retribution ⓝ 보복, 응보　　**indulgence** ⓝ 탐닉, 응석 받아줌, 비위 맞춤

vengeance ⓝ 복수　　**amnesty** ⓝ 사면, (과거의 잘못을) 눈감아줌, 용서

[03~04]

해석

우리 대부분은 공공연하게 공격적인 사람은 능숙하게 알아챈다. 누군가가 당신을 모욕하거나, 비난하거나, 깔본다면 기분이 좋지 않지만, 최소한 당신은 왜 기분이 상했는지 이유는 알고 있다. 하지만 때로는 가까운 가족과 친구 및 동료를 포함해 주변 사람들이 우리의 기분을 불편하게 하지만 왜 그런지 딱히 뭐라고 말하지 못할 때도 있다. 예를 들어 당신의 친구가 당신을 복도에서 만났음에도 인사를 하지 않은 일이 한 주에 세 번 있을 수 있다. 당신은 아마 실수였겠지라고 스스로를 납득시키지만, 뭔가 잘못되었다고 생각한다. 만일 당신이 살면서 이런 경우를 한 명 이상의 사람과 빈번하게 겪을 경우 당신은 아마도 수동적 공격 성향의 행동과 마주하고 있을지도 모르며, 이 수동적 공격 행동은 공공연하게 공격적인 행동에 비해 감지하기 훨씬 힘들다. 수동적 공격성은 감지하기 힘든 모욕이나 부루퉁한 행동 또는 업무 달성이 요구됨에도 의도적으로 실패하는 등의 행위를 통해 암암리에 적의를 표현하는 일에 가담하는 경향을 말한다. 수동적 공격 성향의 행동은 암암리에 진행되므로 알아채기 힘들고 심지어 당신이 심리적 결과를 느끼고 있을 경우에도 그러하다. 이러한 유형의 행동을 식별할 수 있도록 나는 아래에 다섯 가지 사례를 말하고자 한다. 이들 사례가 어떤 사람이 수동적 공격 성향을 보이는 방식을 모두 제시한 것은 아니지만, 그래도 가장 흔한 것들이다.

03 다음 중 빈칸에 공통으로 들어가기에 가장 적절한 것은?

① 대담한　　　　　　② 순진한　　　　　　③ 암암리의

④ 정직한　　　　　　⑤ 외설적인

| 정답 | ③

| 해설 | 인사를 일부러 무시하는 듯한 친구와 마주하는 경우처럼, 수동적 공격 성향을 가진 사람과 마주하면 기분은 나쁘지만 왜 그런지 딱히 지적할 수 없다. 이런 수동적 공격성은 공공연한 공격성에 비해 감지하기도 알아채기도 힘들다는 것이 특징인데, 이러한 특징을 한 단어로 표현한 것이 "암암리의(implicit)"이다. 이 단어를 빈칸에 대입했을 때 본문 전체의 문맥과 매우 잘 어울리기 때문에 빈칸의 정답은 ③이다.

04 이 글 바로 뒤에 상의될 내용은?

① 공격적인 행동의 비교

② 수동적 공격 성향의 원인

③ 수동적 공격 성향에 대응하는 방법

④ 수동적 공격 성향의 효과

⑤ 수동적 공격 성향의 행동의 사례

| 정답 | ⑤

| 해설 | 본문 마지막 부분에서 "이러한 유형의 행동을 식별할 수 있도록 나는 아래에 다섯 가지 사례를 말하고자 한다"를 통해, 본문 다음에는 수동적 공격 성향에 해당하는 것이 어떤 것인지 그 사례가 제시될 것임을 유추할 수 있다. 따라서 정답은 ⑤이다.

| 어휘 | **spot** ⓥ 발견하다, 알아채다   **overtly** ⓐ 공공연하게, 명백히   **aggressive** ⓐ 공격적인

belittle ⓥ 깔보다, 하찮게 하다   **cannot put a finger on** 딱히 뭐라고 말할 수 없다

slip ⓝ 실수   **amiss** ⓐ 잘못된   **passive** ⓐ 수동적인

detect ⓥ 알아내다, 감지하다   **tendency** ⓝ 성향, 기질

engage in ~에 참여하다[가담하다], ~에 종사하다   **implicit** ⓐ 암시된, 암암리의

hostility ⓝ 적의, 적대감   **subtle** ⓐ 미묘한, 감지하기 힘든   **sullen** ⓐ 뚱한, 샐쭉한

stubbornness ⓝ 완고, 완강   **deliberate** ⓐ 고의의, 의도적인   **consequence** ⓝ 결과

obscene ⓐ 음란한, 외설적인

[05~07]

해석

수에 관한 미신 말고도 다른 종류의 미신 또한 많다. 식사, 잠, 재채기, 간지러움 등에 관한 미신도 존재한다. 동물, 휴일, 편지 등에 관한 미신도 존재한다. 심지어 미신에 관한 미신도 존재한다. 이런 미신은 사람들에게 어떻게 하면 불운을 반전시킬 수 있을지를 말해 준다. 예를 들어 세계의 많은 지역에서 소금을 쏟는 것은 불운을 나타낸다. 하지만 소금을 뿌리는 것은 행운을 나타낸다. 따라서 소금을 쏟은 사람은 쏟아진 소금을 조금 주워서는 오른쪽 어깨 너머로 던진다. 쏟아진 소금을 던지는 것으로 불운을 뒤집는 것이다. 일본인들은 머리를 부딪치면 곧바로 머리를 한 번 더 부딪친다. 일본인들의 미신에 따르면 첫 번째로 머리를 부딪친 것은 부모님이 돌아가신다는 의미이고 두 번째로 부딪치는 것은 첫 번째의 것을 "지운다"는 의미이다. 일반적으로 불운을 반전시키려면 사람들은 세 번 돌고 나서 주머니를 뒤집어 꺼내거나 모자를 거꾸로 쓴다. 미국에서 야구선수들은 때로는 팀이 지고 있을 때 야구모자를 거꾸로 쓰기도 한다. 바보 같은 행동으로 보일지 모르지만 선수들은 이런 행동으로 경기에 이길 수만 있다면 신경 쓰지 않는다.

05 이 글 앞 단락의 내용으로 가장 적절한 것은?

① 미신이 많이 있다는 것은 놀랄 일이 아니다.
② 많은 사람들은 수에 관한 미신을 갖고 있다.
③ 대부분의 사람들은 최소한 하나 내지는 두 개의 미신을 믿는다.
④ 몇몇 미신은 전 세계의 수많은 곳에서 관습이 되었다.

| 정답 | ②

| 해설 | 본문 가장 첫 부분에서 "수에 관한 미신 말고도(In addition to superstitions about numbers)"라고 나와 있으며, 본문은 수에 관한 미신 이외의 다른 미신에 관해 설명하고 있으므로, 본문 앞에서는 수에 관한 미신에 관해 논했을 것임을 유추할 수 있다. 따라서 정답은 ②이다.

06 이 글에 따르면, 빈칸에 가장 알맞은 것은?

① 일부 미신은 틀림없이 믿을 수 있다.
② 불운을 예견하는 미신도 많이 있다.
③ 행운을 가져다주는 미신도 있다.
④ 이런 미신은 사람들에게 어떻게 하면 불운을 반전시킬 수 있을지를 말해 준다.

| 정답 | ④

| 해설 | 빈칸 뒤 내용은 불운을 행운으로 반전시키거나 불운을 무효화하는 미신에 관해 설명을 하고 있다. 때문에 빈칸에 가장 알맞은 것은, 이러한 반전 방법에 관해 언급하는 ④이다.

---

07 이 글에 따르면, 다음 중 일치하지 <u>않는</u> 것은?

① 사람들은 대체로 불운을 반전시키기 위해 모자를 거꾸로 쓴다.
② 일본에서 사람들은 부모님의 죽음을 회피하기 위해 머리를 두 번 부딪친다.
③ 사람들은 대체로 소금을 던질 때 세 번 돈다.
④ 사람들은 쏟은 소금을 던지는 것이 불운을 지운다고 생각한다.

| 정답 | ③

| 해설 | "일반적으로 불운을 반전시키려면 사람들은 세 번 돌고 나서 주머니를 뒤집어 꺼내거나 모자를 거꾸로 쓴다(To reverse bad luck in general, people turn around three times, turn their pockets inside out, or put their hats on backwards)"에서 알 수 있듯이, 세 번 도는 경우와 소금을 던지는 것은 모두 불운을 쫓기 위한 방법이지만 서로 간에는 별 관계가 없다. 따라서 정답은 ③이다.

| 어휘 | **reverse** ⓥ 반전시키다, 뒤바꾸다　　　　**bump head** 머리를 부딪치다　　　　**precede** ⓥ ~에 앞서다
　　　　absolutely ⓐⓓ 틀림없이

[08~10]

해석

사회적 약자 우대 정책은 20세기 마지막 25년 동안 전반적인 사회적 약속이 되었다. 교육 분야에서 사회적 약자 우대 정책은 대학에서 흑인, 미국 원주민, 여성 등 사회 내에서 기업이나 기타 직종의 고위직에 전반적으로 자신들을 대표할 사람들이 많지 않은 집단에 속하는 사람들에게 추가적인 혜택과 기회를 주는 것을 의미한다. ⓐ 사회적 약자 우대 정책은 또한 도움이 없다면 대학에 진학할 경제적 여유가 없는 소수집단의 구성원들에게 재정적 지원을 제공하는 것도 포함한다. ⓑ 사회적 약자 우대 정책은 많은 소수집단의 구성원들에게 새롭게 부각되고 성공할 수 있는 길을 열어주었다. ⓒ 20세기 말에 사회적 약자 우대 정책은 정책에서 지정된 집단의 범주에 속한 사람들을 받아들이기 위해 입학을 거부당한 사람들에겐 불공평하다는 비판을 받게 되었다. ⓓ 일부는 사회적 약자 우대 정책을 역차별의 또 다른 형태로 여기며, 다른 일부는 더 이상 특별대우 정책은 불필요하다고 생각하며, 다른 사람들은 (예를 들면 미국 역사에서 오랜 기간 동안 노예제와 차별에 시달린 미국 흑인 같은) 일부 집단만 자격을 갖춘 것으로 봐야 한다고 생각한다. ⓔ 이 문제는 진지한 토론이 필요한 문제가 되었고 오늘날 교육에서 매우 격렬한 논쟁을 불러일으키는 주제 중 하나이다. 1990년대에 텍사스, 캘리포니아, 워싱턴 이 세 곳의 주의 주립 대학 입학 정책에서 사회적 약자 우대 정책을 폐지한다.

---

08 윗글을 두 부분으로 나눌 경우, 다음 중 경계로 가장 적절한 것은?

① ⓐ　　　　　　　　　　　　　② ⓑ
③ ⓒ　　　　　　　　　　　　　④ ⓓ
⑤ ⓔ

| 정답 | ③

| 해설 | 본문은 전반부는 사회적 약자 우대 정책이 무엇인지를 설명하고, 후반부는 정책에 쏟아지는 비판에 관해 논하고 있다. ⓒ 다음 부터는 후반부 내용인 사회적 약자 우대 정책에 대한 비판이 수록되어 있다. 따라서 정답은 ③이다.

---

09 이 글의 주제로 가장 적절한 것은?
① 미국 교육의 장점과 단점
② 사회적 약자 우대 정책의 새로운 필요성
③ 사회적 약자 우대 정책에 대한 점차 생겨나는 비판
④ 사회적 약자 우대 정책이 학업의 성공에 있어 미치는 영향
⑤ 미국 대학에서 인종차별을 없애기 위한 방법

| 정답 | ③

| 해설 | 본문은 사회적 약자 우대 정책이 무엇인지를 설명한 다음에, 정책에 쏟아지는 비판에 관해 상세한 설명을 하고 있다. 즉 저자는 장점보다는 단점을 말하는 데 더 집중하고 있음을 알 수 있다. 따라서 정답은 ③이다.

---

10 다음 중 (가)의 "사람들"에 속할 가능성이 가능 높은 쪽은?
① 흑인 ② 백인
③ 여성 ④ 아시아인
⑤ 미국 원주민

| 정답 | ②

| 해설 | (가)의 "사람들"은 "정책에서 지정된 집단의 범주에 속한 사람들을 받아들이기 위해 입학을 거부당한(who were denied admission in order to admit those in designated group categories)" 사람들이다. 즉 사회적 약자 우대 정책의 대상이 아닌 사람들로, 흑인도, 미국 원주민도, 아시아인도, 여성도 아닌 "백인 남성"을 의미한다. 따라서 정답은 ②이다.

| 어휘 | **affirmative action** 사회적 약자 우대 정책, 차별 철폐 조처   **commitment** ⓝ 약속, 전념
under-represented ⓐ 대표자가 불충분한   **prominence** ⓝ 부각됨, 명성
designated ⓐ 지정된   **reverse discrimination** 역차별   **qualify** ⓥ 자격을 갖추다, 자격을 주다
charged ⓐ (의견 · 논쟁 등이) 반론[격론]을 일으킬 만한

[11~12]

해석

그렇다면 어떤 형태이든 소유욕은 유인원 간에 싸움이 벌어지는 공통적인 원인이다. 우리가 만일 이러한 현상에 대한 설명을 위해 행동에 대한 단순한 진실의 이면을 살필 경우, 목적론적인 원인 즉 목적의 관점에서 바라본 설명은 쉽게 파악할 수 있다. 원하는 물건에 대한 독점적인 권리는, 이를 보유한 사람에게는 분명하면서 단순한 이점이 된다. 이 권리와 함께 분명한 만족감이 지속된다. 어느 물건에 대한 소유권을 주장하는 청구인이 오직 하나일 경우, 좌절감이나 상실할 가능성은 최소한으로 감소된다. 따라서 만일 자신이 원하는 것이 목표의 전부라면, 행위자가 행사할 수 있는 모든 힘을 최대한으로 발휘한 것을 포함해 행위자의 모든 힘은 독점적 소유권을 확립하고 방어하기 위해 사용될 것임이 확실하다.

11 다음 중 이 글 앞에 나올 가능성이 높은 것은?

① 유인원 간의 행동에 대한 단순한 사실을 열거한 더 많은 정보
② 유인원들이 싸운다는 사실
③ 유인원의 소유욕에 대한 정의
④ 소유욕으로 인한 싸움의 유형
⑤ 목적론적 설명의 기초

| 정답 | ④

| 해설 | 본문 첫 문장에서 유인원 간에 싸움이 벌어지는 공통 원인이 소유욕임을 언급하고 있다. 그런데 "그렇다면, 그러면" 등의 의미로 논리적인 결과를 나타내는 then 때문에, 이 첫 문장이 앞서 등장한 내용의 결론부임을 유추할 수 있다. 소유욕이 원인이라는 결과가 나왔으면, 그 앞에서는 소유욕으로 인해 어떤 싸움이 벌어졌고, 그 결과 싸움의 공통 원인이 소유욕이라는 결론이 나온 것으로 볼 수 있다. 따라서 정답은 ④이다.

---

12 다음 중 빈칸에 적절하지 <u>않은</u> 것은?

유인원들은 _____의 이유 때문에 어느 물건에 대한 독점적인 소유권을 추구한다.

① 그 물건에 대한 소유권이 논란의 대상이 될 필요가 있기 때문에
② 그 물건을 상실할 가능성이 매우 낮기 때문에
③ 그 물건의 상실로 인해 고통을 받을 필요가 없기 때문에
④ 그 물건을 지속적으로 즐길 수 있기 때문에
⑤ 그 물건으로 인한 만족감이 보장되기 때문에

| 정답 | ①

| 해설 | "어느 물건에 대한 소유권을 주장하는 청구인이 오직 하나일 경우, 좌절감이나 상실할 가능성은 최소한으로 감소된다.(Where there is only one claimant to a good, frustration and the possibility of loss is reduced to a minimum.)"는 보기 ②와 ③에 해당되며, "이 권리와 함께 분명한 만족감이 지속된다(It carries with it the certainty and continuity of satisfaction)"는 보기 ④와 ⑤에 해당된다. 하지만 보기 ①의 내용은 본문과 연관이 없다. 따라서 정답은 ①이다.

| 어휘 | **possessiveness** ⓝ 소유욕   **teleological** ⓐ 목적론의

not far to seek (이유 · 동기 따위가) 금방[쉽게] 알 수 있는; 명백한   **exclusive** ⓐ 독점적인, 배타적인

claimant ⓝ 청구인   **precede** ⓥ ~에 앞서다

motivate ⓥ (행동 등의) 이유[원인]가 되다

해석

비록 국가마다 선택한 경제 시스템에 차이가 있을 수 있지만, 모든 경제 시스템은 생산과 관련이 있어야 한다. 경제 시스템과 관련된 모든 논의는 '생산의 구성요소'로 지칭되는 것에 관한 이해를 필요로 한다. 모든 생산에는 네 가지의 개별 요인이 포함된다. 바로 천연자원, 노동, 자본, 기업가 정신이다.

자연이 제공하는 재료를 의미하는 천연자원은 우리가 원하는 것을 생산하기 위해 필요하다. 일부 경제학자들은 이 요인을 (천연자원 대신에) 토지라 부르는 것을 선호한다. 땅속 자원, 숲, 폭포, 비옥한 토지 등은 국가 자원의 예이다. 이러한 자원은 생산을 결정하는 데 있어 중요한 역할을 하며, 특히나 이는 자원이 보다 희소해지고 있기 때문이다.

천연자원을 인간이 사용할 수 있게 맞춰나가기 위해서 우리는 노력을 들여야 한다. 이는 생산의 두 번째 요인인 노동을 통해 이루어진다. 노동의 기술과 양 또한 생산을 결정하는 데 있어 중요한 역할을 한다. 인도의 노동력은 미국의 두 배가 넘지만 미국 노동자의 기술이 더 뛰어나고 이는 더 높은 생산성으로 이어진다. 높은 수준의 교육 덕분에 미국은 기계의 활용을 기회로 활용하고 있다.

생산의 세 번째 요소는 자본이다. 대부분의 사람들은 자본을 돈으로 생각한다. 경제학자에게 있어, 자본은 인간이 만든 생산 도구이다. 즉, 추가적인 생산을 위해 사용되는 재화이다. 자본은 도구나 기계를 의미하는 경우도 흔하다. 또한 자동차 생산에서 사용되는 압연강을 의미하기도 한다. 많은 상당한 양의 자본이 숙련된 노동자의 손에 놓일 경우, 생산성이 엄청나게 증가할 수 있다.

13 이 글에 따르면, 다음 중 일치하지 <u>않는</u> 것은?

① 노동의 질은 교육 및 기술 수준과 관련이 있다.
② 숲은 천연자원의 요소가 될 수 있다.
③ 생산 요소 중 하나인 자본은 돈과 동일하다.
④ 천연자원이 대체로 감소하고 있다.

| 정답 | ③

| 해설 | 일반인들은 자본을 돈으로 생각하지만 "경제학자들에게 있어, 자본은 인간이 만든 생산 도구이다. 즉, 추가적인 생산을 위해 사용되는 재화이다." 즉 자본은 돈과 동일하다 할 수 없다. 따라서 정답은 ③이다.

"노동의 기술과 양 또한 생산을 결정하는 데 있어 중요한 역할을 한다. 인도의 노동력은 미국의 두 배가 넘지만 미국 노동자의 기술이 더 뛰어나고 이는 더 높은 생산성으로 이어진다. 높은 수준의 교육 덕분에 미국은 기계의 활용을 기회로 활용하고 있다는 ①의 근거가 된다." 땅속 자원, 숲, 폭포, 비옥한 토지 등은 국가 자원의 예이다. 이러한 자원은 생산을 결정하는 데 있어 중요한 역할을 하며, 특히나 이는 자원이 보다 희소해지고 있기 때문이다"는 ②와 ④의 근거가 된다.

14 다음 중 빈칸에 가장 적절한 것은?

① 심장병 전문의   ② 경제학자
③ 환경운동가   ④ 인류학자

| 정답 | ②

| 해설 | 본문이 경제에 관한 내용이기 때문에, ②를 제외한 보기의 모든 단어는 빈칸에 대입했을 경우 본문과 어울리지 않는다. 따라서 정답은 ②이다.

15 다음 중 이 글 뒤에 이어질 내용으로 가장 가능성이 높은 것은?

① 기업가 정신에 관한 설명
② 생산성의 원칙
③ 생산 요소의 요약
④ 경제 시스템 소개

| 정답 | ①

| 해설 | 본문에서는 기업가 정신을 제외하고 나머지 생산 요소가 제시되었다. 따라서 본문 다음에는 하나 남은 기업가 정신에 관한 내용이 와야 할 것이다.

| 어휘 | **be concerned with** ~와 관련이 있다, ~에 관심을 갖다   **ingredient** ⑩ 구성 요소
involve ⓥ 수반하다, 포함하다   **entrepreneurship** ⑩ 기업가 정신   **fertile** ⓐ 비옥한, 기름진
scarce ⓐ 부족한, 희소한   **adapt** ⓥ 맞추다, 적응하다
capitalize on ~을 활용하다, ~을 기회로 삼다   **instrument** ⑩ 도구
good ⑩ 재화, 상품   **rolled steel** 압연강   **hand** ⑩ 노동자, 일손
tremendously ⓐⓓ 엄청나게   **identical** ⓐ 동일한, 똑같은   **dwindle** ⓥ 줄어들다, 감소하다
cardiologist ⑩ 심장병 전문의   **anthropologist** ⑩ 인류학자

연습 문제

01~02	01 ①	02 ③		03~04	03 ③	04 ①		05~07	05 ②	06 ④	07 ②	08~10	08 ②	09 ④	10 ③
11~12	11 ④	12 ②		13~16	13 ① 15 ③	14 ④ 16 ④		17~19	17 ④	18 ②	19 ④	20~22	20 ②	21 ④	22 ④
23~25	23 ①	24 ③	25 ②												

[01~02]

해석

미국 역사 전반에 걸쳐, 사회 복지는 인상적인 변화를 겪어 왔다. 본래 식민지 주민들은 "빈민법"을 포함하여 지역의 세수를 가지고 당시 "구빈원"이라 알려진 것들의 자금을 대던 영국의 제도와 비슷한 제도를 활용했다. 18세기 및 19세기의 대부분의 기간 동안에 회의론은 빈곤의 구제에 관해 지배적인 태도였다. 일반 대중은 빈곤을 불가피한 행동 양식으로 보았고, 구호가 최대한 불쾌하게 이루어지게 함으로써 복지에 의존하지 못하게 단념시켜야 한다고 믿었다. 그러나 프랭클린 루스벨트(Franklin Roosevelt) 대통령이 전국적인 사회보장 프로그램을 개시한 1935년은 전환점이 되었는데, 이는 일반 대중이 빈곤을 바라보고 이에 대처하는 방식에 변화가 있을 것임을 시사했다.

01 다음 중 빈칸 (A)에 가장 적절한 것은?
① 회의 ② 낙관론
③ 평화주의 ④ 절충주의

| 정답 | ①

| 해설 | 빈칸 뒤 "일반 대중은 빈곤을 불가피한 행동 양식으로 보았고, 구호가 최대한 불쾌하게 이루어지게 함으로써 복지에 의존하지 못하게 단념시켜야 한다고 믿었다"는 말은 즉, 일반 대중은 빈곤을 피치 못하게 겪는 일로 여기고, 구제한다고 피할 수 있는 것도 아니고, 구제해 봤자 구호 조치에 의존할 뿐 빈곤으로부터 벗어날 생각을 안 한다고 여겼다는 의미이다. 이러한 태도는 복지에 대한 "회의적" 태도이다. 따라서 정답은 ①이다.

02 다음 중 이 글에서 유추할 수 없는 것은?
① 자그마치 식민지 시대에도 미국에는 일종의 사회 복지 시스템을 보유했다.
② 미국은 영국의 사례를 본떠서 사회 복지 정책을 만들었다.
③ 사회 복지는 본래 오점이 있었고, 이 오점은 현재에도 여전히 존재한다.
④ 빈곤에 대한 태도 변화는 전국적인 사회보장 프로그램을 수반한다.

| 정답 | ③

| 해설 | "이는 일반 대중이 빈곤을 바라보고 이에 대처하는 방식에 변화가 있을 것임을 시사했다"는 말은 즉 루스벨트 대통령 이후 빈

곧 구제책 및 사회 복지에 대한 사람들의 시선이 회의적인 것에서 긍정적인 방향으로 변했음을 의미한다. 따라서 사회 복지의 오점이 현재에도 존재한다는 ③을 정답으로 볼 수 있다.

"본래 식민지 주민들은 "빈민법"을 포함하여 지역의 세수를 가지고 당시 "구빈원"이라 알려진 것들의 자금을 대던 영국의 제도와 비슷한 제도를 활용했다"는 ① 및 ②의 근거가 된다. 마지막 문장은 ④의 근거가 된다.

| 어휘 |

social welfare 사회 복지	**undergo** ⓥ 겪다	**dramatic** ⓐ 극적인, 인상적인
originally ⓐ 원래, 본래	**colonist** ⓝ 식민지 주민	
comparable (to) ⓐ 비슷한, 비교할 만한	**involve** ⓥ (중요 요소로 · 필연적으로) 수반[포함]하다	
poor law (영국의) 빈민법	**taxation** ⓝ 조세, 세수	**fund** ⓥ 자금[기금]을 대다
poorhouse ⓝ (과거 영국의) 구빈원	**skepticism** ⓝ 회의, 회의론	**predominant** ⓐ 우세한, 지배적인
relief ⓝ 구제, 구호	**inevitable** ⓐ 불가피한, 필연적인	**pattern of behavior** 행동 양식
reliance (on) ⓝ 의존, 의지	**discourage** ⓥ (못하게) 말리다, 단념시키다	
turning point 전환점, 전기	**launch** ⓥ 시작[개시 · 착수]하다	
signal ⓥ (어떤 일이 있거나 있을 것임을) 시사[암시]하다		**address** ⓥ 다루다, 대처하다
optimism ⓝ 낙관론	**pacifism** ⓝ 평화주의	**eclecticism** ⓝ 절충주의
model A on B B를 본떠서 A를 만들다	**stigma** ⓝ 오명, 오점	
be accompanied by ～을 동반[수반]하다		

[03~04]

해석

예일대 경제학자 파브리지오 질리보티(Fabrizio Zilibotti)가 공동 저술한 새로운 연구에 따르면, 팬데믹 관련 학교 폐쇄가 미국의 교육 불평등을 심화시키고 있으며, 이는 저소득층 지역 학생들의 학업 성취도를 심각하게 악화시키는 반면, 미국에서 가장 부유한 지역의 학생들에게는 그다지 큰 영향을 미치지 않는다고 한다. 장기화된 학교 폐쇄가 고등학생들에게 미치는 영향을 조사하기 위해 정량적 모델을 사용한 결과, 연구원들은 코로나19 관련 학교 폐쇄로 인해 가장 부정적이고 장기적인 영향을 받는 대상은 소득 수준 하위 20% 가정의 학생들이라고 판단했다. 예를 들어, 이 모델에 따르면 1년간의 학교 폐쇄는, 이후 3년간 정상 교육이 이어진다고 가정하더라도, 가장 가난한 지역의 9학년 학생들의 졸업 후 잠재 소득을 25% 감소시킬 수 있는 것으로 예측했다. 반면 상위 20% 부촌의 학생들에게는 실질적 손실이 없다는 것을 보여 주고 있다. 코로나19로 인한 장기화된 학교 폐쇄는 아이들이 평등하게 교육받을 권리를 박탈한다. 이 분석은 팬데믹이 교육의 불평등을 심화시키고 있으며, 이러한 위기로 인한 교육의 격차가 학생들이 고등학교를 다니는 내내 지속되어 그들의 미래 전망을 위험에 빠뜨릴 수 있다는 사실을 보여 주고 있다.

03 이 글에서 가장 잘 추론할 수 있는 것을 고르시오.

① 코로나19는 단일한 학습 환경을 제공하여 교육을 평등하게 한다.
② 부유한 동네의 학생들 또한 학교 폐쇄로 인해 부정적인 영향을 받는다.
③ 코로나19로 인한 휴교는 가장 가난한 지역의 학생들에게 가장 큰 피해를 준다.
④ 장기적으로는 다양한 사회경제적 배경을 지닌 아이들의 잠재 소득은 코로나19의 영향을 받지 않는다.

| 정답 | ③

| 해설 | 본문에서는 코로나19로 인한 팬데믹이 학업과 관련해 저소득층 학생들에게 미치는 부정적 영향에 대해 서술하고 있다. 부유한 지역의 학생들은 팬데믹으로 인한 학교 폐쇄로 별다른 영향을 받지 않지만, 저소득층 학생들의 경우 미래의 잠재 소득이 상당

수준 하락한다고 했다. 따라서 본문을 통해 추론할 수 있는 내용은 '코로나19로 인한 휴교는 가장 가난한 지역의 학생들에게 가장 큰 피해를 준다'는 ③이 된다.

---

04 빈칸 ⓐ에 가장 적절한 것을 고르시오.

① 그들의 미래 전망을 위험에 빠뜨리면서
② 위기 기간 동안 발생한 교육 격차가 점점 줄어들면서
③ 원격 학습의 부정적 결과를 극복하면서
④ 동료 및 친구들과의 상호작용을 회복하면서

| 정답 | ①

| 해설 | 팬데믹이 교육 불평등을 심화시키고 있으며 이러한 교육 격차는 계속될 것이라고 했으므로, 빈칸에 오는 내용은 저소득층 학생들에 대한 부정적 내용이 와야 한다. 따라서 '그들의 미래 전망을 위험에 빠뜨린다'는 내용의 ①이 정답이 된다.

| 어휘 | **pandemic** ⓝ 팬데믹, 범 지구적 유행병   **impair** ⓥ (건강 등을) 해치다, 손상하다, 나쁘게 하다
detrimental ⓐ 해로운, 유해한   **quantitative** ⓐ 정량적인   **consequence** ⓝ 결과, 중대성
predict ⓥ 예측하다   **substantial** ⓐ 상당한, 비중 있는   **deprive** ⓥ 빼앗다, 박탈하다
crisis ⓝ 위기, 고비   **persist** ⓥ 지속하다, 존속하다   **affluent** ⓐ 부유한
socioeconomic ⓐ 사회 경제적인   **prospect** ⓝ 전망, 예상   **accrue** ⓥ 누적되다, 축적되다
overcome ⓥ 극복하다

[05~07]

해석

무료 우송의 특권이란 국회의원의 특전 중 하나로 원래라면 우표가 붙을 장소에 자신의 이름을 적는 식으로 우편제도를 통해 무료로 자주 간단하게 우편을 보낼 수 있게 부여된 권리이다. 이론적으로는 납세자가 국회의원과 우편제도에 비용을 지불한다. 우편제도는 고정 비용에 해당하며, 이는 즉 기존의 우편총량에 국회의원의 우편을 추가한들 우편제도 운영에 드는 총 비용이 변하지는 않음을 의미한다. 무료 우송의 특권은 회계 거래 없이도 국회의원들이 공무우편을 보낼 수 있게 하며, 이는 전체 정부 차원에서 상호 간의 거래를 상쇄시키는 결과를 낳는다. 실제로는 무료 우송의 특권은 공무 수행을 위해 필요한 공식 우편 업무 이외에도 쓰인다. 무료 우송은 가장 큰 현직 프리미엄 중 하나로 미국의 입법부가 매우 높은 재선율을 자랑하는데 기여한다. 미국에서는 상하원 의원들이 이 특권을 사용하도록 허용된다. 무료 우송은 자동 서명기를 통해 자동화가 가능하다.

---

05 다음 중 무료 우송의 특권을 설명한 것은?

① 납세자들을 속여 돈을 가로채기 위한 제도
② 국회의원으로서의 이점
③ 우편집배원으로서의 단점
④ 우편물을 보낼 때 돈을 절약할 수 있는 방법

| 정답 | ②

| 해설 | "무료 우송의 특권이란 국회의원의 특전 중 하나(The franking privilege is a perk which grants an elected official)"이다.

따라서 정답은 ②이다.

---

06 이 글에서 유추할 수 있는 것은?

① 납세자들은 결국 더 많은 세금을 낸다.
② 국회의원은 특권에 관해 신경 쓰지 않는다.
③ 무료 우송의 특권은 남용되는 것을 막기 위해 면밀하게 규제되어야 한다.
④ 무료 우송의 특권은 원래 의도했던 것보다 더 많이 사용된다.

| 정답 | ④

| 해설 | "실제로는 무료 우송의 특권은 공무 수행을 위해 필요한 공식 우편 업무 이외에도 쓰인다.(In practice, the franking privilege is applied to more than just the official mail necessary for the conduct of the office.)" 즉, 국회의원들은 무료 우송의 특권을 공식 업무 이외에도 활용하고 있으므로 원래 처음 제정되었을 때보다 특권을 더 많이 활용하고 있는 셈이다. 따라서 정답은 ④이다.

---

07 다음 중 일치하지 않는 것은?

① 무료 우송의 특권은 두 개의 거래를 상쇄시킨다.
② 무료 우송의 특권은 납세자에게 보상으로 수여된다.
③ 무료 우송의 특권은 우표의 필요성을 없앤다.
④ 무료 우송의 특권은 우편제도 이용을 위한 비용을 변화시키지는 않는다.

| 정답 | ②

| 해설 | "이론적으로는 납세자가 국회의원과 우편제도에 비용을 지불한다.(In theory, elected officials and the postal service are both paid for by the taxpayer.)" 즉 납세자는 국회의원이 활용하는 무료 우송의 특권에 드는 비용을 지불할 뿐이며, 이 특권을 활용할 수 있는 사람은 국회의원뿐이므로, 결코 무료 우송의 특권을 납세자에게 수여되는 보상이라 할 수 없다. 따라서 정답은 ②이다.

| 어휘 | **franking privilege** (연방 의회 의원에게 허용되는) 무료 우송의 특권　　　**perk** ⓝ (급료 이외의) 특전
elected official 선출직 관리, 국회의원　　　**fixed cost** 고정비용　　　**accounting transaction** 회계 거래
cancel out 상쇄하다　　　**incumbency** ⓝ 재직 중임, 현직임　　　**reelection** ⓝ 재선
autopen ⓝ 자동 서명기　　　**cheat A out of B** A를 속여 B를 가로채다
bestow ⓥ 수여하다, 부여하다

[08~10]

우리는 차에서 무엇을 기대하고 있을까? 나는 이런 질문을 던지고 나서 여러 가지 답을 들었다. 그 중에는 뛰어난 안전 등급, 훌륭한 연비, 핸들링 및 코너링 등이 있다. 하지만 나는 이것들 중 어느 것도 믿지 않는다. 왜냐하면 문화 코드의 첫 번째 원칙에 따르면 사람들의 진정한 의도를 이해할 수 있는 유일하게 효과적인 방법은 사람들이 하는 말을 무시하는 것이기 때문이다. 이는 사람들이 의도적으로 거짓을 말한다거나 자신의 생각을 불완전하게 표현한다는 소리가 아니다. 이 말의 의미는 사람들은 자신의 관심사와 선호에 관해 직접적으로 질문을 받게 되면 질문을 한 사람이 듣고 싶어 할 것이라고 자신이 생각하는 답을 주는 경향이 있다는 것이다. 다시 말하자면 이는 사람들이 의도적으로 사실을 호도하려고 하기 때문이 아니다. 그보다는 사람들은 뇌에서 감정이나 본능보다는 지성을 담당하는 부위인 대뇌 피질에 따라 이러한 질문에 답을 하기 때문이다. 사람들은 질문을 곰곰이 생각하고, 질문을 처리하며, 따라서 사람들이 질문에 답을 할 때 이는 심사숙고를 거친 결과이다. 사람들은 자신들이 진실을 말하고 있다고 믿는다. 거짓말탐지기로도 이는 확인될 것이다. 하지만 대부분의 경우 사람들은 자신이 뜻한 바를 말하고 있지는 않다.

---

08 문화 코드의 첫 번째 원칙은 무엇인가?

① 감정은 무언가를 배우기 위해 필요한 에너지이다.
② 사람들이 말하는 것을 믿지 말라.
③ 내용이 아니라 체계가 메시지이다.
④ 실제 이용이 이루어지는 맥락이 중요하다.

| 정답 | ②

| 해설 | "왜냐하면 문화 코드의 첫 번째 원칙에 따르면 사람들의 진정한 의도를 이해할 수 있는 유일하게 효과적인 방법은 사람들이 하는 말을 무시하는 것이기 때문이다.(That's because the first principle of the culture code is that the only effective way to understand what people truly mean is to ignore what they say)." 따라서 정답은 ②이다.

---

09 다음 중 본문을 통해 가장 잘 뒷받침되는 진술은?

① 안전 등급, 훌륭한 연비, 핸들링 및 코너링 등이 많은 소비자의 요구를 충족시키지 못했다.
② 때로 사람들은 자신의 이득을 위해 의도적으로 거짓말을 한다.
③ 거짓말탐지기는 사람들이 통시적인 진실을 전달한다는 것을 확인시켜 준다.
④ 사람들은 지성을 활용하여 주어진 질문에 답하는 경향이 있다.

| 정답 | ④

| 해설 | "그보다는 사람들은 뇌에서 감정이나 본능보다는 지성을 담당하는 부위인 대뇌 피질에 따라 이러한 질문에 답을 하기 때문이다.(It is because people respond to these questions with their cortexes, the parts of their brains that control intelligence rather than emotion or instinct.)" 따라서 정답은 ④이다.

다음 중 윗글에서 유추할 수 있는 것은?

① 대부분의 사람들은 다음에 해야 할 일을 예측할 수 있다.
② 대부분의 사람들은 자신이 하고 있는 행위를 왜 하고 있는지 그 이유를 정확히 알고 있다.
③ 대부분의 사람들은 자신이 하고 있는 행위를 왜 하고 있는지 모른다.
④ 대부분의 사람들은 거짓말탐지기와 마주할 때 의도적으로 비정상적인 방식으로 행동한다.

| 정답 | ③

| 해설 | 사람들은 질문자가 듣고 싶어 할 것이라고 자신이 생각하는 답을 내놓는 경향이 있다. 하지만 사람들이 진실을 왜곡하려는 의도가 있기 때문에 그런 답을 내놓는 것이 아니다. 알고 보면 질문을 곰곰이 생각하고 심사숙고 끝에 내놓은 답이 그런 답이었던 것이다. 사람들은 자신의 답이 진실한 답이라고 믿고 있으며, 때문에 거짓말탐지기로도 걸리지 않는다. 하지만 그렇게 내놓은 답이 실제 마음속에서 뜻한 것과는 다른 것이었던 것이다. 이는 즉 사람들은 자신도 모르게 또는 자신이 뜻한 바와 달리 어떠한 행위나 말을 하기도 한다는 의미이다. 따라서 정답은 ③이다.

| 어휘 |

safety ratings 안전 등급	**mileage** ⓝ 연비	**handling** ⓝ 차량의 핸들링
cornering ⓝ 차량의 코너링	**intentionally** ⓐ 고의로, 의도적으로	
misrepresent ⓥ (정보를) 잘못[불완전하게] 전하다[표현하다]		**preference** ⓝ 선호
mislead ⓥ 호도하다, 오도하다	**cortex** ⓝ 대뇌 피질	**ponder** ⓥ 숙고하다, 곰곰이 생각하다
deliberation ⓝ 심사숙고, 심의	**exploitation** ⓝ 이용, 활용, 착취	**diachronic** ⓐ 통시적인
perverted ⓐ 비정상적인, 도착된		

[11~12]

해석

나는 MIT를 졸업하고 나서 프린스턴으로 향했고, 방학에는 알린을 보기 위해 집에 가곤 했다. 언젠가 내가 알린을 보러 갔을 때 그녀는 목 한쪽에 혹이 난 상태였다. 그녀는 매우 아름다운 소녀였기 때문에 혹을 걱정하고 있었지만 아프지는 않기 때문에 혹이 그다지 심각한 것은 아니라고 판단했다. 그녀는 의사인 그녀의 삼촌에게 갔고, 삼촌은 그녀에게 오메가 기름으로 목을 문지르라고 말했다.

그리고 얼마 안 있어 혹이 변하기 시작했다. 혹이 점차 커졌고, 아니면 작아졌을지도 모른다. 그녀는 열병에 걸렸다. 열병은 점차 심해져서 그녀의 가정 주치의는 알린이 즉시 병원에 가야 한다고 결정했다. 그녀는 장티푸스에 걸렸다는 말을 들었다. 나는 지금도 그렇지만 그때 바로 의학 서적에서 장티푸스를 찾은 다음 관련된 모든 내용을 읽었다.

내가 병원에 입원한 알린을 보러 갔을 때 그녀는 격리 치료 중이었다. 그녀가 있는 방에 들어갈 때나 기타 여러 행위를 할 때 우리는 특별한 가운을 입어야만 했다. 의사가 있어서 나는 와이델 검진 결과가 어떻게 나왔는지 물었다. 와이델 검진은 확실한 장티푸스 검진 방법으로 배설물에 담긴 박테리아를 점검하는 방식이다. 의사는 "검진 결과는 음성"이라고 답했다.

나는 "뭐라고요? 그럴 리 없어요!"라고 답했다. "검진으로 박테리아를 찾을 수 없다니 의사 가운이 다 무슨 소용이지요? 어쩌면 그녀는 장티푸스에 걸리지 않았을 수 있어요!"

이렇게 말했지만 결과는 의사가 알린의 부모에게 말을 했고 알린의 부모는 내게 개입하지 말라고 했을 뿐이었다. "어쨌든 이분은 의사이고 자네는 딸의 약혼자일 뿐이네."

그때 이래로 나는 그런 사람들은 자신이 무슨 말을 하는지도 모르고 비난을 받으면 모욕당했다고 생각한다는 것을 깨달았다. 나는 지금에서야 이러한 사실을 깨달았지만, 만약 당시 내가 내 주장을 더 강하게 했더라면 그리고 알린의 부모에게 그 의사는 얼간이었고 (실제로도 얼간이었다) 자신이 무엇을 하는지도 모르는 사람이었다라고 말했었더라면 얼마나 좋았을까 생각이 든다. 하지만 그 당시로서는 (내가 아닌) 알린의 부모가 알린을 맡고 있었다.

11 윗글의 내용과 일치하는 것은?

① 저자는 의학에 관해 지식이 없었다.

② 알린은 자신의 외모에 신경을 쓰지 않았다.

③ 알린은 장티푸스에 걸렸었다.

④ 저자는 알린과 약혼했었다.

| 정답 | ④

| 해설 | "You're only her fiancé(자네는 딸의 약혼자일 뿐이네)"를 통해 저자는 알린의 약혼자임을 알 수 있다. 따라서 정답은 ④이다.

12 윗글에서 유추할 수 <u>없는</u> 것은?

① 장티푸스에 걸린 사람은 와이델 검진에서 양성 반응이 나온다.

② 알린의 삼촌은 왜 알린의 목에 혹이 났는지를 알고 있었다.

③ 저자는 무능한 사람들은 비판을 들으면 자신이 모욕당한 것으로 여긴다고 생각한다.

④ 장티푸스는 박테리아로 인해 야기되는 전염병이다.

| 정답 | ②

| 해설 | 알린의 삼촌은 알린에게 오메가 기름으로 목을 문지르라고 했을 뿐 그 이상 처치를 하지 못했기 때문에 결국 알린은 병원에 입원하게 되었다. 만일 알린의 삼촌이 원인을 제대로 알고 있었더라면 알린의 증세가 악화되지는 않았을 수도 있다. 따라서 정답은 ②이다.

| 어휘 | **bump** ⓝ 혹   **typhoid fever** 장티푸스   **quarantine** ⓝ 격리

feces ⓝ 배설물   **be engaged to** ~와 약혼 중인   **incompetent** ⓐ 무능한

infectious ⓐ 전염되는

[13~16]

해석

통계는 기본적으로 두 가지 형태로 나뉜다. 첫 번째 형태는 기술 통계이다. 기술 통계는 우리가 수집한 데이터를 기술하는 방법의 모음이다. 예를 들어 이탈리아의 루제나라는 마을에서 350명의 사람들을 무작위로 선정해 보니 280명의 사람들이 니콜루시란 성을 갖고 있었다. 다음의 설명이 기술 통계의 예가 된다. "이들 중 80%가 니콜루시란 성을 갖고 있었다." 두 번째 형태는 추론적 통계이다. 추론적 통계는 일반화, 추정, 예상, 결정 등을 하기 위해 사용되는 방식이다. 예를 들어 이탈리아의 루제나라는 마을에서 350명의 사람들을 무작위로 선정해 보니 280명의 사람들이 니콜루시란 성을 갖고 있었다. 다음의 설명이 추론적 통계의 예가 된다. "이탈리아에 사는 모든 사람 중 80%가 니콜루시란 성을 갖고 있었다." 우리는 이탈리아에 사는 모든 사람들에 관한 정보를 갖고 있지 않으며, 루제나에 사는 350명의 정보밖에 모른다. 우리는 이 정보를 가지고 일반화하여 이탈리아에서 사는 모든 사람에 관해 말한다. 이러한 추론적 통계에 의한 설명이 기술 통계에 의한 설명이 아니라고 말할 수 있는 가장 쉬운 방법은 제공된 정보를 바탕으로 해당 설명이 기술 통계에 의한 설명이 아님을 입증하는 것이다.

13 윗글의 제목으로 가장 적절한 것은?

① 통계의 두 가지 유형

② 통계를 연구하는 방법

③ 통계를 적용하는 두 가지 방법

④ 기술 통계와 추론적 통계를 구별하는 방법

| 정답 | ①

| 해설 | 본문은 기술 통계와 추론적 통계라는 통계의 두 가지 유형에 관해 개괄적인 설명을 하고 있다. 따라서 답은 ①이다.

14 Descriptive statistics의 설명으로 가장 적절한 것은?

① 다른 사례에 적용 가능한 결론을 진술한다.

② 선정된 데이터로 일반화를 한다.

③ 선정된 데이터로 예측을 한다.

④ 수집한 데이터에서 사실을 진술한다.

| 정답 | ④

| 해설 | 기술 통계는 "우리가 수집한 데이터를 기술하는 방법의 모음이다(a set of methods to describe data that we have collected)" 그리고 이탈리아의 루제나 마을의 사례를 보면 알 수 있듯이, 무작위로 선정한 350명 가운데 280명이 니콜루시란 성을 갖고 있었으므로 "이들 중 80%가 니콜루시란 성을 갖고 있었다(80% of these people have the last name Nicolussi)"라고 진술한 것은 데이터를 기반으로 사실을 있는 그대로 진술한 것이다. 따라서 정답은 ④이다.

15 "On the last 3 Sundays, Henry D. Car salesman sold 2, 1, and 0 new cars, respectively."라는 사실에서 얻을 수 있는 Inferential statistics가 <u>아닌</u> 것은?

① 헨리는 메리와 사랑에 빠져서 최근에 차를 덜 팔았다.

② 헨리는 일요일에 차를 두 대 이상 팔아 본 적이 없다.

③ 헨리는 지난 세 번의 일요일 동안 차를 평균 한 대 팔았다.

④ 헨리는 지난 일요일에 차를 한 대로 못 팔았고 그 이유는 주차장에 있는 차들 가운데 하나에 들어가 잠을 잤기 때문이다.

| 정답 | ③

| 해설 | 주어진 문장을 해석하면 "지난 세 번의 일요일 동안 자동차 판매원 헨리 D.는 각각 차를 두 대, 한 대, 0대를 팔았다"이다. 그런데 ③은 추론적 통계가 아니라 데이터를 가지고 평균을 낸 사실 통계에 속한다. 따라서 정답은 ③이다.

16 빈칸 ⓐ에 들어갈 가장 적절한 표현은?

① 위조하다   ② 따르다

③ 기술하다   ④ 입증하다

| 정답 | ④

| 해설 | "이러한 추론적 통계에 의한 설명이 기술 통계에 의한 설명이 아니라고 말할 수 있는 가장 쉬운 방법(The easiest way to tell that this statement is not descriptive)"이 무엇인지 생각해 보면, "제공된 정보를 바탕으로(based upon the information provided)" 해당 설명이 기술 통계가 아니라는 것을 "입증"하면 된다. 즉, 아님을 입증하면 자연히 아닌 것이 되는 것이다. 따라서 정답은 ④이다.

| 어휘 | **descriptive statistics** 기술 통계   **randomly** @ 무작위로   **inferential statistics** 추론적 통계
generalization ⑩ 일반화   **generalize** ⓥ 일반화하다   **verify** ⓥ 확인하다, 입증하다
differentiate ⓥ 구별하다   **respectively** @ 각기, 각각   **average** ⓥ 평균 ~이 되다
falsify ⓥ 위조하다, 조작하다

[17~19]

하루에 한 컵이나 두 컵 정도로 작은 양의 카페인은 대부분의 사람들에겐 안전한 양으로 보인다. 하지만 일부 사람들은 심지어 작은 양의 카페인에도 곤란을 겪는다. 몇몇 사람들은 오후 늦었을 때나 저녁에 커피를 한 잔 마실 경우 거의 밤을 새게 된다. 카페인을 다량 섭취할 경우 카페인 중독이라 불리는 문제를 겪게 된다. 카페인 중독 증상은 불안 발작을 겪을 때 예상되는 증상과 유사하다. 즉 매우 초조하면서 짜증을 내고, 근육이 경련하면서 잠을 들지 못하게 된다.

카페인에 관해 가장 최근에 제기된 의문은 카페인이 미래 세대에 미칠지 모르는 영향력이다. 1964년부터 시행된 십여 개의 동물을 대상으로 한 연구에 따르면 카페인은 여성의 임신을 방해하고 아이가 선천적인 장애를 갖도록 할 수 있다. 가장 최근에 나왔으며 가장 상세한 내용이 담긴 연구에 따르면 FDA에서는 하루에 두 컵 정도의 카페인이 쥐의 성장을 늦추는 것을 밝혔다. 하루에 열두 잔에서 스물네 잔 분량의 카페인으로 인해 상당수의 쥐가 앞발과 뒷발에 발가락이 없는 채 태어났다.

카페인이 인간에게도 선천적 장애를 일으킬 수 있는 가능성도 존재한다. 한 연구에 따르면 임신 중에 (하루에 여덟 잔 이상의) 많은 커피를 마시는 여성은 선천적 장애를 지닌 아이를 낳을 가능성이 높다. 다른 연구는 현재 진행 중이거나 계획 단계에 있다. 그럼에도 과학자들은 임산부에게 식단에서 카페인을 제거할 것을 권장하고 있다.

17 본문에 따르면 카페인 중독의 증상이 <u>아닌</u> 것은?
① 불안함   ② 불면증
③ 근육 떨림   ④ 창백함

| 정답 | ④

| 해설 | "카페인 중독 증상은 불안 발작을 겪을 때 예상되는 증상과 유사하다. 즉 매우 초조해 하면서 짜증을 내고, 근육이 경련하면서 잠을 들지 못하게 된다.(The symptoms are like those you would expect for an anxiety attack: You get very nervous and irritated, your muscles twitch, and you can't sleep.)" 이를 통해 본문에 언급되지 않은 ④를 정답으로 볼 수 있다.

18 빈칸 (가)에 가장 적절한 단어를 고르시오.
① 사취하다   ② 권장하다
③ 금지하다   ④ 강제하다

| 해설 | 임신 중에 커피를 많이 마시게 되면 장애를 지닌 아이를 낳을 가능성이 있으므로 당연히 과학자들은 임신 중 커피 섭취를 끊을 것을 "권장"할 수 밖에 없다. 따라서 정답은 ②이다.

---

19 다음 중 이 글에서 유추할 수 <u>없는</u> 것은?

① 적은 양의 카페인은 쥐의 성장을 늦추는 것으로 보인다.
② 하루에 한 컵의 커피는 일부 사람들에게 해로울 수 있다.
③ 동물 연구에 따르면 카페인은 여성의 불임을 야기할 수 있다.
④ 카페인이 선천적 장애를 야기하지 않는다는 결정적인 증명이 이루어졌다.

| 정답 | ④

| 해설 | 세 번째 단락을 보면 선천적 장애를 야기한다는 가능성이 있음은 제시되었지만 야기하지 않는다는 증명이 되었음은 알 수 없다. 따라서 정답은 ④이다.

| 어휘 | **caffeinism** ⓝ 카페인 중독　　**anxiety attack** 불안 발작　　**twitch** ⓥ 경련하다, 씰룩거리다
birth defect 선천적 장애　　**paleness** ⓝ 창백함
defraud ⓥ 사취하다, 사기 쳐서 빼앗다　　**coerce** ⓥ 강압하다, 강제하다　　**infertility** ⓝ 불임
conclusively ⓐ 결정적으로

[20~22]

스마트폰은 현대 생활에서 매우 비중 있는 부분을 차지하게 되었고, 결과적으로 우리 중 많은 사람들은 스마트폰이 없는 삶은 불가능하다고 생각한다. 뿐만 아니라 집중을 방해하는 스마트폰의 능력이 사람들의 생산성을 떨어뜨리는 것으로 보고되고 있다. 이런 상황에서 코펜하겐 경영대학원에서 만난 매쓰 매티슨(Maths Matisen), 플로리안 윈더(Florian Winder), 비노쓰 비나야(Vinoth Vinaya) 등 3명의 기업가들이 학생들의 스마트폰 중독에 대처하기 위한 앱을 출시했다. 홀드(Hold)라고 불리는 이 무료 앱은 하루 동안 사용자가 스마트폰을 사용하지 않는 시간을 추적한다. 그런 다음 자제한 것에 대해 사용자 포인트로 보상한다. 기기 확인을 더 오랫동안 하지 않을수록, 더 많은 포인트를 얻게 된다. 이 포인트들은 앱의 마켓플레이스를 통해 영화 티켓 같은 상품이나 서비스 구매, 대회 참가, 자선단체 기부 등에 사용될 수 있다. "우리는 사용자들이 휴대전화를 사용하지 않은 것에 대해 처벌보다는 보상해주기 원한다."라고 기업의 공동 설립자인 매쓰 매티슨은 말한다. 스칸디나비아와 영국의 대학들에서 시행된 실험에서, 학생들이 휴대전화의 알림 확인을 <u>미루면서</u> 더 높은 집중력을 보고하고 있는 것을 확인했다.

---

20 다음 중 본문의 제목으로 가장 적절한 것은?

① 사람들을 산만하게 만드는 스마트폰이 가져온 결과
② 스마트폰의 중독 끊기
③ 스마트폰을 사용하지 않은 학생에게 보상하는 방법
④ 학생들을 학업에 복귀시키기 위한 노력

| 정답 | ②

| 해설 | 학생들의 스마트폰 중독을 막기 위해 기업가들이 선보인 특정 앱에 관한 글이다. 스마트폰 기기 사용 시간을 추적해 사용을 적게 할수록 사용자에게 포인트를 지급하는 방식으로 학생들의 스마트폰 사용을 자제시키려 하고 있다는 내용으로, 스마트폰 중독을 끊는 것이 가장 핵심적 내용이 된다. 따라서 정답은 ②가 된다.

---

21 다음 중 이 글에서 언급된 앱이 사용자들에게 어떠한지 유추할 수 있는 것은?

① 확인하는　　　　　　　　　　　② 산만하게 만드는
③ 헛된　　　　　　　　　　　　　④ 유용한

| 정답 | ④

| 해설 | 이 앱을 사용하는 학생들이 더 높은 집중력을 보이고 있다고 답했다는 마지막 내용을 통해 이 앱이 사용자들에게 유용한 것임을 알 수 있다. 따라서 정답은 ④가 된다.

---

22 다음 중 빈칸 Ⓐ에 가장 적절한 것은?

① 처벌을 모면하다　　　　　　　② 요청하다
③ 맡다　　　　　　　　　　　　　④ 미루다

| 정답 | ④

| 해설 | 이 앱은 "하루 동안 사용자가 스마트폰을 사용하지 않는 시간을 추적한다 … 기기 확인을 더 오랫동안 하지 않을수록, 더 많은 포인트를 얻게 된다."라고 설명하고 있으며, 이 앱을 사용한 학생들이 집중력 향상을 보였다고 했으므로, 그 학생들은 '휴대전화의 알림 확인'을 자주 하지 않았을 것으로 예상할 수 있다. 따라서 빈칸에는 '늦추다, 연기하다'의 뜻을 지니는 ④가 정답이 된다.

| 어휘 | **distract** ⓥ 주의를 산만하게 하다　　**entrepreneur** ⓝ 기업가
launch ⓥ 출시하다, 날아오르다, 발사하다　**combat** ⓥ ~에 대처하다, ~에 대항하여 싸우다
restraint ⓝ 자제　　　　　　　　**resist** ⓥ 저항하다　　　　**competition** ⓝ 대회
charity ⓝ 자선단체　　　　　　　**via** ⓟⓡⓔⓟ (어떤 장소를) 경유하여, ~을 통해　**consequence** ⓝ 결과, 중대성
get away with (나쁜 짓을 하고도) 처벌을 모면하다, 그냥 넘어가다　　　　**take on** 일을 맡다, 책임을 지다
hold off 늦추다, 연기하다, 피하다

[23~25]

해석

질투는 버려진다는 두려움, 분노, 굴욕 같은 감정을 포함하는 복잡한 감정이다. 질투는 남녀를 가리지 않고 나타나며 대개 제삼자에 의해 귀중한 관계에 위협이 가해졌다고 인식할 시 불러일으켜진다. 여기서의 위협은 실재할 수도 있고 상상 속의 것일 수도 있다. 질투는 애정 관계에만 국한된 것이 아니며 부모의 관심을 얻기 위해 경쟁하는 형제자매들 사이에서, 직장 동료 사이에서, 친구 관계에 있어서도 발생할 수 있다. 질투는 애정의 라이벌로 인식되는 제삼자를 항상 수반한다는 점에서 시기(envy)와는 구별된다. 시기는 두 사람 사이에서 발생하며 "난 네가 가진 것을 원한다"로 가장 잘 요약할 수 있다. 비록 질투는 고통스러운 감정적 경험이지만, 진화심리학자들은 질투를 억압해야 할 감정으로 보는 것이 아니라 관심을 기울여야 할 감정으로, 귀중한 관계가 위험에 처했다는 징후로, 친구의 애정을 되찾기 위해 조치를 취해야 한다는 징후로 여긴다. 따라서 질투는 필요한 감정이며 왜냐하면 질투는 사람들에게 중요한 관계를 유지하도록 동기를 부여함으로써 사회적 유대를 지키는 역할을 하기 때문이다.

23 다음 중 이 글의 제목으로 가장 적절한 것은?

① 관계에 있어 질투의 긍정적 영향
② 질투와 시기 간의 차이점
③ 질투의 감정을 극복하는 방법
④ 사회에서의 질투의 진화

| 정답 | ①

| 해설 | 본문은 질투가 어떤 감정인지를 설명하고, 시기와 질투의 차이점을 설명한 다음에, 질투를 억압해야 할 감정이 아니라 관심을 기울여야 하는 감정이라고 말하면서, "질투는 필요한 감정이며 왜냐하면 질투는 사람들에게 중요한 관계를 유지하도록 동기를 부여함으로써 사회적 유대를 지키는 역할을 하기 때문"이라고 관계에 있어 질투의 긍정적 영향을 말하고 있다. 따라서 정답은 ①이다.

24 (A)에 가장 적절한 것은?

① 극복하다　　　② 내려놓다　　　③ 관심을 기울이다　　　④ 무시하다

| 정답 | ③

| 해설 | 본문에서는 질투를 억압해야 할 감정으로 보지 않고 있으며, 관계 유지를 위해 필요한 감정으로 보고 있다. 때문에 빈칸에는 부정적 의미의 표현이 아니라 긍정적 의미의 표현이 와야 한다. 이를 감안하고 보기의 표현을 빈칸에 대입해 보면, 질투는 극복해야 할 감정(①)이거나 무시해야 할 감정(④)이 아니라 관심을 기울여야 할 감정(③)일 것으로 유추 가능하다. 따라서 정답은 ③이다.

25 다음 중 (B)에서 암시하는 것은?

① 버려진다는 두려움은 건강한 관계의 신호이다.
② 질투의 감정은 당신에게 너무 늦기 전에 관계를 개선하라고 경고하는 역할을 할 수도 있다.
③ 고통스러운 정서적 경험은 무슨 수를 써서라도 피해야 한다.
④ 귀중한 관계를 유지하려면 특출난 규모의 애정이 필요하다.

| 정답 | ②

| 해설 | (B)는 해석하면 "질투는 … 사회적 유대를 지키는 역할을 한다"이다. 질투는 "귀중한 관계가 위험에 처했다는 징후"이며 "친구의 애정을 되찾기 위해 조치를 취해야 한다는 징후"이다. 여기서 질투는 위험에 처한 관계 개선을 위해 더 늦기 전에 조치를 취해야 하나고 경고하는 역할을 하는 것으로 볼 수 있다. 따라서 정답은 ②이다.

| 어휘 | **abandonment** ⓝ 버림, 유기　　　**humiliation** ⓝ 굴욕

arouse ⓥ (느낌·태도를) 불러일으키다[자아내다]　　　**perceive** ⓥ 인식하다, 감지하다

valued ⓐ 귀중한, 소중한　　　**affection** ⓝ 애정　　　**be summed up** ～로 요약되다

suppress ⓥ 억압하다　　　**regain** ⓥ 되찾다, 회복하다　　　**take no notice of** 무시하다

at all costs 무슨 수를 써서라도

연습 문제

[01~02]

> 해석

인간이 음악을 이해할 수 있는 능력을 갖추고 태어나는 것인지 아니면 그것을 태어나서 배워야 하는지는 아직 완전히 이해된 것은 아니다. 그런데도 음악이 인간 정신을 되살리고 스트레스를 줄이며 사람들을 공동체의 일부로 느끼게 해 주는 능력이 다른 예술과 차별화되는 부분이다. 음악은 영화, 텔레비전 쇼, 상업 광고와 같은 현대의 놀라운 기술의 일부이다. 좋아하는 쇼의 주제가나 사랑하는 영화의 사운드트랙은 얼굴에 웃음을 안겨 주거나 눈가에 눈물을 자아내게 할 수 있으며, 음악이 인간의 정신에 각인된 것이든 아니든 간에, 의심할 여지 없이 매혹적인 방식으로 인간의 정신에 감동을 안겨 준다.

01 다음 중 밑줄 친 부분과 가장 가까운 의미를 가지는 것은?

① 통제하다
② 완화하다
③ 향상시키다
④ 생기를 주다

| 정답 | ④

| 해설 | revive는 '소생시키다'는 뜻으로 '생기를 가져다준다'는 ④ enliven과 의미상 동의어를 이룬다.

02 다음 중 빈칸에 가장 적절한 것은?

① 인간의 정신에 감동을 주다
② 많은 연구를 끌어당기다
③ 음악의 미스터리를 다루다
④ 공격성의 수준을 올리다

| 정답 | ①

| 해설 | 본문에서 "revive the human spirit"이나 빈칸 바로 앞의 내용 중 "bring a smile to a face or a tear to an eye"을 통해 인간의 마음에 감동을 안겨 준다는 ①이 정답임을 알 수 있다.

| 어휘 | **revive** ⓥ 소생하다   **set apart** ~을 다르게[돋보이게] 만들다   **commercial advertising** 상업 광고
ingrained ⓐ 뿌리 깊이 밴, 깊이 스며든   **psyche** ⓝ 마음, 정신, 심령
regulate ⓥ 조정하다, 통제하다, 규제하다, 단속하다   **alleviate** ⓥ 완화하다, 경감하다

[03~05]

해석

언어를 공부하면 과거 여러 민족의 가치, 사회 구조, 물질생활 등에 관해 많은 것을 알게 된다. 화자와 수평선 사이에 놓인 바다의 색을 묘사하기 위한 형용사가 12개나 있는 언어나 라마의 털 색깔을 묘사하는 방법이 20개나 있는 언어는 바다나 라마의 털 색깔이 이들 민족에게 얼마나 중요한지를 나타낸다. 개인 소유나 귀족을 나타내는 단어가 없는 언어는 개인 소유나 귀족이라는 개념이 없을 것이다. 언어의 문법과 발음은 언어를 말하는 화자가 속한 물질계와는 관계가 없을 수 있지만 <u>어휘</u> 자체는 그럴 수 없다. 어휘는 사람들이 아는 것과 생각하는 것을 반영한다. 만약 모체가 되는 언어에서 떨어져 나간 모든 언어에 철, 개, 소, 카누 등과 같은 단어가 있을 경우 모체가 되는 언어를 말하는 사람 역시 <u>이러한 것들을 가지고 있는 것</u>이 틀림없다는 가정을 할 수 있다.

---

03 빈칸 ⓐ에 들어갈 가장 알맞은 단어를 고르시오.

① 언어   ② 민족
③ 어휘   ④ 형용사

| 정답 | ③

| 해설 | 우선 빈칸 뒤 It이 가리키는 것이 빈칸임을 염두에 둘 필요가 있다. 본문을 통해 알 수 있는 것은, 어떤 언어나 언어를 말하는 화자가 속한 물질계에서 바다의 색이나 라마의 털 색깔을 묘사하는 단어가 존재하지 않는다면 해당 언어나 물질계에서는 바다의 색이나 라마의 털 색깔이 중요하지 않기 때문인 것이며, 존재한다는 것은 그만큼 의미를 갖고 있다는 의미임을 알 수 있다. 본문에서 그 예로 등장한 것이, 바다의 색, 라마의 털 색깔, 개인 소유나 귀족을 나타내는 단어 등이다. 결국 사람들이 말하는 언어의 단어는 it과 같은 "사람들이 아는 것과 생각하는 것을 반영한(reflects what people knew and thought about)" 것이다. 따라서 정답은 ③이다.

---

04 빈칸 ⓑ에 들어갈 가장 알맞은 어구를 고르시오.

① 이러한 것들을 가지고 있는 것이 틀림없다
② 농업에 종사하였다
③ 부유한 삶을 살았다
④ 동일한 종교를 믿었다

| 정답 | ①

| 해설 | 어휘는 사람들의 아는 것과 생각하는 것을 반영한다는 것이 본문의 주제이다. "if all the languages that split off from a parent tongue have the same word for iron, dog, cattle, or canoe(만약 모체가 되는 언어에서 떨어져 나간 모든 언어에 철, 개, 소, 카누 등과 같은 단어가 있을 경우)" 당연히 떨어져 나간 언어를 사용하는 사람들도 철, 개, 소, 카누 같은 것을 가지고 있기 때문에 이를 표현하기 위한 단어를 갖고 있을 것으로 추론할 수 있다. 따라서 정답은 ①이다.

05 윗글의 제목으로 가장 알맞은 것을 고르시오.

① 역사적 증거로서의 언어

② 형용사의 중요성

③ 모체가 되는 언어의 중요성

④ 언어의 역사적 변화

| 정답 | ①

| 해설 | 본문은 결국 언어의 어휘가 사람들의 아는 것과 생각하는 것을 반영하기 때문에 "언어를 공부하면 과거 여러 민족의 가치, 사회 구조, 물질생활 등에 관해 많은 것을 알게 된다.(The study of languages can tell us much about the values, social structure, and material life of peoples in the past.)" 즉 본문은 언어를 통해 역사적 증거를 수집할 수 있음을 설명하고 있다. 따라서 정답은 ①이다.

| 어휘 | **adjective** ⓝ 형용사   **indicate** ⓥ 나타내다, 보여 주다   **concept** ⓝ 개념

pronunciation ⓝ 발음   **be independent of** ~와는 관계없이, ~와는 별도로

vocabulary ⓝ 어휘   **significance** ⓝ 중요성, 의의

[06~07]

해석

유럽의 근대화는 약 300년이 걸렸고, 그 과정은 고통스럽고 대단히 충격적이었으며, 유혈 낭자한 혁명이 수반되었고, 이후 보통은 공포의 치세와 잔혹한 성전, 독재정치, 노동력의 잔인한 착취, 광범위한 소외와 아노미 등이 뒤따랐다. 우리는 현재 근대화를 겪고 있는 개도국에서 마찬가지 유형의 격변을 목격하고 있다. 하지만 이들 국가 중 일부는 이러한 까다로운 과정을 지나치게 빨리 시도해야 했고, 자체적인 프로그램이 아니라 서방의 프로그램을 따라야만 했다. 이러한 가속화된 근대화는 개도국에서 깊은 분열을 야기했다. 오직 엘리트층만이 서구식 교육을 받고 새로운 근대 제도를 이해할 수 있게 되었다. 대다수의 사람들은 전근대적인 정신에 사로잡혀 있다.

06 다음 중 빈칸 Ⓐ에 가장 적절한 것은?

① 격변   ② 나른함

③ 은둔   ④ 초월

| 정답 | ①

| 해설 | 빈칸 앞 the same kind of란 구문은 빈칸 앞에서 언급된 "유혈 낭자한 혁명, 공포의 치세, 잔혹한 성전, 독재정치, 노동력의 잔인한 착취, 광범위한 소외, 아노미" 등을 가리킨다. 이 모든 것들은 "격변"이란 단어로 포괄하여 나타낼 수 있다. 따라서 답은 ①이다.

07 다음 중 빈칸 ⓑ에 가장 적절한 것은?

① 근대성의 퇴보

② 이러한 가속화된 근대화

③ 이러한 간헐적인 근대화

④ 근대성에 대한 저항

| 정답 | ②

| 해설 | 빈칸 앞 문장을 보면 일부 개도국에서는 근대화 과정이 빨리 이루어졌음을 알 수 있으며, 빈칸 뒤 문장을 보면 이렇게 빨리 이루어진 근대화로 인해 엘리트층과 일반 대중 간의 격차가 발생했음을 알 수 있다. 이러한 격차는 빈칸이 들어간 문장의 "깊은 분열(deep divisions)"와 동일하며, 여기서 빈칸에 들어갈 표현은 빨리 이루어진 근대화 즉 "가속화된 근대화"임을 알 수 있다. 따라서 정답은 ②이다.

| 어휘 | **modernize** ⓥ 근대화하다

involve ⓥ 수반하다, 포함하다

exploitation ⓝ 착취

upheaval ⓝ 격변

trap ⓥ 가두다, 사로잡다

languor ⓝ (기분 좋은) 나른함

regression ⓝ 퇴보, 퇴행

wrenching ⓐ 고통스러운

reign ⓝ 치세, 기간

alienation ⓝ 소외

accelerated ⓐ 속도가 붙은, 가속화된

premodern ⓐ 근대 이전의, 전근대적인

seclusion ⓝ 은퇴, 은둔

modernity ⓝ 근대성

traumatic ⓐ 대단히 충격적인

dictatorship ⓝ 독재정치, 독재권력

anomie ⓝ 아노미, 사회적[도덕적] 무질서

institution ⓝ 제도

ethos ⓝ (특정 집단·사회의) 기풍[정신]

transcendence ⓝ 초월, 탁월

intermittent ⓐ 간헐적인

[08~09]

해석

언어적 금기에는 사람들이 공개적으로 말하기엔 너무 은밀하다고 생각하는 주제나 어떤 이의 말하는 방식과 연관이 있는 주제가 보통 포함된다. [Ⅰ] 많은 문화권에서는 공개적으로 성이나 종교 같은 주제를 논하는 것은 예의에 어긋나고 종종 모욕적인 행위로 여겨진다. [Ⅱ] 예를 들어 다수의 서양 문화권, 아시아 문화권, 아프리카 문화권 사이의 가장 큰 차이 중 하나는 시선을 마주하는 일이다. [Ⅲ] 미국에서는 사람들이 다른 사람과 대화를 나눌 때 시선을 마주한다. 만일 어떤 이가 시선을 회피한다면, 다른 사람들은 그 사람이 정직하지 않거나 신뢰가 없는 것으로 생각할 것이다. 만일 두 사람이 대화를 나누고 있으며, 청자가 시선을 맞추지 못할 경우, 화자는 청자가 흥미를 갖지 못한다고 생각할 것이다. [Ⅳ] 하지만 많은 아시아 국가에서는 직접적으로 누군가 시선을 마주하는 것은 종종 대담하거나 공격적인 행위로 여겨진다. 많은 아프리카 국가에서는 자신보다 나이가 많은 사람이나 사회적 직위가 높은 사람과 직접적으로 시선을 마주하는 것은 무례하고 실례가 된다.

08 아래 문장이 들어가기에 가장 적절한 위치를 고르시오.

비언어적 금기는 보통 몸짓언어와 연관이 있다.

① [Ⅰ]　　　　　　　　　　　　　② [Ⅱ]

③ [Ⅲ]　　　　　　　　　　　　　④ [Ⅳ]

| 정답 | ②

| 해설 | 주어진 문장은 비언어적 금기에 관해 처음으로 언급했으며, [Ⅱ] 뒤에서부터 몸짓언어인 시선 마주하기에 관해 설명이 등장한다. 따라서 정답은 ②이다.

---

09 윗글의 빈칸 ⓐ와 ⓑ에 들어가기에 가장 적절한 말로 짝지어진 것을 고르시오.
① 자부심 – 소심한
② 신뢰 – 공격적인
③ 성실 – 변할 수 있는
④ 예방책 – 공손한

| 정답 | ②

| 해설 | 빈칸 ⓐ의 경우, 문맥상 "정직하지 않음(being dishonest)"과 "ⓐ가 없음(lack ⓐ)"가 유사한 의미로 묶여야 한다. 그리고 빈칸 ⓑ의 경우, 문맥상 "대담한(bold)"과 ⓑ가 유사한 의미로 묶여야 한다. 보기의 단어를 빈칸에 대입했을 때, 이 조건에 가장 부합하는 것은 ②이다.

| 어휘 | **offensive** ⓐ 모욕적인　　**disrespectful** ⓐ 무례한, 실례되는　　**timorous** ⓐ 소심한, 겁이 많은
sincerity ⓝ 성실, 정직　　**mutable** ⓐ 변할 수 있는, 잘 변하는　　**precaution** ⓝ 예방책, 예방 조치
courteous ⓐ 공손한, 정중한

[10~11]

해석

만일 손이 저리거나 따끔거린다면 또는 손에 힘이 없다면 의사에게 손목터널 증후군 여부를 검사해 달라고 요청하는 것을 고려해 보라. 손목터널 증후군은 팔의 한쪽 끝에서 다른 쪽 끝까지 이어지며 수근관이라 불리는 손목의 통로를 통과하여 손에서 끝나는 정중 신경이 눌리면서 발생한다. 정중 신경은 엄지손가락의 움직임과 감각을 제어하며 새끼손가락을 제외한 모든 손가락의 움직임을 제어한다. 수근관은 정중 신경에 가해지는 압박으로 인해 좁아지게 되며, 일반적으로는 압박으로 인해 부어오른 결과 좁아진다. 손목터널 증후군은 타자 치기 같이 계속 반복적으로 수행하는 움직임 즉 <u>반복 운동</u>으로 인해 발생할 수 있다. 특히 손이 손목보다 낮은 채로 행동을 취할 경우 특히 그러하다. 증상이 심해질수록 손 근육이 수축하기 때문에 악력이 줄 수 있다. 예방을 위해서는 손목을 곧게 펴고 업무 도중 휴식을 더 자주 취해야 한다. 특정한 스트레칭 및 운동도 도움이 될 수 있다.

---

10 이 글에 따르면, 다음 중 일치하지 <u>않는</u> 것은?
① 손목터널 증후군의 증상에는 손 저림과 따끔거림이 포함된다.
② 엄지손가락의 움직임과 감각은 정중 신경에 의해 제어된다.
③ 손목터널 증후군은 손 근육의 수축을 유발할 수 있다.
④ 손을 손목보다 높게 유지하는 것이 손목터널 증후군의 가능성을 높을 수 있다.

| 정답 | ④

| 해설 | "특히 손이 손목보다 낮은 채로 행동을 취할 경우 특히 그러하다"에서 손을 손목보다 낮게 하는 것이 손목터널 증후군을 유발한다는 사실을 알 수 있다. 여기서 반대로 손을 손목보다 높게 한다면 손목터널 증후군의 가능성을 낮출 것으로 유추할 수 있다. 이는 보기 ④와는 반대되는 내용이며, 따라서 정답은 ④이다.

"만일 손이 저리거나 따끔거린다면 또는 손에 힘이 없다면 의사에게 손목터널 증후군 여부를 검사해 달라고 요청하는 것을 고려해 보라"는 ①의 근거가 되며, "정중 신경은 엄지손가락의 움직임과 감각을 제어하며"는 ②의 근거가 되고, "증상이 심해질수록 손 근육이 수축하기 때문에 악력이 줄 수 있다"는 ③의 근거가 된다.

---

11 (A)에 가장 적절한 것은?

① 반복 운동　　　　　　　　　　　　② 느린 수축

③ 극소 수축　　　　　　　　　　　　④ 불규칙적인 두드림

| 정답 | ①

| 해설 | 빈칸 뒤 위치한 쉼표를 통해 빈칸 뒤의 "타자 치기 같이 계속 반복적으로 수행하는 움직임"이 빈칸과 같은 의미를 나타내며, 쉼표는 동격임을 나타내는 역할을 함을 알 수 있다. "타자 치기 같이 계속 반복적으로 수행하는 움직임"은 ① "반복 운동"과 같은 의미이며, 따라서 정답은 ①이다.

| 어휘 | **numbness** ⑩ 저림, 무감각　　　　　**tingling** ⑩ 따끔거림, 얼얼함

carpal tunnel syndrome 손목 수근관 증후군, 손목터널 증후군　　　　**median nerve** 정중 신경

run the length of 한쪽 끝에서 다른 쪽 끝까지 가다　　　　**grip strength** 악력

contraction ⑩ 수축, 축소　　　　**minuscule** ⓐ 극소의, 아주 작은　　　　**flex** ⓥ (근육이) 수축하다

[12~13]

해석

연구에 따르면, 최근 수십 년에 걸친 야생 동식물의 "생물학적 전멸"은 지구 역사상 6번째로 집단 멸종이 진행 중이며 이전에 우려했던 것보다 더 심각하다는 것을 의미한다. 과학자들은 일반 종과 희귀종을 모두 분석했고, 수십 억에 달하는 지역이나 현지의 개체 수가 사라졌다는 것을 발견했다. 이 같은 위기의 원인으로 그들은 인구 과잉과 소비 과잉을 지적하고, 이것이 인류 문명의 생존을 위협하고 있으며, 대응할 시간이 얼마 남지 않았다고 말한다.

이전의 연구들은 종들이 수백만 년 전보다 훨씬 빠른 속도로 멸종하고 있다는 것을 보여 주지만, 그렇다고 해도 멸종이 드물게 나타나며 종 다양성이 점진적으로 소멸하고 있다는 인상을 준다. 대신 새로운 연구에서는 분포 범위가 줄어들면서 전 세계적으로 개체수가 감소하는, 하지만 다른 곳에서 생존해 있는 많은 일반 종들을 평가하는 방식으로, 더 넓은 관점을 취하고 있다.

---

12 이 글에 따르면, 다음 중 '6번째 대규모 멸종'에 대한 것과 일치하지 **않는** 것은?

① 그것은 부분적으로 인구 과잉에 기인한다.

② 그것은 진행 중이지만 그 속도는 더 느려지고 있다.

③ 그것은 세계 곳곳에서 심각하게 발생하고 있다.

④ 그것은 인류 문명의 존속을 위협하고 있다.

⑤ 그것은 지구상에서 지역의 생물 종이 사라지고 있다는 것을 의미한다.

| 정답 | ②

| 해설 | 두 번째 문단에서 "species are becoming extinct at a significantly faster rate"라고 말하고 있으므로, 멸종 속도는 이전에 비해 훨씬 더 빠른 속도로 진행되고 있음을 알 수 있다. 따라서 ②의 내용이 본문과 일치하지 않는다.

13 다음 중 빈칸에 가장 적절한 것은?

① 종 다양성의 점진적 소멸
② 종의 갑작스런 소멸
③ 인류 전체의 멸종
④ 생물학적 유형의 부분적 중단
⑤ 생물 다양성의 영구적 지속성

| 정답 | ①

| 해설 | 빈칸 바로 앞의 "멸종이 드물게 나타나고 있다"고 했고, 이런 현상이 빈칸과 같은 인상을 준다고 했다. 즉 멸종이 드물게 나타나는 것이 종의 소멸이 점진적인 듯한 인상을 준다는 의미가 되어 정답은 ①이 된다. 멸종은 종의 소멸을 의미하므로, ④에서와 같이 한 종을 생물학적 기준으로 분류하는 '생물학적 유형'을 의미하지 않기 때문에 정답이 될 수 없다.

| 어휘 | **annihilation** ⓝ 전멸, 소멸   **mass extinction** 대량 멸종   **under way** ~가 진행 중인
overpopulation ⓝ 인구 과잉   **overconsumption** ⓝ 소비 과잉   **a window of time** 시간대
extinct ⓐ 멸종한, 점멸한, 사화산의   **assess** ⓥ 평가하다, 사정하다   **range** ⓝ (동식물의) 분포 범위
shrink ⓥ 줄어들다, 움츠리다, 위축되다   **enduring** ⓐ 지속하는, 참을성 강한

[14~15]

[해석]

다이어트를 하는 사람들은 종종 다이어트를 서서히 하는 것이 영구적인 체중 감량의 열쇠라고 조언한다. 그러나 이 같은 주장은 아직 증명된 것이 아니다. 예를 들어, 최근의 한 연구에서는 204명의 비만인 사람들을 다음 2가지 방식 중 하나에 무작위로 배정했다. 12주 동안 하루에 450~800칼로리만 섭취하면서 버티거나 아니면 36주 동안 하루에 400~500칼로리를 평소보다 줄이도록 하는 것이었다. 두 그룹의 목표는 모두 15%의 체중 감량이었다. 연구가 시작된 지 3년 후 거의 모든 사람들이 줄어든 체중을 다시 회복했다. 다이어트와 운동에 대한 상담에도 불구하고 굶주림을 유발하는 두 개의 호르몬인 렙틴(leptin)과 그렐린(ghrelin)의 수준에는 큰 차이가 없었다. 그룹 간의 한 가지 주요한 차이점이 있었는데, 그것은 급속히 체중을 감량한 그룹의 사람들의 경우 체중이 최소 12.5%가 줄었으며, 이들 중 중도에 그만두는 사람들도 더 적었다. 요약하자면, 체중을 서서히 줄인다고 원하는 체중에 도달할 가능성이 더 커지지는 <u>않는다는 사실이다.</u>

14 다음 중 빈칸 (A)에 가장 적절한 것은?

① 체중을 빨리 줄인다면 체중 감량을 포기할 가능성이 더 커진다
② 체중을 서서히 줄인다면 체중을 유지할 가능성이 더 커진다
③ 체중을 빨리 줄인다면 부작용 없이 체중을 줄일 가능성이 줄어든다
④ 체중을 서서히 줄인다고 원하는 체중에 도달할 가능성이 더 커지지는 않는다

| 정답 | ④

| 해설 | 본문의 주제는 "Dieters often get the advice that going on a diet slowly is the key to permanent weight loss. The claim, however, has yet to be borne out." 부분을 통해 확인할 수 있다. 서서히 다이어트를 해야 요요현상 없이 체중을 감량할 수 있다고 주장하는 사람들이 있는데 아직 실체가 없다는 내용이다. 빈칸에는 'in short'를 사용해 바로 앞 내용의 결

론을 내고 있는데, 실험 참가자 중 오히려 체중을 빠르게 줄인 집단의 경우 원하는 목표 체중에 근접하는 수준으로 체중이 줄었으며, 중도에 탈락하는 이들도 별로 없었다고 말하고 있다. 이를 달리 말하면 서서히 체중을 줄이는 것이 더 큰 장점이 있는 것은 아니라는 것이므로 정답은 ④가 된다.

---

15 이 글에 따르면, 다음 중 일치하는 것은?

① 다이어트를 하는 사람들이 조언가의 도움을 받지 않으면 원하는 체중을 유지할 수 없다.
② 체중 감량 프로그램은 개개인의 특성에 맞게 조정되어야 한다.
③ 성공적인 체중 감량의 열쇠는 다이어트뿐만 아니라 지속적인 운동에 있다.
④ 서서히 체중을 감량하는 것이 더 좋다는 주장을 반박하는 주장이 나왔다.

| 정답 | ④

| 해설 | ①, ②, ③ 모두 본문의 내용과 무관하다. 정답은 ④로 "more people in the rapid weight loss group lost at least 12.5 percent of their weight and fewer dropped out" 부분을 통해 ④의 내용을 확인할 수 있다.

| 어휘 | **go on a diet** 다이어트를 시작하다   **permanent** ⓐ 영구적인   **have yet to do** 아직 ~하지 않았다
bear out ~이 옳음[사실임]을 증명하다   **obese** ⓐ 비만의   **subsist on** ~으로 연명하다
be tailored to ~에 맞게 만들어지다   **idiosyncrasy** ⓝ 특이한 성격[방식], 성벽, 별스러운 점
alleged ⓐ (증거 없이) 주장된, ~라고들 말하는

[16~18]

해석

심각한 우울증은 사람들이 울혈성 심부전, 신장질환, 담석으로부터 스스로 벗어날 수 없는 것처럼 스스로 벗어날 수 있는 것이 아니다. 울혈성 심부전을 앓는 환자가 호흡곤란을 겪을 경우, 이들은 일반적으로는 자신의 고통을 덜어 주는 치료법에 감사함을 느낀다. 이들은 자신의 심장이 작동하는 방식을 스스로 통제할 수 있다고 생각하지 않으며, 때문에 이러한 질병을 직접 감당할 수 있다고 생각하는 경우는 거의 없다. 우리는 또한 우리의 뇌가 작동하고 있음을 감지하지는 못하지만, 마음을 통제하고 있다고는 생각한다. 우리가 마음을 통제하고 있다고 자각하기 때문에 우울증을 앓는 사람들은 스스로가 심각한 우울증으로부터 벗어날 수 있다고 믿는다. 내가 경험한 바로는 나이 든 성인은 우울증이 뇌의 질병이고 스스로 통제할 수 있는 것이 아님을 이해하게 되면, 치료를 보다 열린 태도로 고려하게 된다. 이는 이들이 자신의 문제를 더 이상 감당할 수 없게 된 것이 아니다. 그보다는 이들의 뇌가 이들의 기대를 저버린 것이다. 난 종종 환자에게 다음과 같이 말한다. "환자분이 문제인 것이 아니고, 환자분의 뇌가 문제인 것입니다."

---

16 다음 중 빈칸 (A)에 가장 적절한 것은?

① ~보다 적은   ② ~와 같다
③ 단지 ~에 지나지 않다   ④ 꼭 ~만큼

| 정답 | ②

| 해설 | 본문을 보면 "울혈성 심부전, 신장질환, 담석" 같은 질환은 스스로 극복할 수 없는 질환임을 알 수 있다. "이러한 질병을 직접 감당할 수 있다고 생각하는 경우는 거의 없다"는 말을 그 근거로 볼 수 있다. 그리고 계속 읽어 보면, 우울증 같은 정신질환 또한 이런 신체적 질병처럼 스스로 극복할 수 없는 질환임에도 불구하고, 마음의 문제이기 때문에 마치 스스로 통제할 수 있는 것

처럼 착각하고 있다는 것이 본문의 주제임을 알 수 있다. 이를 힌트 삼아 첫 번째 문장을 다시 보면, 첫 번째 문장은 "A가 B가 아닌 것은 C가 D가 아닌 것과 같다"는 의미의 구문인 A is not B any more than C is D이다. 여기서 빈칸에 적합한 것은 any more than임을 알 수 있다.

---

17 다음 중 빈칸 (B)와 (C)에 가장 적절한 것은?

① 만족   ② 치료

③ 원기 회복   ④ 요건

| 정답 | ②

| 해설 | 신체적 질환을 겪게 될 경우 우리는 "치료"를 받게 되면 당연히 감사함을 느낄 것이다. 여기서 (B)에는 "치료"가 들어가야 할 것임을 유추할 수 있다. 그런데 문제는 정신적 질환의 경우 역시 "치료"가 필요함에도 우리는 정신의 문제이기 때문에 치료를 고려하지 않으려 한다. 하지만 저자는 나이가 들게 되면 우울증을 정신질환의 일종으로 받아들이게 되면서 "치료"를 고려하게 된다고 말한다. 여기서 (C)에도 "치료"가 들어가야 함을 유추할 수 있다. 따라서 정답은 ②이다.

---

18 의사가 환자에게 말할 빈칸 (D)의 내용은?

① "환자분이 문제인 것이 아니고, 환자분의 뇌가 문제인 것입니다."

② "환자분의 뇌가 문제인 것이 아니고, 환자분이 문제인 것입니다."

③ "환자분이 문제인 것이 아니고, 환자분의 우울증이 문제인 것입니다."

④ "환자분의 우울증이 문제인 것이 아니고, 환자분이 문제인 것입니다."

| 정답 | ①

| 해설 | 우울증 같은 정신질환에 있어, 환자가 문제가 있기 때문에 우울증을 앓는 것이 아니다. 즉 환자가 문제인 것이 아니다. 그보다는 신체 부위에 문제가 생긴 것처럼 환자의 뇌에 문제가 있기 때문에 우울증이 온 것이다. 즉 뇌가 문제인 것이다. 따라서 의사가 환자에게 할 말은 ①이다.

| 어휘 | **A is not B any more than C is D** A가 B가 아닌 것은 C가 D가 아닌 것과 같다

congestive heart failure 울혈성 심부전 **gallstone** ⓝ 담석   **distress** ⓝ 고통, 괴로움

working ⓝ (기계 · 시스템 · 조직 등의) 작동[운용/작용] (방식)

let ~ down ~의 기대를 저버리다, ~를 실망시키다   **contentment** ⓝ 만족

refreshment ⓝ 기분 전환, 원기 회복   **requirement** ⓝ 요건, 필요조건

[19~20]

해석

저베이스(Gervase)는 자신의 책에서 어떻게 1178년 6월 한 무리의 캔터베리 수도승들이 밤에 밖에서 초승달을 봤는지를 묘사했다. 수도승들이 초승달을 볼 때 달의 한쪽 끝이 두 개로 갈라진 것처럼 보였다. 불길과 불꽃이 분출되었고 달의 나머지 부분은 흔들리는 것처럼 보였다. 저베이스는 자신이 직접 그 사건을 보지는 못했음을 시인했지만, 실제 본 사람들 중 일부로부터 이야기를 들었다. 저베이스는 그 목격한 사람들이 진실을 이야기한다고 맹세했다고 말했다. 여러 해 동안 역사가들은 수도승들이 뭘 봤는지를 두고 골똘히 생각해 왔다. 일부는 달 앞에 구름이 지나간 것처럼 단순한 일이라고 생각한다. 다른 이들은 실제 사건이 아니라 그저 지어 낸 이야기에 불과하다고 생각한다. 하지만 과학자인 잭 하르퉁(Jack Hartung) 박사는 어쩌면 자신이 답을 찾았을 수도 있다고 생각한다. 하르퉁 박사는 저베이스의 이야기를 들었을 때 마치 달 표면에 일종의 폭발이 일어났다는 얘기와 비슷하다고 생각했다. 하르퉁 박사는 만일 유성이 달 표면과 충돌했다면 지구에서 보는 광경이 수도승들이 본 사건과 비슷할 것이라고 생각했다.

---

19 빈칸 (A)에 들어갈 가장 알맞은 것을 고르시오.

① 이지러지는　　　　　　　　　② 반

③ 보름　　　　　　　　　　　　④ 초승

| 정답 | ④

| 해설 | 저베이스가 서술한 사건은 수도승들이 "new moon"을 봤을 때 경험한 사건인데, 이 new moon은 "새로운 달"이 아니라 "초승달"을 의미한다. 따라서 (A)에는 초승달을 의미하는 crescent가 와야 한다.

---

20 글의 내용상 빈칸 (B)에 들어갈 가장 알맞은 것을 고르시오.

① 유성이 달 표면과 충돌하다

② 다른 행성이 외계인이 달에 침략하다

③ 지구의 중력이 평소보다 세졌다

④ 달이 우연히 궤도에서 벗어났다

| 정답 | ①

| 해설 | "하르퉁 박사는 저베이스의 이야기를 들었을 때 마치 달 표면에 일종의 폭발이 일어났다는 얘기와 비슷하다고 생각했다." 달 표면에 폭발이 발생했다면 "지구에서 보는 광경이 수도승들이 본 사건과 비슷할 것이라고 생각했다"는 것이 박사의 생각이다. 보기 중에서 달 표면에 폭발이 발생할 만한 경우는 ①밖에 없다. 따라서 정답은 ①이다.

| 어휘 | **new moon** 초승달　　　　　　**crescent moon** 초승달

puzzle over ~을 두고 골똘히 생각하다[머리를 쥐어짜다]　　　　**account** ⓝ 설명, 이야기

wane ⓥ (달이) 차츰 작아지다[이지러지다]　　　　**orbit** ⓝ 궤도

MEMO

MEMO

여러분의 작은 소리
에듀윌은 크게 듣겠습니다.

본 교재에 대한 여러분의 목소리를 들려주세요.
공부하시면서 어려웠던 점, 궁금한 점,
칭찬하고 싶은 점, 개선할 점, 어떤 것이라도 좋습니다.

에듀윌은 여러분께서 나누어 주신 의견을
통해 끊임없이 발전하고 있습니다.

에듀윌 도서몰 book.eduwill.net
- 부가학습자료 및 정오표: 에듀윌 도서몰 → 도서자료실
- 교재 문의: 에듀윌 도서몰 → 문의하기 → 교재(내용, 출간) / 주문 및 배송

에듀윌 편입영어 기본이론 완성 독해

발 행 일	2022년 8월 16일 초판
편 저 자	홍준기
펴 낸 이	권대호
펴 낸 곳	(주)에듀윌
등록번호	제25100-2002-000052호
주 소	08378 서울특별시 구로구 디지털로34길 55
	코오롱싸이언스밸리 2차 3층

ISBN 979-11-360-1699-7

www.eduwill.net

대표전화 1600-6700